Kristoffer Neville

•

The Art and Culture of Scandinavian Central Europe

1550–1720

The Pennsylvania State University Press

2019

Кристоффер Невилл

•

Искусство и культура Скандинавской Центральной Европы

1550–1720

Academic Studies Press

Библиороссика

Бостон / Санкт-Петербург

2023

УДК 72.035
ББК 85.111(3)
Н40

Перевод с английского О. Ермаковой

Серийное оформление и оформление обложки Ивана Граве

Невилл, Кристоффер

Н40 Искусство и культура Скандинавской Центральной Европы. 1550–1720 / Кристоффер Невилл ; [пер. с англ. О. Ермаковой]. — Бостон / СПб.: Academic Studies Press / Библиороссика, 2022. — 388 с. : 15 цв. илл. — (Серия «Современная европеистика» = «Contemporary European Studies»).

ISBN 9798897837885 (Academic Studies Press)
ISBN 978-5-907532-72-4 (Библиороссика)

Рассматривая визуальную культуру датского и шведского дворов от Реформации до окончательного упадка в XVIII веке, Кристоффер Невилл объясняет, как и почему они превратились в важные художественные центры. Невилл анализирует крупные проекты известных художников и архитекторов, а также произведения, авторы которых практически неизвестны за пределами Северной Европы — Корнелиса Флориса, Адриана де Вриса и Иоганна Бернхарда Фишера фон Эрлаха.

УДК 72.035
ББК 85.111(3)

ISBN 9798897837885
ISBN 978-5-907532-72-4

Моей семье

Предисловие и слова благодарности

Создание этой книги заняло больше времени, чем я предполагал. Отчасти работа замедлялась из-за привычных обстоятельств, знакомых всем, кто занимается административной деятельностью и общественной нагрузкой, и являющихся частью жизни ученого. Однако в большей степени работа замедлилась потому, что изложение данного материала аудитории, для которой он совершенно неизвестен, оказалось труднее, чем я ожидал. Под аудиторией подразумевается практически каждый, кто не живет относительно близко к Балтийскому морю, а также и многие из тех, кто там живет. Основной мой тезис, довольно простой, состоит в следующем: в период с эпохи Реформации до начала XVIII века Датско-Норвежское и Шведское королевства были полностью интегрированными составными частями Центральной Европы, к тому же принадлежали к числу самых динамично развивающихся стран этого региона. Однако история Центральной Европы в ранний период Нового времени сама по себе мало известна в англоязычном мире. В какой степени необходимо включить описание культурной истории этого более крупного региона и не вытеснит ли такое описание на периферию основной предмет моего изучения, Северную Европу? В конечном счете я посчитал его избыточным, особенно из-за существования нескольких прекрасных монографий на английском языке, излагающих историю культуры и искусства Центральной Европы, например [Hempel 1965; Kaufmann 1995]. Хотя они закладывают солидную основу знаний об этом обширном регионе, ни в одной из них нет сколь-либо значительного изображения скандинавских королевств. До определенной степени эту книгу можно считать дополнением к этим монографиям.

Пересмотр материала, представленного здесь, также неизбежно поднимает вопросы терминологии. Если мы говорим о расширенном понятии Центральной Европы, что в него входит? В данном контексте оно включает страны, традиционно входящие в этот регион, от современной Германии, Австрии, Польши и Чешской Республики на востоке до Венгрии и Северо-Запада России (в первую очередь Санкт-Петербург и прилегающие к нему области), плюс скандинавские королевства. Территории, находящиеся под властью Швеции и Дании, со временем изменились, но с середины XVI до начала XVIII века в них входили современная Дания, Норвегия, Швеция, Финляндия, Эстония, Латвия и некоторые другие территории на побережье Балтийского моря. Вдобавок до XX века в состав Дании входила Исландия, и только в настоящее время эта страна ослабляет свой контроль над Гренландией. Несмотря на то что в Исландии процветала значительная литературная традиция, представлявшая (и попрежнему представляющая) большой интерес, в данной книге она будет играть второстепенную роль. Для определения этого региона я применяю понятие «Скандинавия», но в значительной степени это сделано для удобства. До конца XVIII века этот термин использовался довольно редко, когда этот регион, в соответствии с историческими переменами, все в большей степени стали воспринимать как существенно отличающуюся часть Европы — подобное изменение отношения имеет глубокие корни и обосновывает необходимость пересмотра, предложенного здесь. Однако прошло много времени, прежде чем подобное изменение восприятия региона привело к формированию нынешнего представления о Скандинавии, и в XIX веке ее по-прежнему воспринимали как важную составную часть германской культуры. Только в XX веке в результате двух мировых войн разрыв культурных связей с Германией стал окончательным [Henningsen et al. 1997].

Если «Центральной Европе» в этой книге дано довольно точное, хотя и нетрадиционное определение, термин «Северная

Европа» используется более вольно для обозначения всех этих стран, включая Нидерланды, Англию и другие территории к северу от Альпийских гор.

Имена исторических лиц часто даются в устаревшей форме, и читателям, возможно, это покажется неуместным. Вероятно, мое решение покажется странным, но когда речь идет о регионе, где люди нередко переезжали из одного места в другое, а границы постоянно сдвигались, подобный выход избавляет от необходимости выбирать между, к примеру, немецким, датским или шведским вариантом написания одного и того же имени, из-за чего может показаться, что одна из стран заявляет особые «права» на человека, который, вероятно, одинаково активно действовал во всех трех.

Одна из целей этой книги — представить новый материал широкой аудитории. Для этого пришлось изучать источники на нескольких языках, и в книге иногда приводятся прямые цитаты из них.

Как водится, я в долгу перед многими. В этой книге рассматривается большой период времени и обширные территории и нередко поднимаются непривычные вопросы, которые можно изучить только с помощью источников, находящихся на периферии историографии о раннем Новом времени. На удивление много этих работ можно найти в библиотеках Принстонского университета, Университета Калифорнии и Исследовательского института Гетти, где была проведена значительная часть моего исследования. Выдающиеся собрания Берлинской государственной библиотеки и Берлинской художественной библиотеки помогли заполнить многие оставшиеся пробелы, а завершить работу помогли собрания Королевских библиотек Копенгагена и Стокгольма. Выражаю благодарность этим организациям за то, что они продолжают работу по сбору редких изданий, и за помощь их сотрудников, без которых я не смог бы написать эту книгу.

Возможность работать в этих библиотеках я получил благодаря поддержке Фонда Самуэля Х. Кресса, Германской службы академических обменов (DAAD), Американо-скандинавского фонда и, совсем недавно, что поэтому заслуживает особого упоминания, Калифорнийского университета в Риверсайде и Фонда Александра фон Гумбольта. Благодаря Фонду Барра Ферри при Департаменте искусства и археологии Принстонского университета и Фонду Берит Валленберг были получены средства для публикации книги. Я благодарен всем этим выдающимся организациям за оказанное мне доверие.

В библиотеках я получил доступ к материалам, но благодаря дискуссиям с друзьями и коллегами я смог упорядочить свои идеи и понять, что мне нужно в первую очередь. Что более важно, они нередко помогали мне найти ответы! Все, кого я здесь упомяну, достойны гораздо большего, нежели краткая благодарность в предисловии; в определенной степени они все соучастники моего проекта.

Все они в том или ином отношении сыграли важную роль, и у меня нет ни возможности, ни желания ранжировать их по весомости их вклада в мой проект. Поэтому я буду более-менее следовать географическому принципу и особо поблагодарю Микаэля Алунда, Яна фон Бонсдорффа, Аллана Эллениуса (†), Линду Хиннерс, Яниса Креслинса, Мерит Лейн, Ларса Юнгстрёма, Анну Нильсен, Юнаса Нурдина и Мартина Улина из Уппсалы и Стокгольма. В Копенгагене мне особенно помогли Хьюго Йоханнсен (†), Биргитте Бёгглид Йоханнсен, Йёрген Хейн и Пауль Гриндер-Хансен.

В Германии мне в связи с разными вопросами помогли беседы с Ларсом Олофом Ларссоном, Уве Альбрехтом и Килианом Хекком в Киле и Грайфсвальде, двух традиционных центрах скандинавистики. Михаэль Норт (Грайфсвальд) оказал мне всемерную поддержку; с самого начала он был важным участником этого проекта. В Берлине меня невероятно тепло принимали Адриан фон Буттлар, Бенедикт Савой и Александра Липиньска, и год в Техническом университете оказался в высшей степени плодотворным. Ханс-Ульрих Кесслер предоставил мне доступ к материалам Музея Боде и избавил меня от многих забот при отборе работ Йохана Грегора ван дер Шардта в Священной Римской империи и Дании. Бернд Ролинг и Бернхард Ширг натолкнули меня на перспективы трактовки Улофа Рюдбека и готицизма как длительного феномена, который существовал долгое время после начала XVIII века — времени, когда, как традиционно считалось, он уже угас. Гвидо Хинтеркойзер еще раньше стал для меня источником знаний по архитектуре рубежа XVII–XVIII веков, а Фридрих Поллеросс (Вена) был таким же неоценимым источником информации обо всем, касающемся Габсбургов.

В Бельгии и Нидерландах моими постоянными товарищами по пересмотру истории архитектуры Северной Европы были Криста Де Йонге и Конрад Оттенхейм, и в процессе обсуждения мы нередко находили совершенно новую интерпретацию. Многое в этой книге покажется им очень знакомым. Фриц Шолтен и Джульетт Родинг также оказали мне большую помощь с некоторыми темами, поднятыми в этой книге. Сара Смарт помогла мне увидеть расцвет королевского Берлина в рамках, намного более широких, чем изобразительные искусства. Лиза Ског, с которой я давно работал над историей королевы Хедвиг Элеоноры, оказала значительное влияние на шестую главу.

В Соединенных Штатах этот материал, возможно, менее известен, чем в Европе, но тем не менее я нашел информированных собеседников и по эту сторону Атлантики. Николас Адамс, Кристи Эндерсон, Этан Матт Кавалер, Ларри Сильвер, Джеффри Чиппс Смит, Мара Уэйд, Кьелль Вангенстен и Майкл Йонан поделились со мной своими знаниями и нередко помогали мне найти более удачные формулировки. Томасу Да Коста Кауфманну и Джону Пинто я глубоко благодарен за то, что они поддерживали меня в убежденности, что этот материал необходимо представить — даже навязать — публике, которая иначе, возможно, никогда бы не узнала о нем. Они были правы. Раз за разом я видел гораздо больший интерес к далекому Северу, чем мог себе представить. Без их поддержки я мог оказаться автором многих очерков про малоизвестную романскую архитектуру XV века (чем я изначально занимался), думая со смутным сожалением, что бы случилось, если бы я рискнул разобраться с рядом неизвестных работ дальше на Севере, многие из которых нуждались в настоящем фундаментальном исследовании. Восторг от новых открытий сам по себе стоил того, чтобы пройти этот путь.

Мои коллеги в Калифорнийском университете в Риверсайде превзошли все мои чаяния. Все они терпеливо слушали, как я болтаю о чем-то, что казалось безнадежно непонятным. Особенно были на высоте Малкольм Бейкер, Том Когсвелл, Франсуаз Форстер-Хан, Ренди Хэд, Джанетт Кол, Конрад Рудольф и Соня Сикли-Роулэнд. Они давали мне советы, отвечали на мудреные вопросы и читали отрывки из моего текста. Огромное спасибо им всем.

И еще я от всей души благодарю свою семью. Энгеры — особенно Пер и Анне-Мари Энгер, Сюзанн Карлссон-Энгер и Нильс Карлссон — помогали мне намного больше, чем сами могут себе представить. Без них эта книга была бы другой (и намного хуже). И наконец, спасибо Пэм Бромли за ее бесконечное терпение во время работы с этим проектом и всем, что он включал. Ей пришлось многое претерпеть, пока концепция не превратилась в готовую книгу, и она имеет такое же право на результаты, как и я сам.

Риверсайд, Калифорния
Январь 2018

Введение

Тенденции развития истории культуры в Центральной Европе нередко отличаются от тех, что можно видеть в других странах. Париж во Франции с момента, когда в 1590-х годах в него вошел король Генрих IV, и вплоть до Второй мировой войны практически непрерывно оставался центром создания художественных работ высочайшего уровня. Даже притом что ранее королевский двор Франции зачастую вкладывал деньги в крупномасштабные художественные проекты, в долине реки Луары, вдали от Парижа. Рим также был сосредоточением искусства и привлекал выдающиеся таланты начиная с XV и вплоть до конца XVIII века. Не без причины Италия заслужила репутацию родины искусств с времен Античности до современности.

Однако в Центральной Европе не было ни Парижа, ни Рима. Ни один аристократический двор, ни один город не смогли сформировать многоплановую художественную или культурную среду на какой-либо продолжительный период. Нюрнберг и Аугсбург известны как важные центры науки и искусства на рубеже XV и XVI веков, когда эти города стали домом для многих выдающихся издателей, художников, скульпторов и граверов, в их числе Альбрехт Дюрер и Ганс Гольбейн Старший. Позднее, в XVI, а потом и в XVII веке, в обоих городах создавались качественные работы, нередко недооцененные. В определенной степени оба города стали жертвами общей тенденции, когда искусства находились под покровительством двора, поскольку в конце XVI века в культуре региона доминировали баварские князья. На севере главные культурные проекты и художники периодически пользовались поддержкой Саксонского двора. Лукас Кранах и другие художники первой половины XVI века работали на герцогский двор. В Дрездене, главной резиденции саксонских герцогов с 1550 года, особенно активно развивалась культурная жизнь после 1700 года, а следующий период расцвета пришелся на XIX век, когда здесь работали Каспар Давид Фридрих и другие. После 1683 года, с уменьшением угрозы со стороны Османской империи, расцвела Вена. В XIX веке крупным культурным центром внезапно стал Дюссельдорф. В каждый из этих периодов рождались работы высокой художественной ценности, однако пики расцвета искусств были несколько спорадическими. Ни в одном из этих городов не сформировалась непрерывная, многоплановая традиция выдающегося мастерства.

Более того, многие из этих городов специализировались на каком-то одном виде искусства, так что создание объектов культуры становилось еще более фрагментарным. Например, Гамбург стал крупным центром развития музыки и художественной работы по металлу, но вряд ли был известен своей архитектурой или изобразительным искусством. Музыку Иоганна Себастьяна Баха иногда сравнивают с архитектурой Бальтазара Неймана, жившего практически одновременно с ним в первой половине XVIII века [Hoople 2000]. Оба они были выдающимися деятелями искусства, сравнимыми с любым из величайших на всем континенте. Однако Бах в основном работал в Лейпциге, где не было какой-либо достойной внимания традиции в области архитектуры или живописи. Нейман основался в Вюрцбурге, который не мог похвастаться значительным музыкальным наследием.

Подобные отдельные пики расцвета искусств — это не такое уж необычное явление, как может показаться, ведь Рим тоже является исключением в истории итальянской культуры. Другие дворы и города Италии переживали более-менее длительные периоды (признанного) расцвета, но нигде более не сформировалась действительно непрерывная традиция выдающегося художественного мастерства. В искусстве Флоренции внимание ученых привлекает период с XIII по XVI век, хотя ее мастера создавали прекрасные произведения и после этой эпохи. В венецианском искусстве предметом интереса исследователей становятся в основном период с позднего Средневековья до конца XVI, а затем XVIII века. В остальных случаях сколь-либо значимая деятельность в области культуры была преходящей. Милан эпохи Возрождения был столицей богатого и амбициозного герцогства. Хотя миланские герцоги создали богатую придворную культуру, наибольшим расцветом Милана принято считать последние два десятилетия XV века, когда здесь работали Леонардо да Винчи и архитектор Донато Браманте, позднее уехавшие из города.

Подобно Леонардо и Браманте, которые переезжали с места на место в поисках покровителей, художники, работавшие при дворах Центральной Европы, нередко стремились уехать, когда в другом месте им открывались лучшие возможности. С другой стороны, многие дворы стремились переманить талантливых мастеров из других культурных центров. Результатом соперничества этих дворов и свободных городов — торговых, нередко исключительно богатых, независимых от местных князей и установивших самоуправление — был практически нескончаемый отток талантов с одного места на другое. Так, когда Рудольф II, император Священной Римской империи, после 1576 года собрал при своем дворе в Праге блестящую плеяду деятелей культуры, почти все они приехали откуда-то еще и были на тот момент уже зрелыми мастерами. Некоторые ранее работали на его отца, императора Максимилиана II, резиденция которого изначально находилась в Вене. Другие прибыли из Мюнхена, где герцог Вильгельм V разорил казну баварских князей, в результате чего художники при его дворе были вынуждены искать счастья в других краях. Некоторые были приглашены лично. Они не успели пустить глубокие корни в этом городе, и после смерти императора в 1612 году большинство из них разъехались, а многие покинули Прагу даже раньше [Kaufmann 1995]. Практически то же самое можно сказать и о Берлине веком позже. До конца XVII века это был относительно второстепенный культурный центр, но затем курфюрст Фридрих III, намеревавшийся получить титул короля, решил превратить его в столицу королевства. Когда в 1713 году на престол взошел его бережливый сын, он отовсюду пригласил выдающихся мастеров, которые были изгнаны или уехали сами [Windt et al. 2001].

Начиная с последней трети XVI века большинство крупнейших художников Центральной Европы были родом из Италии или Франции или успели пожить в обеих странах. Этот общий контекст часто привлекается, чтобы объяснить схожие черты этих дворов. До определенной степени полезно принимать во внимание отправную точку создания монументов, представленных в этой книге; например, князья Центральной Европы культивировали увлечение конными портретами, что нельзя объяснить без отсылки к подобным работам в других городах, особенно в Риме, Флоренции и Париже. Однако сам по себе поиск источников внешнего влияния недостаточен для объяснения смысла этих работ. Вельможи этого региона пристально и ревниво следили друг за другом, поскольку в первую очередь их интересовало достижение уровня репрезентативности, признаваемой в их собственном кругу, а не абстрактная концепция новаторства. И действительно, устоявшиеся каноны имели важное значение, ведь благодаря им работы становились понятны тем, кому предназначались, включая послов, путешествующих аристократов, высоких гостей и подданных. Дворы были нередко связаны династическими браками, и эти связи обеспечивали круговорот предметов искусства и художников, которые часто пересылали свои работы заказчикам при других дворах, переезжали с места на место или, что случалось реже, один князь мог одолжить своего придворного художника другому. Широко принятые каноны, диктующие рамки для производства предметов культуры при дворах, благодаря переездам художников еще больше укрепились. Более того, эти каноны, в свою очередь, способствовали их переездам, ведь очень немногое было характерно лишь для одной области, и талантливый художник, скульптор или архитектор обычно приезжал ко двору, обладая довольно полными познаниями в изобразительных формулах, необходимых для успеха на новом месте. Эта специфика была вдвойне важна в огромном числе случаев, когда правители обращались за границу, делая заказ художнику или агенту. Бывало, что правитель даже не знал, кто выполнит работу, а представления исполнителя о дворе, из которого исходил заказ, также были весьма приблизительными. Тем не менее эти заказы извне нередко хорошо принимались, оказывались весьма успешными и могли стать поводом для последующих заказов дворов, имеющих связи с предыдущими заказчиками. Все эти факторы стали причиной формирования многочисленных схожих черт в культуре при дворах Центральной Европы, которые нельзя объяснить лишь канонами, созданными в Италии и Франции. Хотя, без сомнения, можно выделить много различий, существовало нечто, что вылилось во внутренний диалог изящных искусств между многими дворами и свободными городами. Возможно, более крупные города могли похвастаться разнообразными великолепными образчиками искусства, но богатая, непрерывная художественная и культурная традиция Центральной Европы — это совокупный итог их всех, поскольку она была сформирована и связана в единое целое благодаря этому продолжительному диалогу.

Даже полностью признавая взаимодействие всех этих центров, нельзя утверждать, что культурная традиция Центральной Европы когда-либо представлялась сколь-либо завершенной. Уже давно признано значение поколения Дюрера и его современников в начале XVI века и поколения Баха, Неймана и многих других, творивших после 1700 года. Позднее получила признание и была изучена придворная культура Мюнхена и Праги конца XV — начала XVI века. Однако, судя по научной литературе, XVII век — это период, выпавший из внимания ученых. Главным образом такую лакуну объясняли Реформацией и начавшейся вследствие этого Тридцатилетней войной (1618–1648) [Hempel 1965: 62–86; Langer 1980: 187–234]. Поэты Мартин Опиц и Георг Грефлингер с горечью писали о последствиях войны, а в популярном романе «Симплиссимус» Ганса Якоба Кристоффеля Гриммельсгаузена в ужасающих деталях показаны лишения и мародерства. Эти литературные свидетельства современников были дополнены мрачными офортами Жака Калло. Более непосредственно относится к искусствам пассаж в книге «Teutsche Academie» («Немецкая академия») Иоахима фон Зандрарта, длинном, сложном труде, предназначенном для создания основ обучения академическому искусству в германских землях. Зандрарт (1606–1688) писал следующее:

> Королева Германия видела, как ее дворцы и церкви, украшенные великолепными изображениями, снова и снова сгорали дотла; пока ее взор застилали слезы и дым пожаров, у нее больше не было ни сил, ни желания заниматься Искусствами, из-за чего нам представлялось, что она стремится найти избавление в долгом сне бесконечной ночи. Итак, Искусства были забыты, а их приверженцы страдали от бедности и презрения до такой степени... что им приходилось брать в руки оружие или посох нищего вместо кисти, в то время как благородные люди не могли заставить себя отдать своих детей в обучение столь презираемым людям[1].

Эти свидетельства XVII века превратились в общепринятую точку зрения. В середине XX века популярный труд сэра Кеннета Кларка «Цивилизация», благодаря которому сформировалось представление целого поколения об истории культуры, повторял Зандрарта, полностью отрицая развитие культуры в этом регионе в XVII веке: «К началу XVIII века немецкоязычные государства вновь обрели дар речи. Из-за хаоса, посеянного Реформацией, из-за неописуемых и нескончаемых ужасов Тридцатилетней войны их участие в истории цивилизации было прервано на сто с лишним лет» [Кларк 2021: 251].

Однако подобное объяснение не представляется полностью удовлетворительным. Сам Зандрарт в этот период сделал прекрасную карьеру и процветал, а в его жизнеописаниях художников-современников война едва упоминается. Многие его биографии описывают успешную карьеру художников в тот самый период, который он в своем высказывании, цитируемом выше, изображает мрачным и безнадежным. Вполне оправдан более оптимистичный тон его биографий, ведь в XVII веке в этом регионе были осуществлены многие значительные проекты [Evans 1985; Kaufmann 1995: 233–281; Kaufmann 1998]. Что более важно,

---

[1] Цит. по: [Graf 1975].

тезис об упадке не отвечает истине, поскольку он не учитывает два влиятельных королевских двора, составлявших часть этого региона, в Дании и Швеции, которые развивались особенно бурно в этот век, когда, казалось бы, развитие культуры остановилось. И действительно, несколько самых значительных своих работ Зандрарт выполнил для шведских заказчиков, считая этот регион частью германского мира, который он описывал.

Один пример (из многих, представленных в этой книге) иллюстрирует, насколько легко художники переезжали с места на место, а также показывает важную роль королевских дворов Скандинавии в культуре Центральной Европы. В числе выдающихся деятелей искусства, работавших в Дрездене около 1700 года, были скульптор Бальтазар Пермозер из Баварии и архитектор Маттеус Даниель Пёппельман из Вестфалии. Оба обучались в Италии и были знакомы с работами современников в Вене и в других уголках Священной Римской империи. Оба внесли важный вклад в работу по преобразованию Дрездена в королевскую столицу после того, как курфюрст Саксонии Август Сильный получил корону Польши в 1697 году.

Пермозер путешествовал дальше, чем ранее предполагалось. В 1692–1693 годах он был в Стокгольме, где, согласно документам, выполнил декорации для похорон королевы Ульрики Элеоноры под началом придворного архитектора Никодемуса Тессина Младшего [Böttiger 1918: 20; Böttiger 1940–1941: 215, 279n6]. По-видимому, его пребывание в этом городе не совпало с приездом Раймунда Фальца, но позднее их творческие пути пересеклись. Родившись в Стокгольме в семье ювелира из Аугсубра, Фальц с 1690 года работал придворным ювелиром, чеканщиком медалей и скульптором в Берлине. Там он встретился с Пермозером, который во второй раз приехал на короткое время из Дрездена. Они вместе создали изысканную статую Геркулеса из слоновой кости. Позже Пермозер высек искусное надгробие для Фальца, так что можно предположить, что этих двоих связывала глубокая личная дружба [Theuerkauff 1986: 98–105; Steguweit 2004].

Хотя документальных свидетельств об этом нет, возможно, Пермозер также встречался с Иоганном Фридрихом Эозандером (позднее получившим дворянское звание и фамилию Гёте) где-то в Стокгольме, где тот работал в середине 1690-х годов. Десятилетие спустя, будучи придворным архитектором в Берлине, Эозандер отвечал за декорации для похорон королевы Софии Шарлотты, и результат его работы весьма напоминает декорации, выполненные Тессином в Стокгольме при помощи Пермозера и других [Holland 2002: 142–147][2]. Позднее он работал в Дрездене и был коллегой Пёппельмана и Пермозера, хотя в то время в основном занимался фортификациями.

Подобные встречи были обычны при дворах Священной Римской империи. Стокгольм был неотъемлемой частью этой системы, кратко обрисованной выше, ведь творческие пути нескольких из упомянутых деятелей искусства проходили через этот город. И подобное не было чем-то исключительным. Однако, хотя документы, подтверждающие работу Пермозера в Стокгольме, были опубликованы век назад, этот эпизод его жизни никогда не принимался во внимание, и начало 1690-х годов оставалось непроясненным эпизодом в его карьере [Asche 1978]. Краткое пребывание Пермозера в Стокгольме, которое никогда не принималось во внимание, является хорошим примером изображения роли Датского и Шведского дворов в истории культуры Центральной Европы в более широкой перспективе. В литературе об искусстве и культуре этого региона северные королевства не упоминаются, несмотря на их важный вклад в культуру этого мира.

Данию и Швецию никогда не включали в историю культуры Центральной Европы, они, скорее, изображались как часть единого культурного процесса на побережье Балтийского моря, от Копенгагена и Стокгольма до Риги, Кёнигсберга, Данцига, Штральзунда и Любека. Исходная формулировка этого сыгравшего значительную роль подхода на два десятилетия предвосхитила похожую интерпретацию региона Средиземноморья Фернаном Броуделем и с тех пор только корректировалась и развивалась [Roosval 1924; Roosval 1927; Białostocki 1976: 11–23; von

---

[2] См. также главу 7.

Bonsdorff 1993; Larsson 2003; Kaufmann 2003; North 2015; Braudel 1949]. Однако большинство научных трудов, выдвигающих этот тезис, делали акцент на позднем Средневековье, а не на раннем Новом времени. Что еще более удручающе, определение Балтийского региона не привело к росту внимания к тем замечательным предметам искусства, которые там производились, или к утверждению более значимого места для него в европейской истории искусства и культуры. Хотя в Балтийский регион входят значительные части Северной Германии и Польши, они тоже оказались вытесненными на периферию в изучении культуры Центральной Европы.

Подобное смещение акцентов дорого стоило как для королевских дворов Скандинавии, так и для остальных стран Центральной Европы. Из-за этого северные королевства затерялись, оторванные от более обширного региона Центральной Европы, в котором они играли важную роль. Одновременно из-за подобного опущения этот крупный регион представлялся незначительным в те годы, когда королевские дворы Дании и Швеции развивались особенно активно.

Оторванные от остальной Центральной Европы, Дания и Швеция оценивались как культурные клиенты других регионов. Поскольку в десятилетия на рубеже XVI–XVII веков в Дании работали многие деятели искусства нидерландского происхождения, культурная продукция в этом королевстве часто рассматривалась как аванпост нидерландского искусства — «пересаженный росток», как выразился Йохан Хёйзинга [Хёйзинга 2009]. Другие, по-разному оценивая заинтересованность Шведского двора и в особенности его выдающегося архитектора Никодемиуса Тессина Младшего в архитектуре и искусстве Рима и Парижа/Версаля около 1700 года, обычно видели в шведском искусстве влияние этих мест[3]. Из-за таких формулировок королевским дворам Скандинавии навсегда отводилась второстепенная роль в общей истории искусства, поскольку они всегда представлялись спутниками, а не равноправными партнерами в обширном

---

[3] См., например, [Dee, Walton 1988; Magnusson 1999].

диалоге культур. Тот факт, что эти королевские дворы успешно привлекали отовсюду выдающихся деятелей искусства и отправляли местных талантливых юношей в долгие учебные поездки за границу, можно интерпретировать как доказательство их культурной зависимости, но одновременно является указанием на их значимость в глазах представителей их круга.

Итак, в этой работе мы утверждаем следующее: королевские дворы Дании и Швеции были полностью интегрированы в культуру Центральной Европы и играли ведущую роль в более крупном масштабе в период с XVI по XVIII век. Ошибка в историографии, из-за чего северные королевства оказались оторванными от этого обширного региона, отражая более серьезную концептуальную ошибку, нанесла вред нашему историческому ви́дению как Скандинавии, так и Центральной Европы, из-за чего представление об обеих этих частях одного целого оказалось неполным, а их значение стало легче преуменьшить. Цель этой книги — определить место этих двух важных королевств в культуре более обширного региона, в которую они внесли значительный вклад.

СКАНДИНАВИЯ И БАЛТИКА: ЗЕМЛЯ И МОРЕ

В этой книге часто говорится о землях, например, о немецких землях или о землях вокруг Балтийского моря, но их границы в значительной мере определялись морями, их омывающими. Скандинавский полуостров почти полностью окружен Балтийским морем с востока и юга, Северным морем с запада и Северным Ледовитым океаном с севера. С большим Евразийским континентом он соединен только далеко на Севере, в землях саамов, где он граничит с Россией. Дания соединена с континентом Ютландским полуостровом, однако в целом это королевство состоит в основном из группы островов. В XVII и XVIII веках его территория простиралась от Зеландии, где находится Копенгаген, до Исландии и Гренландии в Северной Атлантике. Норвегия, будучи частью Датского королевства до 1814 года, занимает значительную тер-

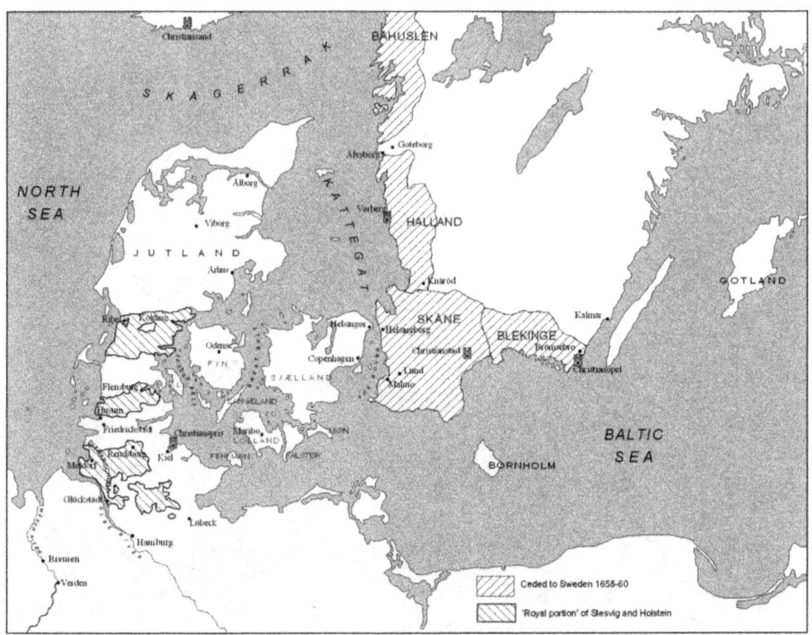

Карта 1. Дания с принадлежащими ей территориями, ок. 1600 года. Из книги Локхарта, Дания, 1513–1600. © Oxford University Press, воспроизводится с разрешения лицензиара с помощью платформы PLSclear

риторию на западе Скандинавского полуострова (в результате Наполеоновских войн она была передана под власть Швеции и обрела независимость в 1905 году). Швеция в раннее Новое время занимала менее протяженную территорию, но все же простиралась до Восточной Балтики благодаря территориям княжества Финляндии (в результате военного поражения перешла к России в 1809 году) и все более обширным территориям на берегу Балтийского моря.

Эта часть Европы была весьма скудно заселена, на огромной территории проживало относительно мало людей. Некоторые районы Дании были своего рода исключением из этого правила, там торговые города и центры епископств располагались ближе друг к другу, чем в других частях этого региона. Это сыграло

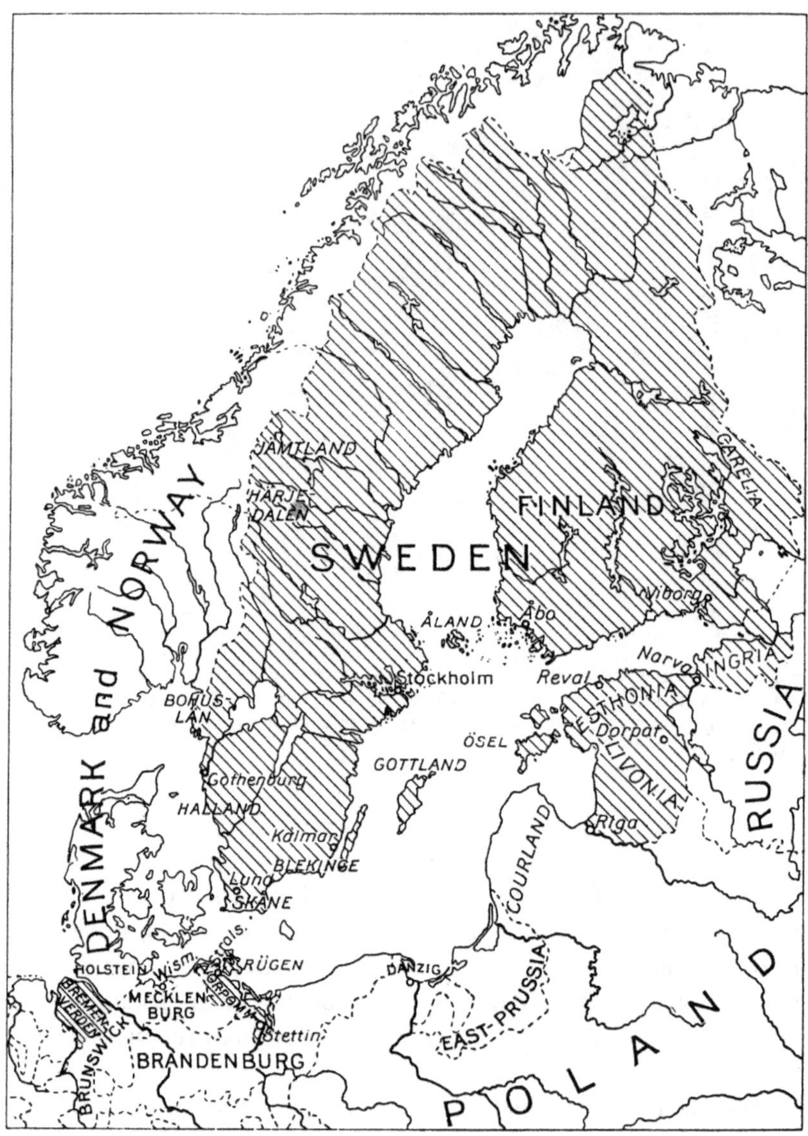

Карта 2. Швеция и ее территории после 1660 года

особенно важную роль, когда в страну пришли идеи Реформации, которые нашли больший отклик у городских буржуа, нежели у крестьян и прочих жителей сельской местности. Тем не менее Дания, с характерным для нее плоским рельефом и богатыми почвами, в основном была аграрной страной. Полуостров Ютландия примыкал к немецким землям герцогствами Шлезвиг и Голштиния; оба они управлялись датской короной, а последнее было частью Священной Римской империи. Далее к северу находились королевские замки в Кольдинге и Хадерслеве и резиденция епископа в Орхусе, однако в остальном ландшафт Ютландии состоял из лесов и сельскохозяйственных угодий. В значительной степени жизнь королевского двора протекала на острове Зеландия: в Копенгагене находилась основная королевская резиденция, а вскоре в Эльсиноре и Хиллерёде были возведены королевские замки.

В конце XVI века роль королевской усыпальницы была закреплена за собором в Роскилле. Пейзаж между этими городами был отмечен дворянскими поместьями. Такую относительно большую концентрацию королевских и дворянских резиденций можно было видеть и на другом берегу пролива на территории, которая сейчас принадлежит Швеции. И тем не менее даже эта часть королевства по сравнению с Нидерландами и отдельными территориями Северной Германии была заселена скудно.

Далее на севере, в Норвегии, доминировали горы, а ее извилистая береговая линия была восточной границей Северного моря. Швеция, столь же протяженная, как Норвегия, но обращенная к востоку, к Балтийскому морю, была намного более плодородной. В южной части королевства на невысоких холмах и полях простирались леса и сельскохозяйственные угодья. Дальше к северу и западу в шведские территории врезались Норвежские горы. В их недрах таились богатые месторождения меди и железа, которые обеспечивали значительную часть европейского рынка.

Топография региона не изменялась, но политические альянсы и структуры были в постоянном движении. В 1397 году скандинавские королевства вступили в унию под властью датской короны. Отношения в Кальмарской унии, это название она получила по названию крупного города в Юго-Восточной Швеции, стали напряженными уже к середине XV века. В начале XVI века Швеция подняла восстание и обрела независимость в 1523 году. Однако значительная часть территории, которая ныне является Южной Швецией, оставалась частью Датского королевства; современные границы в регионе были установлены лишь после ряда войн, следовавших одна за другой и казавшихся нескончаемыми. Некоторые, такие как Датско-шведская война 1563–1570 годов, влекли значительный экономический урон, и при этом не приносили никакой выгоды ни одному из королевств. Тем не менее эти войны, в большей мере, чем любое другое событие после Реформации, сформировали историческое развитие этих королевств. Также они имели огромные последствия для культурного развития данного региона.

Эпизодические военные столкновения между Данией и Швецией происходили постоянно, но со временем баланс сил изменился. На протяжении XVI и начала XVII века на Балтике доминировала Дания. Хотя война 1560 года завершилась ничем, Кальмарская война, которую эти королевства вели в 1611–1613 годах, привела к значительному ослаблению Швеции и усилению Дании благодаря денежным контрибуциям, полученным от проигравшей стороны. Победа послужила поводом прославить укрепление государства и монархии, а внезапное богатство позволило оплатить его, предлагая огромные заказы деятелям искусства.

В XVII века победа перешла к Швеции, которая стала доминировать в регионе. В первую очередь это стало результатом Тридцатилетней войны. Этот конфликт нередко рассматривается как поворотный момент, положивший начало современным методам ведения войн. Она началась как конфликт между христианскими конфессиями, но закончилась тем, что католическая Франция и лютеранская Швеция объединились и одержали победу над государствами, вставшими на сторону католического императора Священной Римской империи. В их числе ненадолго оказалась и лютеранская Дания, которая до этого возглавила сторону протестантов, поскольку национальные интересы пересилили религиозные убеждения. Дании пришлось заплатить высокую цену за свое участие в конфликте. С 1630-х годов Швеция, наряду с Голландской Республикой, стала растущей силой в Европе. Вестфальский мир, заключенный в 1648 году, укрепил ее позиции, поскольку Королевство Швеция стало гарантом мира и, таким образом, эффективным лидером протестантских государств. Благодаря этому миру Швеция также обрела контроль над значительными территориями Западной Померании, а также Бременом, Верденом и Висмаром, городами в Северной Германии. Эти территории были присоединены к землям в Восточной Балтике, которые находились под контролем Швеции со второй половины XVI века. Последующие войны в Польше и Дании в 1650-х годах укрепили позиции Швеции, во многом за счет ее соседей. Аннексия территорий на южной конечности Скандинавского полуострова в 1658–1659 годах лишили датских королей контроля за проливом, соединяющим Балтийское и Северное моря, а также пошлин от проходящих по проливу судов, которые долго обеспечивали независимый доход королям. Вдобавок к контрибуциям эта статья дохода служила источником для оплаты королевских заказов в сфере искусства.

Швеция вступила в эпоху расцвета практически всецело благодаря военным победам, вызвав возмущение своих соперников. В 1700 году на нее напал альянс Дании, которая надеялась вернуть территории, нынче принадлежащие Швеции, Объединенного Королевства Саксония-Польша и России, в которой в то время правил Петр I, решительно намеревавшийся захватить территории на восточных берегах Балтийского моря, что было частью его плана переориентировать политику страны на запад. Ему сопутствовал успех, и в 1703 году на берегах Невы на бывших шведских территориях был основан Санкт-Петербург. Возможно, это было преждевременно, поскольку война длилась вплоть до 1721 года и успех отвернулся от шведов только после битвы под Полтавой, в 1709 году. Тем не менее новый город стал столицей России и несомненным символом потери Швецией статуса великой державы.

КУЛЬТУРНАЯ ПРЕЕМСТВЕННОСТЬ И КУЛЬТУРНЫЙ ОБМЕН

Политическая история этого времени и региона в значительной степени делает акцент на войнах, а не на торговле или других мирных занятиях. Конечно, в то время торговля тоже развивалась, например, торговля шведским железом и медью, но войны сами по себе были на удивление эффективным средством контакта и интеграции с остальным континентом. Конечно, в определенных случаях войны даже могли способствовать культурному развитию. Более того, напряженные отношения, приводившие к войнам, часто проистекали из давних хитросплетений, которые сами по себе подразумевали общность истории и культуры.

Династические браки могли нести с собой как мир, так и войны, ведь брачные союзы вели к спорам о наследовании. В 1590-х годах королем и в католической Польше, и в лютеранской Швеции стал Сигизмунд Васа. Эта неприемлемая ситуация разрешилась, когда его отстранили от царствования в Швеции, а вместо него короновали его дядю, Карла IX. Однако польская линия правителей Васа продолжала считать Швецию своей наследной вотчиной, что привело к разрушительным войнам со Швецией в 1620-х и 1650-х годах.

Однако подобные династические связи редко были настолько непростыми, поскольку гораздо чаще они формировались между более близкими семьями. Хотя скандинавские правители были связаны и с другими династиями — в конце XVI века королевой Швеции стала польская принцесса, а в начале XVII века Анна Датская стала королевой Шотландии и Англии, — самые близкие кровные связи существовали между протестантскими, немецкоязычными дворами.

Точно так же и скандинавские королевства теснее всего были связаны в политическом и культурном отношении с этой частью Центральной Европы. Король Дании, будучи герцогом Голштинским, был принцем Священной Римской империи. Согласно условиям Вестфальского мира, шведский монарх являлся одновременно герцогом Померанским (вдобавок к другим титулам) и, таким образом, также принцем империи. Эти титулы не были простыми условностями; скандинавские короли являлись одними из самых могущественных принцев империи и признавались таковыми вельможами своего круга, которые равнялись на них. Королевские дворы Скандинавии были примерно тех же размеров и нередко характеризовались теми же юридическими и социальными структурами, что и дворы более крупных германских земель [Persson 1999]. Датчане и шведы более или менее одинаково свободно говорили на немецком и на своем родном языке, и немецкий был первым языком многих представителей политической, экономической и культурной элит при этих дворах. Возможно, более показательно, что личности, о которых будет говориться в этом исследовании, судя по всему, воспринимали себя самих и свои работы в значительной степени в рамках этого контекста. В 1587 году Юхан III, король Швеции, выражал надежду, что когда-нибудь Стокгольм будет равен самым известным немецким и балтийским городам. Представляется, что его желание сбылось: в отчете, подготовленном для короны в 1663 году, было заявлено, что в городе теперь так много прекрасных каменных домов и прямых улиц, что подобную гармонию не встретишь и во многих немецких городах, особенно на берегах Балтийского моря [Josephson 1918: 5; Rosenhane 1775: 51].

Одним из важных последствий этой интерпретации является то, что в данной книге будет говориться не о культурном обмене, по крайней мере в той форме, которая стала популярной темой научных изысканий, хотя в это время происходила значительная миграция людей и объектов, иногда на большие расстояния. Для того чтобы играть значимую роль, культурный обмен должен подразумевать взаимодействие двух существенно разных культур, и в определенной степени это разграничение имеет решающее значение. У любых двух городов или регионов есть характерные черты, но они могут существовать в рамках единой, более обширной культурной традиции. Во Флоренции и Сиене в позднее Средневековье присутствовали узнаваемо различные традиции живописи — достаточно пойти в музей и взглянуть на полотна, описываемые как «флорентийские» или «сиенские», —

а также напряженное соперничество, в результате которого мастера ревниво следили друг за другом. Но хотя это взаимообогащение культур не следует упускать из виду, данный процесс происходил в рамках в значительной степени единой культуры. Не зря Джорджо Вазари, писавший в середине XVI века и хорошо известный своим предубежденным отношением к искусству Флоренции, назвал ключевым моментом начала формирования живописной традиции города создание «Мадонны Ручеллаи», написанной около 1285 года сиенским художником Дуччо ди Буонинсенья [Вазари 2019; Maginnis 1994]. (Вазари считал, что ее автором был флорентийский художник Чимабуэ.) Продолжая эту логику, можем ли мы описать какой-либо культурный диалог между явно различными школами, существующими в одном городе? Можно ли сказать, что путь Карло Фонтаны через Рим в 1650-х годах, от мастерской Пьетро да Кортоны к Джан Лоренцо Бернини, представляет собой пример художественного заимствования или культурного диалога? Где та грань, которая отделяет реальный культурный диалог и все типы перемещений и взаимных влияний, обычных для любого общества?

Диалог между действительно различными культурами — например, деятельность нидерландских торговцев в Юго-Восточной Азии или азиатские изделия, которые были в ходу в Центральной и Южной Америке в раннее Новое время — отличается целым рядом характеристик от соперничества между Сиеной и Флоренцией. Рассматривая этот ряд, можно делать акцент как на сходствах, так и на различиях. Но даже в процессе изучения контактов, благодаря которым знакомые традиции находили свое продолжение в неожиданных местах, характер данного дискурса подразумевает признание границ определенных концепций, многие из которых были приняты или даже созданы первыми историками XIX и начала XX века[4]. Это может осложнить признание культурных связей, которые присутствовали с самого

---

[4] Пристальное внимание к национальному вопросу у писателей XIX и начала XX века — это известная проблема в историографии искусства и культуры. В скандинавском контексте см. [Josephson 1975; Josephson 1937; Olin 2013].

начала, и оправдать идею о том, что рассматриваемые объекты существенно различаются.

Хотя в представленном здесь материале из Северной Европы существует множество примеров культурной адаптации, кажущихся противоречащими друг другу, большинство из них, судя по всему, не казались таковыми участникам процесса[5]. Те предметы и традиции, которые действительно воспринимались как иностранные, были обычно модными новинками, привезенными издалека, часто из Франции или Италии, а не из Центральной Европы, и подобные случаи можно было встретить во всей империи. Если работы, созданные в Копенгагене и Стокгольме, кажутся отличными от объектов, произведенных в странах, входящих в состав современной Германии, эти различия могут быть не более значительными, чем между объектами, выполненными в Берлине, Дрездене и Мюнхене, если взять для примера эти три имперских двора, которые пристально следили друг за другом, но занимали вполне независимые позиции вплоть до формирования современного Немецкого государства в 1871 году. В общем и целом это исследование не является межкультурным, поскольку рассматриваемые регионы были частью обширной, в значительной степени непрерывной культурной общности.

---

5 Подобная критика была высказана относительно понятия гибридности в странах Латинской Америки. См. [Dean, Leibsohn 2003].

Глава первая
Готицизм в Германии

Для людей, живших в раннее Новое время, история служила основой для понимания настоящего. Престиж наций строился на выдающихся деяниях как предков, так и современников, и от историков ожидалось, что они смогут установить связь между древним величием и современными реалиями, чтобы создать величественную историю своего общества или своих нанимателей. Для жителей Северной Европы наиболее существенными источниками считались античные тексты Тацита, Плиния и других, кто описывал земли к северу от Альпийских гор. В этих текстах встречаются фантастические элементы, опровергаемые современными историками. Однако ранние историографы нередко считали эти пассажи весьма важными. Так, комментарий Тацита о том, что Геркулес побывал в Германии, а римляне называли земли, которые частично входят теперь в понятие Центральной Европы, отнюдь не считался милым, но малоправдоподобным анекдотом. Напротив, Максимилиан I, император Священной Римской империи (1493–1519), объявил его предком Габсбургов и велел изобразить себя на гравюре в виде «Германского Геркулеса» (Hercules Germanicus)[1] (илл. 1) [Тацит 1969; McDonald 1976]. Родичи Максимилиана при дворах Испании и Бургундии не отставали и тоже заявили о родстве с этим полубогом [López Torrijos 1985; Brown, Elliot 2003 и др.]. В XVI веке история Лукиана о том, как Геркулес побывал в Марселе, вновь обрела актуальность

---

[1] Мартина Лютера также изображали как Германского Геркулеса. См. [Hofmann 1958–1959, 1983].

и эволюционировала в традицию о «Галльском Геркулесе» (Hercules Gallicus), и его объявили предком французских королей [Лукиан 2001; Диодор 2021][2]. Приписываемые ему качества — великая сила и мудрость — превратили его в идеал для всех правителей, и благодаря этому его образ стал универсальным, даже когда частные обстоятельства менялись.

Традиция привязывать образы богов и полубогов к различным регионам и правящим династиям соединилась со стремлением найти связи между современными обществами Европы и древними народами, упоминаемыми греческими и римскими авторами [Geary 2013 и др.]. Так, образ Геркулеса Галльского был одновременно отсылкой и к Геркулесу, и к традиции, согласно которой французы были потомками жителей античной Галлии [Droixhe 2002]. Также поляки и венгры ассоциировали себя с сарматами, упоминаемыми в многочисленных классических текстах [Bömelburg 2006]. Голландцы вели свое происхождение от воинственного и независимого племени батавов, когда-то населявшего территории между реками Рейн и Маас, и они стали героическим идеалом в продолжавшейся тогда борьбе с Испанией за независимость [Schöffer 1981; Swinkels 2004].

Эти аргументы имели огромное значение и нередко становились предметом ожесточенных споров, поскольку положение в обществе и престиж были неразрывно связаны с древностью: чем древнее род или правящая династия, тем более легитимными они представлялись в глазах своего круга. Однако династии редко насчитывали более нескольких сотен лет. Демонстрация непрерывной связи между государством, регионом или правящей семьей и одним из этих древних племен (или богов) во много раз возвышала их положение, и аристократы, соответственно, приказывали своим историкам браться за изыскания и возводить их род к началу времен, отраженному в письменных источниках.

Одни из самых ожесточенных дебатов того времени вращались вокруг теории готицизма [Schmidt-Voges 2004; Neville 2009].

---

[2] См. [Jung 1966; Rebhorn 1995].

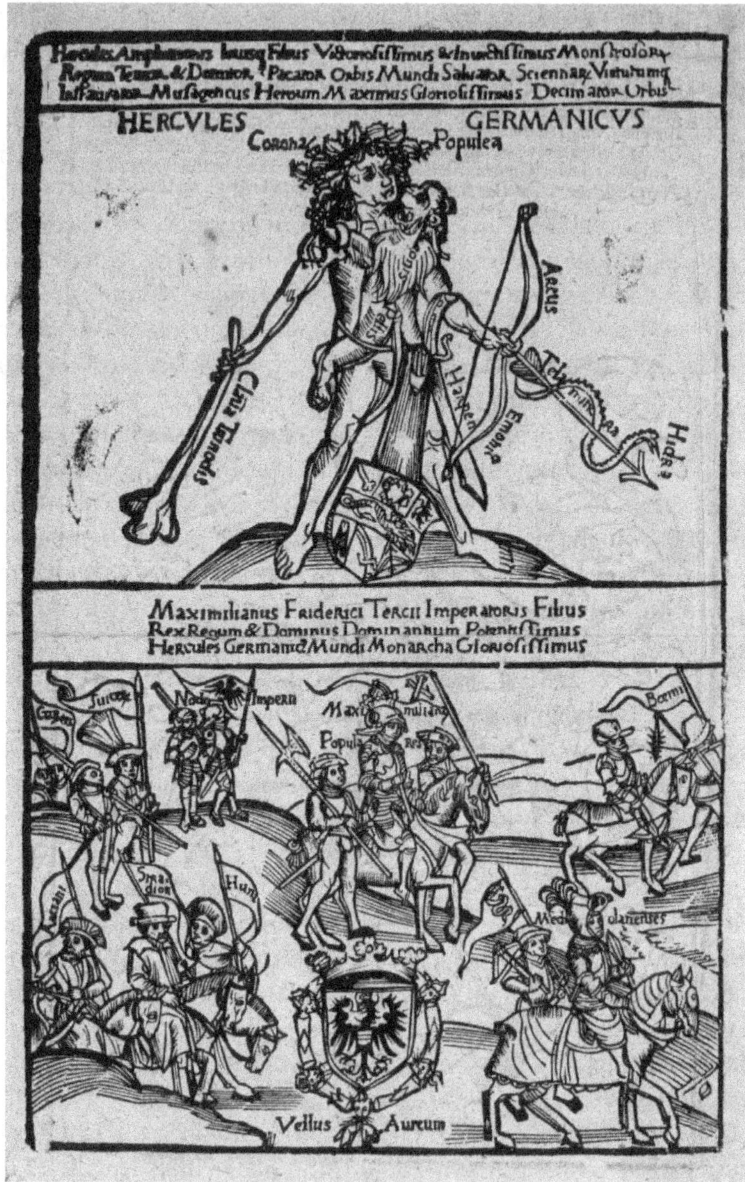

Илл. 1. Император Максимилиан I в образе Геркулеса Германского. Ок. 1495–1500 годов

Элиты Испании, германских стран и Скандинавии выступали с притязаниями на происхождение от древних племен готов. Готы, на которых итальянские историки раннего Нового времени возложили ответственность за падение Рима в V веке, стали объектом восхищения своих почитателей благодаря именно этому деянию. Более того, поскольку многие историки прослеживали их происхождение от сынов Ноя, без чего в рамках христианского мировоззрения обойтись было нельзя, причастность к этому племени позволяла говорить о настоящей древности. Вскоре писатели во всех уголках весьма обширного региона разработали аргументы, доказывающие, что их правитель или их местное сообщество были не только потомками готов, но и самыми прямыми потомками, а следовательно, самой древней ветвью их наследников. В этих рассуждениях свободно переплелись методы лингвистики, текстологии, географии, археологии и истории, создавая подвижные, накладывающиеся друг на друга версии нарратива о готах, в рамках которого иногда прослеживали лингвистическое наследие племени, иногда этническое, иногда архитектурное, а время от времени соединяли все три. Тем не менее все эти истории в основном базировались на представлениях о древности готов и их наследии в Европе раннего Нового времени. Для различных регионов и правителей значение готов различалось, но чаще всего они заявляли, что наследовали силу, престиж и древность этого племени, повергнувшего Римскую империю.

Однако по мере того как ученые из разных стран производили кипы свидетельств, указывающих на происхождение их регионов от готов, появилась возможность рассматривать готицизм не только в терминах дифференциации — какое королевство, династия или географический регион могли объявить себя самыми древними и выдающимися, — но также в терминах общей истории и самоидентичности. В общем и целом полемика сводилась к вопросу о происхождении готов. Многие авторы соглашались, что страны готов были изначально собраны в единое целое, но затем их общность была утрачена в результате более поздних политических дроблений, хотя ее по-прежнему можно проследить другими средствами. Принятие идеи происхождения от готов, в особенности в Священной Римской империи — большом политическом объединении, включающем в себя много маленьких государств, управляемых вздорными князьями, принадлежащими к разным конфессиям и говорящими на разных языках, — открывало способ иного построения самоидентичности как в границах империи, так и вне их. Особенно это касалось Скандинавии, которая добавила собственные, изобретательные и весомые аргументы в эту дискуссию.

Такие представления раннего Нового времени о готах осложнялись несколькими другими соображениями. Готы широко ассоциировались с другими племенами — часто вандалами, — и их нередко рассматривали как близкородственные группы. Например, в датской литературе они сосуществовали с кимврами, которых долго ассоциировали с Ютландским полуостровом и считали еще одним племенем — предком датчан.

Более проблематично, что древние источники, служившие основами этих легенд, предлагали запутанную и противоречивую информацию. Наиболее полное описание готов можно найти в «Гетике» Иордана, тексте VI века, основанном на более обширном утраченном сочинении римского консула Кассиодора. Этот текст сильно отличается от «Германии» Тацита, который был наиболее широко признаваемым источником сведений о древней истории Северной Европы. В то время как Тацит всего лишь один раз вскользь упоминает готов, Иордан описывает их подробно, рассказывая, как они, «вырвавшись подобно пчелиному рою» с острова Скандза, примерно там, где Тацит помещает племена свеонов и эстов, вторглись в Европу [Тацит 1969; Иордан 1960: 66; Goffart 1988; Søby-Christensen 2002]. Рассматривая это и другие противоречия, космограф Себастиан Мюнстер жаловался: «...многие, и язычники, и христиане брали на себя труд описывать Германию. Но ни один, насколько я знаю, не сообщал правильно о городах или странах народов германской нации. <...> И древние, и иностранцы описывали их почти по слухам, но сами там не бывали» [Münster 1550: 296].

ИДЕОЛОГИЯ ГОТИЦИЗМА

Первый решающий момент в формировании идей готицизма в довольно расплывчатой средневековой традиции — это происшествие во время Церковного собора в Базеле в 1434 году. Делегации от Кастилии и Англии начали спорить о том, какое место они должны занимать, это был важный вопрос положения и престижа. Представители Кастилии предъявили права на почетные места, заявляя, что являются наследниками готов. Николай Рагвальди, епископ Швеции и представитель от существовавшей тогда унии Дании, Норвегии и Швеции, вмешался, процитировав текст, в котором родиной готов называлась Швеция. Таким образом он превратил диспут в спор между Кастилией и объединенными северными королевствами. Однако в этом состязании, в котором один аргумент уравновешивался другим, возобладала идея о превосходстве Кастильской монархии.

Рагвальди искал поддержку, которая бы прибавила весомости представителям его маленького северного королевства. Хотя его заявлениями пренебрегли, его идеи и методы сформировали отправную точку для притязаний на наследие готов, которые Шведский и Датский королевский дворы лелеяли веками. Эти идеи развивались в конце XV века Эрикусом Олаи, а в следующем веке — братьями Олаусом и Йоханнесом Магнусами, последними двумя католическими уппсальскими архиепископами, удалившимися в изгнание в Италию, когда в Швеции победили идеи лютеранства. Братья Магнусы надеялись, что смогут создать движение, противодействующее распространению идей Реформации в Скандинавии, но, как и Рагвальди, они нуждались в основании, которое позволило бы им быть услышанными и приобрести уважение Римско-католической церкви и других, кто мог бы поддержать их дело. Олаус Магнус написал историю народов Северной Европы, но более важную роль для развития теории готицизма сыграла генеалогия готских королей, сочиненная Йоханнесом Магнусом. Это серия биографий, в которой прослеживается династия готских правителей, начиная с Магога, правнука Ноя, и заканчивая современным автору королем Швеции, Густавом Васой (годы правления 1523–1560) [Magnus J. 1554; Magnus O. 1996–1998][3].

Для того чтобы традиция готицизма обрела некоторую легитимность, было важно изменить широко распространенное представление о готах как о диких варварах, сеющих насилие и хаос на своем пути. Так, Йоханнес Магнус описывает миграцию готов как предопределенные Богом походы, совершаемые с умеренностью и смирением. Воинственность империи привела к конфликтам с Римом; именно это, а не агрессия готов привело к падению империи. Под его пером готы стали образцом морали, который следует изучать и которому необходимо подражать, что отличалось от изображения жестокого ига, типичного для классической древности [Johannesson 1991: 80–102].

Работа Йоханнеса Магнуса была адресована итальянским ученым с их негативным восприятием готов, но также создана под влиянием длительного напряжения между Данией и Швецией, которое вылилось в победное восстание шведов против датского владычества в 1520–1523 годах. «Деяния датчан» Саксона Грамматика, написанные около 1200 года и опубликованные в 1514-м, также способствовали становлению традиции [Грамматик 2017]. Хотя Саксон Грамматик следует обычной формуле, его описание географии во введении, за которым следует серия биографий королей, стало образцом для Магнуса. Саксон Грамматик касается готов лишь вскользь, но первая публикация его сочинения подчеркивает притязания датского короля и архиепископа на правление Швецией, подбрасывая дров в давнее напряжение в контексте генеалогической историографии. Магнус опровергал право Дании на наследие готов, заявлял о правах Швеции на это наследие, одновременно очерняя это королевство и в большом, и в малом.

Естественно, за подобным подходом последовал отклик. «Опровержение клеветы Йоханнеса Магнуса», сочиненное придворным датским историком Йоханнесом Сванингом, не ставит под сомнение значение готского наследия, но критикует Магнуса

---

3 См. [Johannesson 1991; Santini 1999].

за то, что он использует его для собственных целей, не обращая внимания на источники, которые могли бы дать более сбалансированную картину [Rosefontanus 1561]. Сванинг идентифицирует Скандзу как Готланд, остров посреди Балтийского моря. Готланд находился под властью Дании до 1645 года, когда его пришлось уступить Швеции, но создается впечатление, что Сванинг считает его относительно нейтральным местом, частью общей истории. Его незаконченная история Дании, которая, возможно, должна была стать объемным ответом Магнусу, описывает «миграцию готов из Дании и Швеции в Венгрию, Фракию и Италию» [Skovgaard-Petersen 2002: 101].

Век спустя этот дискурс практически не изменился. В 1650 году Йоханнес Сванинг Младший издал генеалогию, согласно которой короли Дании по прямой линии происходили от сынов Ноя. Здесь нет биографий, изображающих их в привлекательном свете, но автор применяет генеалогическую структуру Магнуса наравне с лингвистическим или этимологическим методом, результаты которого Сванинг Младший использует для того, чтобы опровергнуть шведские аргументы. Как он объясняет, Дания (Денмарк) — это третье название региона. Вначале она называлась Кимврия, затем Гутия или Готия. Ключевым пунктом в его доказательствах является этимология слова «Ютландия», названия датского полуострова. Ютландия (или Ютия) объявляется производным от слова Гутия, и следовательно, это подтверждает утверждение, что «готы — это даны, а даны — это готы» [Svaning 1650, 1: 11].

Как и раньше, шведские историки выдвинули более категоричную точку зрения, наиболее выразительно представленную в сочинении Улофа Рюдбека «Атлантика», опубликованном частями в период между 1679 и 1702 годами. Автор заявлял, что Швеция — это родина не только готов, но и вообще западной культуры [Rudbeck 1679–1702][4]. Основой этого утверждения стало его отождествление Скандинавского полуострова со Стра-

---

[4] Все цитаты даются по изданию [Nelson 1937–1939]. Комментарии к тексту см. [Eriksson 1994; Eriksson 2002: 257–496].

ной гипербореев и утерянным островом Атлантида, описанным Платоном в диалоге «Тимей». Таким образом, эти и другие земли, упоминаемые древними авторами, переплелись с мифом о готах. Это основополагающее отождествление открыло путь для в высшей степени изобретательной ревизии истории, по большей части основанной на филологических спекуляциях, согласно которой центр классической древности и источников западной культуры переместился на север, в Швецию. Так, например, Рюдбек утверждает, что египетские и греко-римские боги происходят от более древних, которым поклонялись у него на родине [Ibid.]. Второй том он завершает пассажем, в котором полностью выражается его мировоззрение:

> вся философия или всемирная мудрость, записанная и найденная у египтян, азиатов и европейцев, полностью происходит от наших северных гипербореев... более того, имена всех богов и богинь ведут свое происхождение от наших северных праотцев, сначала их заимствовали греки, а затем римляне [Rudbeck 1679–1702, 2: 692].

Если Рагвальди и Магнус пытались добиться для Швеции уважения и признания благородного происхождения при помощи мифа о готах, Рюдбек хотел показать, что вся западная культура берет начало на его родине, которая таким образом превращалась в самое древнее и почтенное королевство в Европе.

Не считая братьев Магнусов, живших в изгнании, все эти историки в той или иной степени были связаны с Датским и Шведским королевскими дворами, которые очень быстро поняли политический потенциал этих историй. Так, Густав Васа, шведский король, отправивший в изгнание братьев Магнусов, больше всего выиграл от публикаций их изданий. Начиная примерно с 1540 года, задолго до того, как были изданы их книги, он взял титул «король готов и вандалов» и использовал его политический потенциал всеми возможными способами. Он приказал, чтобы этот титул присутствовал на монетах и официальных изображениях, и запросил копии портретов Теодориха, Тотилы и других его готских «предков» из коллекции герцога Моденского. Его стремления получили значительное подкрепление благодаря истории готов Йоханнеса Магнуса, которая заняла почетное место в истории королевского дома. Когда в 1560 году Густава сменил его сын Эрик, он взошел на престол под именем Эрика XIV (годы правления 1560–1568), поскольку Магнус в своей книге указал тринадцать предыдущих королей с этим именем. Датские короли знали о трудах Магнуса, но и они поспешили включить упоминание о готах и вандалах в свои титулы.

ГОТИЦИЗМ В СВЯЩЕННОЙ РИМСКОЙ ИМПЕРИИ

Многие за пределом круга скандинавских историков и любителей древности также проявляли значительный интерес к готам и отождествляли себя с ними. Иоганнес Микрэлиус, ставивший Тацита и Плиния выше Иордана, писал, что это племя происходит из Померании, где он жил и работал [Micraelius 1640]. Филипп Клювер, один из основателей исторической географии, выстроил гораздо более изощренные филологические связи, утверждая, что родину готов следует искать на восточном побережье Балтийского моря, у Данцига. Тевтоны, по его мнению, именовались «дани», «кодани» и «годани», и именно из этого имени Помпоний Мела и Плиний образовали название «синус кодანус» — Балтийское море. «Годанус» или «годан» затем перешло в «гданос», и это название Клювер связывает с Гданьском или Гданьско, местное название Данцига (теперь это город Гданьск в Польше). Эту версию он связал с текстом Иордана, отождествив «Готисканзию» (Скандза) с «Годанске» (Данциг), отвергая ее отождествление со Скандией на Скандинавском полуострове или Готландом в Балтийском море [Clüver 1612]. Эти работы не просто были опровержениями притязаний северных королевских дворов. Скорее, они основывались на более обширной традиции готицизма, которая до публикации труда Йоханнеса Магнуса не была выражена столь полемично.

Интерес к традиции готицизма в Священной Римской империи был значительным еще до выхода трудов братьев Магнусов. В числе заслуживающих внимания публикаций на тему Древнего Севера в начале XVI века можно назвать работу Франциска Ireникуса «Germaniae Exegeseos» («Экзегезы Германии») [Irenicus 1518][5]. По предложению нюрнбергского гуманиста Виллибальда Пиркхеймера, Иреникус включил готов в перечень других германских племен. Он в значительной степени основывался на тексте Иордана, первое издание которого вышло тремя годами ранее, в 1515 году, и готы, соответственно, играют ведущую роль в его трактовке истории германцев. Он принял точку зрения о том, что родиной готов является Скандза, и отождествлял ее с Готландом, но настаивал, что в то время он был неотъемлемой частью немецких земель: «Готы пришли с немецкого острова Скандза. Этот остров, который другие называют Готландия, находится под властью датского короля и является германским». Его ключевой аргумент подкрепляется лингвистическими доказательствами: «У Иордана мы видим, что в то время готы использовали многие немецкие слова, и... их собственные имена показывают, что готы были германцами. Их короли всегда звались Берих, Фильмер, Валамир (и т. п.). Это имена германского происхождения. Следовательно, они германцы» [Ibid.: fol. 17r.].

Готы стали частью концепции Иреникуса о германском наследии, но поскольку до публикации трудов братьев Магнусов и Сванинга были еще десятилетия, на его трактовку не так сильно влияла политическая борьба за то, на кого падет отблеск их славы. Скорее, можно почувствовать его восторг от недавно опубликованного текста Иордана и желание включить его в новую литературу, в которой делались попытки возродить германскую старину в положительном свете, опираясь на классические источники. У него не было особой заинтересованности в том, какое место указать в качестве родины готов, и он не считал приори-

---

5 Литература об исследованиях немцев раннего Нового времени относительно их происхождения весьма обширна. См., например, [Borchardt 1971; Brough 1985; Wood 2008].

тетной задачей определить регион их происхождения. Вместо этого он включил тему готов в общие дискуссии о Древней Германии, значительно их приукрасив при помощи историй об их подвигах в борьбе с римлянами.

То, что Иреникус включил готов в германскую историографию, открыло возможность ассоциировать это племя со Священной Римской империей германской нации (таково формальное название империи), которой с XV века с переменным успехом управляли Габсбурги. Историки Габсбургов не замедлили воспользоваться этой возможностью. В середине XVI века Вольфганг Лациус, венский географ, историк и хранитель императорских коллекций при императоре Фердинанде I, развил идеи Иреникуса. Он принял версию Иордана о происхождении готов с острова Скандза и, подобно Иреникусу, считал ее частью германского (немецкого) мира, основываясь как на древних географических описаниях, так и на филологических аргументах о том, что немецкие и скандинавские наречия настолько близкородственны, что невозможно провести между ними существенные различия [Lazius 1557: 687, 693]. Его труд «De Gentium Aliquot Migrationibus» («О переселениях разных племен») в основном повествует о переселениях народов, прослеживая передвижение готов от одного «местоположения» к другому по обширным пространствам Центральной Европы. В Силезии название города Гота указывало на готское происхождение, как и Гуттенберг и Гутенштейн в Богемии, и другие места, более отдаленные, в Дакии, Венгрии и др. [Ibid.: 692–718]. Они в основном располагались в юго-восточной части Священной Римской империи, и, по-видимому, интерес Лациуса к готам заключался в первую очередь в описании как можно более широкого региона распространения этого племени, который примерно совпадал с границами наследных владений Габсбургов, хотя и выходил за эти пределы. Важное значение связи между Габсбургами и готами наиболее заметно в его родословной готских правителей. Нигде в ней не упоминаются шведские или датские правители. Напротив, родословная королей готов включает императора Карла V (1519–1556) и, далее, Фердинанда [Ibid.: 736].

Габсбурги не видели никаких противоречий в своих притязаниях одновременно на наследие готов и римлян. Объединяя идею *translation imperii* и традиционное представление о немецком происхождении готов, они преподносили себя как естественных наследников и римских императоров, и королей готов, победивших их. Первое представляло собой политическую самоидентичность, а второе — культурную или этническую, и вне зависимости от того, осознавалось это отличие или нет, обе династические линии были в числе самых могущественных, которые можно было себе представить. Так, отдельная группа родословных ведет начало императорской династии от Юлия Цезаря к Карлу V, открыто делая акцент на непрерывной линии между ними [Huttich 1525; Cuspinianus 1541][6].

Представление Лациуса о готах как о германцах сохранялось в историографии Габсбургов и вновь актуализировалось в конце XVII века в работе Ханса Якоба Вагнера фон Вагенфельза. Вагнер использовал их в своей полемике, где сравнивал историю французов и немцев. В ней противопоставлялись две совершенно различные концепции государственности, поскольку Вагнер предлагает сравнение раздробленного германского мира с более централизованным Французским государством. Распространенное отождествление германцев и готов играло важную роль в формировании более последовательного и величественного исторического нарратива. И вновь лингвистические спекуляции помогли собрать разрозненные политические государства в Священной Римской империи и у ее границ в более-менее гармоничное единое целое. В то же время он превратил общее языковое наследие в доказательство этнического единства готов:

> Итак, «гот» — это хорошее немецкое слово и изначально обозначает «хороший» или «добродетельный». В то время существовало много германских диалектов, в которых мы сейчас произносим «у» там, где раньше произносили «о». [Это] прямо как в наши дни в северных землях, откуда

---

[6] См. [Polleroß 2006].

> произошли древние готы (как говорят некоторые); там говорят не Альтенбург, Крейспург [или] Динкбург, а Альтенборг, Крейспорг, Динкборг и так далее... Из этого следует, что короткие слова «гот» и «хороший» [gut] имеют лишь одно значение, и готы и немцы [Teutschen]... должны считаться одним народом [Wagner 1691: 6].

Эта аргументация, доказывающая общность народов, произошедших от готов, ставит перед Вагнером новые проблемы, поскольку одним из последствий Тридцатилетней войны стала глубокая антипатия между правящими кругами Скандинавских стран и империи. Тем не менее он, по-видимому, принимает необходимость включить Скандинавский полуостров в свою теорию общности германцев и готов. Конечно, лингвистические изменения, которые он описывает, точь-в-точь совпадают с отличиями между скандинавскими и немецкими топонимами. (Можно, например, вспомнить о Гётеборге в Швеции, Скандерборге в Дании и Гамбурге в Северной Германии.) Действительно, этот пункт его аргументации практически совпадает с рассуждениями шведского филолога Самуэля Колумба, который в 1670 году написал, что в Швейцарии, Германии, Нидерландах, Дании и Швеции когда-то говорили на одном языке с незначительными региональными вариациями [Columbus 1963: 92–93]. Выдвигая подобные доказательства, эти ученые преследовали разные цели, но Вагнер прибег к ним для того, чтобы объединить всех имперских немцев, скандинавов и готов в одну этническую группу — «единый народ», — который можно было бы противопоставить другой крупной народности Европы.

Все эти тексты сыграли важную роль в развитии готицизма. Они демонстрируют более широкое значение данных рассуждений в международном контексте и отождествление различных наций с этими древними народностями, окутанными легендами. За притязаниями шведских и датских историков скрыт гораздо более значительный феномен со множеством региональных нюансов. Ни один из авторов, восхваляющих готов, не притязал на исключительное право на наследие готов. Спор, скорее, изначально шел о месте их происхождения, а следовательно, о том, какой регион может считаться наиболее древним, то есть прародителем других. Для большинства этих авторов основной смысл готицизма оставался прежним, как в начале XVIII века, так и в XV веке: легитимность правящей династии посредством доказательства ее древности и причастности к великолепному наследию готов.

РЕПРЕЗЕНТАЦИЯ ГОТИЦИЗМА

Доказательства в пользу отождествления разных наций и правителей с готами, которые были изложены выше, по сути, имели литературный характер. Они основывались на филологических и географических доводах, почерпнутых из классических текстов. Однако репрезентация раннего Нового времени основывалась как на исторических, так и на визуальных аргументах. Послы, прибывавшие ко двору правителей, конечно, знали их титулы и родословную, но их в значительной степени затмевало великолепие королевского дворца и его приемных покоев, государственных церемоний и празднеств, официального костюма и прочего, что являлось привычной практикой и было призвано сформировать более абстрактную концепцию высокого статуса. Каково же было визуальное воплощение этих притязаний?

Ассоциации определенного стиля с готами появились в середине XVI века, в годы, когда был сформирован готицизм. Архитектура позднего Средневековья, характеризующаяся стрельчатыми арками, большими ажурными окнами и арочными контрфорсами, называлась готической и однозначно ассоциировалась с готскими племенами в работах итальянского художника и писателя Джорджо Вазари 1550 года. Другие авторы вскоре подхватили эту ассоциацию. В их числе был издатель Маттеус Мериан Старший, сын которого служил при высокопоставленных официальных лицах при Шведском дворе и чья типография приняла от короны значительный издательский заказ [de Beer 1948; Frankl 1960; Brough 1985: 103–131].

Тем не менее в период с XVI до XVIII век в Дании и Швеции вряд ли можно найти следы сознательного интереса к архаическим формам. Хотя в Богемии в XVIII веке возводились церкви в стиле барочного готицизма, что, возможно, было признанием значительной средневековой традиции в этом регионе, в Скандинавии не происходило ничего подобного [Fürst 2002: 197–264; Kalina 2010][7]. Напротив, в 1650-х годах шведская корона приказала перестроить в более современной манере средневековую церковь Риддархольм в Стокгольме, которая служила усыпальницей шведских королей [Ellehag 2003: 85–87]. В то же время король распорядился построить ряд новых церквей и дворцов в Стокгольме и за его пределами. Эти здания демонстрируют разнообразные стилистические решения, но ни одно из них нельзя считать намеренно архаичным. Также архитектор Никодемус Тессин Младший, работавший над крупными заказами и для датского, и для Шведского двора на рубеже XVII–XVIII веков, отзывался исключительно пренебрежительно о готической архитектуре и планировал перестроить или модернизировать крупные средневековые церкви в современном, барочном стиле.

Портретная живопись — это еще одно направление, в котором можно ожидать особенно яркого формального проявления готицизма. Портреты издавна были средством демонстрации родословной, и мы уже можем говорить о готицизме, когда Густав Васа пожелал приобрести изображения Теодориха и других древних готских королей. Точно так же родословная готских королей Йоханнеса Магнуса включала в себя серию литературных портретов наряду с напечатанными изображениями. Если говорить более широко, ренессансные портреты нередко включали художественные детали, которые дополняли общее сходство каждой фигуры качествами, приписываемыми позирующему.

Однако придворные портреты скандинавских правителей XVI–XVII веков в основном выполнялись согласно широко распространенным канонам. Портрет короля Швеции Эрика XIV, датируемый 1561 годом и долго приписываемый антверпенскому

---

7 По-видимому, церкви Богемии никак не ассоциировались с племенами готов.

художнику Доминикусу вер Вильту (работал между 1544 и 1566 годами), изображает короля в богатых доспехах на нейтральном фоне (цв. вкладка I). На портрете присутствуют базовые атрибуты власти: меч, королевский жезл, медальон на шее. Короны нет, но титул позирующего четко обозначен в надписи: «SVEDORVM, GOTTHORVM, VANDALORVMQ. REX» («Король шведов, готов и вандалов»). Кроме этой надписи, никакие изобразительные элементы не подтверждают притязания короля на происхождение от готов. Картину, скорее, можно сравнить с работами Антониса Мора, собрата вер Вильта по антверпенской гильдии Св. Луки в 1540-х годов, который писал схожие портреты в Нидерландах, Италии, Испании, Португалии и Англии. По содержанию и подаче этот портрет очень схож с портретом Фернандо Альвареса де Толедо и Пиментель, герцога Альбы кисти Мора. Работа вер Вильта в Скандинавии являет собой типичный пример, поскольку до конца XVII века королевские портреты в Дании и Швеции заказывались у нидерландских и немецких художников. Не считая надписей, ни один из них не содержит узнаваемые элементы, которые могли бы ассоциировать позирующих с традицией готицизма, на которую указывает их титул [Olin 2000: 56–83].

Приемы репрезентации, используемые в этих портретах XVI и XVII веков, отражали наряды и позы королей в реальной жизни, по крайней мере так, как это было предусмотрено придворным церемониалом. Здесь утверждения готицистов получали физическое воплощение, как и очевидные противоречия, свойственные адаптации этих идей при дворе. Особенно известна церемония по случаю восхождения на престол шведского короля Карла XI в 1672 году, поскольку ее запечатлел придворный художник Давид Клёккер-Эренстраль, издавший свои рисунки в сопровождении описания [Ehrenstrahl 2005; Rangström 1994; Gerstl 2000: 115–155]. Участники распланированной процессии были разделены на четыре группы, каждая группа изображала определенный народ: готы под предводительством молодого короля; турки; поляки; и «другие нации и силы христианства». Тем не менее Карл, сопровождаемый своей свитой, появился в костюме римлянина (илл. 2). В сопроводительной подписи

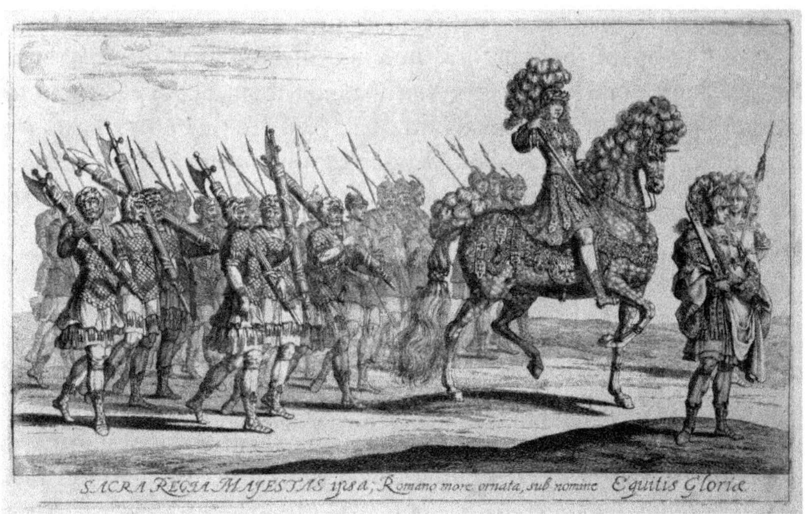

Илл. 2. Король Швеции Карл XI, представляющий короля готов, в римском костюме. Из «Certamen Equestre» Эренстраля. Исследовательский институт Гетти, Лос-Анджелес (88-B7784). Фото: Image Archive/Getty Research Institute

Эренстраля признается это смешение, изображенное на иллюстрации, и указывается, что Карл выступал как предводитель «первого войска римлян, или готов». Описание продолжается, и король

> в римском костюме предстает как воплощение добродетели и благородства древних готов; и ввиду того, что говорят об этом племени, бессмертном в памяти людской, запечатленном в твердом камне и стали, а также и на хрупкой бумаге, что они обладали добродетелями и счастливой судьбой, чтобы в альянсе и союзе достигать своей цели, и стремиться к добродетели с честью и славой [Ehrenstrahl 2005: 194].

Явное влияние римской традиции в визуальной составляющей рисунка бросается в глаза, притом что миф о готах в значительной степени строился на легендах об их противостоянии Риму. Не только эскорт короля облачен в костюмы римлян, художник явно подражает в своем изображении традиции конных памятников, сформировавшейся под влиянием античной статуи Марка Аврелия. Не считая жезла предводителя, все существенные детали повторяют римскую статую на Капитолийском холме. Эта традиция вскоре будет востребована при создании конных памятников в Копенгагене и Стокгольме.

ГОТИЧЕСКИЙ КЛАССИЦИЗМ

Итак, действительно ли королевские дворы северных стран так и не смогли разрешить кажущиеся неодолимыми противоречия между самоидентификацией с готами и современными придворными обычаями? Действительно ли готицизм остался в первую очередь литературным феноменом, лишь изредка неуклюже воплощенным в визуальных формах?

Можно выделить несколько разнообразных способов создания визуального контента, опиравшегося на нарратив готицизма, даже притом что авторы понимали необходимость сделать акцент на передовых взглядах королевского двора в сфере культуры[8]. В сочинении «Suecia Antiqua et Hodierna» («Древняя и современная Швеция»), топографическом обзоре Швеции, составленном в период между 1661 и 1715 годами, где особое внимание уделяется архитектуре, модные, классицистические здания и тщательно распланированные сады изображены в окружении резко контрастирующего с ними дикого лесного пейзажа [Dahlbergh 1715]. В книгу вошли два изображения поместья Оллонё, к югу от Стокгольма, и они значительно контрастируют друг с другом (илл. 3). В верхнем изображении представлена фронтальная композиция. По воде скользят лодки, подгоняемые легким ветерком; слева, не отвлекая взгляда, расположена группа деревьев. На нижнем изображении лодки идут против сильного ветра по неспокойной воде, одна вот-вот налетит на береговые скалы. Перспектива смещена, так что мы видим здания под острым углом,

---

[8] Более подробный анализ и примеры см. в [Neville 2013a].

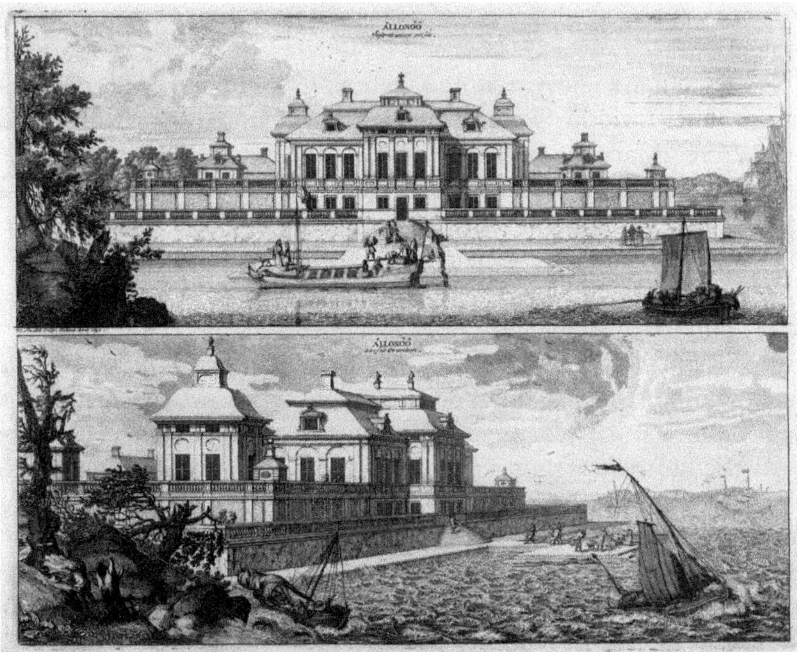

Илл. 3. Виды поместья Оллонё. Из «Suecia Antiqua» Дальберга. Фото: частное собрание

из-за чего деревья непосредственно выходят на передний план и заслоняют часть архитектурного комплекса.

Согнутые деревья, изломанные бурей, перемежаются большими камнями и зазубренными пнями, и эти детали пейзажа ярко выделяются на фоне белой стены здания за ними. Мощь разбушевавшихся сил природы несомненна, поскольку на рисунке изображен человек, склонившийся под ветром, полы его куртки взметнулись у него над головой, шляпа улетела. На этих гравюрах виды зданий сбоку напоминают традицию изображения боковой проекции в архитектуре, поскольку фасады изображены с максимальной точностью. Здесь и на других пейзажах в «Suecia Antiqua» угловая перспектива добавляет сцене драматизма, но благодаря этому внимание обращается на пейзаж, окружающий здание.

Этот акцент на пустынной, суровой природе перекликается с подобным изображением в основных сочинениях готицистов. Йоханнес Магнус, характеризуя людей, часто пишет о земле, породившей их, сообщая, например, что «в земле свеев и готов живут мужи, рожденные скорее для того, чтобы обнажать оружие, нежели упражняться в нежном красноречии» [Johannesson 1991: 114]. Улоф Рюдбек еще в большей степени подчеркивает значение окружающей среды в поддержку тезиса о том, что Швеция была родиной западной цивилизации. Преобладание выносливой сосны, вечнозеленых растений, березы и дуба в Скандинавии и других землях становится свидетельством того, что именно этот регион в первую очередь был заселен потомками Ноя после потопа, в то время как виноградная лоза и другие растения появились позже. Таким образом, растительность становится свидетельством большей древности королевства готов, основанного внуком Ноя Магогом. Рюдбек связывает этот дар природы с выносливостью обитателей Севера, объясняя таким образом их подвиги в других землях, особенно в Италии:

> [Здесь] едят вдвое или втрое больше, чем в южных землях, и более питательную пищу. Там в пищу употребляют все виды плодов, например, каштаны, яблоки, грецкие орехи, морковь, все виды салата и изредка мясо или рыбу. А здесь едят все виды дичи, говядину, баранину, свинину и разнообразнейшую рыбу. Действительно, если бы шведы на один день оказались в Италии, еда итальянцев показалась бы им лишь легким перекусом [Rudbeck 1937–1939, 1: 58].

Тем не менее даже в окружении этого сурового северного ландшафта архитектура, как и другие виды придворного искусства, была классицистической, что в основном совпадало со вкусами при других европейских дворах. Это не считалось противоречием, поскольку готы хотя и привлекали европейцев во многом тем фактом, что победили римлян, все же считались неотъемлемой частью классического мира. Это было особенно очевидно в момент создания Королевства готов в Италии в V веке н. э.

Утверждения Рюдбека о том, что шведско-готская культура стала основой классической древности, не перестают быть спорными в этом контексте, но тем не менее являются важным заявлением о том, что древняя история Севера и Юга тесно переплетены или даже представляют собой разные стороны одного и того же феномена. В «Атлантике» Рюдбек уделил большое внимание архитектуре. Целый ряд гравюр на дереве, выполненных по его собственным рисункам, изображают архитектурный комплекс университета, который однозначно построен в соответствии с канонами классицизма. Его описание церкви в Старой Уппсале — древнем комплексе недалеко от современного города — способствует пониманию искусств в контексте полемики готицистов [Ibid.: 156–165][9]. Эта маленькая сельская церковь была возведена в XII веке на месте древнего капища. Она расположена недалеко от группы древних курганов, и при раскопках в этой области еще раньше были обнаружены древние артефакты. Их чаще всего определяли как предметы, оставшиеся от древних готов, а церковь также нередко называли храмом древних готов, неоднократно перестроенным.

Рюдбек соглашался с этой легендой, но в ключе своих далеко идущих утверждений, представленных в Атлантике, он идентифицирует это место более точно: как храм Посейдона в Атлантиде, очень кратко описанный Платоном в «Тимее» и более подробно в «Критии», сохранившемся в отрывках. Это отождествление служит основой более общих утверждений о том, что именно это место было точкой отсчета для развития классической архитектуры.

Утверждения Рюдбека отчасти строятся на довольно прямолинейных текстуальных сопоставлениях. Так, в диалоге «Критий» говорится, что снаружи храм Посейдона был покрыт серебром с фронтонами из золота. Внутри крыша была инкрустирована слоновой костью, отделанной золотом и серебром. В хронике

---

9 Более подробно этот вопрос рассмотрен в [Neville 2019; Neville 2018].

Адама Бременского, написанной в XI веке, говорится, что храм в Древней Уппсале был «целиком изготовлен из золота», что дает автору повод отождествить его с храмом в Атлантиде [Платон 2022: 158; Бременский 2011: 108].

Рюдбек представляет также более изощренные археологические и филологические доказательства. Согласно его довольно вольной трактовке римского архитектора и теоретика Витрувия, храм мог быть частично замкнутым или представлять собой открытый зал [Rudbeck, 1: 57–61][10]. В манере Джованни Пьетро Беллори и других современных ему историков он приводит примеры из римской архитектуры, сопровождая их оттисками древних монет с изображениями архитектурных сооружений, как материальные доказательства и объекты для сравнения с его собственной реконструкцией древней церкви.

«Открытый зал» по-шведски — это *öppen sal,* словосочетание, близкое по звучанию к слову «Уппсала», и Рюдбек связывает эти слова. На основе этого он доказывает, что древний храм в Старой Уппсале изначально был открытым, а позднее вокруг него возвели стены. Затем он предлагает реконструкцию исходного здания и сравнивает его со схожими римскими типами. Он указывает размеры, которые сообщает Платон, ссылается на различные источники, чтобы показать, что материалы и богатство декоративного оформления совпадают, и так далее. Рюдбек цитирует целый ряд текстов — от «Младшей Эдды» (древнеисландский учебник скальдической поэзии) до работ Адама Бременского и Йоханнеса Магнуса, но в своем изложении он основывается на сочинениях Платона и Витрувия.

Хотя рассуждения Рюдбека опровергались многими авторами, в его методах не было ничего необычного. Смешение различных традиций и народов, демонстрируемое в его труде, встречалось нередко, хотя, возможно, его уникальность состоит в масштабах применения подобного метода. Его филологический подход,

---

[10] Рюдбек цитирует Витрувия, «De architectura» 1.2 и 4.7, ни одна из этих цитат не подтверждает его заявления. Типы храмов Витрувий рассматривает в книгах 3 и 4, хотя и здесь нет явного подтверждения аргументам Рюдбека.

исследования взаимных связей и изменений топонимов и подгонка цитат из классических авторов к местной топографии встречалась практически у каждого автора, исследовавшего эту тему. Также его доверие к древним текстам, составлявшим традиционный круг чтения ученых-историков, в сочетании с отсылками к материальным древностям сопоставимы с применявшейся повсеместно методологией [Momigliano 1950; Haskell 1993; Burke 2003].

Таким образом, вполне понятно, почему Рюдбек не утверждает, что форма церкви в Старой Уппсале являет собой образчик иной древней традиции строительства, как могли бы сделать другие историки искусства от Вазари до современных авторов. Он не высказывает никаких предположений о том, что в данном случае перед нами в значительной степени образец романского стиля, представляющего собой узнаваемую традицию, античную или какую-либо другую. Наконец, исходя из его анализа архитектуры и истории церкви в основном с опорой на тексты греческих и римских авторов, а также римских визуальных источников, можно увидеть, что он считал ее частью единой, последовательной древней традиции, и это имело большое значение для интерпретации архитектуры Средневековья и раннего Нового времени в Северной Европе[11].

Таким образом, идеи готицизма и греко-римская архитектура никогда не воспринимались как конфликтующие концепции, напротив, представлялись как концептуально согласующиеся. Хотя победа готов над римлянами являлась основой силы, питающей эту идеологию, смешение и даже соединение готической и римской культуры дали возможность утверждать, что готы были частью классической культуры и даже внесли в нее значительный вклад.

Античные письменные источники не только поддерживали эту идею, но и переносили ее на искусства. Кассиодор, панегирист Теодориха и автор утерянной истории готов, позднее вкратце

---

[11] Совсем иное прочтение рецепции в немецком искусстве и архитектуре Средневековья и Нового времени представлено в [Wood 2008].

изложенной Иорданом, написал руководство по сохранению греко-римских традиций, принимая на работу дворцового архитектора:

> Затем указано тебе заботиться о нашем замке, таким образом получив власть обрести славу в будущих поколениях, которые через много веков будут восхищаться твоим искусством. Следи, чтобы твоя работа хорошо гармонировала с древней [т. е. архитектурой Римской империи]. Изучай Эвклида — хорошо запечатлей в памяти его чертежи; изучай Архимеда и Метробиуса [Hodgkin 1886: 323–324].

Кассиодор, очевидно, считал себя наследником все более давней классической традиции, а также ответственным за ее сохранение. Это отражало стремление и более широких кругов при позднеантичном дворе готов, поскольку сам Теодорих пошел на большие хлопоты и расходы, чтобы отреставрировать и сохранить здания Римской империи, такие как Колизей [Kostof 2000: 67–68].

«Variae epistolae» («Разное», сборник писем и государственных актов) и «Chronicon» («Хроника») Кассиодора подчеркивают непосредственную связь между римской и готической древностью. Он создает родословные, изображающие непрерывную линию от библейской истории к его современности (VI век). Хотя акцент ставится на непрерывной связи между римской и готической Италией, в XVI и XVII веках эти тексты хорошо знали и тщательно изучали. В 1699 году «Chronicon» был переведен и издан в Швеции, в этой публикации Теодорих назван «Королем готов и Италии» и недвусмысленно помещен в современный дискурс готицизма [Cochlaeus 1699]. Возможно, наиболее показательным примером является богато украшенная рукопись, содержащая проповеди на готском языке, созданная в Равенне или в ее окрестностях в начале VI века, вероятно по заказу самого Теодориха, с орнаментом из коринфских арок по низу каждого листа. Этот документ, имеющий важное значение, отмеченный в шведских собраниях в середине XVII века и к 1671 году выдержавший два издания [McKeown 2005; Munkhammar 2011], является переплетением готической традиции, христианской веры и классической архитектуры.

Как и во многих других случаях, связанных с этой глубоко спорной историей, двойной статус Теодориха как короля готов и наследника Римской империи нашел отклик не только при дворах северных монархов, но также и в идеологии Габсбургов. Как и в случае с Геркулесом, его образ был вплетен в довольно разные исторические нарративы, созданные при императорском дворе в Новое время. Однако, в соответствии с более понятными имперскими притязаниями Габсбургов, его гораздо чаще изображали как одного из предков династии или исторический идеал. Так, в Иннсбрюке гробница Максимилиана I украшена двумя рядами изображений предыдущих правителей и членов семьи, отлитых в бронзе. Фигура Теодориха, возможно, выполненная по рисункам Альбрехта Дюрера, расположена между более поздними представителями Габсбургской династии, как и король Артур, и Кловис, король, правивший в VI веке, объединивший франкские племена и обративший их в христианство. Шведский двор с его более скромными притязаниями делал больший акцент, придавая тем самым бо́льшую важность, на фигуре Теодориха и его латинских вкусах и образовании.

Судя по всему, к середине XVII века меценаты, архитекторы и ученые в Скандинавии, как и в других странах, признали, что то, что мы бы назвали подражанием классицизму или итальянскому стилю, годится практически во всех случаях. Хотя в первые десятилетия наблюдалось большее разнообразие в стиле, он все равно в значительной степени был выдержан в рамках международных тенденций. Возможно, это до определенной степени отражало сходство интересов. Никодемус Тессин Младший и оформители двора представляли архитектуру, созданную под влиянием греко-романской традиции, как общепризнанный во всех странах придворный стиль, в то время как Рюдбек и другие изображали эту же архитектуру как часть древней традиции, в которой готы играли важную, даже решающую роль. Тессин, сделавший гораздо больше, чем Рюдбек, для того чтобы принести в Швецию репрезентативные архитектурные формы (и который также получал заказы от датской короны), не проявлял явного интереса к идеологии готицизма, в то время как Рюдбек лишь в ничтожной степени интересовался убранством для государственного церемониала и дипломатии. Точно так же и исторический взгляд на готов был неоднозначным. Их военная мощь, нашедшая такой живой отклик в усиливающемся воинственном государстве, яснее всего проявлялась в их завоевании Рима. Однако одновременно их превозносили как культурных предков и пример для подражания как христианизированный народ, воспринявший римскую культуру. В этом контексте представлялось, что набеги готов в Античности отчасти превращали римское искусство и культуру в наследие готов, а следовательно, законную часть наследия их преемников. Как древние готы в этом дискурсе влились в классическую традицию, так и современные северные королевства считались полноправными соучастниками развития искусства и культуры их времени.

Глава вторая
Реформы и Реформация

Реформация пришла в Скандинавию довольно рано. Как в Дании (с присоединенной к ней Норвегией), так и в Швеции (с присоединенной к ней Финляндией) она сыграла центральную роль в формировании государств Нового времени. В начале XVII века Норвегия, Дания и Швеция были объединены под властью датской короны в так называемую Кальмарскую унию, заключенную в 1397 году. Затем уния была ослаблена, а после убийства восьмидесяти шведских дворян, которым была обещана неприкосновенность (Стокгольмская кровавая баня, 1520 год), окончательно распалась. В 1523 году после долгого восстания Швеция получила признание как независимое государство под властью короля Густава I, или Густава Васы, как его принято называть. В этом году король Дании, Кристиан II (1513–1523), был низложен и вынужден уйти в изгнание. На престол взошел его дядя, герцог Гольштейнский, под именем Фредерика I (1523–1533).

Итак, в один и тот же год было создано одно государство, а второе, под властью нового короля, окончательно порвало с прошлым. Менее чем за десятилетие эти политические вехи станут еще более значительными благодаря принятию лютеранской Реформации. В обеих странах в реформы на высшем уровне были вовлечены ученики или коллеги Мартина Лютера в Виттенберге, которые изменили теологические каноны. Тем не менее сущность Реформации в каждой стране имела основополагающие различия.

Движущей силой Реформации в Швеции в значительной степени были светские интересы [Grell 1995; Czaika 2008; Nilsén

2016 и др.]. Действительно, наемники, призванные в страну для борьбы с Данией, распространяли памфлеты Лютера в начале 1520-х годов, а купцы содействовали популяризации его идей в торговых городах. В 1524 году лютеране в Стокгольме наняли протестантского священника, Николауса Штекера, родом из Айслебена и Виттенберга. Студенты традиционно учились в Ростоке, Грайфсвальде и Лейпциге, а позже в новом университете Виттенберга в Саксонии, где Лютер и его последователи обучали будущих протестантских теологов. Однако эти контакты не имели значения для Реформации в Швеции. В этом королевстве обитали очень немногие протестанты с университетским образованием, жители по большей части занимались сельским хозяйством и проживали в поселениях и на хуторах, разбросанных по обширной территории. Точно так же и большинство торговых городов были маленькими; только в Стокгольме прихожане пригласили протестантского пастора.

В 1527 году Вестеросский риксдаг постановил, что «слово Божье должно проповедоваться чисто по всему королевству». Это было недвусмысленное повторение риторики протестантизма, но некоторое время религиозная жизнь в королевстве менялась мало. Ни один епископ не был смещен с должности или силой принужден принимать совершенно иную теологию и литургию, хотя некоторые были изгнаны из-за того, что поддерживали короля Дании. Также не было значительных изменений в богослужении: в церквях по-прежнему поклонялись святым, воскуряли благовония, окропляли святой водой, соблюдали постные дни и служили заупокойные службы. С точки зрения религиозной практики декрет 1527 года был не более чем пустым заявлением. И только в 1544-м, когда риксдаг постановил провести более детально разработанные реформы, эта практика подверглась серьезным обсуждениям, и многие аспекты были запрещены. Тем не менее отоношение государства к религии оставалось двусмысленным до введения строгого лютеранства в конце XVI века.

Декрет 1527 года, хотя, на первый взгляд, и не вел к существенному изменению теологии, зиждился на другой основе. Движение реформантов развивалось малой группкой лютеран, связанных с королевским двором. Олаус Петри (1493–1552) учился в Уппсале, Лейпциге, а в 1516–1518 годах — в Виттенберге у Лютера и Филиппа Мелахтона. Затем он стал читать выразительные проповеди в церкви Св. Николая, соборной церкви Стокгольма, а в 1531 году стал советником короля. Штекер также стал королевским секретарем.

Немногие свидетельства указывают на то, что Густав Васа действительно проникся религиозными убеждениями этих людей, но благодаря им у него появилась возможность решить другие проблемы. Восстание против Дании в значительной степени финансировалось Любеком, богатым торговым городом, и молодое Шведское королевство увязло в долгах. Богатства Церкви, конфискованные короной, помогли выйти из финансового кризиса, даже когда новый король, выходец из относительно незнатной семьи, не захотел настраивать против себя своих подданных, вводя радикальные изменения в их религиозную жизнь. Опять же, хотя структура Церкви изначально не менялась, во главе ее, благодаря Реформации, встал король. В 1531 году Густав назначил Лауренциуса, брата Олауса Петри, архиепископом, демонстративно отменив прерогативы папы и утвердив контроль короля над Церковью. Деятели Реформации поддержали вызов авторитету Рима, но они не могли с легкостью принять диктаторское отношение короля к Церкви, что вскоре инициировало ряд конфликтов. В 1539–1540 годах Густав приговорил Олауса Петри к смерти. Причины этого решения неясны, но нет сомнений, что отчасти они были продиктованы желанием короля утвердить свою власть над Церковью. Через некоторое время приговор был заменен большим денежным штрафом, но Петри предпочел оставаться в тени всю оставшуюся жизнь. Десятилетие спустя английский король Генрих VIII применил подобный же подход к реформированию и консолидации власти.

Если Реформация в Швеции была довольно поверхностной и в значительной степени служила целям монарха, формирующего новое государство, в Дании этот процесс был более глубоким и шел при искренней поддержке короля и торгового сословия [Grell 1995; Lausten 2002: 85–123; Asche, Schilding 2003]. Отчасти для того, чтобы ослабить власть крупных феодалов и Церкви, Кристиан II провел ряд экономических реформ в пользу городского торгового сословия, которое оказалось питательной средой для протестантских идей в Дании и во всей Европе. Его преемник, Фредерик I, не занимал четкой позиции по вопросам вероисповедания, тщетно ожидая, что Церковный собор разрешит продолжающиеся споры. Его личные взгляды по-прежнему остаются предметом дискуссий, но он не сделал ничего для того, чтобы замедлить распространение лютеранства. К концу его правления в королевстве фактически существовали две противоборствующие Церкви.

Реформировал Данию, согласно лютеранской доктрине, Кристиан III (1534–1559). В 1521 году, когда юный принц совершал путешествие по землям Священной Римской империи, Кристиан присутствовал при выступлении Лютера на Вормсском рейхстаге, когда тот защищал свое учение. Трудно сказать, было ли это событие или что-то другое причиной того, что король на всю жизнь стал преданным приверженцем лютеранства, но к середине 1520-х годов он ввел новое вероучение в землях, которыми правил как герцог Гольштейнский. Сначала он велел заменить части традиционной литургии подчеркнуто лютеранскими. В 1526–1527 годах он изгнал монахов-доминиканцев, а в начале 1528 года заставил всех священников в своих землях перейти в лютеранство под угрозой лишения сана. Папистская месса была запрещена, богатства Церкви конфискованы, а крестьяне освобождены от уплаты церковной десятины. Территориально его реформы касались лишь его герцогства, но всего за три года Кристиан создал первую Протестантскую церковь, сформированную лично правителем.

После смерти Фредерика I в 1533 году королевством правил консервативный Государственный совет, деятельность которого имела разрушительные последствия. В следующем году корону предложили герцогу Кристиану, и, взойдя на престол под именем Кристиана III, он ввел по всей стране еще более фундаментальные реформы. Ему не удалось добиться приезда самого Лютера, но он пригласил в Данию Иоганна Бугенхагена (1485–1558), профессора Виттенбергского университета и близкого последователя Лютера, который в период с 1537 по 1539 год курировал реструктуризацию государственных институтов. Он посвятил в сан семь новых лютеранских епископов, которые вместе с королем должны были управлять Церковью. Они должны были руководствоваться новым Церковным декретом, разработанным Бугенхагеном. Служители новой Церкви получали образование в Копенгагенском университете, который ввел новые программы, разработанные по образцу Виттенбергского университета. Наконец, и это стало более символичным жестом, Бугенхаген вел церемонию коронации нового короля, из которой были исключены многие прежние сакральные элементы. Все это произошло в августе — сентябре 1537 года. Однако между Кристианом и Бугенхагеном сохранились близкие связи, они поддерживали оживленную личную переписку, в которой теолог нередко высказывал практические соображения по поводу назначения людей на ключевые должности и т. п. [Lausten 2011].

ЛЮТЕРАНСКИЕ КАПЕЛЛЫ ДЛЯ ЛЮТЕРАНСКИХ КНЯЗЕЙ: ТОРГАУ И ЕГО НАСЛЕДИЕ

Кристиан III был гораздо более набожен, чем Густав Васа, и разница в их отношении к строительству церквей поразительна. Шведский король, угрожавший казнью теологу, который в числе первых распространял идеи лютеранства в его королевстве, не обращал внимания на уменьшение количества церквей на его землях. Ряд монастырских комплексов был разрушен более-менее сразу же после секуляризации, а полученные материалы пошли на другие постройки. Более того, Густав хотел снести церковь Св. Николая, главный храм Стокгольма, под предлогом того, что он находится на линии огня из примыкающего к нему замка. Он действительно нанял небольшую группу нидерландских и немецких художников, скульпторов и шпалерников и время от времени делал заказы заграничным мастерам, но по большей части это были заказы для светских целей. Более того,

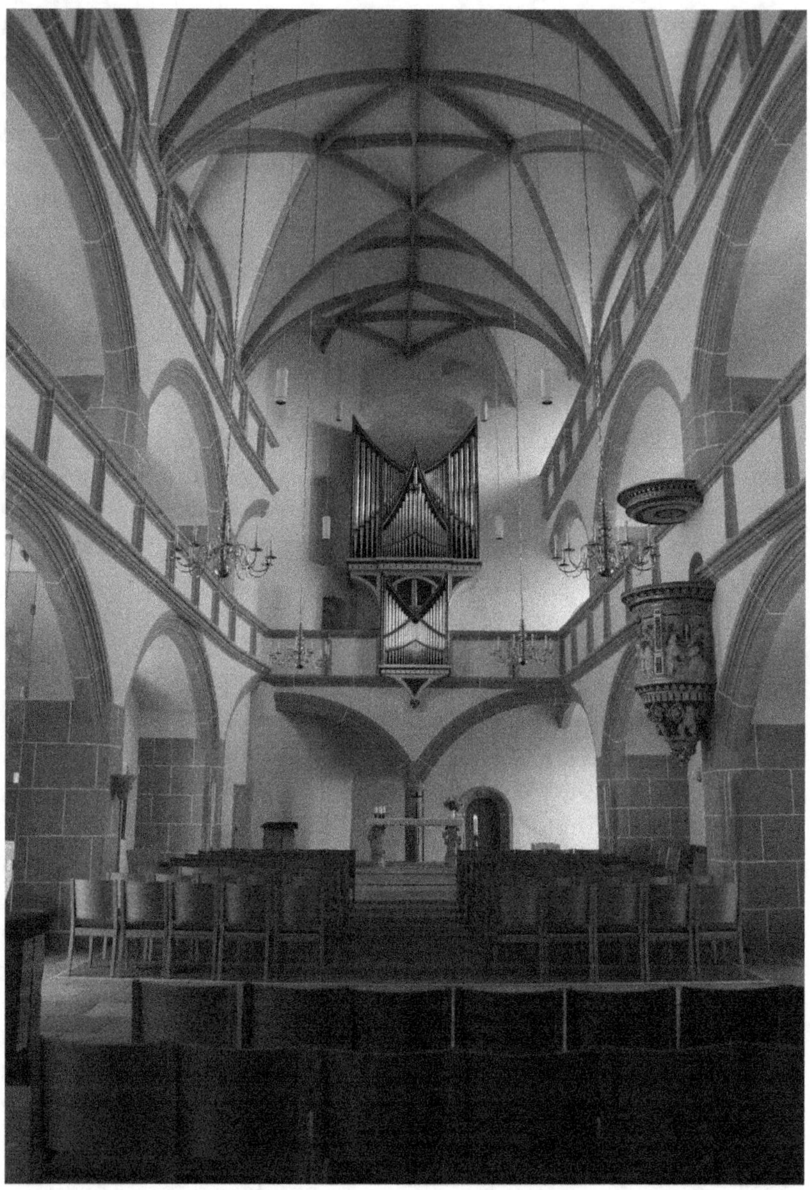

Илл. 4. Никкель Громанн. Капелла замка Хартенфельс, Торгау, Саксония. 1543–1544 годы. Фото автора

в основном эти мастера прибыли в страну в последние годы его жизни, и наибольшая часть их работ появилась после его смерти. Самое значительное наследие после него в области архитектуры — это несколько замков в разных частях страны.

В Дании важное значение получило строительство капелл, что отражало близкие религиозные связи королевства с Саксонией. В 1544 году Мартин Лютер провел церемонию освящения замковой капеллы в Торгау (илл. 4). Пространство этой капеллы опоясывают галереи на двух уровнях, напоминающие внутренний двор с аркадами, увенчанный сводом. На этих галереях размещались прихожане, строго разделенные согласно своему рангу. На первой галерее, на уровне кафедры проповедника, сидел курфюрст Иоганн Фридрих со своей свитой. Над ними сидели князья, а внизу стояли другие придворные [Wex 1983: 16]. Изначально в капелле был небольшой престол, но в 1545 году его заменили большим алтарем из мастерской Лукаса Кранаха, выполненным вместе с рядом картин, также размещенных в капелле [Krause 2011; Krause 2004].

Капеллу в Торгау обычно называют первым религиозным помещением, созданным специально для протестантов, и благодаря непосредственной ассоциации с Лютером она приобрела особое значение. Вскоре при лютеранских дворах Германии начали строить варианты подобных капелл. Похожая была построена в Дрезденском дворце где-то в середине века, другая — в Шверине в 1560 году, и еще одна — в Шмалькальдене в 1580-х. Другие князья также использовали эту форму, всегда в связи с придворной жизнью.

При Датском дворе капелла Торгау стала известна в 1548 году, спустя четыре года после церемонии освящения, проведенной Лютером, когда представители датской королевской семьи собрались там на венчание дочери Кристиана Анны Датской и Августа Саксонского, который в 1553 году стал курфюрстом после смерти своего брата Морица. Это был один из первых шагов в создании династических связей лютеранских князей, объединенных и кровными узами, и конфессией. Сам король не присутствовал на венчании, но королева Доротея и другие высокопоставленные придворные лица приехали на церемонию [Suiten og Ceremoniellet 1794; Bäumel 1990]. Без сомнения, Кристиан хорошо знал про капеллу, поскольку вскоре он приказал построить очень похожую в замке Кольдингхус, в Южной Дании, где состоялась помолвка Анны и Августа. Другие вариации этой капеллы были построены в Копенгагенском замке и Хадерслевхусе, резиденции брата короля Ханса, присутствовавшего на свадьбе в Торгау. Еще один, упрощенный вариант, был построен в замке Сёндерборг. Хадерслевхус и Кольдингхус давно разрушены, так что сравнить их с капеллой Торгау или оценить их внутреннее убранство невозможно [Norn 1983; Nyborg, Poulsen 2009]. Тем не менее нет сомнений в том, что все эти капеллы в Северной Германии и Дании были скопированы с исходного образца буквально со священным трепетом.

Вскоре Торгау уже ассоциировался с зарождением протестантизма и с самим Лютером. Реформатор одобрил то, как в капелле удалось четко разделить верующих по их социальному положению, что, как он считал, отражало порядок, данный Богом человечеству [Wex 1983]. Однако важно понимать, что Лютер не одобрял другие детали капеллы. Реформаторы не разработали четкого руководства для протестантской архитектуры, но одна из их основополагающих догм гласила, что церковный комплекс — это не сакральное пространство. В нем собирается община верующих, но само по себе оно не имеет духовной ценности. Поэтому нет необходимости в пышных архитектурных решениях или богатой отделке. Хотя капелла Торгау может показаться аскетичной, особенно при отсутствии алтаря и других изображений, которые позже были убраны, Лютер видел ее иначе. Для него она представляла собой княжескую архитектуру. Он сказал, что «Соломон никогда бы не построил столь прекрасный храм, как в Торгау» и что «этот дом [капелла Торгау]... был построен и заказан для обитателей замка и придворных». Он утверждал, что создавать столь вычурную капеллу не было необходимости, ведь с тем же успехом произносить проповеди можно и снаружи, у фонтана [Luther 1883–2009, 2. Ab., 5: 533; 1. Ab., 49: 592].

Таким образом, Лютер ассоциировал капеллу Торгау с роскошью двора. Но лютеранские князья в XVI веке гораздо более положительно отнеслись к этому отражению роскоши в архитектурных формах. В 1549 году в Дрезденской резиденции начались работы по обновлению старой часовни, в результате которых она превратилась в подобие капеллы Торгау [Magirius 2009]. Судить о ней сейчас трудно, поскольку в 1757 году она была разрушена. Прежде всего о ее облике известно благодаря описанию аугсбургского вельможи и художественного агента Филиппа Хайнхофера, сделанному в 1629 году, и по двум гравюрам XVII века. Однако, судя по всему, она была довольно богато декорирована, поскольку Хайнхофер неоднократно упоминает серебро и другие драгоценные материалы. Молельню курфюрста украшал ряд картин; одна, как сообщают, работы Альбрехта Дюрера, а другие Лукаса Кранаха [Doering 1901: 202–203].

Хотя его описание создано позже, внимание Хайнхофера к авторству работ, а не к их содержанию, апеллирует к образу мыслей высокопоставленного коллекционера и, возможно, отражает намерения заказчика. Он говорит о работах знаменитых художников, помещенных в богатое убранство, но ничего не говорит о подобающей теме, которой посвящены картины. Кранах создал главный запрестольный образ для Торгау, но для Дрездена Август заказал алебастровый барельеф в неизвестной мастерской в Антверпене или Мехелене, которую затем поместили в гораздо большее каменное обрамление [Smith 1994: 99–101; Lipińska 2015: 143–159][1]. Наконец, в 1568–1572 годах Август приказал построить еще один вариант этой архитектурной формы в Аугустусбурге, его охотничьей резиденции. Здесь античные архитектурные ордеры использованы более последовательно, чем в Дрезденской капелле (где, судя по гравюрам, на нижнем уровне были пилястры, а на втором возвели тосканские и коринфские колонны, одновременное использование которых вызывает замешательство), более упорядоченную декоративную систему сводов и, как и в Торгау, запрестольный образ работы семьи Кранахов.

Канон, установленный капеллой Торгау, был в Дании также развит и обогащен следующими поколениями. Фредерик II

---

[1] Запрестольный образ был позже перевезен в Торгау.

(1559–1588) построил свой вариант во дворце Кронборг, где восемь основательных дорических колонн поддерживают и галерею, и своды. Когда его сын Кристиан IV (правил в 1596–1648) перестроил Кольдингхус в первые годы своего правления, после пожара, он исходил из того, что быстро стало одновременно и общей традицией, и носило явное стремление к роскоши. В 1595 году Кристиан бывал при дворах немецких правителей-лютеран и, возможно, в 1597-м недолго останавливался в Дрездене [Verzeichnus der Reise 1595][2]. Если он действительно был в Дрездене, он, возможно, видел дворцовую капеллу, но вполне вероятно, он побывал в нескольких капеллах в Северной Германии, построенных по образцу капеллы в Торгау.

Создается впечатление, что, перестраивая Кольдингхус, Кристиан счел капеллу своего деда довольно простой или, возможно, просто-напросто старомодной по сравнению с более поздними вариациями архитектурных форм, которые он видел в Германии. Он был решительно настроен сохранить ставшую традиционной форму лютеранской замковой капеллы, но с местными аллюзиями: там должна быть продублирована двойная аркада в тех же пропорциях, что и в капелле в Хадерслевхусе, достроенной в 1566 году. Должно быть, так вкратце, в понятных терминах, были объяснены его пожелания мастеру-строителю, Геркулесу ван Обербергу, который давно руководил там работами [Friis 1890–1901: 369; Norn 1983: 162]. Если эти указания касались орнамента, мы можем с некоторыми оговорками заключить, что герцог Ханс также значительно пересмотрел и увеличил канон Торгау для Хадерслевхуса. Слабо выраженные арки и другие более простые формы в Торгау были проработаны более тщательно или выполнены с большей пышностью, согласно документам, стены, колонны и потолок предполагалось облицевать мрамором и золотом, а деревянные предметы обстановки были выполнены с великим тщанием и весьма красочно [Berlage 1923: 27–28; Berlage 1924: 326–328]. Возможно, что перестройка Дрез-

---

[2] В работе [Slange 1757–1771, 2: 239] говорится о пребывании Кристиана в Дрездене в 1597 году. Но саксонских записей об этом визите не существует.

денской капеллы сыграла решающую роль для Дании, поскольку во всех датских вариантах есть два этажа, как в Дрездене, а не три, как в Торгау. Вероятно также, что капеллы конца XVI века в Саксонии и Дании представляют собой независимое друг от друга развитие формы в рамках традиций придворного декора.

Цели Кристиана IV становятся еще более очевидными в капелле Фредериксборга, построенной между 1606 и 1616 годами (илл. 5)[3]. Здесь вновь мы видим двухэтажную аркаду, окружающую открытое пространство, но в гораздо более крупных масштабах, чем в Торгау или Аугустусбурге. Также и богатство убранства намного превосходит любую протестантскую капеллу в Германии, возможно, за исключением утерянной Дрезденской. Пилястры выделены чередующимися одинарными и двойными колоннами. Двойные колонны обрамляют статуи, и во всем помещении доминируют фигуры барельефа и позолоченные узоры. На нижнем этаже аркада обрамляет ряды деревянных скамей, украшенных сложной деревянной мозаикой. А у юго-западной стены расположен невероятный алтарь, выполненный из серебра и черного дерева, с барельефами и отдельно стоящими фигурами. Что касается других частей дворца, на богатстве его убранства делается особый акцент в подробном путеводителе для посетителей, изданном хранителем дворца в 1646 году [Besser Berg 1646][4].

В Торгау статус курфюрста подчеркивался его местом на первой галерее. В Фредериксборге Кристиан устроил себе богатую отдельную молельню (илл. 6) [Johannesen 1974]. Здесь размещается второй алтарь, поменьше, также выполненный из серебра и черного дерева, и позолоченный евхаристический набор, которые служили для более личных религиозных потребностей короля. Двадцать три картины придворного художника Питера Исаакса, а также Питера Ластмана и других амстердамских художников изображают серию библейских сюжетов от Благовещения до Страшного суда и представляют собой нарративный

---

3 О капелле Фредериксборга см. [Moltke et al. 1970, 3: 1673–1926; Johannesen 2004].

4 См. также детальную опись в [Petersen 1866–1867: 119–128].

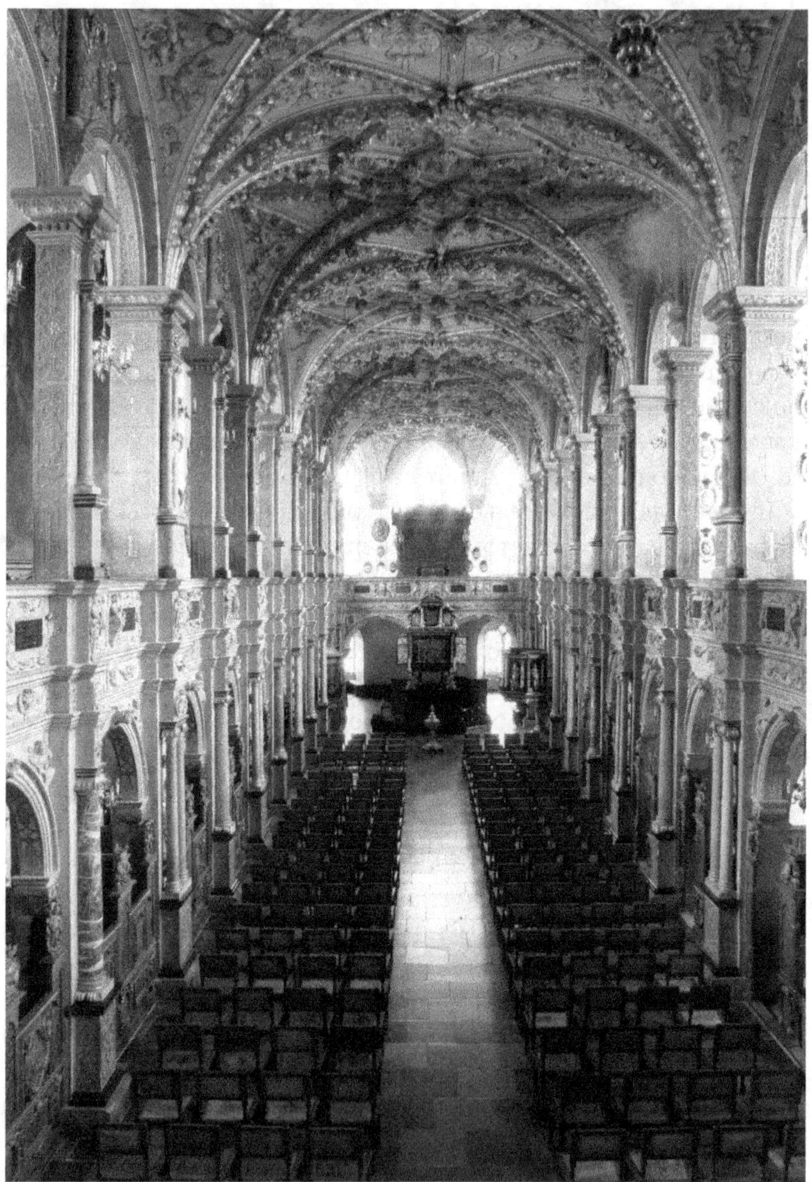

Илл. 5. Капелла во дворце Фредериксборг. Хиллерёд, Дания. 1606–1616 годы. Фото автора

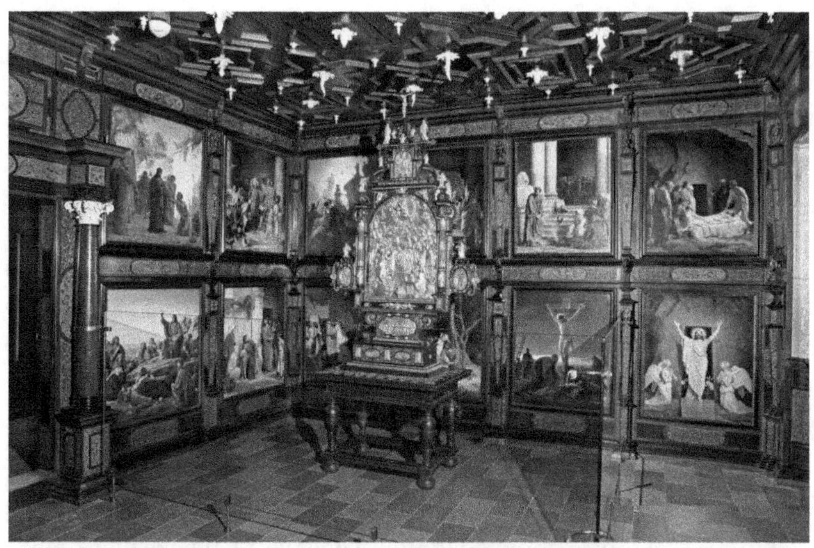

Илл. 6. Молельня в капелле дворца Фредериксборг. Хиллерёд, Дания, после перестройки 1864–1879 годов. Фото: Музей национальной истории, дворец Фредериксборг

аспект, который в значительной степени отсутствует в большой капелле, где вместо этого можно увидеть несколько табличек с текстами. Обрамлением этих картин стали стены из черного и гвоздичного дерева со сложными узорами из деревянной мозаики. Потолок, отделанный панелями, был инкрустирован серебром и украшен свисающими гроздьями фруктов и листьев из слоновой кости. Убранство завершает мраморный столик, украшенный каменной мозаикой. Только у короля имелись ключи от этой молельни, и подчеркнуто интимная природа этого молитвенного места наряду с выдающимся мастерством исполнения сближают эту молельню с другими, современными ей княжескими молельнями, например, с драгоценной Reiche Kapelle («Роскошная капелла» или «молельня») баварского герцога Максимилиана I, принадлежавшего к Католической церкви, или молельней в Дрезденской капелле, описанной Хайнхофером. «Роскошную капеллу», освященную в 1607 году, украшали серии сцен из жизни Девы Марии, выполненные по гравюрам Альбрехта Дюрера. Их выполнили из мраморной мозаики, и, таким образом, по материалу они отличаются от предметов искусства в молельне Фредериксборга. Более того, там хранились церковные реликвии герцога, и таким образом религиозные функции капеллы не соответствовали принятым в лютеранстве. Однако обе капеллы были безошибочно узнаваемы как пространства, созданные для правителей, и в них можно найти существенные черты сходства и помимо богатого убранства. Оба правителя молились перед тщательно проработанными алтарями из черного дерева и слоновой кости, в значительной степени сравнимыми друг с другом.

Алтарь в часовне Фредериксборга описывали как своего рода Kunstkammerstück, или диковинку (илл. 7) [Heym 2006]. Действительно, его основные элементы вполне похожи на изысканные кабинеты, которые производились в начале XVII века для князей и состоятельных коллекционеров. Барельефы также выполнены по наиболее ценным среди коллекциониров начала 1600 годов гравюрам: Альбрехта Дюрера, Хендрика Гольциуса и нескольких других. Гравюры брались за основу для многих работ на религиозные темы в раннее Новое время, но как минимум некоторые из них выглядят неуместными в этом сугубо лютеранском пространстве. Как представляется, особенно трудно примирить с протестантскими верованиями выполненное в Амстердаме Яном Мюллером по мотивам картины придворного художника Габсбургов Ханса фон Аахена изображение мученичества святого Себастьяна.

Если рассматривать в более широкой перспективе, подобное несоответствие наблюдается во всей капелле как едином целом. Ее освятили в 1617 году в честь столетия создания девяноста пяти тезисов Лютера, но сам Лютер, который считал капеллу Торгау неоправданно роскошной, наверняка счел бы капеллу Фредериксборга избыточной практически во всех отношениях. Лютер признавал роль князя и считал, что его сан дарован Богом, отчасти для защиты Церкви. И действительно, это были капеллы правителей лютеранских земель в их роли *summus episcopus,* глав

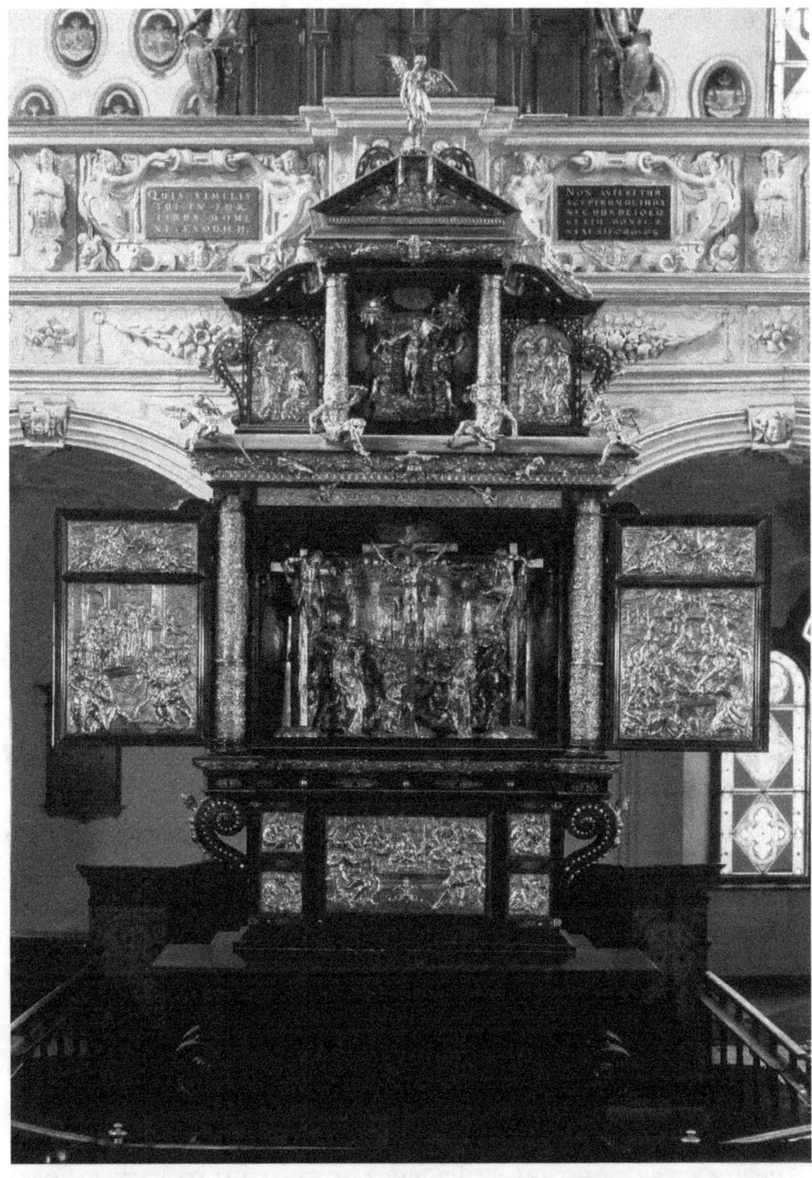

Илл. 7. Алтарь в капелле дворца Фредериксборг. Хиллерёд, Дания. Завершен в 1606 году. Фото: Музей национальной истории, дворец Фредериксборг

церквей в границах их территорий, и в рамках этих полномочий они были выше всех других церквей в стране [Magirius 1992: 78]. Однако Лютер, очевидно, сопротивлялся принятию другого положения, которое датские короли, как и другие правители, считали самим собой разумеющимся: правители должны представать перед другими в сиянии своего величия во всех отношениях. Это распространялось и на их поддержку и покровительство мест для богослужений, в особенности на те, которые находились в пределах сосредоточия их власти, во дворце, а такие капеллы составляли значительную долю всех ранних протестантских храмов. Кристиан и другие, принявшие за образец капеллу Торгау, весьма сознательно демонстрировали, что они не просто лютеране, но лютеранские князья. И эти две стороны их роли были неотделимы друг от друга [Johannesen 1974].

ГРОБНИЦЫ КОРНЕЛИСА ФЛОРИСА В ДАНИИ И ЦЕНТРАЛЬНОЙ ЕВРОПЕ

Хотя архитектурные формы капеллы Торгау в их общем виде вскоре начали ассоциировать с лютеранскими князьями, Датский двор впервые познакомился с ними в рамках династического празднества: венчания датской принцессы Анны Датской и Августа Саксонского. Это отражает гораздо более общий алгоритм, в соответствии с которым датская монархия покровительствовала искусствам. Набожный Кристиан III строил не только капеллы. Он также заказал в Антверпене солидный надгробный памятник своему отцу, Фредерику I. Его выполнил Корнелис Флорис (ок. 1514–1575), один из самых выдающихся скульпторов XVI века [Huysmans 1996: 81–84 и др.]. Этот монумент был создан за пределами чисто лютеранского мира, в Нижних землях, которые в большем масштабе снабжали монархов и королевский двор как выдающимися талантами, так и работами высокого качества. В целом заказ памятника у Флориса можно считать частью более широкого алгоритма экспорта предметов роскоши из нидерландских мастерских. Алтари и нагробия, выполненные в Антверпене и Брюсселе в XVI веке, можно найти в церквях вдоль всего побережья Балтийского моря и за его пределами [Jacobs 1998; Lipińska 2015].

Хотя качество продукции, произведенной в Антверпене, получило всеобщее признание, родственники и знакомые короля оказали на него более непосредственное влияние. В этом случае главными действующими лицами был шурин Кристиана, герцог Пруссии Альбрехт I (1510–1525 — великий магистр Тевтонского ордена, 1525–1568 — герцог Пруссии) и его художник и графер Якоб Бинк (ок 1500 — ок. 1569). С 1533 года Бинк работал на датских королей, в основном в качестве портретиста (илл. 8). Позднее его нанял на службу Альбрехт, и он поселился в Кёнигсберге.

Бинк был плодовитым гравером, ему принадлежат более 260 графических работ[5]. Хотя они весьма многообразны, многие из них можно сравнить с работами немецких «малых мастеров», которые в основном работали в малом формате. Действительно, несколько его гравюр являются копиями композиций Ханса Зебальда Бехама и других, хотя гораздо больше тех, что являются его собственными вариациями на схожие темы. Его довольно точно можно сравнить с двумя художниками, жившими практически в то же время. Генрих Альдегревер создавал похожие гравюры в Зосте, недалеко от Кёльна, родного города Бинка; он нередко оставался вне поля зрения, поскольку работал вне бавароьфранконского круга, столь продуктивного в начале XVI века. Бинка можно также сравнить с Георгом Пенцем, который создал много гравюр в тех же жанрах, но также достиг успеха в Южной Германии в качестве живописца. Действительно, Пенц тоже принял приглашение Альбрехта Прусского занять должность придворного художника и гравера. Если бы он не умер в дороге, то сменил бы Бинка на этой должности [Dyballa 2014: 52–53]. Фигуры Бинка и Пенца — это особенно показательные примеры того, что необходимо пересмотреть традиционные представления

---

5 См. в каталогах «Illustrated Bartsch», 16, с. 9–63; Hollstein: German Engravings, 4, с. 12–113. Документы см. в [Ehrenberg 1899: 34–37; Norn 1861; Riis 1970].

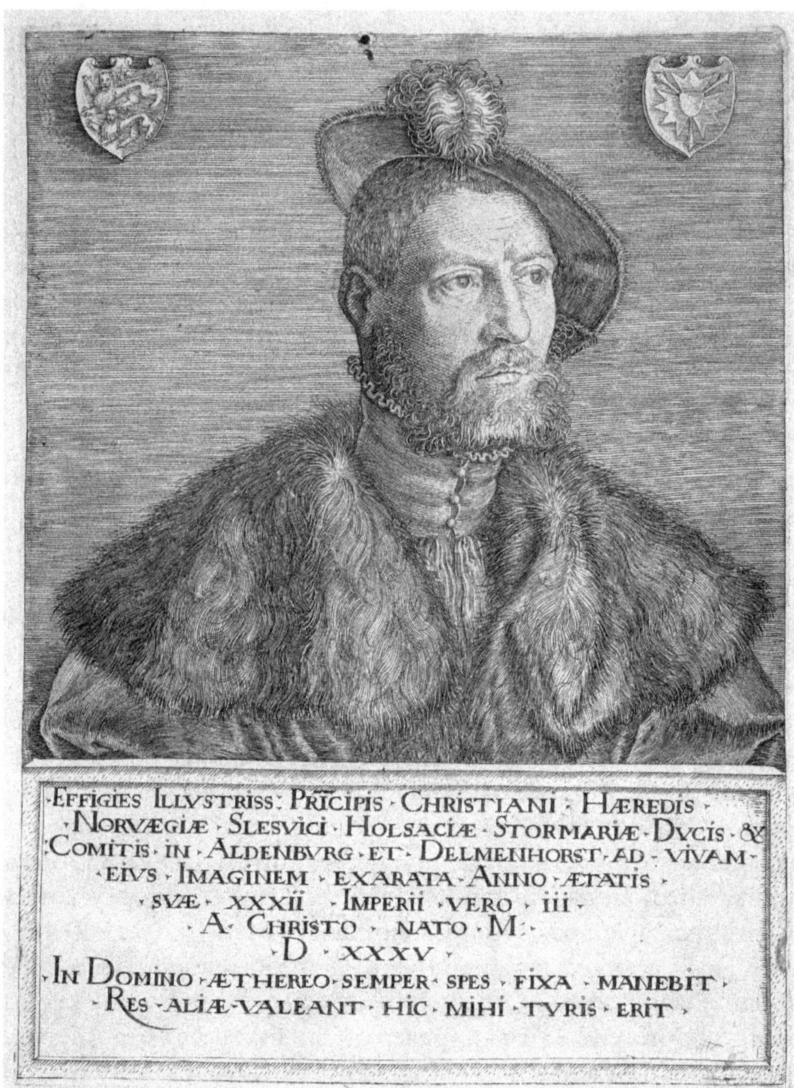

Илл. 8. Якоб Бинк. Датский король Кристиан III. 1535 год. Датская Национальная галерея, Копенгаген. Фото: © SMK

об этих художниках и обратить внимание не только на их гравюры, часто играющие второстепенную роль.

Бинка Кристиан «одолжил» Альбрехту, и тот вступил в должность в 1543 году. Этот случай не был чем-то необычным. Чаще всего дворы правителей могли обойтись без того или иного талантливого мастера в определенный период времени, и отправить художника ко двору другого представителя их круга считалось жестом доброй воли, и при этом можно было временно сэкономить на жалованье. В 1541–1542 годах Бинк работал как приглашенный художник при Шведском дворе. Полвека спустя вдовствующая королева Дании София приказала построить дворец. Работы велись под руководством Филиппа Брандина, который также трудился при дворе ее отца в Мекленбурге [Jolly 1999]. В XVII веке ландграф Гессен-Кассельский Мориц открыл и развил талант композитора Генриха Шютца, а затем «одолжил» его саксонскому курфюрсту Иоганну Георгу I, после чего тот обратно не возвращался. В 1630-х и 1640-х годах курфюрст, в свою очередь, дважды «одалживал» композитора Датскому двору, без сомнения, сопровождая его строгими инструкциями относительно его возвращения [Wade 1996: 221–278].

Вряд ли Кристиан ожидал, что вернуть Бинка в Данию окажется так сложно, и отправил целый ряд писем в Кёнигсберг[6]. И Альбрехт, и Бинк объясняли затянувшееся отсутствие художника, взывая к семейным чувствам короля. Доротея, сестра Кристиана и жена Альбрехта, умерла в 1547 году, и Альбрехт заказал настенную эпитафию для хоров в соборе Кёнигсберга. Хотя в тексте не упоминается создатель, известно, что ее выполнил Корнелис Флоилл. Это был первый выполненный им надгробный памятник, на котором был размещен скульптурный портрет покойной, сопровождаемый длинной надписью.

Исполнителя заказа искал Бинк. Он отправился в Антверпен для подписания контракта, а затем привез его обратно в Кёнигсберг. Все это отсрочило его возвращение на датскую службу, и эпитафия стала центральной темой переписки, поскольку

---

6 Эта корреспонденция опубликована в [Nogle Efterretninger 1794; Ehrenberg 1899].

Альбрехт играл на их общем желании запечатлеть память Доротеи и тянул время, чтобы отсрочить возвращение художника. В Антверпене Бинк купил для Кристиана несколько картин и написал королю: «...когда Ваше Величество узнает, что я видел и зарисовал в этой стране [Южные Нидерланды], какие здания [и] надгробия... которыми я могу служить Вашему Королевскому Величеству, [вы] не пожалеете об этом времени» [Ehrenberg 1899: 182].

Это были не пустые слова. В июле 1551 года Кристиан написал Альбрехту, что он заказал надгробный памятник Фредерику I в Нидерландах и что посредником стал Бинк. Результатом стал отдельно стоящий блок в соборе в Шлезвиге, созданный из алебастра с позолоченными деталями на фоне черного обрамления (илл. 9) [Huysmans 1996: 81; Baresel-Brand 2007: 98–105; Meys 2009: 99–103, 688–692]. Белые детали на черном фоне — таков был общепризнанный формат, используемый в различных вариациях по всей Центральной Европе[7]. Хотя теперь памятник зажат в церкви в тесный угол, изначально он находился в хорах, окруженный декоративной решеткой. Король лежит на спине, сложив руки в молитве, его торс слегка приподнят, поддерживаемый крылатыми сфинксами. Женская фигура у его ног держит табличку, а в руках другой, у изголовья, находится его герб. Скульптурный ансамбль поддерживают шесть кариатид, держащих в руках атрибуты основных религиозных добродетелей. Их головы увенчаны завитками ионического ордера, которые формируют переход к антаблементу, на котором покоится король. Это одно из ранних воплощений мотива, который станет характерным для мастерской Флориса. Между кариатидами расположены фигурки четырех скорбящих путти. Дизайн гробницы очень похож на изображение на гравюре, опубликованной Флорисом в 1557 году, и возможно, он стал идеалом в представлении скульптора либо из-за своей удачной формы, либо из-за монархической стилистики, хотя последнее не упомянуто в надписи на гравюре [Floris 1557].

---

[7] О нидерландской скульптуре в Центральной Европе см. [Kavaler 2013; Lipińska 2015].

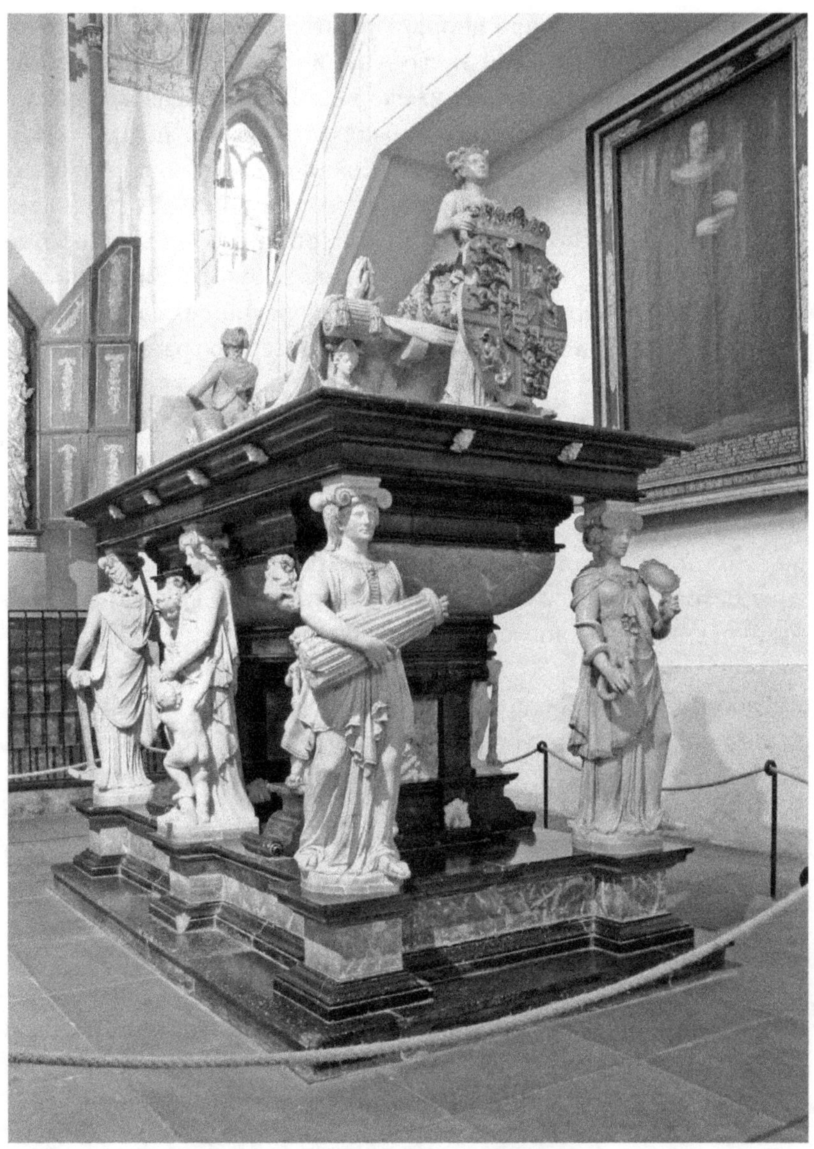

Илл. 9. Корнелис Флорис. Гробница датского короля Фредерика I. Шлезвигский собор. 1551–1553 годы. Фото автора

Спор из-за Бинка при дворах правителей показывает, что он был уважаемой фигурой и его мнение по вопросам качества предметов искусства также имело вес. Таким образом, сложно сказать, что именно подтолкнуло короля — заказ эпитафии, которую Кристиан так и не увидел, у Флориса, сделанный Альбрехтом, или сообщения Бинка о том, что он увидел в Антверпене. Точно так же неясно, исходила ли идея об эпитафии для Доротеи от Альбрехта, от Бинка или от кого-либо другого. Бинк способствовал распространению сложных декоративных форм, характерных для Флориса, поскольку он издал серию гравюр с подобными мотивами[8]. В силу того, что Бинк сопровождал датскую принцессу Анну на ее свадьбу в Саксонии в 1548 году, он, возможно, также становится ключом к разгадке связи между капеллой Торгау и ее ранними вариантами в Дании, если допустить, что он выступал экспертом по всем видам искусства. По меньшей мере Бинк занимал центральное место в системе производства предметов искусства при этих дворах и, поскольку на него возлагались вопросы логистики, нередко контактировал с различными правителями.

Гробница Фредерика I отличается невероятно высоким качеством, но нельзя сказать, что она особенно монументальна. Вскоре и размахом, и сложностью ее затмил памятник Альбрехту работы Флориса. Эта огромная эпитафия изображала фигуру герцога, стоящего на коленях в молитвенной позе, в натуральную величину. Она занимала доминирующее положение на торцевой стене Кёнигсбергского собора с момента ее установки в 1570 году до разрушения в 1944-м [Ehrenberg 1899: 34–37; Huysmans 1996: 93–96; Baresel-Brand 2007: 132–137].

Гробница в Шлезвиге также не была пределом роскоши для датской аристократии. В 1566 году Биргитте Гёйе обратилась к Флорису с заказом на не менее величественную двойную гроб-

---

[8] Hollstein: German Engravings, 4: 84–99. Они не датированы, из-за чего определить их отношение к гробницам довольно сложно. Флорис также хотел опубликовать две книге об орнаменте, но они появились лишь в середине 1550-х годов. См. [van Mulders 1996].

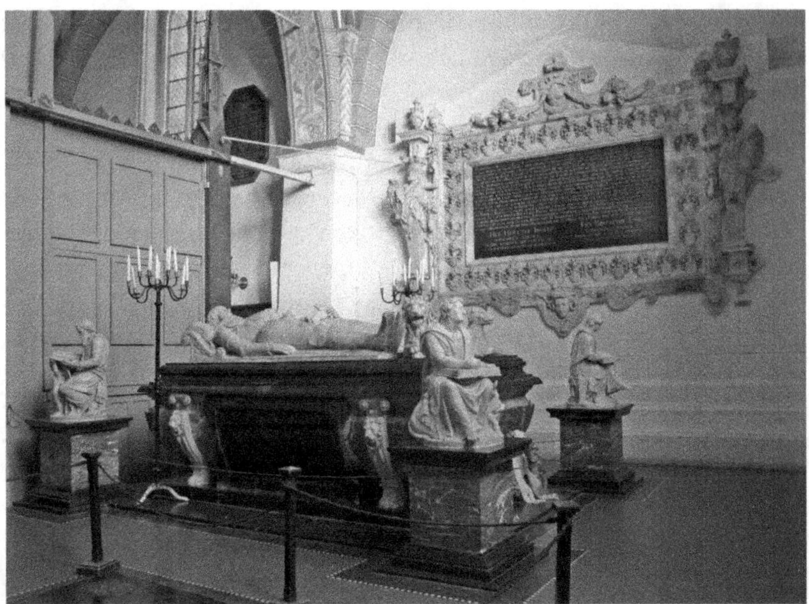

Илл. 10. Корнелис Флорис. Гробница Биргитте Гёйе и Херульфа Тролле. Нествед, Дания. 1566–1568 годы. Фото автора

ницу с двумя парными эпитафиями для себя и покойного мужа, Херульфа Тролле, которую намеревалась поместить в их церкви на острове Херульфсхольм (илл. 10). Абель Скеель заказала весьма похожую гробницу из алебастра, черного и красного мрамора для себя и своего мужа, Нильса Ланге [Huysmans 1987: 112]. Форма гробницы Гёйе — Тролле весьма напоминает еще одну, заказанную в 1566 году Хейнрихом Ранцау для его отца, Йоханна. Ее выполнили из песчаника и установили в семейной часовне в городе Итцехо, в Гольштейне, которым Ранцау управлял в качестве *Statthalter*, то есть губернатора, при Фредерике II. Ее выполнил не Флорис, а Карстен Хаусманн из Бремена [Steinmetz 1991: 261–271, 690–692; Neville 2017][9]. Поскольку они созданы

[9] Капелла и гробница были уничтожены в 1640-х годов, но последняя известна благодаря нескольким сохранившимся фрагментам, рисунку и гравюре.

практически в одно время, определить взаимосвязи между этими двумя гробницами тяжело. Тем не менее соперничество в кругу знати, вероятно, само по себе было напряженным, ведь каждый из этих памятников мог похвастаться бо́льшим количеством фигур и более сложными формами, чем гробница Фредерика I.

Могло создаться впечатление, что вскоре в каждой церкви в Дании появится гробница аристократа, более или менее напоминающая надгробный памятник Фредерику I, хотя чаще с двумя фигурами, а не с одной. Поэтому в 1569 году Фредерик II обратился к Флорису с новой идеей для гробницы своего отца, Кристиана III, который умер десятилетием раньше (илл. 11) [Johannesen 2010]. Ювелир из Кёнигсберга по имени Ханс де Виллерс, который выступал посредником при втором заказе Альбрехта Прусского у Флориса, стал посредником и для Фредерика. Гробница вновь представляет собой лежачую фигуру короля, но теперь она располагается в павильоне с арками, поддерживаемыми коринфскими колоннами. На углах стоят четыре фигуры стражей. Сверху размещена еще одна коленопреклоненная фигура короля перед распятием, и четверо путти дуют в фанфары, прославляя его.

Эту концепцию часто сравнивали с гробницами французских королей Франциска I и Генриха II в Сен-Дени (илл. 12). Все три изображают две фигуры усопшего: распростертые обнаженные фигуры короля и королевы внизу, окруженные колоннами, поддерживающими коленопреклоненные фигуры сверху, в случае гробнице Генриха, выполненные из бронзы. В книге Жака Андруэ Дюсерсо́ «Second livre d'architecture» («Вторая книга об архитектуре», 1561) можно найти варианты этого дизайна. В данной интерпретации принадлежность усопшего к монархии была абсолютно понятна, будучи подчеркнутой отсылками к другим выдающимся образцам. Без сомнений, это соответствовало поставленной задаче. Перечисляя недавно созданные памятники, которые «почти превосходят роскошью все королевские и княжеские надгробия, ранее возведенные в королевстве», в 1576 году Фредерик ввел ряд ограничений, регулирующих расходы на надгробные памятники. Многие из них оговаривали разрешенные

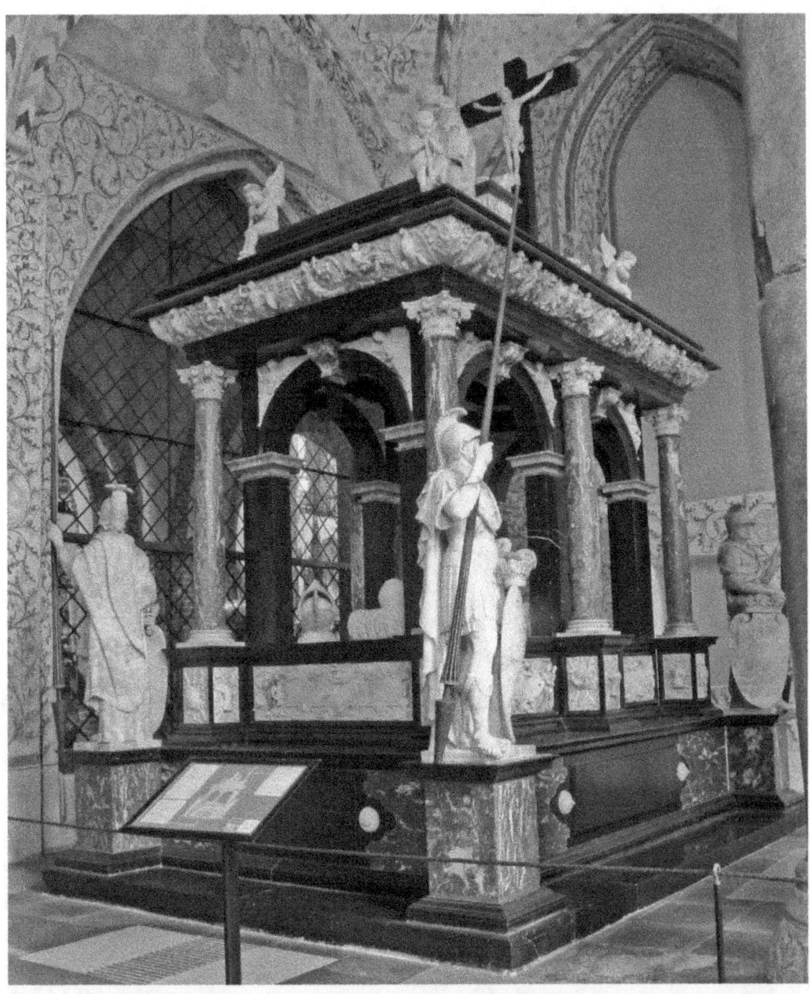

Илл. 11. Корнелис Флорис. Гробница Кристиана III. Роскилле, Дания. 1569–1575 годы. Фото автора

материалы, от тканей, используемых во время похорон, до камня, приемлемого для надгробий. Ни один аристократ не имел права возводить отдельно стоящий надгробный памятник, выполненный из алебастра или столь же дорогостоящего материала [Secher 1887–1918, 2: 8, 33–39]. Этот декрет, без сомнений, был направлен против двух гробниц, которые планировалось установить в церкви Матери Божьей в Копенгагене, но и другая гробница, более-менее схожая с надгробным памятником Гёйе — Тролле и законченная в этом году, также не была, как предполагалось ранее, воздвигнута в Орхусском соборе. Вместо этого установили эпитафии [Norn 1953: 79; Johannesen 2010: 117–119].

Вполне возможно провести аналогии между любыми образцами королевских гробниц, о которых мог думать Фредерик, с гробницами французских королей. Это также может быть следствием современной привычки сравнивать памятники в Северной Европе с образцами во Франции и Италии. Однако релевантным может также оказаться сравнение его замысла с гробницей, созданной для Саксонского двора, который так часто контактировал с Датским двором. Действительно, Фредерик и Август Саксонский (правил в 1553–1586) были родственниками и близкими друзьями. В эти годы Саксонский двор переосмысливал традиции увековечения памяти своих курфюрстов. Традиционное место захоронения в Майсене сменилось Фрайбергским собором, где хоры, которые не использовались со времен Реформации, стали мавзолеем для курфюрста Морица после его смерти в 1553 году. Эта смена традиций стала последствием спорного вопроса о переходе титула курфюрста от эрнестинской к альбертинской линии династии Веттинов. Мориц, первый курфюрст альбертинской линии, считался саксонским Иудой, поскольку вырвал титул из рук своего родича, вступив в военный союз с католическим императором Карлом V, и эти обстоятельства бросают тень на законность притязаний на престол его наследников [Blaschke 1983].

Итак, Август, брат Морица, ставший курфюрстом после его смерти, взял на себя задачу восстановить репутацию семьи. Заказывая надгробный памятник для Морица, он обратился не

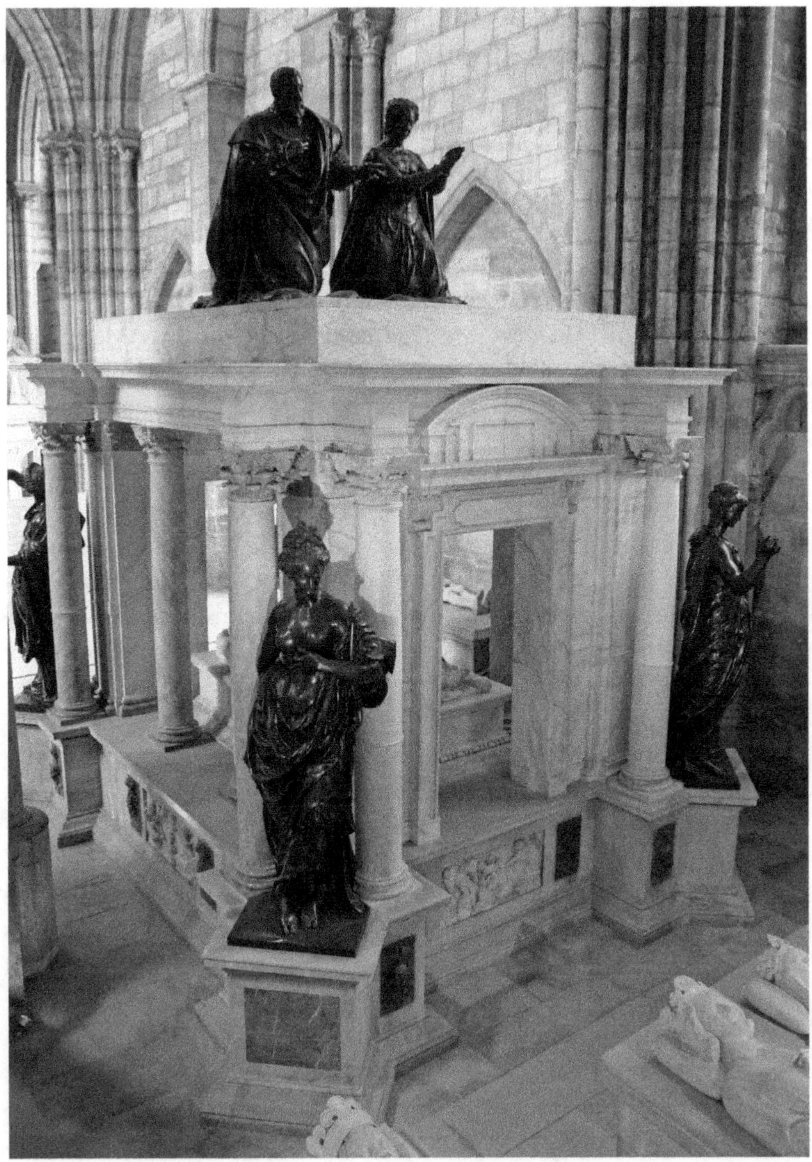

Илл. 12. Франческо Приматиччио и Жермен Пилон. Гробница французского короля Генриха II и Екатерины Медичи. Сен-Дени, под Парижем. 1561–1573 годы. Фото автора

к Флорису, но принимая во внимание переписку между дворами правителей в Дании и Кёнигсберге по поводу гробниц, можно предположить, что он думал о гробнице Фредерика I (илл. 13)[10]. Хотя гробница Морица больше размерами и ее композиция отличается, в ней видны многие схожие элементы, например, скорбящие путти, барельеф с античным орнаментом, позолоченные детали доспехов и одежды и ярко выкрашенный герб. Другие элементы ближе к более современным монументам в других частях империи и за ее пределами, включая неоконченную гробницу папы Юлия II работы Микеланджело и гробницу Максимилиана I в Инсбруке, проект которой разрабатывался с начала XVI века и которая была окончена в 1584 году. Она изображает коленопреклоненную фигуру императора, выполненную в бронзе, на каменном основании, украшенном барельефом с изображениями сцен из его жизни. Проанализировать ранние этапы создания гробницы Максимилиана сложно, но работа над самим кенотафом началась в 1560-х годах, когда создание памятника Морицу близилось к завершению. Представляется, что она также создавалась под влиянием саксонского памятника [Scheicher 1986; Smith 1994: 185–192; Scheicher 1999].

Как и кенотаф Максимилиана, памятник Морицу был выполнен в соавторстве. Замысел разработали братья Габриэль и Бенедетто Тола из Брессии. Бронзовые детали отливались в Любеке, а мраморные вырезал Антониус ван Зеррун в Антверпене. В отличие от памятника в Шлезвиге, усопший изображен не на катафалке, а коленопреклоненным на поле брани, перед ним на земле лежат его пистолет и булава. Он благодарит Бога за победу, и речь здесь идет о битве при Зиверсхаузене, в которой он получил смертельную рану. Если его политические махинации в борьбе за титул курфюрста принесли значительный урон лютеранам при Мюльберге в 1547 году, победа при Зиверсхаузене (и другие победы) была решающей для признания лютеранской веры согласно условиям Аугсбургского мира в 1555 году. Таким образом,

---

[10] Такое предположение высказывается в работе [Smith 1994: 175–185]. О монументе см. [Lipińska 2015: 205–220] и др.

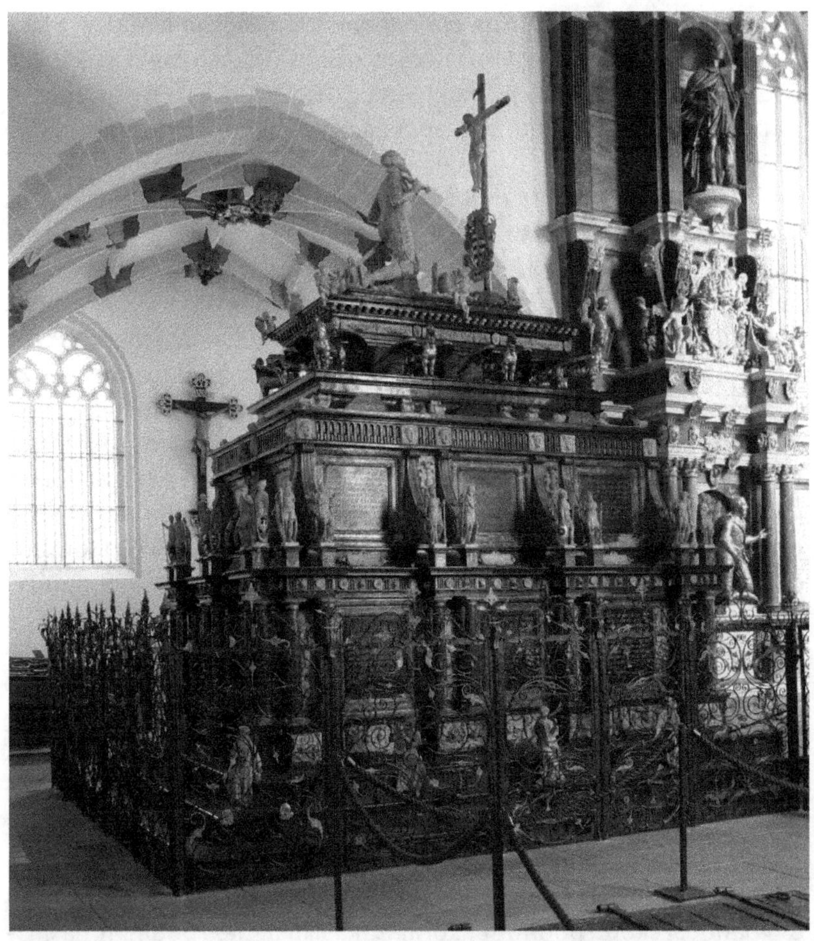

Илл. 13. Габриэль и Бенедетто Тола, Антониус ван Зеррун и др. Гробница курфюрста Саксонского Морица. Фрайберг, Саксония. 1559–1563 годы. Фото автора

Август изобразил Морица одновременно и посвященным в сан самим Богом за победу, и как протестантского мученика; его доспехи, потрепанные в сражении, с отверстием от пули, разместили на смежной стене, подчеркивая эту ассоциацию [Smith 1994: 175–185].

Хотя многие элементы Фрайбергской гробницы продиктованы частными обстоятельствами, его композиция, в свою очередь, непосредственно ассоциируется с молящейся фигурой и гробницей Кристиана III работы Флориса, хотя и в большем масштабе, особенно те элементы, которые не имеют близкого сходства с гробницами в Сен-Дени. Небольшие фигурки воинов в римских костюмах, которые держат гербы земель Морица, вновь появляются в виде стражей в натуральную величину по углам гробницы Кристиана, и они тоже держат гербы короля. Фредерик I и Мориц изображены в одиночестве. Это повторяется в гробнице Кристиана III, хотя его изображения и дублируются. Обе гробницы французских королей, с которыми можно сравнить эти памятники, изображают королевскую чету; внизу они изображены не в виде отдыхающих солдат, а как практически обнаженные мертвые тела. По сохранившимся рисункам Флориса можно допустить, что он предлагал много элементов, заимствованных у французских надгробий, но датские заказчики их отвергли [van Ruyven-Zeman 1992; Johannesen 2010: 119–139]. Если образцами служили надгробия Сен-Дени, их влияние было в значительной степени ограничено самой архитектурной формой.

Существуют и другие указания на то, что Фредерик думал о Фрайбергской гробнице, когда заказывал надгробный памятник. В 1571 году Анна Датская, его сестра и жена Августа, порицала его за то, что он ничего не сделал, чтобы увековечить память их родителей. Он ответил, что заказал памятник, подобного которому еще не видели в Дании, намекая тем самым на заимствование идеи извне. Более того, это должно было стать началом более грандиозного проекта. Тело Кристиана III перенесли из Оденсе, где, как известно, он хотел быть похоронен, в Роскилле, где его поместили в капеллу, заложенную Кристианом I, родоначальником династии Ольденбургов [Johannesen 2010].

Перенос тела был первым шагом в процессе превращения собора Роскилле в династическую усыпальницу. И хотя в тот момент это не было очевидно, хоры Фрайбергского собора после смерти Анны Датской в 1585 году также стали усыпальницей альбертинской ветви династии, где отлитые в бронзе скульптором Карло ди Чезаре дель Паладжио из Флоренции фигуры членов семьи окружали восставшего из мертвых Христа (илл. 14) [Meine-Schawe 1992; Dombrowski 2001]. Этот невероятный ансамбль затмил практически все другие современные ему усыпальницы в Северной Европе.

Решение перевезти тело Кристиана в Роскилле было, по-видимому, частью плана создать похожую гробницу для Фредерика II. Она была выполнена в период между 1594 и 1598 годами, практически в той же форме, что и надгробие Кристиана III, хотя и более пышно украшена двойными колоннами, барельефами на основании памятника, повествующими о деяниях короля, и аллегорическими фигурами добродетелей на верхнем плане. Однако уровень мастерства здесь ниже. Памятник был выполнен Гертом ван Эгеном из Мехелена (ум. 1612), которому явно приказали создать композицию, повторяющую общую форму более раннего памятника с некоторыми доработками, такими как двойные колонны и барельефы со сценами из жизни короля. Один из немногих сохранившихся рисунков Флориса изображает надгробие Фредерика. Если бы он не умер в 1575 году, он вполне мог взяться за этот проект.

В десятилетия после смерти Флориса вместо ван Эгена могли выбрать Виллема ван ден Блокке (1546/47–1628). Возможно, он был частью группы, прибывшей в Кёнигсберг в 1569 году, чтобы установить памятник Альбрехту Прусскому работы Флориса. Вскоре он получил самостоятельный заказ от Георга Фридриха, маркграфа Бранденбург-Ансбахского на создание похожей эпитафии для себя и своей жены с пожеланием, чтобы памятник мог бы сравняться с работой Флориса в соборе Кёнигсберга. Он оставался на службе у маркграфа как минимум четырнадцать лет, а в 1584 году поселился в Данциге, независимом торговом городе, и жил там до своей смерти в 1628 году. Пруссия была феодальным

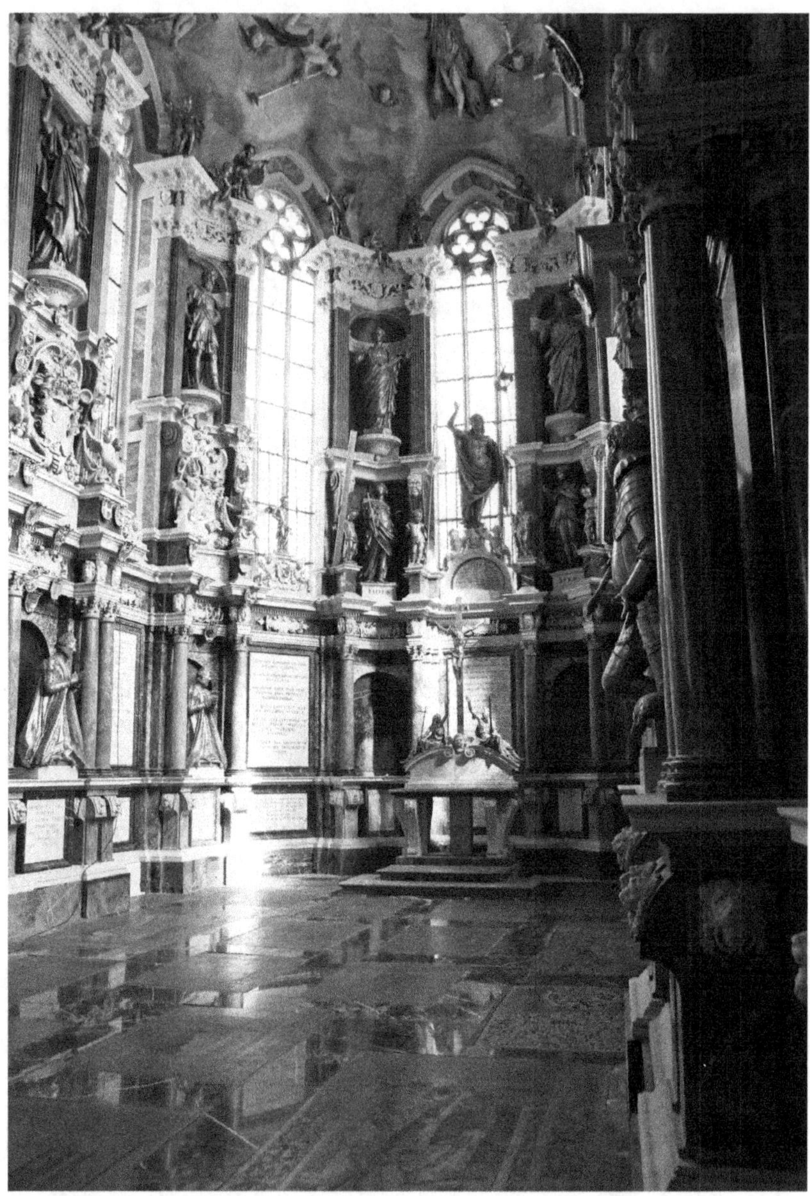

Илл. 14. Хоры Фрайбергского собора с гробницами Веттинской династии. Фрайберг, Саксония. 1585 год. Фото автора

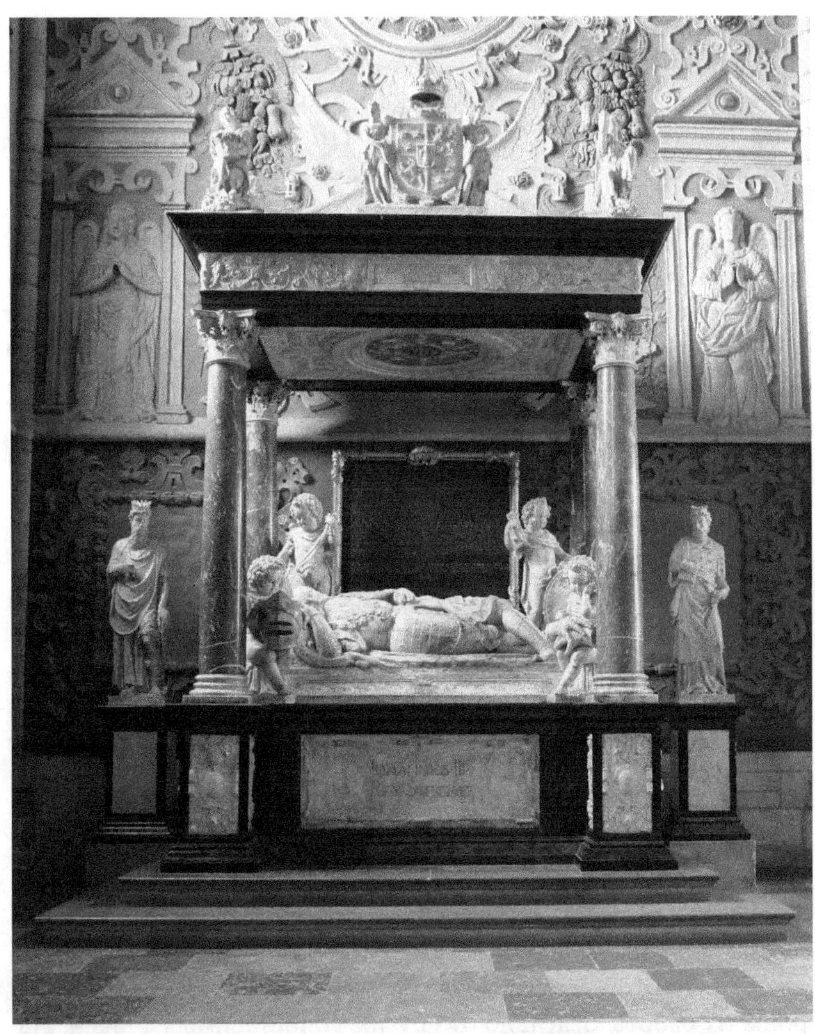

Илл. 15. Виллем ван ден Блокке. Гробница шведского короля Юхана III. Уппсала, Швеция. Работа начата в 1593 году. Фото автора

владением польской короны, и король, Стефан Баторий, заказал ван ден Блокке изготовить надгробие для своего брата. Второе надгробие для монаршьей семьи, которое должно было увековечить память шведского короля Юхана III, было заказано в 1593 году сыном Юхана Сигизмундом III, королем Польши и Швеции совместно с Государственным советом. Однако в 1599 году Сигизмунда лишили шведского трона, и в результате последовавшего кризиса памятник так и не был доставлен. Он оставался в Данциге до 1782 года, а затем, в 1818 году, был установлен в соборе Уппсалы в неправильном виде (илл. 15): изначально предполагалось, что его установят у стены, как и надгробные памятники Флориса и ван ден Блокке в Кёнигсберге[11]. Другие надгробия из мастерской ван ден Блокке были изготовлены для датских и шведских аристократов, а также для местных заказчиков [Skibiński 2014].

Все эти работы формируют часть более обширной группы. Дворы правителей и города стран Балтики стали прибежищем для значительного количества скульпторов, которые, по-видимому, начинали работу в мастерской Флориса, и для еще большего количества выходцев из Нидерландов [Hedicke 1913, 1: 127–169; Jolly 1999; Ottenheym 2013]. Их нередко воспринимали как единую группу — и потому что они явно были связаны с мастерской Флориса, и потому что между этими дворами и городами существовали династические отношения, что способствовало художественным контактам. Если воспринимать их в более широком контексте, можно сказать, что они олицетворяли непрерывность культурных связей на берегах Балтийского моря[12]. Однако из-за этого появляется тенденция рассматривать эту группу скульпторов и их работы отдельно от других, сопоставимых с ними. Например, Флорис и его мастерская изготовили также два замечательных надгробия для архиепископов кёльнских. Они во многом

---

[11] Это признается в работе [Hahr 1912].

[12] Эта идея впервые прозвучала в работах [Roosval 1924] и [Roosval 1927]. Важные переформулировки можно найти в работах [Białostocki 1976; von Bonsdorff 1993; Kaufmann 2004; North 2015].

отличаются от заказов датской короны, но фигуры, отклоненные в сторону, в костюмах, приличествующих их положению, не так уж отличаются от фигур, которые можно найти на гробницах монархов работы ван ден Блокке.

Гробницы в Шлезвиге, Роскилле, Кёнигсберге, Фрайберге и Иннсбруке стали результатом культурного диалога, их создатели свободно заимствовали мотивы друг у друга в процессе сотрудничества, который не укладывается в однонаправленную концепцию влияния или рецепции. Однако необходимо признать, что ни Датский, ни Прусский двор не были заинтересованы исключительно во Флорисе; в документах его имя не упоминается вплоть до самой смерти, после чего его вдова потребовала у Фредерика II оплатить работу. Действительно, поскольку все эти заказы делались через посредников, неясно, знали ли правители, кто создавал для них памятники. В случае с надгробием Морица вопрос об авторстве также мало кого интересовал, и субподряды на выполнение различных работ были переданы мастерам из разных мест. Вопрос об авторах кенотафа Максимилиана I является таким же сложным. Тем не менее эти и другие выдающиеся памятники в немецких землях нередко классифицировали по их автору, отделяя, например, работы, выполненные самим Флорисом, от тех, которые считали работами его мастерской, его последователей или других скульпторов. Это не соответствует интересам правителей, которых явно не занимало, кто именно будет выполнять работу. Скорее, им было важно произвести впечатление и достойно представить покойного правителя, особенно с учетом конкурирующих дворов. Если мы осмыслим эти гробницы в рамках тех представлений, в которых они изначально создавались, они предстают как отдельная группа, несмотря на то что они выполнены разными мастерами, варьирующими единый канон.

Глава третья

Фредерик II и искусство Дании в конце XVI века

Замок Кронборг, величественный укрепленный дворец, высится над проливом, соединяющим Балтийское и Северное моря (илл. 16) [Wanscher 1939; Mikkelsen 1977]. Резиденция Фредерика II стала одним из крупнейших архитектурных проектов в конце XVI века в Северной Европе, и она пленила воображение современников. Художник Хендрик Корнелис Вром из Харлема изобразил замок на большой марине в 1612 году. Около 1600 года Шекспир поместил сюда действие «Гамлета», а имена двух персонажей трагедии, Розенкранц и Гильденстерн, заимствованы у двух дворянских родов Дании. Даже до того, как зять Фредерика Яков в 1603 году стал королем Англии, датский король и его замок стали известны на всех берегах Северного моря.

Земли по обе стороны пролива до конца 1650-х годов принадлежали Дании, затем восточный берег завоевала Швеция в результате одной из многочисленных войн между этими королевствами. Все проходящие корабли должны были платить таможенные сборы, которые значительно пополняли казну короля. И действительно, именно из этих доходов и финансировалось строительство Кронборга, который стал и дворцом, и таможенным управлением. В 1629 году он сильно пострадал от пожара. От царствования Фредерика более-менее сохранилась неизменной только капелла. Кристиан IV, понимая значение замка и в знак сыновнего уважения, восстановил его облик, внеся лишь некоторые изменения.

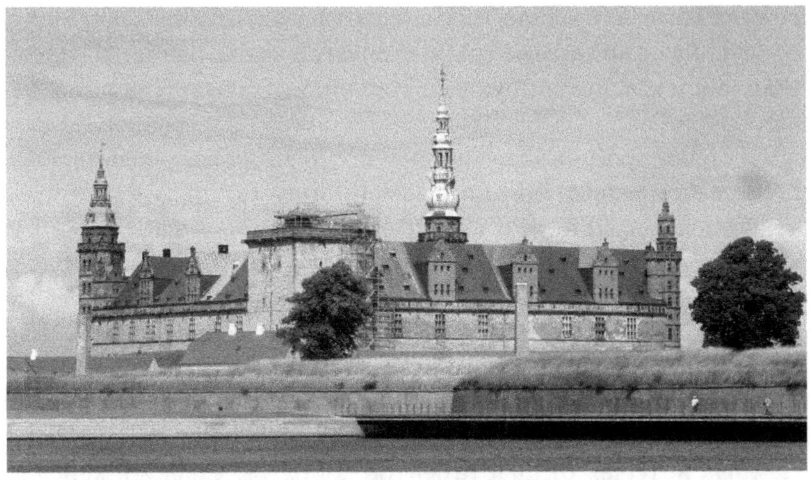

Илл. 16. Замок Кронборг. Эльсинор, Дания. С 1574 года расширялся, после 1629 года перестроен. Фото автора

Чтобы контролировать стратегически важные пункты пролива, здесь давно была выстроена крепость. В 1558 году Кристиан III приказал Хансу фон Дискау, работавшему и на саксонский, и на Датский двор, составить план модернизации крепости. Его чертежи утеряны, и неясно, были ли они использованы при перестройке. Любые строительные работы, начатые в этот период, становились частью процесса строительства, начавшегося в 1574 году и, по-видимому, возглавляемого двумя нидерландцами, Хансом ван Пасхеном, а затем Антонисом ван Оббергеном. Когда работа в Кронборге близилась к завершению, ван Обберген уехал, а позже выполнял значительные проекты в Данциге, Торне (Торунь) и других местах [Gąsiorowski 1976; Bartetzky 2004].

Нижний этаж замка Кронборг почти полностью скрыт за крепостными стенами, и поэтому внешний декор размещен на верхних этажах, при этом многие элементы сделаны довольно крупными для того, чтобы их было видно издалека. Стены увенчаны рельефным фризом, а линию крыши оживляет группа башен. Самая высокая из них вырисовывается на линии горизонта со всех точек в проливе, и ее видели на всех проплывающих кораблях. Даже когда само здание теряется вдали, башня по-прежнему остается доминирующей точкой, что соответствовало желанию короля.

Постепенно Кронборг менялся, его планировка неоднократно пересматривалась. Кирпичи сменились тесаными камнями, а навесные стены на юге и востоке превратились в полноценные крылья. В южном крыле размещается капелла, которая ранее была самостоятельным зданием, примыкающим к стене. На втором этаже над ней расположен огромный зал, который должен был стать самым большим пространством архитектурного комплекса.

После пристройки восточного крыла, в котором располагалась галерея, ведущая от апартаментов королевы Софии к капелле, все здание превратилось в замкнутый четырехугольник. Однако строение не стало однообразным. То, что более старую часть встроили в общую структуру, означало, что все крылья были разной ширины, что подразумевало также разные линии крыш. Такое разнообразие было использовано по максимуму, и каждому крылу придан свой особый характер. Это особенно заметно в восточном крыле, где первый этаж отделан рустами и украшен характерными массивными опрокинутыми пилястрами. В западном крыле прорезано много северных окон и всего несколько южных, что отражает различное предназначение пространств интерьера. В южном крыле величественный портал, ведущий в капеллу, простирается на высоту двух этажей. В нишах по обе стороны двери, украшенных коринфскими колоннами, стоят фигуры королей Давида и Соломона, а увенчивает ансамбль фигура пророка Моисея. Эта композиция в подчеркнуто античном стиле расположена между готическими окнами капеллы. На всей своей протяженности крылья здания разделены лестницами, которые заключены в башни и выводят во двор замка. Расстояние между лестницами определяется согласно соображениям функциональности.

Такая, на первый взгляд, неправильная композиция привела к вопросам об отношении Кронборга к нормативным стандартам архитектуры Ренессанса. Некоторые аспекты стиля замка, например свободное смешение мотивов готики и Ренессанса, теперь представляется менее дискуссионным [Kavaler 2012]. Главной целью строителей было утверждение королевского величия, и башни, рустики и порталы демонстрировали богатство и привлекали взгляд. В следующем поколении Кристиан IV, гораздо более увлеченный строительством, чем Фредерик II, затеял несколько архитектурных проектов в весьма схожей манере.

УКРАШЕНИЕ КРОНБОРГА

Фредерик заказал две крупномасштабные художественные группы для украшения Кронборга, которые следует рассматривать в совокупности. Одна — это огромный фонтан для замкового двора. Другая, заказанная в 1581 году, — это серия из 43 гобеленов для большого зала [Mackeprang, Müller-Christensen 1950; Woldbye 2002]. Их соткали в Эльсиноре под руководством Ханса Книпера (ум. 1587), который приехал из Нижних земель (возможно, из Антверпена) в 1577 году. Книпер также рисовал портреты. Вероятно, это было важным условием для выбора исполнителя заказа, который заключался в создании портретов датских королей от легендарного короля Дана до Фредерика II и кронпринца Кристиана, как эту династию изобразили автор средневековой хроники Саксон Грамматик и более поздние историки. Изображения королей XVI века имеют полное сходство с другими портретами на панно, медальонах и т. д., благодаря чему эта серия приобретает характер правдоподобия. Изображение каждого короля сопровождается короткой надписью на немецком языке, в которой перечисляются его деяния. Фоном гобеленов с портретами Фредерика и Кристиана становятся замок Кронборг и дворец Фредериксборг, последний в своем исходном виде охотничьего домика (цв. вкладка 2).

Как отмечено выше, династические родословные были важной частью создания образа правителя раннего Нового времени. Нам известны многие родословные, предшествующие гобеленам в Кронборге, но, без сомнения, самым непосредственным толчком к созданию этих работ была готская родословная, основанная на работах Йоханнеса Магнуса, и агрессивно продвигаемая Шведским королевским двором. Около 1560 года шведская корона наняла другого художника из Антверпена, Доминикуса вер Вильта, для создания серий гобеленов, тщательно разрабатывающих родословную, кратко изложенную Магнусом. Только пять гобеленов были завершены, три из них утеряны, но представляется, что этот проект стал отправной точкой для более грандиозного замысла Фредерика II.

Гобелены Кронборга не могли соперничать с генеалогией Магнуса в том, что касалось утверждения древности рода. Саксон Грамматик изобразил короля Дана современником царя Давида, в то время как Магнус возводит род готских королей к семье Ноя. Хотя родословную Саксона корректировали в различных изданиях, ее было бы не так просто расширить вдвое без существенных изменений текста или включения ее в альтернативную генеалогию, например, в родословную готских королей, на которую датские короли предъявляли все больше прав наравне со шведскими. Современное историческое знание предлагало альтернативу, цитируя Хумбла, отца Дана, который возводил свой род к Иафету, сыну Ноя [Mackeprang, Müller-Christensen 1950]. Однако более основательное текстологическое увлечение теорией готицизма по-настоящему проявилось в трудах датских историков только в XVII веке. В 1570-х годах династические споры выражались в первую очередь в большем количестве и роскоши гобеленов, висящих в большом зале Кронборга, равных которым не было в Швеции.

ГЕОРГ ЛАБЕНВОЛЬФ И КРОНБОРГ

Дополнением к гобеленам служили одни из самых выдающихся скульптурных работ, созданных в Северной Европе в 1570-х годах. Искусно сделанный фонтан, созданный Георгом Лабенвольфом (до 1533–1585) для двора Кронборга, был чудом если не изящной фигуративной скульптуры (он был скорее специалистом по технике литья по металлу, нежели созданию фигур), то гидравлической мысли. Как и гобелены Книпера, этот фонтан является крупномасштабной идеологической демонстрацией власти короля, хотя эта цель достигается весьма разными путями [Neville 2016 и др.].

Фонтан был создан в Нюрнберге, который снабжал много стран Европы выдающимися работами всех видов. Этот город соперничал с Антверпеном в сфере производства и экспорта предметов роскоши, а особенного успеха местные мастера достигли в работе по металлу [Maué 2002]. В этом качестве он уравновешивал присутствие нидерландских мастеров в Балтийском регионе, на чем часто делают особый акцент, и для Фредерика было естественным заказать фонтан для Кронборга именно там.

Общественные фонтаны служили источником воды для бытовых нужд. Дворы правителей и процветающие города нередко превращали их в местную достопримечательность, украшая каменными или бронзовыми фигурами, и нюрнбергские литейщики создали много подобных сооружений для заказчиков из Центральной Европы. Фонтан Кронборга можно сравнить со многими в Северной Европе, хотя ни один из них не мог тягаться с ним в роскоши [Smith 1994: 198–244]. Однако идея, по-видимому, была заимствована из других краев. В 1575 году датский астроном Тихо Браге был при дворе Вильгельма IV, ландграфа Гессен-Кассельского, который в 1570–1571 годах заказал у Лабенвольфа подобный, хотя и намного меньшего размера, фонтан, украшенный десятью фигурами[1]. Вполне может быть, что Браге описал этот фонтан Фредерику и предложил ему заказать похожее сооружение для Кронборга. В любом случае он активно участвовал в процессе переговоров, поскольку значительная часть корреспонденции, касающейся фонтана, шла через него [Friis 1872–1878: 310–326]. В этом случае возможно предположить, что

---

[1] Большинство исследователей, писавших о фонтане Кронборга, предполагали связь с фонтаном Вильгельма IV. О визите Тихо Браге в Кассель см. [Thoren 1990: 93–96].

идея установить фонтан пришла к королю под влиянием Вильгельма IV. Если это действительно так, эта ситуация перекликается с первым заказом Корнелису Флорису. Датский король вновь реализовал в более грандиозных масштабах идею, почерпнутую при дворе дружественного правителя. Фонтан, как и сам Кронборг, превзошел представления буквально любого князя в германоязычном мире.

Фредерик заказал фонтан в 1576 году, а установлен тот был в 1583-м. Он был уничтожен в 1658–1659 годах во время разграбления замка шведскими войсками. Сохранились три фигуры, они хранятся в Стокгольме, остальные были расплавлены, и металл пошел на другие нужды. Однако мы можем воссоздать облик этого сооружения на основании нескольких текстов с описаниями и трех графических изображений. Самое полное описание было издано Йоханном Габриэлем Доппельмайером в 1730 году, уже через много лет после того, как фонтан был разрушен, так что автор, по-видимому, опирался на записи XVI века [Doppelmayr 1730: 293–294]. Действительно, к описанию приложен офорт, весьма схожий с рисунком, выполненным в 1582 году будущим городским архитектором Вольфом Якобом Штромером [Smith 1994: 241–243]. Хотя между офортом и рисунком есть небольшие, но существенные различия, это, по-видимому, является доказательством того, что Доппельмайер опирался на более ранние источники, что косвенным образом подкрепляет достоверность его текста (илл. 17).

Описывая творчество Лабенвольфа, Доппельмайер останавливается только на Кронборгском фонтане, объясняя, что он затмил все остальные его работы и достаточно его одного, чтобы включить автора в историю выдающихся художественных и научных традиций города. Он описывает эту работу как «самую значительную, такого размера [или столь грандиозную, “Gröse”], какого никогда не видывали в Нюрнберге, и вызывающую восхищение повсюду» [Doppelmayr 1730: 293–294]. Действительно, в Нюрнберге это сооружение знали и восхищались им, поскольку перед отправкой в Данию Лабенвольф собрал фонтан и испытывал его действие на протяжении трех дней в городском парке Штадтграбен.

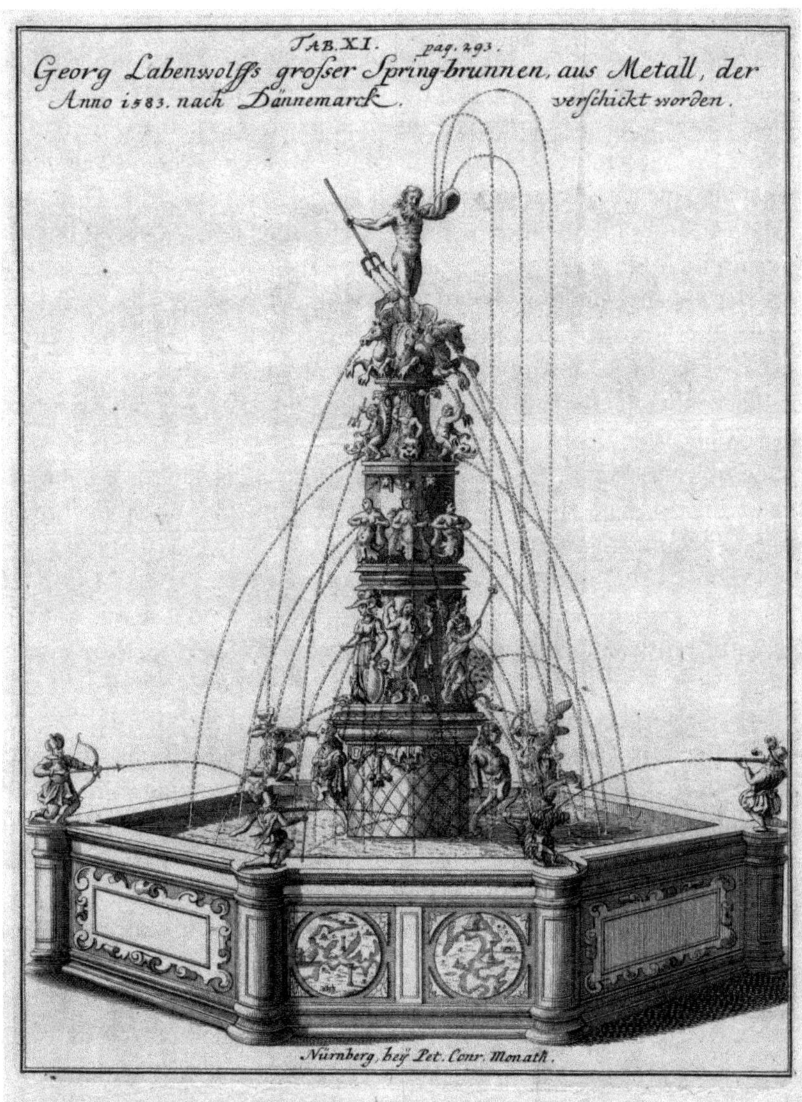

Илл. 17. Георг Лабенвольф. Фонтан «Нептун», ранее в замке Кронборг. Эльсинор, Дания. 1576–1583 годы. Из сочинения Доппельмайера «Исторические вести»

Без сомнения, размеры и сложность этой конструкции производили впечатление. Центральная ось высотой в шесть метров или даже больше являлась основой для группы фигур, над которыми возвышалась фигура Нептуна, балансирующего на одной ноге. Под давлением воды фигура бога вращалась, благодаря чему он мог во все стороны обозревать свои владения. Под ним стояли Миневра, Юнона и Венера. По периметру бассейна располагались фигуры шести лучников и стрелков, стоящих на одном колене и выпускающих струи воды из своего оружия. В описании 1654 года упоминаются большие животные на краю бассейна, расположенные между стрелками [Wolf 1654: 516]. Эти фигуры не изображены ни на рисунке, ни на офорте, ни на более раннем небольшом пейзаже работы Брауна и Хогенберга. Возможно, их добавили позже или, если они не служили для запуска воды, их не установили во время испытаний в Нюрнберге. Всего Доппельмайер насчитывает 36 литых фигур.

Офорт в публикации Доппельмайера представляется более соответствующим реальности, чем рисунок XVI века, и, возможно, в отдельных деталях он более точен. Некоторые отличия, например, разницу в форме бассейна, проверить уже нельзя. На офорте изображены слоны над гирляндами на нижнем ярусе колонны. Это отсылка к ордену Слона, датскому ордену, куда допускались лишь высшие аристократы. На рисунке слонов нет, однако вряд ли Доппельмайер, математик из Нюрнберга, мог бы сам придумать эту весьма уместную деталь. Более вероятно, что на рисунке изображен ранний вариант проекта или что и офорт, и рисунок являются копиями другого изображения фонтана.

Документальная ценность офорта еще более значима в том, что касается бассейна, который несколько отличается на этих двух изображениях. На обоих мы видим две круглые карты на переднем бортике бассейна. Очертания суши довольно абстрактны и с трудом поддаются идентификации. Однако как минимум один из участков можно опознать по иконографике на обоих изображениях. На карте слева видны две колонны, разделенные водным проходом, через который плывет корабль. Должно быть, здесь изображены древние Геркулесовы столбы у Гибралтарского пролива, отмечавшие выход в Средиземное море, римское *mare nostrum* («наше море»). На офорте соответствующая карта также изображает корабль, входящий в узкий проход, на берегу которого у замка стоит одна колонна. Мы не можем сопоставить это изображение ни с каким знакомым видом, но сам фонтан вполне может стать ответом на этот вопрос, поскольку он представлял собой памятник в форме колонны. Его форма дублировалась башней Кронборга, которая поднимается высоко над горизонтом, если смотреть со стороны пролива, и приблизительно напоминает колонну, возвышающуюся над проливом. Похожие рельефы на облицовке бассейна, вероятно, сопоставляли два других пролива, находящихся под контролем Дании, с Босфором и Дарданеллами, вторя подобным сравнениям в текстах, один из которых в 1589 году оставил некий путешественник, другой же принадлежит придворному историку и написан в 1630-х годах[2] [Carlsson 1977: 54–55].

Шесть фигур, установленные на бортиках бассейна, облаченные в разные костюмы, контрастируют с греко-римскими богами и богинями, расположенными на центральной колонне фонтана. Их с уверенностью можно идентифицировать как тевтонца, фракийца, галла, сармата, московита и иберийца, поскольку все они описаны в стихах, посвященных фонтану, сочиненных Йоахимом Пёмером, нюрнбергским городским советником, который участвовал в завершении работы над ним[3]. Они включают в иконографику фонтана новый набор отсылок к древней истории, которая обычно рассматривается как альтернативная, в значительной степени отдельная, история древнего мира. Не хватает гота или, возможно, вандала или кимврийца, если учесть, что эти определения нередко обозначали одно и то же. Сложная фигура на вершине фонтана, возможно, дает

---

2 О сравнении датских проливов со средиземноморскими см. [Pontanus 1631: 726; Jensen 1981: 141].

3 Эти стихи приведены в книге [Larsson 1975: 179], где они сопровождаются информативным комментарием.

объяснение такому упущению. Почти все современные ученые считали, что в образе Нептуна изображен сам Фредерик, озирающий свои морские владения из замка, контролирующего пролив. Но Фредерик в то же время изображал себя королем готов, и он возвышается над другими древними народами, рассеянными по берегам его морей.

Такое толкование предполагает, что в одной аллегорической фигуре Фредерика объединен образ и короля готов, и римского бога. Такие, на первый взгляд, противоречащие друг другу ассоциации не были необычными. Геркулес, общепринятый идеал монарха, описывался в длинной поэме Георга Шернйельма, одного из самых ярых популяризаторов идеологии готицизма в Швеции [Stiernhielm 1973, 1: 7–26; Malm 2008]. В другом стихотворении XVII века описывается Минерва, дарующая шведскому фельдмаршалу Карлу Густаву Врангелю воинские искусства, чтобы тот стал готским Марсом [Ellenius 1977: 44]. Также и скандинавские короли, как отмечено выше, нередко облачались в римские костюмы во время придворных празднеств, даже если они должны были изображать готов. Если в образе Нептуна действительно изображен Фредерик, это может быть аналогичной обобщенной аллегорией, изображением Neptunus Gothicus (Готского Нептуна). Надписи на бортике фонтана, должно быть, в значительной степени разъясняли эти аллегории, но на рисунке и на офорте они отсутствуют.

В стихах на кронборгских гобеленах, сопровождающих изображение каждого короля, нет упоминаний о его происхождении от династии готов или кимвров. Возможно, потому, что Саксон Грамматик включил идеи готицизма в свою хронику в уклончивой манере и на довольно поздней стадии. Вместо того чтобы указывать на происхождение датских королей от древних готов в надписях на гобеленах, которые можно было бы сопоставить с широко известными трудами Грамматика, любое упоминание о готском прошлом, по-видимому, просто исключили. Его оставили для фонтана во дворе замка, который не имел отношения ни к каким определенным текстам и который весьма разными способами соединял миры древности и современности.

Доппельмайер и все другие ранние комментаторы изображают фонтан Кронборга главным достижением мастера, произведением, равное которому вряд ли можно будет когда-либо увидеть в Нюрнберге. Действительно, городской совет неоднократно принимал меры, чтобы разрешить трудности, задерживающие работу. Муниципальные власти явно понимали значение этого проекта. Предвкушая, вероятно, новые заказы короля, они были решительно настроены, чтобы Лабенвольф показал себя и свой город с самой профессиональной стороны. В общем и целом городской совет сделал больше, чем это было необходимо. Пёмер заказал композитору три мотета во славу фонтана и короля для того, чтобы отпраздновать это событие. Имя композитора нигде не упоминается, но качество музыки отменное, и было высказано предположение, что мотеты сочинены Орландо ди Лассо, который в те годы работал в Нюрнберге, или Леонардом Лехнером [Kongsted 1991].

Кронборгский фонтан выставили на обозрение в Нюрнберге всего на три дня в 1582 году. В следующем году для площади рядом с церковью Св. Лоренца в Нюрнберге был создан Фонтан Добродетелей. Он был выполнен племянником и помощником Лабенвольфа, Георгом Вурцельбауэром; будучи меньше по размеру, он похож по форме и представляется отголоском утраченного Кронборгского фонтана (илл. 18) [Smith 1994: 241]. Его более скромные формы и размеры являются свидетельством невероятного масштаба заказа датского короля. Если предполагалось, что ассоциация с Кронборгским фонтаном будет очевидной, то, возможно, власти Нюрнберга хотели подчеркнуть его связь с монархами. Это бы подкрепило давние ассоциации города с империей, культивируемые благодаря традиционной важности города для Священной Римской империи (в том числе его роль хранителя императорских регалий), и его более неформальную роль центра производства для многих проектов Габсбургов в сфере культуры. Следует также отметить, что скандинавские короли и император во многих контекстах воспринимались как представители одного круга. Городской совет Нюрнберга вполне согласился бы с этим.

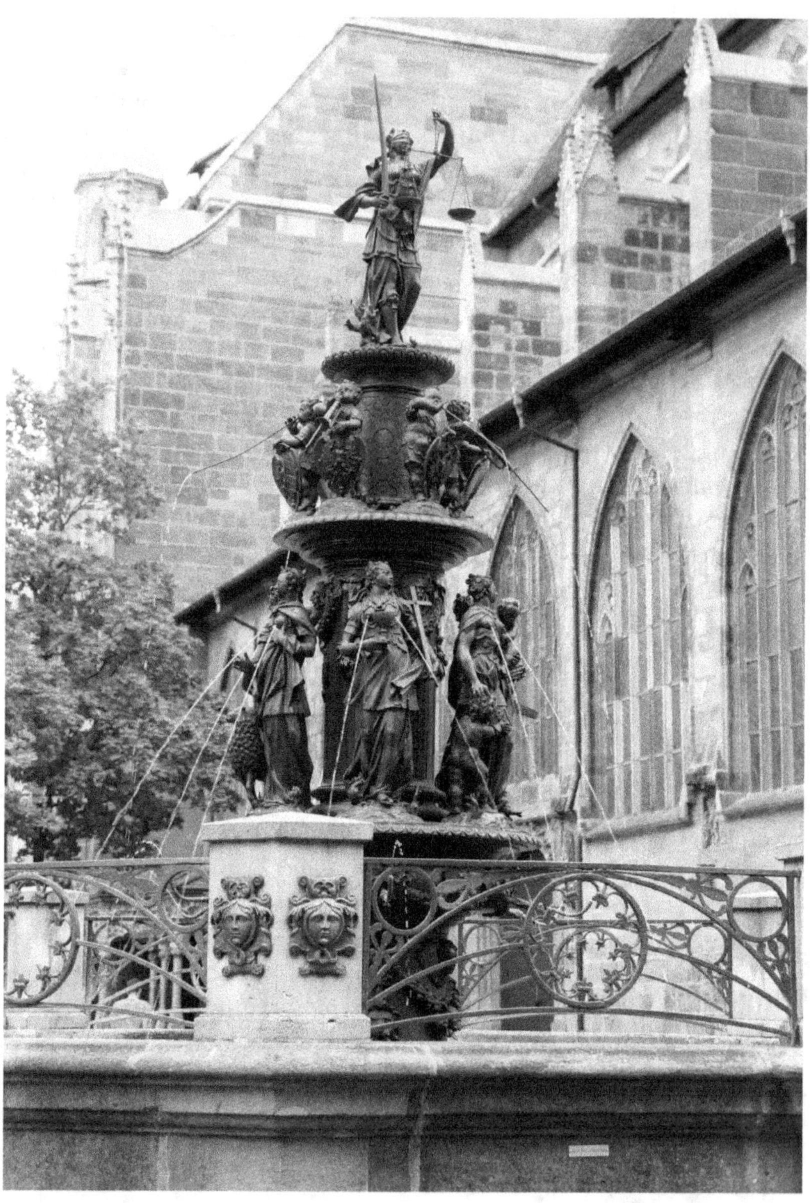

Илл. 18. Георг Вурцельбауэр. Фонтан Добродетелей. Нюрнберг. 1583–1589 годы. Фото автора

ТИХО БРАГЕ И УРАНИБОРГ

Датские аристократы, такие как Биргите Гёйе и Хейнрих Ранцау, заказывали замечательные и сложные работы у выдающихся мастеров. Для укрепления репутации своей семьи Гёйе и Ранцау располагали вкусом, богатством, хорошими связями и амбициями. Особенно Ранцау был глубоко увлечен гуманистической литературой и сам опубликовал некоторое количество текстов на латыни [Ludwig 2000; Lohmeier 2000 и др.]. Он также довольно активно занимался художественными и архитектурными проектами, но из них сохранилось очень немногое.

В том, что касается масштаба и характера деятельности, можно особо выделить одного из датских аристократов, который занимает особое место в европейской культуре. Тихо Браге (1546–1601) был одним из самых выдающихся астрономов и алхимиков конца XVI века [Thoren 1990]. Он поддерживал связи с научными кругами по всей империи и провел свои последние годы при дворе императора Рудольфа II в Праге после ссоры с молодым Кристианом IV. Его дружба с различными учеными имела важные последствия для художественной культуры Дании. Будучи гостем Вильгельма IV, ландграфа Гессен-Кассельского, страстный астроном-любитель Браге увидел фонтан, который принц заказал у Лабенвольфа, и, возможно, именно он содействовал заказу более крупномасштабной версии для Кронборга.

Браге завел дружбу со многими деятелями искусства и в родной стране, и во время своих путешествий. В Аугсбурге он нанял мастеров, которые позднее изготовили для него сложные инструменты искусной работы. Значительную часть работы выполнил ювелир Ханс Кроль из Вестфалии в поместье Браге. Браге питал глубокий интерес к искусствам всех видов, от астрономии и алхимии до изобразительных искусств и литературы, и он нередко поощрял их сочетание. Гравюры по его портрету, возможно, созданному Тобиасом Гемперлином, молодым аугсбургским художником, приехавшим в Данию по его распоряжению, выполнялись дважды Жаком де Гейном, в Харлеме и Амстердаме [Christianson 2000: 284–287]. Браге также довольно бесцеремонно предъявлял права на художников и ремесленников, приехавших работать на Фредерика. Так, придворного зодчего Ганса ван Стенвинкеля Старшего он называл «мой архитектор» и нанял его для выполнения архитектурных чертежей. Более того, ван Стенвинкель и Гемперлин, так же как и другие, до определенной степени были вовлечены в научную работу Браге, обучались у него астрономии и помогали ему в наблюдениях [Thoren 1990: 99, 133–135].

Фредерик предоставил в распоряжение Браге остров Хвен в Зундском проливе, недалеко от Кронборга, и там была построена его резиденция-обсерватория, названная им Ураниборг. Здание было небольшим, но весьма примечательным (илл. 19) [Ibid.: 105–115, 144–150; Johannsen 2006]. Центральный корпус был квадратным в плане и ориентирован по сторонам света. Внутри он был разбит на четыре равные части, отделенные друг от друга коридорами, соединяющимися в центре здания. Такой симметричный план был обычным для XVI века. Замок Шамбор Франциска I, строительство которого началось в 1519 году, представляет вариант такого плана, хотя в него добавлена центральная лестница. Нередко предполагается, что самым непосредственным источником влияния была Вилла Ротонда Андреа Палладио под Виченцей, что аргументируется пребыванием Браге в Венето в 1575 году и его явным восхищением увиденным, а также тем, что планы здания были опубликованы в 1570-м[4]. Вилла Ротонда также более напоминает Ураниборг и масштабами, и простотой формы. В любом случае он внес в эту концепцию значительные изменения, чтобы здание более соответствовало своему предназначению, ведь это был не загородный дом для отдыха, а своего рода академия, посвященная астрономии, где обучалась группа студентов и помощников. Так, план этажей был упрощен, на них были устроены большие кабинеты. На северном

---

[4] В книгу «Le premier volume» («Первый том») Андруэ Дюсерсо включен план Шамбора. Однако первый выпуск был опубликован в год, когда Фредерик II даровал Хвен Браге, вскоре после чего, по-видимому, началось строительство. Хотя экземпляры труда Дюсерсо почти наверняка ходили в Дании, они, вероятно, появились там уже после начала строительства Ураниборга.

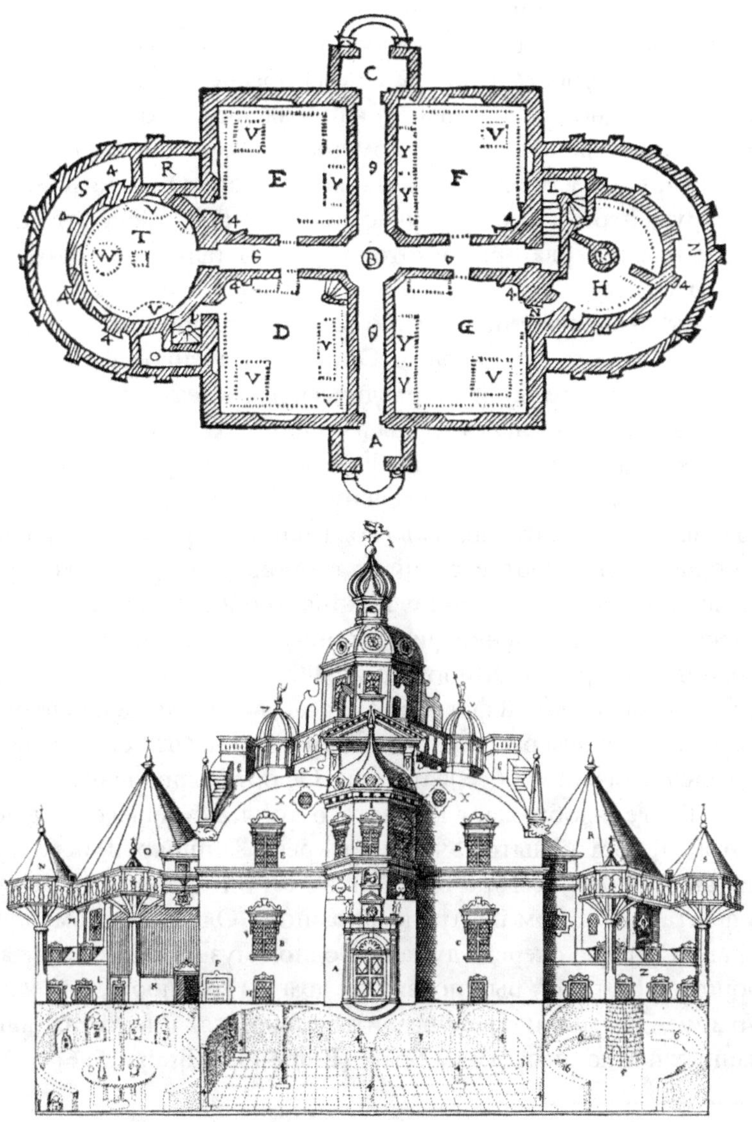

Илл. 19. Ураниборг, обсерватория Тихо Браге. Хвен, Дания. Строительство начато в 1576 году. Из сочинения Браге «Astronomiae Instauratae Mechanica»

и южном концах он добавил круглые павильоны с высокими коническими крышами. Каждую треугольную секцию крыши можно было убрать, благодаря чему обеспечивался свободный вид на звездное небо в любом направлении. Позднее были добавлены другие павильоны, поменьше, покоящиеся на столбах, благодаря чему появилась возможность использовать больше инструментов. Потом на участке была возведена отдельная подземная обсерватория, в которой располагались более крупные инструменты.

Замыслы Браге относительно Ураниборга простирались дальше его научного применения. Он нанял Лабенвольфа для установки примечательной гидравлической системы, благодаря которой вода лилась через трубы в стенах. Поэтому представляется вероятным, что Лабенвольф также создал фонтан, который был установлен в месте пересечения четырех коридоров. Четыре головы, из ртов которых текла вода, олицетворяли ветра разных направлений, в соответствии со сторонами света, по которым было ориентировано здание. Как и в Кронборге, давление воды обеспечивало вращение фигуры, по-видимому, изображавшей Уранию, на вершине композиции[5]. Фонтан стоял непосредственно под позолоченной фигурой Пегаса, увенчивающей центральный купол (в нем располагались куранты, так что он не использовался в качестве обсерватории). Офорт, выполненный по заказу Браге, изображает крылатого коня, вставшего на дыбы, который бьет копытом, чтобы открыть Гиппокрен, источник, питающий муз на горе Геликон; затем он проявляется внизу, в фонтане, в самом центре композиции. Однако в этом случае Браге в первую очередь думал об одной музе: Урании, музе астрономии, которой был посвящен дом — Ураниборг, или замок Урании. Эти мысли были развиты в надписях и в стихах, написанных и изданных самим Браге [Brahe 1598; Brahe 1596][6].

---

[5] До нас дошли некоторые описания фонтана, датируемые концом XVI века, но ни в одном из них нельзя найти более точной идентификации фигуры. Они собраны в книге [Beckett 1921: 33n10].

[6] См. [Brage 1913–1929; Zeeberg 1995].

ЙОХАН ГРЕГОР ВАН ДЕР ШАРДТ В ДАНИИ

Технический гений Лабенвольфа получил признание и у Фредерика, и у Браге. Король взял на службу еще одного скульптора, Йохана Грегора ван дер Шардта (ок. 1530/31 — ок. 1581), коллегу Лабенвольфа по Нюрнбергу, но он был мастером совсем другого толка. Ван дер Шардт был родом из Неймегена в Нижних землях, но примерно двенадцать лет он работал в различных итальянских городах[7]. В этом он значительно походил на Джамболонью, своего современника из Дуэ, который в 1550 году отправился в Рим, а затем во Флоренцию. Оба они получили место при дворе — Джамболонья у Медичи, ван дер Шардт у императора Максимилиана II и Фредерика II, — и оба создавали элегантные фигуры, ценимые среди коллекционеров. Однако слава Джамболоньи сохранилась в веках, в то время как ван дер Шардт в наше время относительно мало известен.

Работы ван дер Шардта, созданные за время, проведенное к югу от Альп, не сохранились, но он явно процветал. В 1569 году представитель империи в Венеции, Вейт фон Дорнберг, нанял его на службу к Максимилиану II (1564–1576), который, очевидно, приказал фон Дорнбергу найти для него скульптора. Фон Дорнберг, ссылаясь на похвалы знатного венецианского патриция Даниэле Барбаро и других, предложил кандидатуру ван дер Шардта.

Ван дер Шардт отправился в Вену и вскоре после этого поселился в Нюрнберге, вероятно в качестве придворного художника *in absentia*. Там он создал ряд работ как для императорского двора, так и для аристократов-знатоков, таких как Пауль Праун, нюрнбергский коллекционер, который оказался владельцем особенно значительного собрания его работ [Schoch 1994].

Максимилиан II умер в октябре 1576 года, и меньше чем через год ван дер Шардт начал работать в Дании. Согласно документам, он находился там с мая 1577 года до осени 1579-го. Затем он

---

7 Подробнее о ван дер Шардте см. [Honnens de Lichtenberg 1991; Scholten 2007–2008; Neville 2013 и др.].

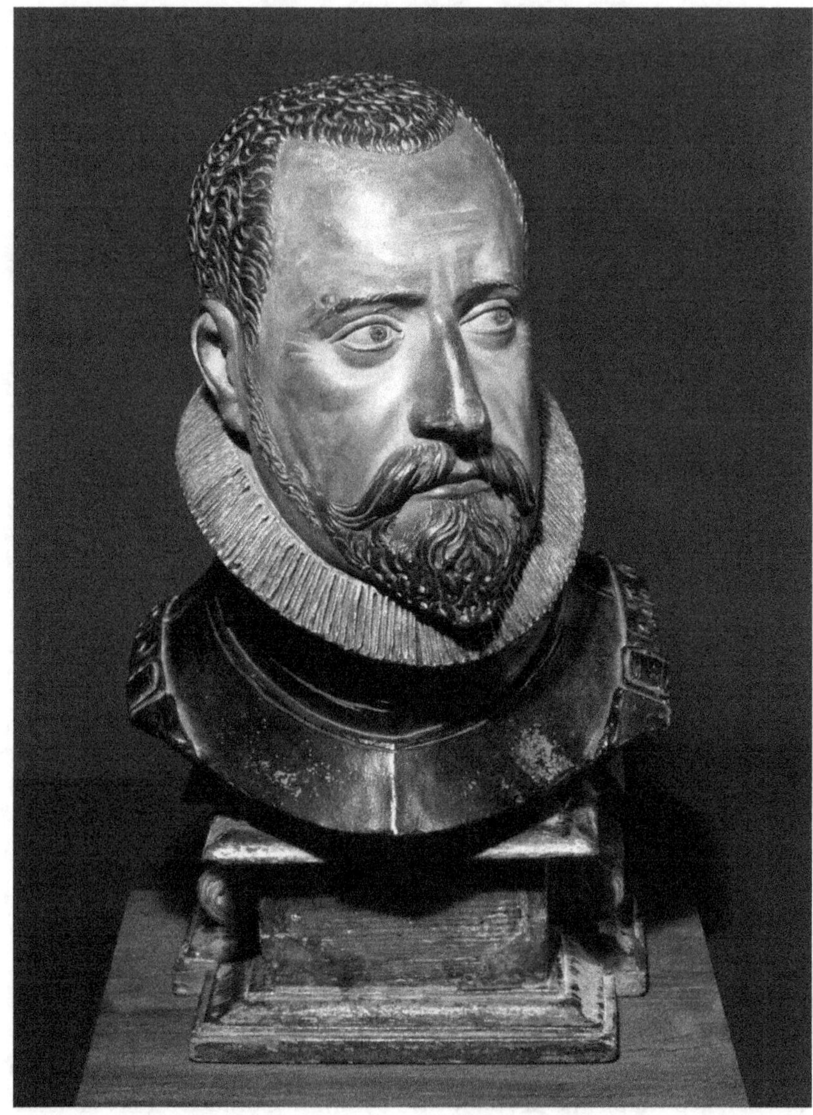

Илл. 20. Йохан Грегор ван дер Шардт. Датский король Фредерик II. 1577–1579 годы. Фото: Музей национальной истории, замок Фредериксборг

вернулся в Нюрнберг, и после 1581 года он не фигурирует в записях. Работы, выполненные им в Дании, — это в первую очередь портреты короля и королевы. Терракотовый бюст Фредерика (илл. 20) стал, вероятно, одним из образцов для парных бронзовых бюстов Фредерика и Софии Мекленбургской, которые были утеряны в пожаре 1629 года в Кронборге. Два других бронзовых бюста короля и королевы, которые теперь находятся во дворце Росенборг в Копенгагене, могут быть уменьшенными вариантами утерянных кронборгских скульптур.

Эти бюсты стоят особняком как единственные портреты в бронзе, созданные ван дер Шардтом. Все другие его портреты выполнены в полихромной терракоте, намного более пластичном материале, подходящем для детализированных, реалистичных изображений, хотя и менее стойком, технически сложном и престижном, чем бронза. В остальном известно, что ван дер Шардт использовал бронзу только для изготовления мифологических и аллегорических фигур, в отношении которых более абстрактный характер изображения, диктуемый материалом и процессом, подходит лучше.

Вероятно, ван дер Шардт ожидал, что, вернувшись в Нюрнберг, будет продолжать работать на Фредерика, как и в то время, когда он работал на Максимилиана. Там ему было легче достать материалы и квалифицированных помощников, и к тому же ему было бы легче получать заказы от других меценатов. Вероятно, он привез с собой в Нюрнберг терректовый(е) бюст(ы), которые могли бы служить основой для будущих портретов. Действительно, бронзовые бюсты, которые теперь находятся в Росенборге, очевидно, выполнены в Нюрнберге, поскольку их предыдущим владельцем был Пауль Праун, который, предположительно, купил все скульптуры в мастерской ван дер Шардта после его смерти примерно в 1581 году. Таким образом, они могли быть частью незавершенной работы по заказу Фредерика.

Если ван дер Шардт действительно договорился с Фредериком о дальнейшей работе в Нюрнберге, это определенным образом меняет наше понимание короля как покровителя искусств и представления города о датском монархе. Утверждалось, что после смерти Максимилиана в 1576 году ван дер Шардт не хотел или не мог заплатить пошлину, чтобы получить гражданство и работать в Нюрнберге, и поэтому искал иные пути [Larsson 1987: 279]. Однако эти соображения не учитывают его возвращение в город два года спустя. Нюрнберг был необычен в том отношении, что в нем не было гильдий, а торговля контролировалась непосредственно городским советом. Эту систему несколько сложно согласовать с традицией освобождать придворного художника от требований членства в гильдии и гражданства, особенно если учесть, что Нюрнберг был вольным городом, где не было двора правителя, который мог бы осуществлять юрисдикцию в отношении правил найма. Однако мы можем вспомнить значительные исключения из требований гражданства. Когда Джакопо де Барбари был назначен художником при дворе императора Максимилиана I в 1500 году, ему было позволено жить в Нюрнберге [Böckem 2016: 88–93]. Также совершенно очевидно, что городской совет разрешил ван дер Шардту жить в городе, пока он работал на Максимилиана II, либо из-за прецедента с де Барбари, либо потому, что это назначение добавляло престижа городу и давало работу местным мастерам, либо по каким-то иным причинам. В любом случае городской совет показал свою заинтересованность в работе Лабенвольфа на Фредерика, принимая необычные меры для того, чтобы обеспечить завершение работы после ряда задержек и, возможно, заказав версию поменьше для города. То, что ван дер Шардт продолжал жить в Нюрнберге, также можно лучше всего объяснить тем, что для Фредерика было сделано исключение, поскольку городской совет явно считал его одним из своих самых высокородных заказчиков.

Возможно, Тихо Браге вел переговоры о найме ван дер Шардта на службу при Датском дворе, как и, по-видимому, в случае с Лабенвольфом. Из письма от 1576 года явствует, что он познакомился со скульптором, скорее всего в ходе посещения Нюрнберга годом ранее [Honnens de Lichtenberg 1991: 20]. В Ураниенборге он установил фигуру Меркурия, которая, возможно, идентична одной из нескольких версий изображения бога-вестника, выполненных ван дер Шардтом для различных коллекционеров. Нет никаких прямых свидетельств того, что эта фигура сделана ван дер Шардтом, но это было произведение высочайшего художественного уровня, поскольку герцог Брауншвейг-Люнебургский Генрих Юлиус попросил его в дар. Браге с неохотой подарил ему статую при условии, что получит слепок с нее [Larsson 1984].

Более крупномасштабная фигура Меркурия, находящаяся теперь в Стокгольме, является центральной в творчестве ван дер Шардта (илл. 21). Это единственная из сохранившихся подписанных его работ, и она служит отправной точкой для воссоздания наследия скульптора. Ее размер и качество позволяют предположить, что она была выполнена для важного заказчика. Подпись, вероятно, тоже указывает на то, что это был дар или работа, выполненная для демонстрации искусства скульптора, а не заказ. Чаще всего предполагалось, что скульптура предназначалась для Максимилиана II или его преемника, Рудольфа II (1576–1612). Таким образом, она, вероятно, попала в Швецию после разграбления значительной части императорской коллекции в Праге в 1648 году. Это предположение может быть верным, но основывается оно в первую очередь на размере и качестве работы. Более того, правдоподобие этой теории упирается в несколько спорных моментов. Во-первых, в описях пражской коллекции 1607–1161 годов или в более точной описи, проведенной в Стокгольме в 1652 году, нет никаких явных упоминаний о скульптуре. Документальное упоминание о скульптуре относится к началу XVIII века, в описи дворца Дроттнингхольм, под Стокгольмом, резиденции вдовствующей королевы Хедвиг Элеоноры[8].

Эти вопросы легче разрешить, если предположить, что статуя была выполнена для Фредерика II. В переписке по поводу назначения ван дер Шардта при императорском дворе не упоминается о подобной демонстрации его искусства, да в ней и не было явной необходимости, поскольку он был довольно быстро нанят и поступил на службу Габсбургскому двору. Относительно поступления ван дер Шардта на службу к Фредерику известно немногое,

---

[8] Опись коллекции Рудольфа II см. в [Bauer, Haupt 1976]. Опись коллекции королевы Кристины от 1652 года см. в [Geffroy 1855: 120–193].

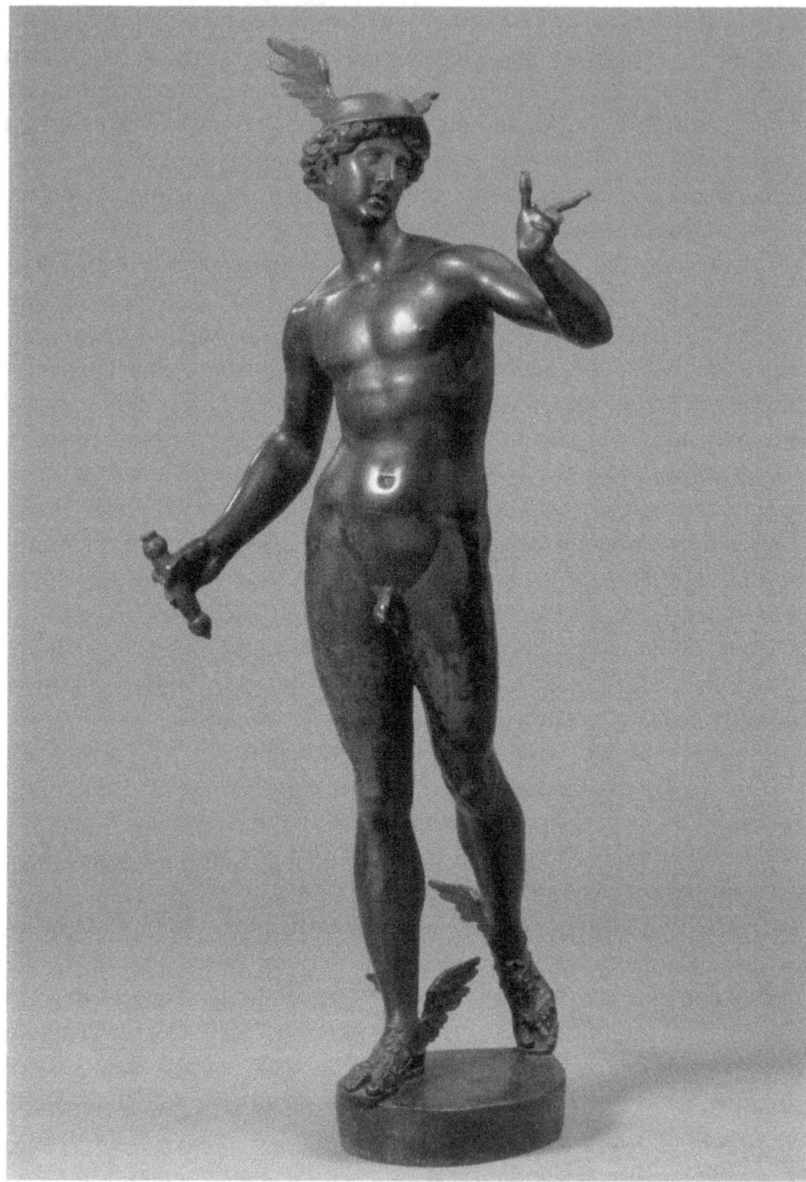

Илл. 21. Йохан Грегор ван дер Шардт. Меркурий (Ок. 1577?). Фото: Национальный музей Швеции, Стокгольм

но в этом случае такая демонстрация искусства скульптора имела больше смысла. Хотя Браге, по-видимому, встречался с ван дер Шардтом в Нюрнберге, нет никаких указаний на то, что состоялась договоренность о поступлении на придворную службу. Таким образом, ван дер Шардт мог знать о короле лишь то, что тот был состоятелен и любил детально выполненные бронзовые скульптуры, как это следовало из заказа Лабенвольфу, и что он вполне может быть заинтересован в том, чтобы нанять еще одного скульптора.

Эта теория могла бы также помочь объяснить происхождение фигуры меньших размеров, принадлежащей Браге, если ее действительно выполнил ван дер Шардт. Хотя Меркурий, бог-вестник, был подходящим украшением для обсерватории — в 1610 году Галилей опубликовал «Sidereus Nuncius» («Звездный вестник») — фигура ван дер Шардта также могла бы быть уменьшенной копией той, что владел король, подобно тому, как фонтан в Ураниборге повторял некоторые детали Кронборгского фонтана. И действительно, будучи покровителем торговли, Меркурий также занимал заметное место в иконографике датских монархов. Хотя в начале 1583 года статуи Меркурия и Нептуна еще не были установлены, они расположены у портала главного входа в Кронборг [Wanscher 1939: 139]. Ван дер Шардт и Лабенвольф вместе создали еще одну пару этих богов в бронзе.

Наличие большой скульптуры Меркурия в Дроттнингхольме в начале XVIII века также может являться подтверждением теории о том, что изначально она находилась в Дании, а не в Праге, поскольку Хедвиг Элеонора жила в Кронборге и Фредериксборге в 1658–1659 годах, когда войска ее мужа грабили датские дворцы. Существуют указания на то, что она могла тогда лично выбирать для себя бронзовые скульптуры, которые, вместе со статуями, ранее привезенными из Праги, позднее украшали ее сады [Böttiger 1884: 20; Olausson 2006: 177]. Если она в тот момент потребовала себе Меркурия, он не мог оказаться в более ранних пражских или стокгольмских описях.

Нет совершенно никаких неоспоримых доказательств того, что стокгольмский Меркурий ван дер Шардта был в Дании. Рисунок, приписываемый Францу Клейну, работавшему в Дании и Англии, изображает фигуру, похожую на статую, но в различных ранних описаниях дворцов нет упоминаний о Меркурии [Burck 2015: 68–69]. Тем не менее это предположение не менее правдоподобное, чем теории, что эта скульптура была подарком Максимилиану II или Рудольфу II. Фредерик был значительным меценатом и особенно высоко ценил скульптуру. Он увидел возможность привлечь на службу одного из лучших скульпторов, работавших в Северной Европе в 1570-х годах, а ван дер Шардт, в свою очередь, увидел возможность послужить на амбициозный двор, заинтересованный в крупных проектах.

МЕЛЬХИОР ЛОРК В ВЕНЕ И КОПЕНГАГЕНЕ

Если ван дер Шардта Фредерик II переманил от императорского двора после смерти Максимилиана II, то другого талантливого деятеля искусства в лице Мельхиора Лорка (ок. 1526/27 — ок. 1583) он в значительной мере уступил Габсбургам. Лорк, родом из Фленсбурга, был приблизительно ровесником ван дер Шардта. Он обучался ювелирному делу и, как и фламандский скульптор, в разные годы работал в Нижних землях, Дании, Италии и при императорском дворе. Однако вряд ли можно было найти двух человек, столь различных по характеру. Ван дер Шардт был искусным и надежным профессионалом, в то время как Лорк был свободным художником, который постоянно отвергал или упускал многообещающие возможности и бросал незаконченными крупные проекты [Fischer 2009].

Кристиан III финансировал обучение Лорка, рассчитывая, что тот вернется в Данию и станет придворным художником. Но Лорк обратил на себя внимание императора Фердинанда I, который взял его на службу и в 1555–1559 годах отправил с посольством в Константинополь. В течение этих лет он сделал гравюры портретов послов и Турецкого двора. Лорк много рисовал: пейзажи, костюмы, гражданские и военные занятия, которые видел за границей, и явно собирался издать свои зарисовки. Но хотя он выполнил несколько гравюр на дереве, эти его работы были изданы только в 1626 году [Lorck 1626].

Лорк в сотрудничестве с Вольфгангом Лациусом, историком Габсбургов, антикваром и географом, сделал проекты трех триумфальных арок и трех фонтанов для въезда будущего короля Максимилиана II как римского короля в 1563 году. Вскоре, вероятно в награду за эту работу, Фердинанд даровал семье Лорка дворянское звание. В последующие годы Максимилиан, уже император, назначил его *Hartschier*, или стрелком конной стражи императора. Это была хорошо оплачиваемая и в значительной степени церемониальная должность; к тому же в отличие от придворного художника — например, Джузеппе Арчимбольдо, поступившего на службу к Максимилиану в 1562 году, — Лорк не был перегружен обязанностями и мог позволить себе путешествовать. Так, в 1566 году он последовал с императорской армией на войну с турками, возможно, для того чтобы получить больше материала для своего «турецкого» издания. Затем провел довольно много времени в Гамбурге и Антверпене, где заключил контракты с издателями, также, предположительно, для реализации своих различных книжных проектов.

Все эти годы Лорк не терял связи с Датским королевским двором. В 1560 году герцог Ханс, брат Кристиана III, заказал серию портретов Карла V, Фердинанда I и Сулеймана Великого с их супругами, а также портреты всех других правителей, которых он мог знать. Три года спустя Лорк выполнил заказ, вероятно, вернувшись к роли, которую он время от времени играл для императорского двора [Fischer 2009, 1: 107–112].

Фредерик настаивал на возвращении Лорка, удерживая в качестве залога его наследство, пока тот не выполнит свои обязательства по отношению к датской короне. Максимилиан II, явно высоко оценивая Лорка и его место при императорском дворе, просил Фредерика за него. В феврале 1580 года Лорк наконец поступил на службу к Фредерику как его придворный художник, но в конце 1582 года был уволен по неясным причинам. Единственные работы, которые точно относятся к этому короткому периоду, — это гравюра на дереве, изображающая эмблему орде-

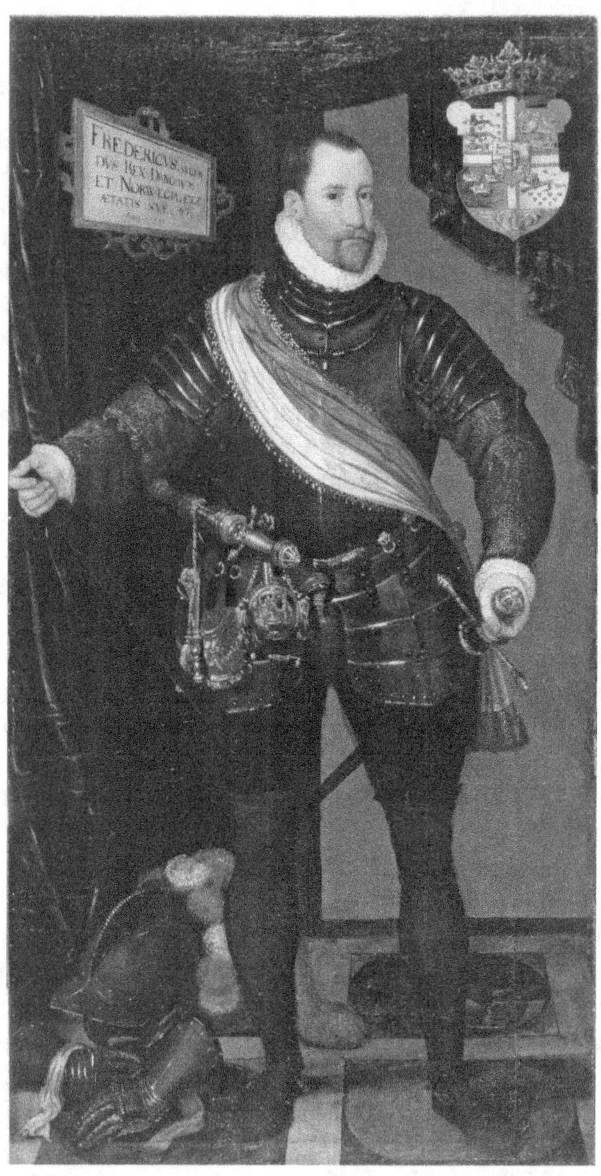

Илл. 22. Мельхиор Лорк или Ханс Книпер (?). Датский король Фредерик II. Ок. 1581 года. Фото: Музей национальной истории, замок Фредериксборг

на Слона и выгравированный портрет Фредерика, который, несмотря на сопровождающую надпись, где утверждается, что художнику позировал сам король, подозрительно напоминает бюсты короля работы ван дер Шардта.

Автором второго портрета Фредерика, который традиционно приписывали Хансу Книперу, в последнее время называют Лорка (илл. 22) [Heiberg 1984: 182–191; Heiberg 2003: 81; Fischer 2009, 1: 43, 136]. Изображение, выполненное по заказу ландграфа Гессен-Кассельского Вильгельма XIV, совпадает по времени создания с датами выплат, которые получил Книпер в 1581 году за похожие работы. Портрет в полный рост на ограниченном пространстве, с богатой драпировкой с одной стороны приблизительно напоминает портреты работы Тициана и Якоба Зайзенеггера, написанные по заказу Габсбургов в середине века. Тщательно выполненная табличка с надписью, показанная в линейной перспективе, напоминает южно-немецкие картины и офорты начала XVI века. Поскольку Лорк поддерживал тесные контакты с Веной и Южной Германией, можно с уверенностью предположить, что именно он привнес этот прием в датское искусство. Однако Антверпен тоже находился на землях Габсбургов, и такие типы портретов точно так же могли быть известны Книперу.

Более важный вопрос — насколько активно Фредерик пытался воплотить изобразительные традиции Габсбургов. Его нередко упоминали как «лютеранского кандидата на императорский трон» [Duchhardt 1977: 69–81; Lockhart 2004: 87–90, 255]. Представляется, что он не стремился к этому или даже не принимал подобные высказывания всерьез, но все же мог пожелать предстать на портрете как равный католическому императору лютеранский монарх и гарант протестантских свобод. Поэтому вполне вероятно, что затянувшееся пребывание Лорка на службе Максимилиана усилило желание Фредерика II вернуть его в Данию, где совместно с ван дер Шардтом, Книпером и другими он должен был переосмыслить публичный образ короля в соответствии с этой ролью. Хотя и не постоянно, в XVII веке скандинавские короли продолжали интересоваться имперскими художниками и их традициями.

Тем более трудно объяснимо в свете этих целей внезапное увольнение Лорка в ноябре 1582 года. Впрочем, ожидания Максимилиана II и Фредерика II значительно различались. Максимилиан нанял на службу Арчимбольдо и других художников, а Лорку в значительной степени позволил заниматься тем, что было интересно ему самому. Вполне вероятно, что именно поэтому его назначили на должность *Hartschier*, а не придворного художника. Представляется, что и Максимилиан II, и Фредерик II считали Лорка своего рода ученым, последним в линии Габсбургских ученых, занимавшихся турками. Лорк поддерживал эти взгляды, включая в свои гравюры надписи на латыни, греческом, арабском и иврите и называя себя antiquitatis studiosissimus (самым усердным антикваром) [Fischer 2009, 1: 107–112]. По-видимому, это отражало его истинные устремления. Он нарисовал портреты Лациуса и других представителей своего круга, а в Антверпене завязал близкие отношения с Абрахамом Ортелиусом, издателем географических карт, который стал ученым-географом, тем самым в определенном отношении достигнув преображения, которое так и не удалась Лорку. Фредерик покровительствовал некоторым видам наук — особенно щедрым он был в отношении Тихо Браге, который после смерти короля уехал к императорскому двору, — но от Лорка он ожидал исполнения обязанностей придворного художника, подобно остальным художникам при его дворе.

Глава четвертая
Кристиан IV

Король Кристиан IV с давних пор занимает особое место в воображении датчан благодаря блестящему культурному расцвету, инициированному им в Дании [Heiberg 1988; Lockhart 1996; Heiberg 2006]. Работы Корнелиса Флориса, Георга Лабенвольфа, Йохана Грегора ван дер Шардта и других мастеров XVI века были широко известны и создали королевству репутацию места, где покровительствуют искусствам. Начало XVII века оставило проекты этих мастеров позади и по изяществу, и по масштабу. Так, центром архитектурного наследия Фредерика II является Кронборг, а в эпоху правления Кристиана таковыми становятся два дворца, Фредериксборг и Росенборг. Он также построил несколько новых церквей и других общественных зданий и основал ряд новых городов в Дании и Норвегии. По сравнению с этой бурной деятельностью возможности аристократии состязаться с королем опустились до минимума.

Хотя Кристиан был более амбициозен, чем его отец, Фредерик II, он в основном придерживался рамок, установленных его предшественниками и общепринятых в его кругах. Когда в 1629 году Кронборг сгорел, он восстановил его практически в той же форме, внеся лишь несколько изменений, продиктованных практическими соображениями. Фредерик заказал у Ханса Книпера гобелены с изображениями датских королей именно для этого дворца; Кристиан заказал ряд картин с сюжетами из датской истории для восстановленного здания. У Георга Лабенвольфа Фредерик заказал фонтан «Нептун» для Кронборга, а Кристиан заказал фонтан у Адриана де Вриса для Фредериксборга. Как и его отец, Кристиан нередко заимствовал идеи при дворах других правителей, а затем воссоздавал понравившееся в более грандиозном масштабе.

Богатство культуры в эпоху правления Кристиана нередко толковали как распространение искусства Нидерландов. Эта точка зрения, сложившаяся на основе того, что король принимал на службу много нидерландцев, и на сходстве работ с созданными в Нижних землях, в определенном смысле вытеснила предположения о более вероятных источниках влияния, которые следует рассматривать при анализе его культурной деятельности. Кристиан никогда не бывал в Нижних землях и, очевидно, не особо интересовался нидерландской культурой. Что касается его политических взглядов, он испытывал глубокое презрение к зарождающимся Соединенным Провинциям и считал их борьбу за независимость от Испании незаконной [Römelingh 1983]. Он нередко обращался к талантливым мастерам из Нижних земель, но гораздо чаще источники влияния для его заказов можно найти при дворах Центральной Европы.

АДРИАН ДЕ ВРИС И ФОНТАН ДЛЯ ФРЕДЕРИКСБОРГА

История заказа фонтана «Нептун» для дворца Фредериксборг довольно сложная [Larsson 1967: 67–75; Schoten, Kaufmann 1998: 218–229; Christensen 2006]. В 1613 году Кристиан планировал дать заказ Адриану де Врису (1556–1626), тогда жившему в Праге [Schoten, Kaufmann 1998: 218]. Однако он, очевидно, передумал и отправил своего чеканщика, Николауса Швабе, в Аугсбург и Инсбрук найти мастера по бронзе. Вскоре после этого Швабе отправился искать мастера по имени Ханс Райхле, возможно, следуя распоряжениям короля. Райхле был самым молодым и наименее успешным на тот момент из группы выдающихся скульпторов, работавших в южной части Священной Римской империи [Eikelmann 2015]. Возможно, поэтому его расценки были ниже, чем у остальных. Что более важно, он, по-видимому, с большей вероятностью мог бы согласиться приехать в Данию на длительный период, чего желал Кристиан [Larsson 1983: 73]. Однако хотя Швабе вез предложенный королем задаток, скульптор так и не приехал. В Дании по-прежнему ожидали приезда Рахле, но в 1615 году Кристиан отправил Швабе в Прагу для переговоров о контракте с де Врисом. К 1619 или 1620 году во Фредериксборге было установлено заказанное сооружение.

Как и фонтан в Кронборге, фонтан во Фредериксборге изображал Нептуна, озирающего свои владения (илл. 23). В этом случае композицию также долго ассоциировали с изображением короля как властителя морей и владыки Зундского пролива, особенно потому, что фонтан был выполнен в годы процветания, последовавшего за победоносной Кальмарской войной со Швецией в 1611–1613 годах. На бортике бассейна располагаются фигуры Меркурия, Глории и Виктории вместе с тремя геральдическими львами Дании. Между ними расположены фигуры тритонов, дующих в морские раковины, из которых льются струи воды. Под Нептуном сидели три женские фигуры: Венера, Церера и Наяда с гроздьями винограда в руках, все они олицетворяли изобилие. Как и фонтан в Кронборге, этот был разрушен шведскими войсками в 1658–1659 годах. Позднее фигуры поставили в совершенно другом окружении в садах дворца Дроттнингхольм. После того как в XIX веке скульптуры де Вриса были идентифицированы, фонтан реконструировали, установив копии оригинальных фигур.

Де Врис был одним из самых выдающихся скульпторов своего поколения. Он был придворным скульптором императора Рудольфа II, умершего в 1612 году. Даже до смерти Рудольфа де Врис выполнял заказы нескольких князей Северной Германии. Зять Кристиана, герцог Брауншвейг-Люнебургский Генрих Юлиус, с начала XVII века проводил много времени при императорском дворе. Ранее, во время визита в Данию, герцог получил в подарок от Тихо Браге бронзового Меркурия, возможно, работы ван дер Шардта, и теперь он дополнил его небольшим конным портретом работы де Вриса [Lietzmann 1993; Luckhardt 1998]. Недалеко от его владений граф Гольштейн-Шаумбургский Эрнст заказал у де Вриса серию больших скульптур из бронзы для резиденции в Бюкебурге и для своей гробницы в Штадтхагене [Larsson 1998].

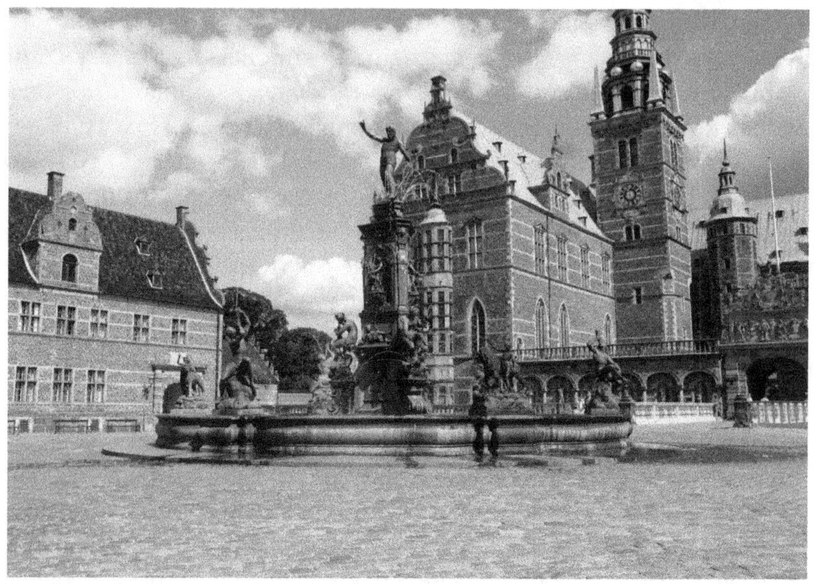

Илл. 23. Адриан де Вилл. Фонтан «Нептун». Дворец Фредериксборг. Хиллерёд, Дания. 1615–1619 годы (в 1659 году разрушен, в 1888-м восстановлен). Фото автора

Он хотел вдобавок заказать фонтан для своего дворца и в 1615 году распорядился, чтобы де Врис разработал дизайн фонтана, который технически и, возможно, стилистически походил бы на фонтан Фредериксборга, заказ на который поступил в тот же год. Однако фонтан для Эрнста так и не был изготовлен [Borggrefe, Fusenig 2011]. Провести детальный анализ хронологии разработки этих проектов сложно, но первая запись о фонтане Фредериксборга, в которой уже упоминается де Врис, появляется в письме от декабря 1613 года, отправленном герцогу Брауншвейг-Люнебургскому от аугсбургского аристократа и торговца произведениями искусства Филиппа Хайнхофера, который получал неплохие деньги за то, что информировал своих клиентов и других интересующихся о последних тенденциях культуры. Таким образом, представляется, что Кристиан задумал свой проект раньше Эрнста и, возможно, это стало импульсом для заказа последнего. Если это действительно так, то мы видим изменение алгоритма 1570-х годов, когда проекты Фредерика II часто были более тщательными разработками или более крупномасштабными вариантами идей других князей. Во всяком случае, активный диалог с дворами немецких правителей продолжался. Однако, как бы то ни было, исходная идея восходила не к Рудольфу или к немецким князьям, но к фонтану Кронборга работы Лабенвольфа на ту же тему.

Кристиан очень хорошо понимал культурное значение двора Рудольфа и, возможно, надеялся переманить де Вриса к себе на службу на длительный срок. У Райхле не было таких имперских связей, но, скорее всего, более важным было обучение в Италии, общий момент в биографии этих скульпторов. И Райхле, и де Врис работали помощниками у Джамболоньи во Флоренции, и оба поставляли дворам и городам в Северной Европе бронзовые фигуры тонкой работы, которая весьма почиталось при дворах королей. Возможно, Кристиан был с недолгим визитом в Дрездене в 1597 году [Slange 1757–1771, 2: 239]. С большей уверенностью можно утверждать, что он второй раз был в Лондоне в 1614 году, вскоре после того, как Генрих, принц Уэльский, получил в подарок от Медичи несколько бронзовых фигурок работы Джамболоньи. Возможно, он видел подобные работы этого скульптора при обоих дворах и именно с мыслью о них отправил Швабе за границу [Watson, Avery 1973; Warren 2006; Syndram et al. 2006]. Действительно, Швабе приобрел несколько восковых моделей Джамболоньи в Дрездене и одновременно купил несколько бронзовых фигурок работы де Вриса. Они перечислены в его записях вперемежку [Friis 1890–1901: 211–212].

ФРАНСУА ДЬЁССАР В ДАНИИ

Предпочтения, отдаваемые королем скульпторам с сильной итальянской школой, распространялись не только на де Вриса. В 1640-х годах Кристиан пригласил в Данию еще одного выдающегося скульптора. Франсуа Дьёссар (ок. 1600–1661) был родом из Южных Нидерландов, но долгое время провел в Риме, работая, по крайней мере время от времени, под руководством Джанлоренцо Бернини [Avery 1974; Neville 2011 и др.].

Дьёссар, возможно, обратил на себя внимание Кристиана благодаря своей работе в начале 1640-х годов при дворе его племянника, английского короля Карла I. Позднее он работал в Нижних землях и при Бранденбургском дворе. Весной 1643 года он отклонил предложение изготовить большой надгробный памятник шведскому королю Густаву II Адольфу, предпочтя службу в Дании [Steneberg 1955]. Хотя Дьёссар в то время жил в Гааге, Кристиан оплатил его путевые издержки из Италии, и в документах он последовательно зовется Франческо, что, вероятно, отражает то, каким король и его придворные хотели видеть художника. Бюсты Кристиана работы Дьёссара, как и бюсты его сыновей, изображают короля в античном стиле, в римском нагруднике, плаще и лавровом венке (илл. 24). На портретах, которые Дьёссар выполнял при дворах в Гааге и Берлине, эти атрибуты отсутствуют, здесь позирующие изображаются в современных доспехах и в более сдержанной позе.

Литой бюст Кристиана работы Дьёссара является одним из лучших скульптурных портретов, выполненных в Северной Европе в XVII веке. Однако вероятно, что в Данию его пригласили не для этого. Уже в 1620-х годах неизвестный скульптор выполнил восковую модель для большой конной статуи короля [Krause 1858]. Судя по всему, ее так и не отлили, и теперь Кристиан велел Дьёссару сделать другой вариант. Но и с этим ничего не вышло. Мы лишь знаем, что Дьёссару платили значительную сумму несколько месяцев подряд за «металлическую лошадь», а в документе от января 1644 года упоминается рисунок для «конной статуи» (*statuam equestrem*) [Avery 1974: 78]. Хотя эти упоминания очень кратки, по ним можно судить, что работа предполагалась большая и амбициозная. Наряду с фонтаном в Фредериксборге она стала бы публичным утверждением величия и власти. Она также могла бы стать отражением меняющегося отношения к скульптуре, особенно бронзовой, которая

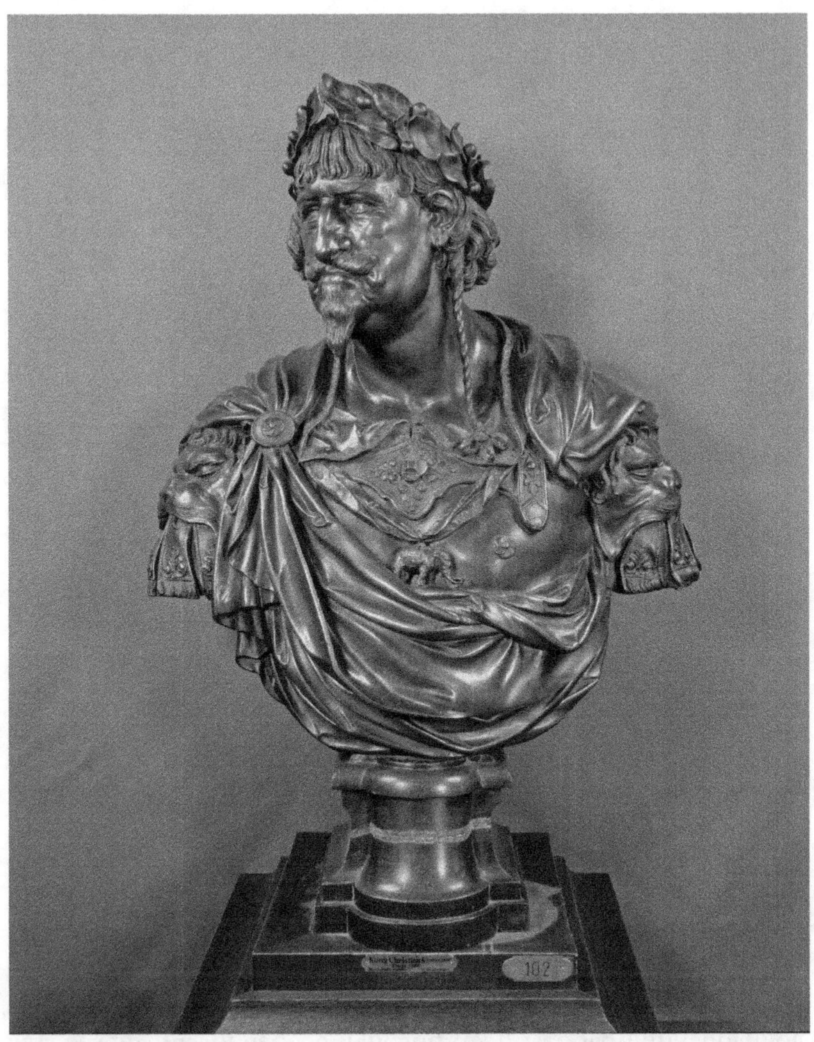

Илл. 24. Франсуа Дьёссар. Датский король Кристиан IV. 1643 год (бюст отлит в 1650 году). Фото: Королевские собрания Дании, замок Росенборг

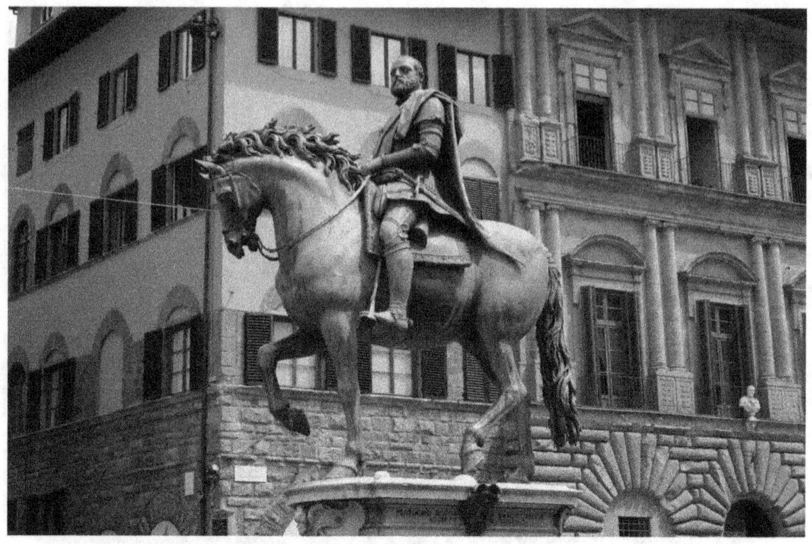

Илл. 25. Джамболонья. Великий герцог Тосканский Козимо I. Флоренция. 1587–1593 годы. Фото автора

становилась все более актуальной при больших королевских дворах, но в 1640-х по-прежнему не пользовалась популярностью при императорском дворе.

В 1640-х годах, до того, как статуи Людовика XIV работы Франсуа Жирардона стали образцом для подражания для всех правителей, конные статуи безошибочно ассоциировались с итальянскими традициями скульптуры. Древняя статуя Марка Аврелия на Капитолийском холме в Риме была исходной точкой многочисленных вариантов в эпоху Ренессанса. Статуи Медичи во Флоренции работы Джамболоньи особенно заинтересовали правителей в других странах (илл. 25). Варианты статуй Генриха IV на Новом мосту в Париже (1604–1614), Филиппа III (1606–1617) и Филиппа IV (1634–1640) в Мадриде являются самыми известными примерами этой традиции вне Италии. Все они были выполнены помощником и наследником Джамболоньи, Пьетро Такка. Еще будучи кронпринцем, Карл I без успеха попытался пригласить Такка в Лондон с тем, чтобы тот создал похожий памятник для его отца, Якова I. В конце концов он вместо этого согласился на несколько неуклюжую статую, изображающую его самого верхом на коне работы Юбера Ле Сёра, которого на должности придворного скульптора позднее сменил Дьёссар [Peta 2000]. Коротко говоря, этот формат распространился за границы Италии и превратился в стандартный канон изображения правителей крупных владений [Liedke 1989].

Вторая попытка Кристиана заполучить конную статую также закончилась неудачей. Такая работа требовала немыслимых средств в годы кризиса во время неожиданного вторжения шведских войск в Данию в 1643–1644 годах. Продолжавшиеся попытки заказать публичный конный памятник увенчались успехом только в 1680-х годах, это была свинцовая статуя Кристиана V в Копенгагене работы Абрахама-Сезара Ламурё (илл. 57). Бронзовая конная статуя Фредерика V работы Жака-Франсуа-Жозефа Сали, выполненная в 1750-х годах, наконец поставила точку в этой истории.

ЖИВОПИСЬ В ДАНИИ

Нередко казалось, что Кристиан в основном интересовался архитектурой, скульптурой и музыкой, а живописи уделял относительно мало внимания. В этом есть доля правды, но в некоторых случаях это преувеличение. Король приобрел несколько заурядных картин через посредников или торговцев. Однако они в первую очередь предназначались для украшения относительно неофициальных помещений в новых дворцах, и их не следует путать с более значительными заказами [Noldus 2011]. Что более проблематично, многие из более выдающихся работ были утеряны при пожарах в Кронборге (1629) и Фредериксборге (1859) и во время шведской оккупации в 1658–1659 годах. Многие из более старых придворных картин, которые можно увидеть в королевстве в наши дни, в XVII и XVIII веках были подарены или отправлены за границу и вновь появились на рынке в XIX и XX веках.

Хотя эти изображения не отражают полный охват и особености его деятельности, — притом что Кристиана, по-видимому, больше интересовали другие области искусства, — живопись тем не менее была существенной частью его вклада в культуру.

Якоб ван Дордт и Питер Исаакс

Якоб ван Дордт (ум. 1629) поставлял свои работы нескольким дворам, имевшим между собой тесные связи. Кристиан IV пригласил его ко двору примерно в 1610–1612 годах. Также он работал в Шлезвиге, выполняя заказы вассала короля, в Брауншвейге на герцога Генриха Юлиуса и, возможно, в Англии на Якова I, при этом двое последних приходились шуринами Кристиану. Последние годы своей жизни он провел при дворе шведского короля [Borggrefe, Fusenig 2011][1]. Где бы он ни был, ван Дордт использовал широко известный прием, который явно нравился его клиентам: объект изображения стоит рядом со столом, на котором располагается некоторый символический элемент, например, цветок или шлем. Его работы нередко суховаты, и изящные детали костюма преобладают над живостью изображения позирующего.

Некоторые из этих черт можно также найти в работах Питера Исаакса (1568/69–1625), хотя он был намного более искусным художником, чем ван Доордт [Roding, Stompé 1997; Noldus, Roding 2007; Borggrefe, Fusenig 2011]. Карел ван Мандер, нидерландский художник и писатель, особенно высоко оценивал портреты Исаакса, которые принесли ему заметную славу в годы его работы в Амстердаме [van Mander 1994–1999, 1: 420–423]. Он написал портрет Морица Нассауского (позднее принца Оранского), а другие портреты представителей более широкого круга, приближенного к принцу, известны по документам, в силу чего возникает вопрос, до какой степени Исаакс был придворным художником Оранских [Noldus, Roding 2007: 290]. Мастерски владея техникой изображения человека, он создал фигуры для

---

[1] О пребывании ван Дордта в Англии см. [Millar 1962].

архитектурных сцен Ханса и Пауля Вредеманов де Врисов. Что более важно, Исаакс, согласно ван Мандеру, также «хорошо умел рассказывать истории», и в нидерландских собраниях хранилось несколько его сочинений.

С 1607 года Исаакс поддерживал контакты с Кристианом, а начиная с 1609-го нередко приезжал в королевство. Его переезд к Датскому двору в 1614 году был, вероятно, отложен из-за войны со Швецией в 1611–1613 годах. Этот конфликт исчерпал ресурсы королевства, но после победы Дании Кристиан получил значительные доходы и был преисполнен чувством триумфа.

Одна из первых значительных работ Исаакса для Кристиана отражает эту удачу (цв. вкладка 3). В самом начале войны ван Дордт изобразил короля в темных доспехах. Здесь он стоит, увенчанный славой, облаченный в богатые шелка, держа маршальский жезл; на постаменте за ним лежат шлем, корона и скипетр. По основанию постамента идет изображение римского триумфа, где император едет на колеснице, создавая визуальную имперскую аналогию с победой Кристиана; также отраженную в литературной форме придворными поэтами [Bøgh Rasmussen 2007: 274][2]. Многочисленные копии этого изображения распространились повсеместно, и в 1625 году амстердамский гравер Ян Мюллер создал большой офорт этого портрета, на котором ясно видны все упомянутые элементы. Все эти портреты представляли собой победоносный образ короля и предназначались для тех, кому вряд ли довелось увидеть его дворцы, картины или скульптуры.

Талант Исаакса нашел свое полное выражение в портрете (цв. вкладка 4) старшего сына кронпринца Кристиана, который взошел бы на престол под именем Кристиана V, если бы не умер в 1647 году, за год до смерти своего отца. Здесь, относительно свободный от канонов изображения государственных лиц, он создал образ довольно высокомерного мальчика с белоснежной кожей и непокорной шевелюрой; его правая рука упирается в бок, а левая покоится на мече. Кронпринц облачен в роскошный наряд из

[2] Ср. [Lyschander 1611].

красной шелковой парчи, скроенный по последней моде, украшенный кружевами на манжетах и воротнике. Подчиняясь парадной моде на изображение регалий на портретах отца мальчика, Исаакс расположил неподалеку искусно сделанную шапочку, украшенную жемчугом и страусиными перьями. Будучи, возможно, более привычным к экстравагантной роскоши, чем его отец, принц выглядит вполне непринужденно, как никогда не выглядел Кристиан IV, вне зависимости от того, какой скульптор или живописец его изображал. Этим портретом Исаакс предъявляет права на место среди лучших портретистов своего поколения.

Питер Исаакс по-прежнему остается неизученным во многих отношениях. Хотя ван Мандер дал ему высокую оценку и описал начало его биографии, бóльшая часть карьеры Исаакса пришлась на период после 1604 года, когда ван Мандер издал свою книгу. В значительной степени из-за его путешествий и работы в Дании его никогда не включали в литературу о нидерландском искусстве или о центральноевропейском искусстве, за некоторыми исключениями в связи с Хансом фон Аахеном, с которым его связывали на заре его карьеры, и с Хансом и Паулем Вредеманами де Врисами. Даже в Дании он долгое время был относительно неизвестен, поскольку к концу XIX века, когда началось систематическое изучение этого периода, в королевстве сохранилось мало его работ. Многое было утеряно в пожаре во Фредериксборге в 1659 году, а новые картины идентифицировались и приобретались довольно медленно; некоторые, без сомнения, еще предстоит найти. Но воображение представителей национального романтизма пленило изображение короля не работы Исаакса, а Карела ван Мандера III, которое стало основой для героического образа Кристиана на рубеже XIX–XX веков.

Король и император

Судя по всему, превращение Исаакса из успешного амстердамского живописца в придворного художника далось ему весьма легко, благодаря чему можно предположить, что он, вероятно, уже был знаком с придворной жизнью. Возможно, он освоился в процветающем культурном мире Мюнхена с Хансом фон Аахеном. В Амстердаме Исаакс работал вместе с Хансом и Паулем Вредеманами де Врисами. По его портрету Кристиана Ян Мюллер создал гравюру. Все эти люди в том или ином отношении были связаны с императорским двором Рудольфа II в Праге. Есть некоторые указания на то, что Исаакс бывал в этом городе, но они в основном косвенные. Аллегория Тщеславия работы Исаакса повторяет композицию Тициана, которая принадлежала императору, хотя, возможно, Исаакс видел ее и раньше, в Венеции. Вероятно, более показательно то, что одна картина на мифологический сюжет, приписываемая его авторству, по характеру напоминает картины Бартоломеуса Спрангера (которому ее приписывали ранее) и находилась в императорском собрании [Noldus 2011: 267][3].

Большее значение имеет то, в какой степени связи Исаакса с императорским двором были важны для короля. Двор Рудольфа II был одним из самых активных культурных центров в Европе около 1600 года, и соперничество с ним и привлечение на службу императорских художников — таких, как Адриан де Врис, — были весьма престижными для любого правителя [Kaufmann 1988; Fučíková 1997; Konečný 1998]. Ранние исследователи подчеркивали эту связь. Карел ван Мандер сделал акцент на близких связях Исаакса с фон Аахеном и включил его биографию в жизнеописание его старшего коллеги. Иоганн Исакий Понтан, брат Исаакса, бывший историографом Кристиана, также указывал на Прагу как на важный источник сравнения. В необычно личном пассаже в описании Дании Понтан рассказывает об обучении Исаакса под руководством фон Аахена, живописца при императорском дворе, а затем предлагает тройное сравнение Исаакса и Кристиана, фон Аахена и Рудольфа и Апеллеса и Александра Великого [Pontanus 1631][4]. Сравнения с Апеллесом и Александром

---

3 Борггрефе утверждает, что Исаакс был в Праге около 1601 года [Borggrefe 2011: 50–53].

4 «Chorographica» является приложением к этой книге, с отчасти самостоятельным содержанием.

настолько часто встречались в ту эпоху, что их вряд ли стоит комментировать. Однако здесь они используются для сопоставления Кристиана и Рудольфа, возможно, величайшего мецената и коллекционера своего поколения.

Однако эти тексты, где проводятся аналогии между королем и императором, явно противоречат действиям короля. Только после заключения мирного договора со Швецией в 1613 году Кристиан начал делать крупные заказы на произведения живописи и скульптуры, в большой степени для того, чтобы украсить свои новые дворцы. Это происходило вскоре после смерти Рудольфа в 1612 году, когда целый ряд императорских художников покинул Прагу. Многие, однако, к тому времени уже умерли или, как фон Аахен, почивший в 1615 году, приближались к концу своей карьеры. Хотя некоторые из живописцев Рудольфа выполняли и сторонние заказы, Кристиан появился на сцене чуть позже и опоздал с привлечением к себе на службу многих из них [Kaufmann 1988: 105–115]. Де Врис был единственным из императорских художников, кто выполнил крупный заказ для Кристиана. Однако фонтан Фредериксборга — это крупномасштабный проект, значительно отличающийся от всего, что он создал для императора. Де Врис и другие скульпторы создавали для Рудольфа впечатляющие работы, но почти все они предназначались для украшения интерьеров, хотя многие были непривычно большими для подобной функции. Ни одна, по-видимому, не создавалась как публичный памятник или как отчасти публичное идеологическое произведение, сравнимое с фонтаном «Нептун» во внешнем дворе Фредериксборга [Larsson 1975; Larsson 1989–1990]. Первоначальные колебания короля в вопросе выбора следующего мастера снижают вероятность того, что он ценил в художниках в первую очередь их связь с императорским двором. Еще более красноречив случай с Якобом Хёфнагелем (1575 — ок. 1630). Этот придворный художник оставался в Праге после смерти Рудольфа и уехал только после Белогорской битвы в 1620 году и последующего восстания протестантов Богемии. Два года спустя он появился в Швеции, обосновавшись вначале в Готенбурге, недалеко от границы с Данией [Vingau-Wilberg 2017:

461–472]. Его переезд на Север совпал с годами наиболее активной деятельности Кристиана в сфере искусства. Но хотя он вполне мог бы переехать в Данию, Кристиан, очевидно, не предпринимал никаких попыток пригласить его в Копенгаген.

Привлечение на службу художников императора можно было бы истолковать как часть проекта по созданию императорского ореола вокруг короля. И действительно, и Фредерик II, и Кристиан IV обсуждались как возможные протестантские кандидаты на императорский престол [Duchhardt 1977: 69–81; Lockhart 2004: 87–90, 255]. Но и здесь свидетельства являются двусмысленными, поскольку желание посадить на престол протестанта исходило в первую очередь от более радикальных лютеранских князей. Тем не менее имя Кристиана было названо в числе кандидатов на императорский престол после смерти Рудольфа II в 1612 году, и он составил конкуренцию Матвею, который в конце концов стал следующим императором. В 1619 году его кандидатуру рассматривали во время выборов короля Богемии [Lockhart 1992: 408]. Корона Богемии была избирательным титулом, но с 1526 года ее всегда передавали Габсбургам. В 1619 году земли Богемии отклонили кандидата от Габсбургов, но в пользу не Кристиана, а другого протестанта, Фридриха V Пфальцского. Король Богемии был одним из семи курфюрстов, выбиравших императора, и благодаря выбору Фридриха большинство среди курфюрстов составили протестанты. Это немедленно создало значительную угрозу для правления Габсбургов, которые отреагировали весьма жестко. Белогорская битва 1620 года, в результате которой Фридрих потерял престол, а протестанты Богемии, включая Якоба Хёфнагеля, были вынуждены бежать из страны, стала одним из первых сражений Тридцатилетней войны.

Более осторожные протестантские князья предвидели такой исход, и, возможно, именно поэтому и Фредерик II, и Кристиан IV не предприняли никаких явных шагов, чтобы поддержать свои кандидатуры на престол Богемии и империи. Действительно, подобное выдвижение можно считать естественным последствием их статуса протестантских королей. Однако возможно, что Кристиан был более заинтересован в короне Богемии, чем это признавалось. Рисунок богемской короны Рудольфа II, хранящийся в графическом собрании Копенгагена, датируемый 1610 годом, характеризуется детальностью и точностью изображения [Fischer 1950]. Трудно сказать точно, почему было сделано это изображение, или даже заказывал ли его сам Кристиан. Однако возможно, что этот рисунок стал основой лепного изображения в часовне Фредериксборга, где ангел, расположенный в пазухе свода в прилегающей королевской молельне, протягивает Кристиану корону Богемии[5].

И в политическом, и в культурном контексте степень и природа интереса Кристиана к Праге неоднозначна. В общем и целом Кристиан, без сомнения, понимал значение Пражского двора и время от времени приглашал к себе талантливых имперских художников, но при этом сохранял определенную дистанцию. Будучи точкой отсчета, влияние Пражского двора уравновешивалось другими дворами. Политическое значение талантливых императорских мастеров и символизм также остаются неясными. Даже лепное изображение короны Богемии, предлагаемой королю, явно не отражает действий Кристиана, поскольку он отказался предоставить финансовую или военную поддержку восставшим землям Богемии, которой он, возможно, когда-то надеялся править. Вероятно, в последующие годы он понял, какие риски это влечет за собой, и приглушил подобные аллюзии.

Карел ван Мандер III

Питер Исаакс умер в 1625 году, в год, когда Кристиан IV был втянут в Тридцатилетнюю войну. Война не положила конец покровительству короля искусствам, но замену Исааксу он нашел только в 1630-х годах, в лице Карела ван Мандера III (1610–1670), внука живописца и биографа. Ван Мандер изображал короля совсем иначе, нежели Исаакс [Eller 1971; Roding 2014]. В прошлое ушли богатые шелка и внешний блеск, они сменились грузной,

---

5 В книге Йоханнсена она ошибочно идентифицирована как корона империи [Johannsen 2006: 150].

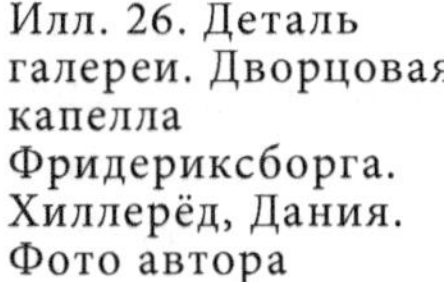

Илл. 26. Деталь галереи. Дворцовая капелла Фридериксборга. Хиллерёд, Дания. Фото автора

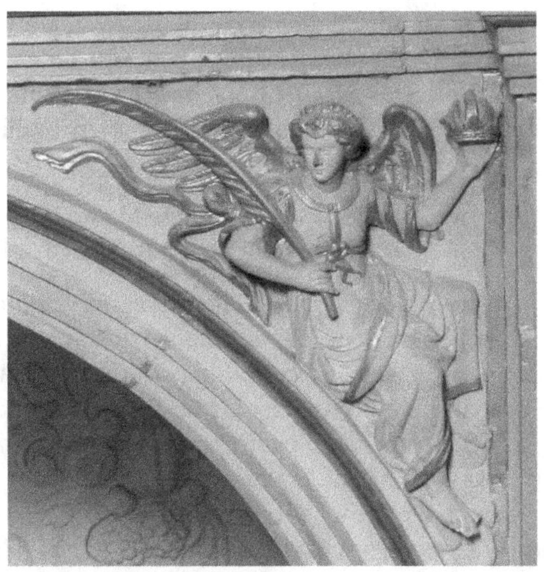

написанной широким планом фигурой. В 1642–1643-м, как раз в те годы, когда Кристиан повелел Дьёссару работать над так и не выполненным конным памятником, ван Мандер рисовал короля верхом на коне (цв. вкладка 5). Картина была высотой более трех метров, так что вряд ли она была бы намного меньше статуи. На ней изображен король в доспехах на фоне поля битвы, в одной руке меч, в другой — пистолет. По контрасту с лошадьми вдалеке, несущимися на полном скаку, король на своем коне спокойно двигается через плоскость картины, демонстрируя абсолютный контроль. Ван Мандер создал также мирную версию этой картины, где меч был заменен на хлыст наездника.

Обе композиции ждал хороший прием, и они продолжали жить и вне границ Дании. Курфюрст Бранденбургский Фридрих Вильгельм велел создать медаль с похожей композицией, а герцог Саксен-Альтенбургский Фридрих Вильгельм в 1666 году приказал сделать практически идентичную гравюру с собственным портретом. В середине 1650-х годов шведский фельдмаршал Карл

Густав Врангель заказал Давиду Клёкеру Эренстралю схожий портрет, где он, размахивающий мечом, изображен на гарцующей лошади. Эта картина также была воспроизведена в амбициозном офорте, который копировали и другие [Eller 1971: 155–156].

Три цикла
ФРЕДЕРИКСБОРГСКАЯ МОЛЕЛЬНЯ

Кристиан построил три больших дворца, включая Кронборг, который он восстановил после пожара 1629 года, и для каждого из них он заказал связанные циклы картин. Ни один из них не сохранился полностью, так что их можно представить только фрагментарно и с существенной долей сомнений. Тем не менее у каждого цикла была своя концепция и свой характер. Более того, каждый из них апеллировал к разным аспектам жизни, поскольку один был теологическим, другой — гуманистическим, а третий посвящен грандиозному изображению истории королевства.

Самый интимный из них, уже упомянутый выше, располагался в молельне в часовне Фредериксборга, доступ к которой имел только сам Кристиан (см. илл. 6). За проект отвечал Питер Исаакс, который использовал свои обширные связи в Амстердаме, чтобы заказать все 23 картины за исключением одной. В 1618–1620 годах картины для этого проекта создали Питер Ластман, Адриан ван Ньюланд, Ян Симонс Пинас, Вернер ван ден Валькерт и неидентифицированный PH (возможно, Питер ван Харлинген). Последнюю из них написал сам Исаакс.

Все эти картины погибли в пожаре дворца в 1859 году. Изображения в реконструированной молельне не отражают ни оригинальное содержание, ни последовательность картин. Однако сохранилось достаточно разнообразных описаний, благодаря которым можно получить представление об этих циклах[6]. По-видимому, изображения привлекали внимание к темам, подобающим для молитвы протестантского правителя. Таинства крещения

---

[6] Данный анализ основан на статье Йоханнсена, см. [Johannsen 2007].

и причастия изображались не только в сценах Крещения Христа и Тайной Вечери, но также в сюжетах «Пустите детей приходить ко Мне» и «Свадьба в Кане Галилейской». Некоторые из них также могут относиться к исповеди, которая была включена в лютеранскую мессу вплоть до XVIII века и которую Кристиан совершал в молельне. Другие образы, такие как «Богач и Лазарь», более детально повествовали о гордыне и об обязанностях правителя. Действительно, они отражали главные темы, представленные в «Королевском зерцале», трактате для правителей.

Образы в молельне Кристиана, возможно, основывались на глубоком знании Священного Писания, но в отличие от более просторной капеллы, примыкающей к молельне, здесь не было текстуальной составляющей (см. илл. 5). Часовня Фредериксборга богато украшена, но, кроме алтаря, этот декор почти полностью лишен нарратива. На галерее второго этажа были установлены несколько религиозных образов, но в остальном тематическое наполнение в часовне представлено в первую очередь в виде табличек с цитатами из Библии, расположенных по кругу.

РОСЕНБОРГСКИЙ ЦИКЛ

В 1618 году началась работа над вторым, более крупным циклом в галерее Росенборгского дворца. В этом процессе принимал непосредственное участие Исаакс, хотя и в данном случае работа была коллективной. Однако на этот раз все картины были созданы в Дании, художниками Кристиана: Исааксом, Францем Клейном, Сёреном Кьером, Рейнхолдтом Тиммом и Мортеном ван Стенвинкелем.

В 1705 году Фредерик IV приказал отремонтировать галерею, и картины были разделены. Сохранилось пятнадцать, о которых с определенной уверенностью можно утверждать, что они входили в этот цикл. Хотя известно, где они располагались (высоко на стене), порядок их расположения или даже исходное их количество неизвестно. Принц Анхальтский Кристиан, посетивший дворец в 1623 году, отметил, что эти картины изображают «всю жизнь человеческую». Шарль Ожье, секретарь французского посла, видевший этот цикл в 1634 году, написал, что он изображает «удовольствия и занятия человека во всех возрастах». Взяв эти слова за отправную точку, Мейр Стейн реконструировал облик этого места, и его труд стал основой для всех последующих интерпретаций [Krause 1858: 95; Ogier 1656: 47; Stein 1983; Stein 1987: 21–55]. Согласно толкованию Стейна, эти картины изображали семь возрастов человека в сочетании с семью планетами и семью свободными искусствами, в результате чего формировалась единая космологическая схема. Так, одна из картин Исаакса из этого цикла изображает Сатурна, олицетворяющего время, который ассоциировался и со старостью, и с зимой. Его фигура доминирует в небольшом пространстве картины, слева вокруг очага столпилась группа дрожащих фигур, а справа расположился одинокий старый ученый. В отличие от большинства других картин цикла, на которых изображено множество фигур, эта относительно лаконична. Но и здесь группа фигур слева, обращенных к огню, подчеркивает изоляцию и меланхолию старого ученого, ассоциируемых с Сатурном и приближением смерти (илл. 27).

Несмотря на то что картины располагались в довольно официальном пространстве — в 1663 году здесь установили трон Фредерика III из кости нарвала, — предполагается, что этот цикл был предназначен для обучения сыновей Кристиана [Roding 2004]. Вряд ли это единственный пример гуманистического интереса короля к искусствам или даже к этой теме. Мраморная галерея, описаний которой сохранилось больше, опоясывающая фасад Фредериксборга, выходящий во двор, также демонстрирует изображение семи планетарных богов [Stein 1872; Kragelund 2006].

КРОНБОРГСКИЙ ЦИКЛ

Самая большая серия картин предназначалась для Кронборга. Она изображала мифологизированную историю Дании и являлась нарративным дополнением к гобеленам Ханса Книпера, которые сохранились после пожара 1629 года [Schepelern, Houkjær 1988]. Однако вместо того чтобы демонстрировать генеалогию отдельных правителей, их целью было изобразить «отважные

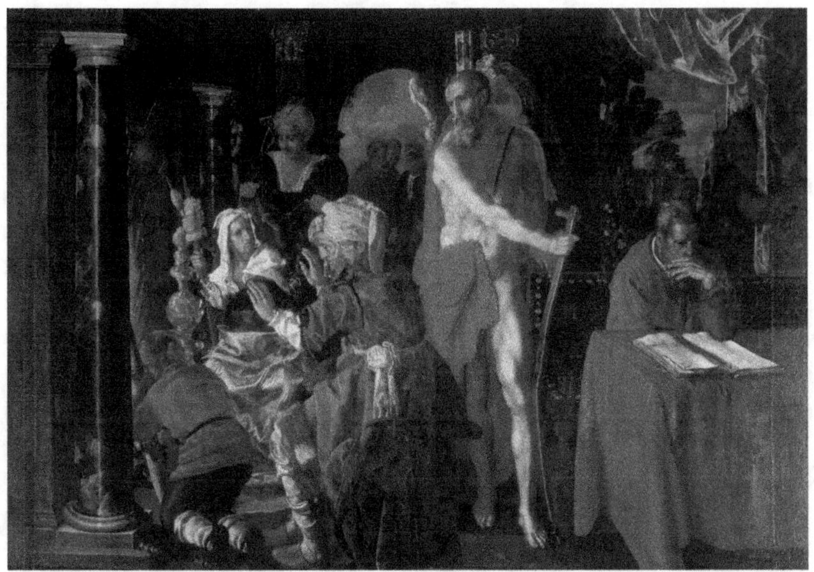

Илл. 27. Питер Исаакс. Сатурн и ученый. Ок. 1618–1622 годов. Национальная галерея Дании, Копенгаген. Фото: © SMK

и героические деяния древних королей Дании, которые надо спасти от забвения» [Friis 1872–1878: 361–362].

В 1637 году Кристиан отправил своего гравера, Симона де Пассе, в Нидерланды, чтобы тот заказал цикл рисунков на темы истории Дании у нескольких мастеров. Это повеление показывает, что проект короля должен был получить воплощение в двух формах. Рисунки должны были служить основой для цикла картин, которые предназначались для украшения восстановленного Кронборга, работы над которым тогда близились к завершению. Однако поскольку в результате было создано 80 повествовательных сцен, конный портрет короля, карта Дании, королевский герб и титульная страница, мы можем заключить, что предполагалось также создать богато иллюстрированную книгу [Houkjær 1988]. Самая большая серия из 29 рисунков была создана братом Симона де Пассе, Криспином Младшим. Другие были выполнены Абрахамом Блумартом, Герритом ван Хонтхорстом, Яном ван Бейлертом, Николаусом Кнюпфером и другими мастерами из Утрехта, за исключением одного.

В 1639 году двор дал заказ де Пассе на серию гравюр, наверняка по этим рисункам. Они должны были сопровождаться пояснительными историческими текстами на немецком языке [Friis 1872–1878]. В результате должно было получиться дополнение к историям о королевстве на латыни, недавно написанным Иоганном Исакием Понтаном и Йоханнесом Мёрсиусом, хотя более визуально привлекательное и с меньшей претензией на научность. Однако, если работа над гравюрами и началась, она вряд ли продвинулась далеко. Работы так и не вышли в свет, и нам неизвестно ни о каких упоминаниях изображений.

В тот же год Кристиан заказал серию картин для большого зала в Кронборге. В контракте говорится о 47 картинах, но позднее их количество было снижено, и остается неясным, сколько картин в конце концов было выполнено. Сохранилось 15, из которых девять были написаны ван Хонтхорстом. Этот живописец также создал вторую серию картин, на темы из «Эфиопики» Гелиодора для апартаментов Кристиана в Кронборге.

Хотя, возможно, общую тему картин для большого зала выбрал сам король, исторические эпизоды отобрал физик, знаток древностей и коллекционер Оле Ворм (1588–1654) при помощи некоторых других ученых. Более древние сюжеты были написаны в первую очередь на основе книги Саксона Грамматика, в них подчеркиваются победы древних кимвров над римлянами, и эта серия изображает на удивление жестокие сцены. Многие сюжеты были взяты из историй Понтана и Мёрсиуса.

Графическое, но относительно бесспорное противопоставление кимвров и римлян уступило место более спорному и актуальному материалу. Две истории в книге Грамматика описывают конфликты между Данией и Швецией. Так, рисунок ван Хонтхорста изображает короля Ярмерика, только что завоевавшего Швецию, пытающего пленных вендов, племя, которое часто идентифицировали с вандалами. И датские, и шведские короли считали их своими предками, о чем заявляли в различных контекстах, но в этом случае, без сомнений, подразумевается, что они изображают шведов (см. илл. 28). Второй рисунок работы Яна ван Бийлерта изображает невероятную силу Хрольва Жердинки, которую он демонстрирует, выполняя задания шведского короля Адильса [Schepelern, Houkjær 1988: 66–69]. Еще одна серия демонстрирует давнюю дружбу данов и англичан, что контрастирует с враждебностью, представленной в изображениях побед датчан над шведами со времен Средневековья до XVI века.

Прочие картины из Кронборгского цикла написаны и на другие сюжеты, но значительная часть изобразительного ряда непосредственно посвящена Швеции, извечному сопернику Дании. Действительно, эти сюжеты можно истолковать как исторические предшественники образов на более раннем цикле гобеленов в Фредериксборге, посвященном победам Кристиана над шведами в Кальмарской войне [Lind 2006].

Эти две серии изображений более спорны, чем любые другие работы, заказанные Кристианом, и намного более провокационны, чем относительно тактичные исторические работы Понтана и Мёрсиуса. Ворм был активным сторонником изучения древностей, пропагандирующим древнедатскую историю. В своем труде о рунических надписях он определяет их как готское наследие и принадлежность исключительно датской культуры. Весь соответствующий шведский материал попросту не рассматривается [Worm 1636; Worm 1643][7].

Разница в трактовке является отчасти следствием того, что ответственность за различные проекты была возложена на людей со значительными расхождениями во взглядах. Питер Исаакс, выбиравший живописцев и, возможно, сюжеты и их трактовку для молельни Фредериксборга, а также активно участвовавший в работе над Росенборгским циклом, вряд ли разделял спорные исторические взгляды Ворма. Такая разница в отношении также показывает гибкость этих исторических перспектив и различные взгляды нескольких партий при дворе. Понтан, датский придворный историк и брат Питера Исаакса, создал гораздо более смяг-

---

7 См. [Malm 1996: 35–42; Bach-Nielsen 2004].

ченную версию древней истории королевства для того, чтобы избежать провокаций, которые явно доставляли удовольствие Ворму [Skovgaard-Petersen 2002: 166–169]. В то же время Кристиан, хотя и живо интересовался бесконечным потоком деталей, касающихся строительства его дворцов, давал гораздо меньше указаний относительно исторических сочинений и живописных циклов. «Стиль Кристиана IV» является определением архитектурного стиля своего периода на том основании, что участие короля в архитектурных проектах придало ему единство, подобного которому нельзя найти в исторических проектах той эпохи.

Выбор, сделанный Кристианом, привел к последствиям, которые он вряд ли мог предвидеть. Во время шведской оккупации в 1658–1659 годах Кронборг и Фредериксборг значительно пострадали, но работы, носящие отчетливо политический харатер, ожидала особенно жестокая судьба. Шведские войска вырезали картины в Кронборге из рам. Их разобрали генералы, участвующие в оккупации, и они разошлись по поместьям в шведской глубинке, где многие в конце концов были истолкованы иным, более лестным для шведской истории образом. Фонтаны «Нептун» в Кронборге и Фредериксборге, которые обычно воспринимались как демонстрация господства Дании в море, также были разобраны и отправлены в Швецию. Однако молельню и капеллу в Фредериксборге не тронули, и картины ван Хонтхорста на мифологические темы в апартаментах Кристиана в Кронборге также остались на своих местах. Но не следует переоценивать подобную трактовку причин и следствий. Возможно, что шведские командиры запретили разграбление лютеранских церквей и что шведы забирали и другие картины, в которых не было явных политических идей. Как бы то ни было, Кронборгский цикл, выражающий весьма спорные исторические взгляды, был почти полностью уничтожен чуть больше чем десятилетие спустя.

Кристиан лично не контролировал создание циклов картин в той степени, в которой он был увлечен своими заказами в области архитектуры и скульптуры. Однако между ними можно провести существенные параллели в том, что касается их качества. Если Кристиан высоко ценил Франсуа Дьёссара, возможно,

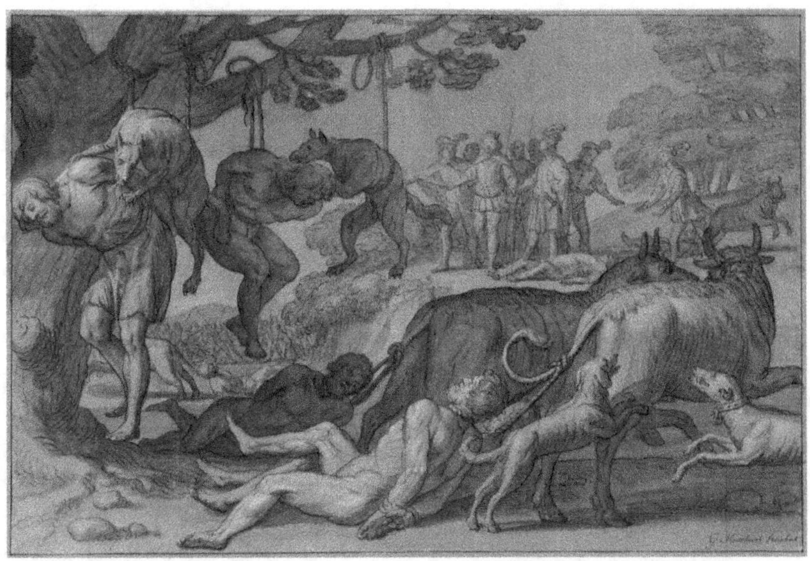

Илл. 28. Геррит ван Хонтхорст. Король Ярмерик, пытающий вендов. Ок. 1638 года. Национальная галерея Дании, Копенгаген. Фото: © SMK

он так же относился и к Герриту ван Хонтхорсту. Ван Хонтхорст никогда не жил в Дании, но его работа и карьера имеют поразительное сходство с Дьёссаром. Оба были нидерландцами, снискавшими успех в Риме, продуктивно работавшими для придворных кругов в Гааге, Лондоне, Копенгагене и Берлине [Avery 1974: 63; Judson, Ekkart 1999: 46]. Кристиан предоставил Дьёссару величайшую возможность в его жизни и предложил ван Хонтхорсту значительную долю в важном проекте для Кронборга. В целом это открыло большие возможности очень хорошим нидерландским живописцам, которые в противном случае работали бы в основном на рынок предметов искусства или местных коллекционеров. Заказы, отдаваемые королем известным ему художникам, таким как ван Хонтхорст, нередко приводятся в качестве свидетельства его репутации как мецената. Однако с позиции истории он предлагал заказы на изготовление крупномасштабных, требующих широких знаний композиций для монарха-мецената — для Нижних земель это была редкая возможность. Хотя Карел ван Мандер написал свою книгу до того, как Кристиан приобрел репутацию мецената, и поэтому обошел его в своем тексте, «Книга о художниках» («Schilderboek»), как и более поздние нидерландские издания, показывает, что в Нижних землях придворные заказы имели большой престиж[8]. Таким образом, королевские заказы помогали живописцам упрочить свою репутацию, что, в свою очередь, позднее использовалось для того, чтобы утвердить значение того или иного двора, что создавало своего рода круг взаимного подтверждения значимости. То, что выбирали живописцев посредники, а не сам король, никак не умаляло этот престиж.

Каждый цикл был амбициозен, и равных им можно назвать относительно мало. Однако в научной литературе они мало освещены, и лишь недавно их начали реконструировать и изучать. Кронборгский цикл был опубликован в конце XIX века и, таким образом, более знаком искусствоведам, чем другие. Тем не менее только в 1988 году сохранившиеся рисунки и картины были последовательно опубликованы. Точно так же в 1980-х годах появился серьезный труд, посвященный картинам Росенборга. И не считая постоянных, но довольно общих отсылок, анализ картин в молельне Фредериксборга как единой группы появился только в 2007 году.

Учитывая утрату изрядной части картин и то, что многие из основных живописных полотен, заказанных Кристианом, довольно поздно привлекли внимание искусствоведов, нет ничего удивительного в том, что скульптура, музыка и архитектура долго считались преобладающими интересами короля и основной статьей его расходов на искусство. Теперь эти взгляды представляются преувеличенными и, возможно, неоправданными. Качество и количество картин нельзя полностью оценить, слишком многое было утрачено, но нельзя отрицать, что живопись занимала важное место среди заказов короля.

---

8 См., например, [Meyssens 1649] и более подробный вариант [Bie 1661].

КОРОЛЕВСКАЯ АРХИТЕКТУРА

Росенборг и Фредериксборг

Из всех устремлений Кристиана в сфере искусства архитектура занимала его больше всего. Он раздавал своим строителям самые разнообразные личные указания. Он комментировал и исправлял чертежи и указывал четкие параметры своих заказов, которые охватывали все виды построек XVII века, от дворцов и церквей до целого ряда новых городов в Дании и Норвегии [Skovgaard 1973; Roding 1991]. Большинство этих городов названы в честь короля — к примеру, Кристиания (теперь Осло) и Кристианопль, — что показывает глубокое личное отношение к этим проектам и их представительскую функцию.

В начале своего правления Кристиан начал работу над двумя замками, которые весьма отличались от всего, что когда-либо было построено в королевстве. Работы над Фредериксборгом начались вскоре после начала возведения Росенборга — в 1603 и 1606 годах — и во многих отношениях они дополняли друг друга. Фредериксборг задумывался как достопримечательность, и таковой его и представляли посетителям в путеводителе, изданном в 1646 году [Besser Berg 1646]. Росенборг, напротив, начинался как садовый павильон, а затем постепенно разрастался, превратившись в более представительную загородную резиденцию. Это лучший образчик архитектуры Кристиана, дошедший до наших дней. Хотя он претерпел некоторые изменения, Росенборг сохранился лучше, чем любой из других дворцов короля. За исключением часовни и парного зала для аудиенций, которые были заново отделаны после 1665 года, все интерьеры Фредериксборга были уничтожены в разрушительном пожаре 1859 года. Потери оказались огромны, но многие комнаты были восстановлены в конце XVII и в XVIII веке, так что оригинальные интерьеры по большей части были утрачены намного раньше[9].

---

[9] Это становится очевидным из описаний, созданных до пожара 1859 года. См. [Høyen 1871; Rasbech 1832].

Структуру Росенборга во многих отношениях можно сравнить с другими строениями Кристиана (илл. 29) [Wanscher 1930; Roding 1991: 41–61; Hein et al. 2006]. Он построен из красного кирпича с орнаментальными поясами, наличниками и другими декоративными элементами из песчаника. В башне, примыкающей к северному фасаду, находится главная лестница. В остальных башнях расположены кабинеты королевской администрации и другие служебные помещения. Высотой всего в два пролета, здание выглядит относительно узким.

Внутри сохранилось достаточно элементов оригинального убранства дворца Кристиана, чтобы оценить его роскошь. Декор изобилует живописными элементами. Серия камерных полотен была выполнена в Антверпене почти в промышленном масштабе, она громоздится на стенах в Зимней зале первого этажа (илл. 30) [Wadum 1988]. На потолке, вероятно, изначально была «квадратура», которая изображала музыкантов, опирающихся на перила, играющих на своих инструментах для зрителя внизу (теперь эта роспись находится в другой части дворца). Если это действительно так, то с этим изображением связана оригинальная затея. Прекрасные музыканты короля играли, скрытые в комнате под залой, а звук доносился в помещение сквозь потайные трубопроводы в полу, удивляя и восхищая гостей, которые могли видеть только нарисованных музыкантов над собой [Spohr 2014].

Самым амбициозным помещением была галерея четвертого этажа, добавленная во время расширения дворца после 1616 года. Для этой комнаты Исаакс и другие художники создали серию картин, изображающих семь возрастов человека. Они были помещены в изящные лепные рамы, которые служили фигуральным компонентом между живописными полотнами. Эту идею создатели галереи, возможно, заимствовали из более ранней галереи в Фонтенбло, но, как отмечалось выше, из-за переделок во дворце в XVIII веке описание галереи представляется сложным.

Фредериксборг, постройка которого началась в 1603 году, — это более грандиозное сооружение[10] (см. илл. 23, 31). Это полностью

---

[10] Подробнее о Фредериксборге см., например, [Beckett 1914; Heiberg 2006a].

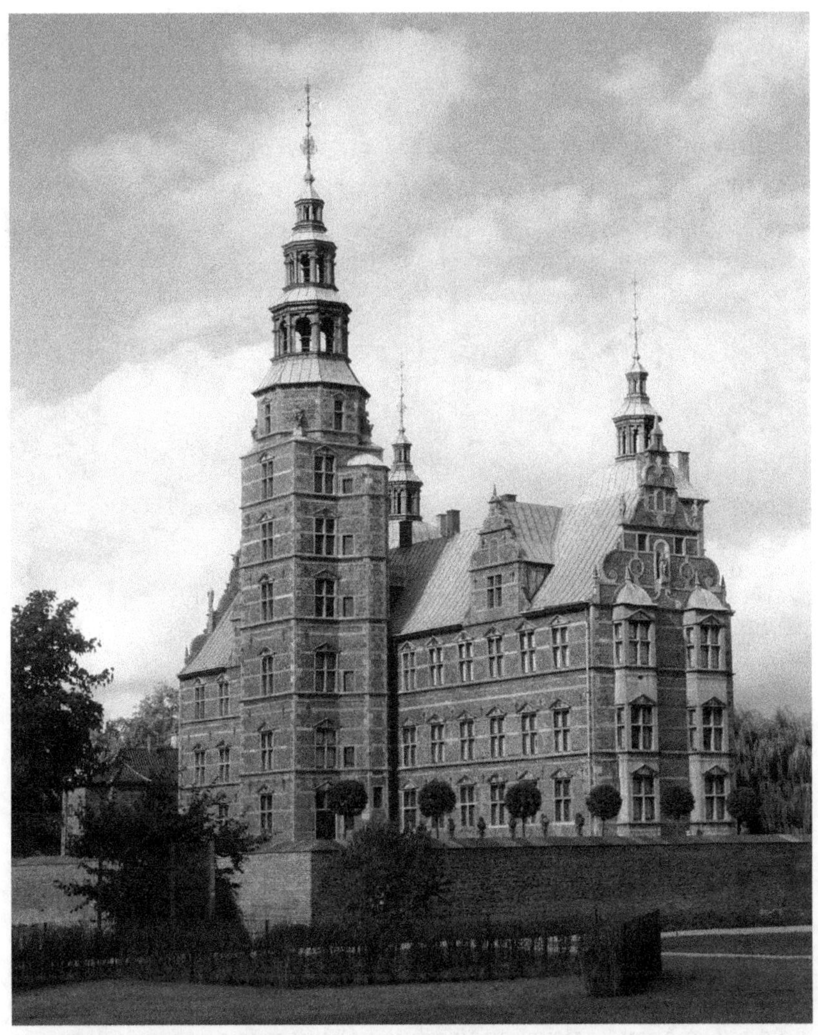

Илл. 29. Дворец Росенборг. Копенгаген. Строительство начато в 1606 году. Фото автора

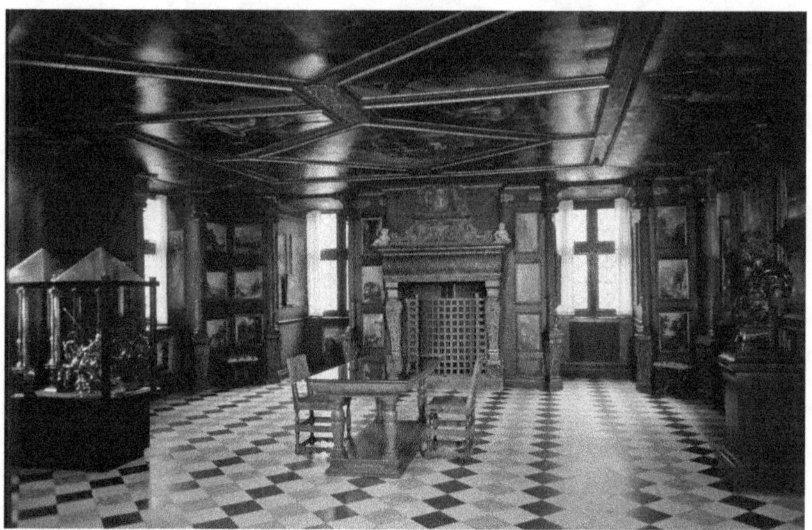

Илл. 30. Зимняя зала. Дворец Росенборг, Копенгаген.
Фото: Королевские собрания Дании, замок Росенборг

перестроенный большой охотничий дом, который Фредерик II приобрел у Херульфа Тролле. На самом деле, дворец представляет собой три здания в одном. В центральном крыле размещались король с королевой, у каждого были апартаменты, состоящие из большой гостиной и двух комнат поменьше. В восточном «крыле принцессы» располагались сыновья Кристиана, а на противоположной стороне двора — капелла и бальный или банкетный зал. Их строили в разное время, за королевским крылом следовала постройка капеллы и, наконец, «крыло принцессы». Из-за такого подхода дворец до некоторой степени делился на отдельные части, и добираться из одного крыла в другое оказалось затруднительно. Эти недочеты исправили в 1620–1621 годах, когда была пристроена мраморная галерея, крытая аркада, которая тянулась во всю длину центрального крыла и для которой мастерская Хендрика де Кейзера в Амстердаме выполнила серию изваянных изображений античных богов.

Капеллу, о которой уже говорилось выше, можно считать кульминацией в ряду дворцовых капелл, созданных под влиянием Торгау в Саксонии (см. илл. 4). Она, безусловно, самая большая и богато украшенная из них всех, и благодаря ей Кристиан ассоциируется с лютеранскими князьями — владельцами таких капелл, которые поддерживали между собой тесные связи. Над ней расположен бальный зал. Как и капелла, он занимает все крыло. В торце, между двумя окнами, располагается большой черный с серебром камин, а в центре боковой стены на трех колоннах покоится сочетающийся с ним балкон для музыкантов. Потолок украшен изящными разноцветными формами, составляющими узор из квадратных кессонов, а на стенах изначально висели гобелены, изображающие победы в Кальмарской войне. Сегодняшний облик зала довольно близок к декору XVII века, но это реконструкция, выполненная в конце XIX века. Другие официальные помещения во дворце можно лишь приблизительно представить себе на основе ранних описаний.

Фредериксборг и Росенборг использовались во все времена года, если судить по адресам корреспонденции Кристиана. Более того, на рубеже XVII–XVIII веков их подновляли в соответствии с изменениями в моде и функциях помещений. Они стали основополагающей частью репрезентации королевской семьи, до определенной степени заменяя королевский дворец в Копенгагене, который часто критиковали как недостойный датской короны, поскольку здание было слишком старым.

Правитель — меценат — архитектор — строитель

В 1649 году была издана книга «Materiae Politicae, Burgherlicke Stoffen» («Политические материи, гражданские дела»). Этот трактат о градостроительстве нидерландского архитектора-теоретика Симона Стевина является сборником фрагментов или связанных текстов, написанных на протяжении нескольких лет до его смерти в 1620 году. Они были упорядочены, расширены там, где это было необходимо, и изданы его сыном Хендриком

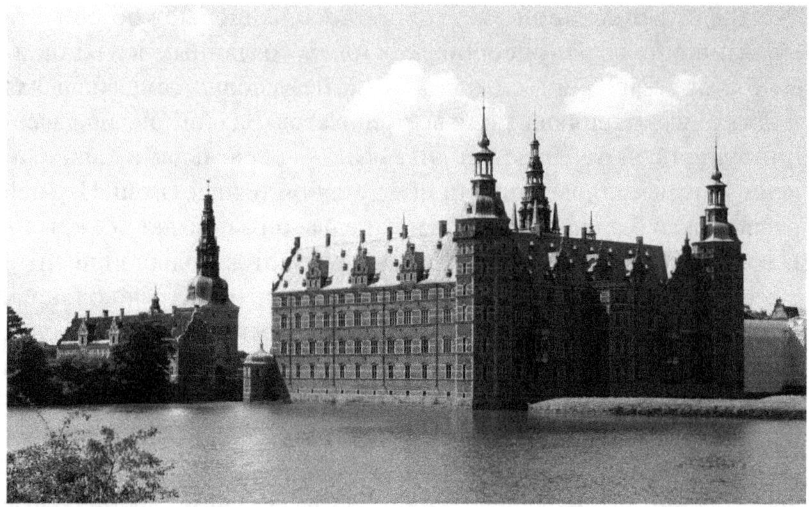

Илл. 31. Дворец Фредериксборг. Хиллерёд, Дания. Строительство начато в 1603 году. Фото автора

[Stevin 1649][11]. В этой книге можно увидеть влияние давней ренессансной традиции рассуждений об идеальном городе, опирающейся на веру в то, что упорядоченная структура города поможет создать упорядоченное и эффективное общество.

Стевин писал по-голландски, и когда он описывал тех, кто будет возводить города, он использовал термин boumeester («мастер-строитель»). Однако, когда в середине века текст был издан, в заметках на полях предлагался альтернативный, более обдуманный и изящный лексикон. Таким образом, «мастер-строитель» превратился в «архитектора», а «высшая школа» (opperschool) стала «академией». Хотя изменения в терминологии предполагают некоторые изменения в концепции, они остались второстепенными, поскольку суть текста не изменилась.

«Мастер-строитель» и «архитектор» в «Materiae Politicae» используются попеременно, отражая неустоявшуюся норму исполь-

[11] См. [van den Heuvel 2005: 7–8, 158–160].

зования местной, нидерландской, терминологии и классической, латинской, что отражено также в названии книги, где мешается голландский и латынь. Однако под «мастером-строителем» и «архитектором» нередко понимают совершенно разные профессии. Мастер-строитель был носителем практического опыта и обычно обучен одному из ремесел, связанных со строительством, например, каменщика или плотника. Он обладал хорошими организаторскими способностями и должен был руководить строительством с начала и до конца. Он мог делать чертежи, чтобы разобраться с различными трудностями в конструкции или чтобы продемонстрировать клиенту различные возможности, но главные его обязанности были связаны со строительной площадкой, а не с чертежным столом или кабинетом. Под архитектором понимали творческий ум, стоящий за замыслом, он должен был обеспечить его концептуальный, эстетический и функциональный успех. От архитектора обычно ожидали глубоких познаний в принципах строительства, заложенных в Античности Витрувием и другими, более поздними авторами. В XVI и XVII веках эти две функции могли быть возложены на одного человека, но в принципе это фундаментально разные роли [De Jonge 2007][12].

Стевин не участвовал ни в одном проекте Кристиана. Он был математиком и инженером, его интерес к архитектуре и другим прикладным сферам вырос из этого [Dijksterhuis 1943; Crone, Dijksterhuis 1955–1966]. Однако он писал в то время, когда возводили Фредериксборг и Росенборг, и обитал в Нижних землях, на родине многих ремесленников и художников, которые работали в Дании, некоторые из них, вероятно, напрямую были связаны с ним или его работами. Действительно, планировка Кристианстада, одного из новых городов Кристиана, весьма похожа на план идеального города, опубликованный в «Политических материях», и ее нередко связывали с идеями Стевина [Taverne 1978: 81–94; Roding 1991: 88–90].

---

[12] Более общее описание положения архитектора в Нидерландах дано в [Ottenheym 2009; De Jonge 2010].

Однако функции архитектора и мастера-строителя, кратко изложенные выше, на практике были редко так однозначны, и различия между ними были довольно непростыми в значительной части Северной Европы. Действительно, неоднозначность, явно заметная в посмертной публикации работы Стевина, может отражать неопределенность в момент трансформации практики строительства в Нижних землях и других странах. Знаменитые зодчие начала XVII века в других землях Центральной Европы нередко сочетали эти роли в разных отношениях, и работа многих из них, возможно, была неправильно истолкована более поздними историками, которые применяли к ней более современные концепции профессии архитектора [Bartetzky 2004].

Эти материи, как выяснилось, также составляли трудности и в Дании. Антонис ван Опберген из Мехелена, работавший и в Кронборге, и в Данциге, являет собой пример подобных затруднений в понимании, обычных для этого крупного региона, поскольку остается неясным, работал ли он в качестве инженера и мастера-строителя или архитектора в более современном понимании этого слова [Bartetzky 2000]. Использование уже готовых архитектурных гравюр Себастьяно Серлио, Жака Андруэ Дюсерсо, Ханса Вредемана де Вриса, Венделя Диттерлина и других еще более осложняет дело, как и вовлеченность Кристиана, который участвовал в процессе строительства при любой возможности. В контракте от 1613 года утверждается, что король «сам приложил руку к чертежу». Это может означать как то, что он утвердил чертеж, созданный по контракту, так и то, что он внес свои изменения в ряд планов [Beckett 1914: 51–52]. Еще более красноречиво сообщение, что в 1631–1632 годах он приказал плотнику изготовить линейку и чертежную доску, «которые Его Величество пожелал использовать собственноручно для изготовления чертежей» [Steenberg 1950: 21].

Указания Кристиана направлялись небольшой группе лиц, наделенных значительной ответственностью за процесс строительства. В документах, касающихся постройки Фредериксборга, неоднократно упоминается Йорген Фриборг. В его контракте говорится, что он обязан возводить здание согласно плану (*Ska-*

belonn), предоставленному ему королем [Lassen 1843: 575–576]. Но кто составил этот план, которому должен был следовать Фриборг?

Архитектором Фредериксборга нередко называли Ганса ван Стенвинкеля Старшего[13]. Таким образом, должно быть, именно он составил чертежи, которые получил Фриборг. Однако ван Стенвинкель умер в 1601 году, незадолго до начала работ. Даже если он и подготовил генеральный план строительства, вряд ли ему следовали со всей тщательностью. И документы, и кирпичная кладка свидетельствуют о том, что комплекс строился в несколько этапов, при этом в процессе работы было добавлено много изменений.

Альтернативное мнение гласит, что король сам выступал архитектором [Wanscher 1937: 42–43][14]. И действительно, Йохан Адам Берг, хранитель Фредериксборга в 1640-х годах, писал, что «Кристиан сам определил очертания здания (*Ordnung*) и передал распоряжение мастеру-строителю и его коллегам, согласно которому они могли возвести его» [Besser Berg 1646]. Хотя участие короля-любителя и может объяснить некоторые неудачные элементы в архитектуре Фредериксборга и других зданий — отсутствие сообщения между двумя крыльями до возведения мраморной галереи, любовь к узким спиральным лестницам в башнях, — это тоже сложно принять за чистую монету. Многие правители принимали важное участие в проектировании архитектурных комплексов, от Франциска I во Франции XVI века до Фридриха II в Пруссии XVIII века, но их редко называют архитекторами в полном смысле этого слова [Warnke 2007].

В общем и целом эти теории обращают слишком большое внимание на категории, которые только начинали формироваться в XVI–XVII веках. В значительной части Северной Европы профессия архитектора, сидящего в кабинете, работающего за письменным столом, а не на строительной площадке, стала реальностью только в середине XVII века, и то со значительными

---

[13] Критический анализ этого вопроса см. [Neumann 1994; Neumann 2011].

[14] Более умеренный взгляд на этот вопрос выражен в [Langberg, 1: 156–157].

оговорками. В Дании увлеченность Кристиана строительством сама по себе является существенным затруднением для понимания степени самостоятельности его строителей. Если под архитектором понимать создателя общего замысла, он также слуга короля. Если правитель решал передать ему ответственность за общий замысел, архитектор действительно мог практически полностью руководить проектом. Однако именно потому, что Кристиан особенно любил архитектуру, его личные поправки, которые, конечно, следовало принимать без вопросов, не дают, соответственно, права тем, кто его строил, считаться полноправными авторами замысла, и, в исторической перспективе, они занимали позицию, более соответствующую понятию мастера-строителя. Что более важно, престиж, который в последнее время начали связывать с проектными работами и со статусом архитектора, не предполагал полного руководства проектом. Во всех архитектурных кругах Европы вмешательство заказчиков в процесс строительства было обычным делом, как и совместная работа, внесение поправок в первоначальные чертежи и т. п. Что касается Кристиана, именно в силу гибкости архитектуры и возможности передумать и пересмотреть замысел он был настолько увлечен строительством.

Королевская архитектура Кристиана IV

Фредериксборг и фонтан «Нептун», стоящий перед ним, по-видимому, отражали существенно различные подходы или традиции в искусстве. Хотя Адриан де Врис и Франсуа Дьёссар оба были уроженцами Нижних земель, Кристиан, судя по всему, считал обоих по сути итальянцами. Это очевидное предпочтение итальянской школы относилось не только к скульптуре. Король и его сын, кронпринц Кристиан, возможно, даже в большей степени активно привлекали ко двору музыкантов, обучавшихся в Италии или бывших итальянцами, задействуя при этом династические связи и контакты самих музыкантов [Moe 2010–2011].

Однако хотя такие термины, как «ренессанс» и «маньеризм», оба пришедшие из итальянского искусства, и применялись для анализа архитектуры Кристиана, отнести с какой бы то ни было степенью точности Фредериксборг или Росенборг к итальянскому стилю в архитектуре довольно сложно[15]. В огромном количестве писем, касающихся архитектуры, Кристиан редко обсуждал вопросы, используя итальянские термины, и ученые более склоняются к тому, чтобы отнести его здания к нидерландским традициям. В таком случае как же нам понять эти очевидные нестыковки в образе мыслей короля?

Есть несколько методов для рассмотрения этой проблемы. Один из них — обратить внимание на то, что бóльшая часть строений Кристиана украшена колоннами того или иного ордера и элементами античного орнамента. Однако поскольку их функция часто декоративна и редко соответствует их применению в Риме или Италии, их значение как показателя архитектурной утонченности нередко оспаривалось. В одном из последних трудов Конрад Оттенхейм утверждал, что архитекторы (и их заказчики) в Нижних землях, Дании и других странах Северной Европы гораздо более гибко относились к античному наследию, чем те, кого представляли Серлио и Палладио. Они искали новые возможности использования элементов, унаследованных у Античности и почерпнутых из итальянских трудов по архитектуре такими способами, которые нарушали каноны, созданные к югу от Альпийских гор, но тем не менее могли считаться равноправными трактовками древнего наследия[16]. До середины XVII века многие заказчики выбирали эту альтернативу, и дух экспериментаторства, заключавшийся в таком отношении, идеально совпадал с подходом Кристиана к архитектуре.

Второй метод, полностью противоположный первому, заключается в том, чтобы для начала пересмотреть причины и способы, которыми Кристиану следовало чувствовать себя связанным канонами итальянской архитектуры. Он, как и другие правители в Дрездене, Мюнхене и прочих странах, высоко ценил представителей итальянского искусства. Но должно ли это подразуме-

---

[15] См. [Bach-Nielsen et al. 2006; Andersen et al. 2011].

[16] В контексте Дании см. [Ottenheym 2011].

вать, что итальянские каноны архитектуры были для них решающими? Даже беглый взгляд показывает, что вряд ли это было так. До середины XVI века, много лет после того, как античные формы стали сложившейся частью репертуара и заказчиков, и строителей, усовершенствованные формы готики использовались в крупномасштабных строительствах в Нижних землях, Англии, Центральной Европе, Франции, Испании и, в определенных контекстах, в Италии. Хотя ученые пытались рассматривать этот феномен в рамках парадигмы, где предпочтительными долго считались античные формы и итальянская культура, традиции готики явно составляли им конкуренцию [Wittkower 1974; Kavaler 2012].

Даже отдавая предпочтение античному или итальянскому стилю, создатели проектов и их заказчики не считали нужным строго придерживаться итальянских канонов. Когда испанский король Филипп II (1556–1598) строил Эскориал под Мадридом в конце XVI века, он обращался к Микеланджело, Палладио, Виньоле, Галеаццо Алесси и Винченцо Данти, а руководил работами Хуан Баутиста де Толедо, вернувшийся из Италии [Kubler 1982: 45–56; Rivera Blanco 1984; Wilkinson-Zerner 1993: 84–115]. Однако, несмотря на всю эту плеяду самых известных архитекторов XVI века, Эскориал не соответствует типам итальянских дворцов (илл. 32). Хотя симметрия, четкие формы и строгие ордера колонн могут ассоциироваться с идеалами итальянского Возрождения, они сочетаются с высокой линией крыши, прерываемой башнями, увенчанными высокими шпилями, и благодаря этим чертам Эскориал гораздо больше напоминает крупные резиденции в Нижних землях и других странах Северной Европы [Chueca Goitia 1986; De Jonge 2011]. (Церковь, включенная в комплекс, более похожа на образцы из Италии.) Несмотря на разницу архитектурных элементов, все сказанное можно отнести и к Фонтенбло под Парижем. В разработке и архитектуры, и декора участвовали художники-архитекторы из Италии, однако этот комплекс представляет собой обширную группу павильонов, расположенных в такой манере, какую нельзя найти в Италии.

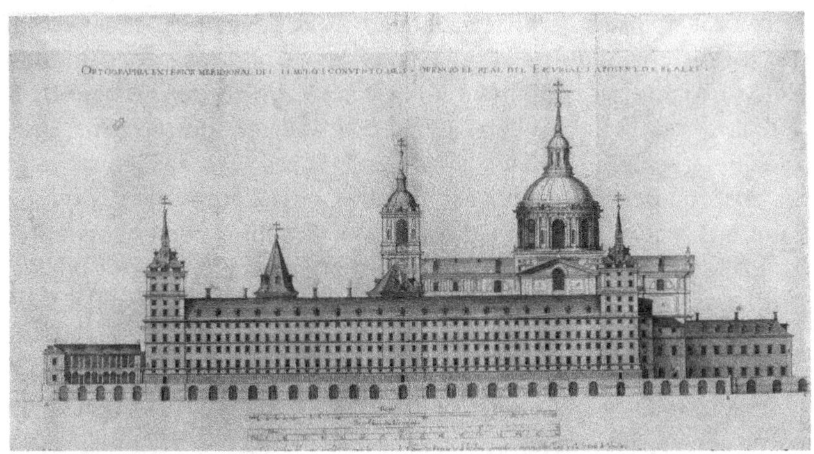

Илл. 32. Эскориал, под Мадридом. 1563–1581 годы. Гравюра Педро Перрета, 1583–1589 годы. Фото: © Biblioteca Nacional de España

Эскориал и Фонтенбло — это важные образцы для сравнения, поскольку они представляли собой тот стандарт, на который равнялся сам Кристиан. Описание Фредериксборга 1646 года, выполненное Йоханом Адамом Бергом, было издано по указу короля как официальный путеводитель, поэтому оно не может не отражать его взгляды на строительство. Берг объясняет, что Фредериксборг — это украшение и редкая жемчужина северных земель. Затем он пишет: «Испания демонстрирует иностранцам свой собор Святого Лаврентия [Эскориал], Франция — свое Фонтенбло, Венеция и Саксонское курфюрство — свои сокровищницы искусства [Kunstund Schatzkammer], а Дания — этот замок» [Besser Berg 1646].

Утверждения Берга важны по нескольким причинам, хотя и несколько туманны. Притом что некоторые элементы нидерландской традиции — кирпичная кладка с поясами из песчаника и форма башен — очевидно присутствуют в Фредериксборге и Росенборге, Нижние земли в путеводителе не упоминаются [De Jonge 2011]. Представляется, что нидерландские образцы и непосредственно, и опосредованно сформировали идеи Кристиана о том, как должен выглядеть дворец, но Берг не признает, что они достойны сравнения с Фредериксборгом. Возможно, причина в том, что они, в самом лучшем случае, были дворцами регентов, а не королей, и потому представлялись недостаточно репрезентабельными для королевского сана. Если дело действительно в этом, то представляется затруднительным объяснить, с одной стороны, упоминание о саксонской и венецианской сокровищницах, а с другой — отсутствие упоминаний о резиденциях английских королей, несколько из которых Кристиан видел в 1606 и 1614 годах. Детали многих английских дворцов — кладка из кирпича и песчаника, тенденция вести постройку поэтапно и использование мотивов из известных гравюр — должны были быть знакомы королю.

Также Берг не упоминает об итальянской архитектуре. Возможно, она не могла предложить ничего полезного Кристиану как заказчику; прямое подражание итальянским образцам заметно в основном в декоре и оформлении порталов. Либо, поскольку эта архитектура находилась вне ценностной ориентации королей и князей, к которым он был близок в силу своего статуса или родственных связей, она не могла быть для него важным ориентиром.

Разрешить этот вопрос нам поможет небольшое здание, построенное Кристианом, которое представляется чем-то вроде архитектурного упражнения в итальянском стиле. Оно называется «Спарепенге», и его постройка началась в 1598 году на земле за Фредериксборгом Фредерика II [Beckett 1914: 29–32; Agerbæk 1978; Beyer 2006]. Здание было возведено в 1720 году и в первую очередь известно благодаря нескольким изображениям, которые не полностью совпадают в деталях. Построенное из кирпича с поясами и наличниками из песчаника, оно покоилось на высоком фундаменте. Фасад был приблизительно квадратной формы с симметрично расположенными окнами. Это было невысокое строение, высотой всего в два пролета. В отличие от большинства современных ему зданий в Дании, оно имело плоскую линию крыши, обнесенной балюстрадой, по углам которой располагались резные фигуры. В остальном горизонтальную линию нарушала только верхняя часть спиральной лестницы, поднимавшаяся в центре строения. Она больше походила не на башню, а на невысокий бельведер. Детально описать интерьеры невозможно.

«Спарепенге» было неформальным убежищем, альтернативой роскоши и формальности королевского дворца. Это одно из нескольких похожих строений с той же функцией, нередко они так и назывались, «Сэкономленные деньги» (Sparepenge), подразумевая противопоставление их дорогостоящей роскоши, и возводили их рядом с другими резиденциями [Grinder-Hansen 2015]. В ретроспективе облик «Спарепенге» может показаться более современным, но в нем намеренно отсутствовало то визуальное впечатление, которое король ожидал от большой королевской резиденции.

Таким образом, Кристиан мог считать, что типы дворцов, которые строились в Италии в XVI веке и изображались в публикациях, были просто-напросто слишком скромными для воплощения королевского достоинства. Хотя Палаццо Фарнезе и Латеранский дворец в Риме, в числе других, впечатляют своими размерами, образцы зданий в чисто итальянском стиле в Северной Европе, построенные в XVI и начале XVII века, предполагали совсем другое. Городская резиденция в Ландсхуте, возведенная для герцога Баварского в 1530-х годах мастерами, которые до этого работали над Палаццо дель Те в Мантуе, — это изящное сооружение, но небольшое по размерам, и она не заменила старый замок, возвышавшийся над городом (илл. 33). При постройке дворца в Гейдельберге архитекторы сознательно включили в конструкцию много элементов итальянского стиля, но он был скомпонован из ряда относительно маленьких строений, соединенных между собой. В регионе Балтики, более знакомом королю, много элементов в античном стиле можно увидеть в усадьбе Фюрстенхоф в Висмаре, построенной в 1553–1555 годах герцогом Мекленбургским Иоганном Альбрехтом I, включая нагромождение ордеров полуколонн на фасаде, выходящем во двор, и фризы из известняка и терракоты, изображающие сцены из античной и библейской истории. Однако это довольно скром-

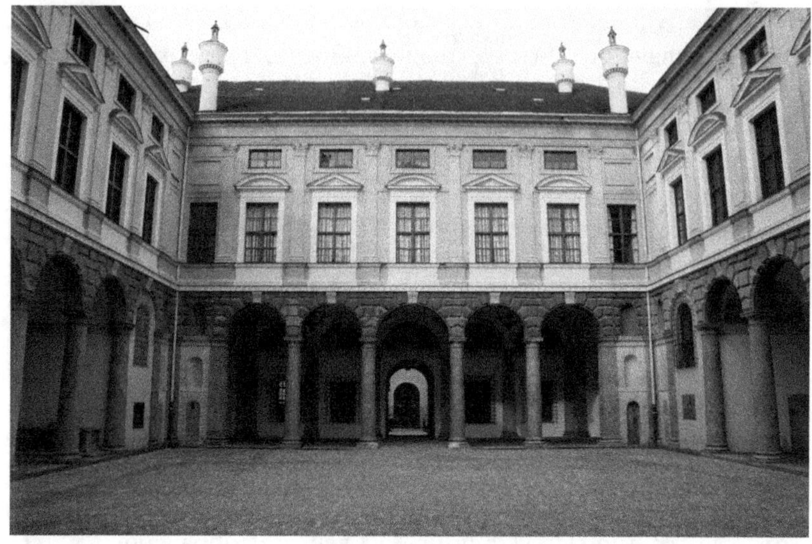

Илл. 33. Городская резиденция. Ландсхут, Бавария. 1536–1543 годы. Фото автора

ный комплекс. Герцогский дворец в Гюстрове, в котором Кристиан был в 1595 году, более величественен, но в нем также в меньшей мере присутствуют формы, которые можно безошибочно отнести к итальянскому или античному стилю. Действительно, во многих отношениях он напоминает версию Фредериксборга, обильно украшенную лепниной.

Подобные соображения по поводу уместности использования чисто итальянских образцов могли бы объяснить решения, принятые королями — собратьями Кристиана. Хотя Карл V с 1527 года вел строительство огромного дворца в Гранаде, который является вариантом типа дворца, разработанного Донато Браманте в начале XVI века в Риме, с первым этажом, отделанным необработанным камнем, и полуколоннами сверху, Филипп II, по крайней мере отчасти, отказался от этого подхода при строительстве Эскориала и других зданий, таких как Вальсан под Сеговией и Альказар и Прадо в Мадриде и под ним. Во всех этих зданиях присутствуют архитектурные элементы, которые король увидел во время своего посещения Испанских Нидерландов в 1549 году, включая высокую линию крыши, оживленную рядом башен с похожими металлическими шпилями. Кроме того, Филипп пригласил нидерландских ремесленников всех сортов, от плотников до стекольщиков, для выполнения этих элементов [Checa 1992: 71–109; De Jonge 2013]. Примечательно, что Берг считал именно Эскориал, а не недостроенный дворец Карла в Гранаде представительской резиденцией испанского короля.

Высокий престиж испанской монархии практически гарантировал, что ее архитектура повлияет на моду в других странах. Из-за династических связей Габсбургов ее почти тотчас же оценили в династических владениях в Центральной Европе. Императоры Максимилиан II и Рудольф II долго гостили в Испании, и, разрабатывая новые архитектурные проекты, они посылали за чертежами в Мадрид. Хотя Кристиан в общем был ближе ко дворам крупных протестантских правителей, с которыми его связывали родственные узы, и датский, и имперский дворы в ряде случаев обращались к одним и тем же мастерам. Конечно, многие портреты Габсбургов, украшавшие его спальню в Фредериксборге, служили ему напоминанием о том, что его предок Кристиан II был шурином Карла V. Более того, ближе к концу XVI века были предприняты попытки вновь закрепить брачные узы с Габсбургами, но они потерпели неудачу из-за конфессиональных разногласий [Petersen 1866–1867: 143–144; Lockhart 2004: 89][17].

В Испании стиль, имевший происхождение отчасти в нидерландских провинциях, находившихся под властью испанского короля, по-видимому, считался однозначно королевским [De Jonge 2011: 222]. Хотя эти монархические коннотации необязательно прослеживались в других странах, они подходили целям Кристиана, который также пригласил многих талантливых ма-

---

[17] Изображения в спальне короля упоминаются в описи, составленной в 1650 году, через два года после смерти Кристиана, но отчасти она основана на описи 1636 года.

стеров из Нижних земель. В любом случае значение его архитектуры было отчасти признано в его круге, поскольку основные элементы широко применялись в огромном количестве земель. Хотя правители более низкого ранга в Северной Европе также строили подобные типы зданий, что могло ослабить ассоциации с монархией, масштаб Фредериксборга в целом безошибочно указывал на королевское происхождение, так же как масштаб и роскошь его капеллы превосходили все похожие капеллы лютеранских князей. Конечно, нельзя отбросить мысль, что заимствование нидерландских техник и стилей было провинциальным заимствованием иностранных образцов или эрзацем «подлинной» итальянской архитектуры, которая на Севере была либо недостижима, либо непрактична. Эти элементы и стили имели более широкую область применения, чем даже стиль римского Возраждения, и были гораздо более узнаваемыми в кругах Кристиана.

Это объясняет, почему Кристиан так желал заполучить в Данию выдающихся скульпторов и музыкантов, обучавшихся в Италии, и одновременно не выказывал практически никакого интереса к архитектуре, которую мы можем назвать чисто итальянизированной. По-видимому, он не чувствовал глубокого культурного родства по отношению к какому-либо отдельному региону или традиции. Скорее, его вкусы и замыслы в значительной степени определялись другими членами различных кругов, к которым он принадлежал. Этого следовало ожидать, поскольку он сделал вопросом престижа демонстрацию и утверждение своего сана в рамках конвенций, признаваемых среди людей его круга, а не в рамках абстрактного понятия новаторского дизайна, и настаивал на значительной доле традиционности. В рамках этой визуальной парадигмы скульптуры, выполненные в традициях, лучшими образчиками которых являются работы Джамболоньи, давно ценились и выставлялись в архитектурном окружении, гораздо более похожем на дворцы, выстроенные Кристианом, чем на палаццо во Флоренции и Риме.

Глава пятая
Мир Минервы

До середины XVII века Швеция, вечный соперник Дании, была более бедным и слабым государством в регионе, где успех одного, казалось, становился результатом неуспеха другого. Однако к 1650 году королевство стало бесспорным гегемоном в Балтийском регионе. Участие Швеции в подписании Вестфальского мира двумя годами ранее превратило ее в великую европейскую державу и признанного лидера лютеранских государств. Она контролировала северную часть Балтики, от Южной Швеции до Риги, и завладела значительными территориями на южном побережье. После 1648 года шведские монархи получили статус князей Священной Римской империи, присоединив герцогство Померанское вдобавок к другим, менее крупным территориям, полученным по мирному договору или в результате династического наследования [Roberts 1979; Fiedler 1997; North 2015: 117–144]. Страна занимала доминирующее положение до начала XVIII века и утратила его во время правления Карла XII (1697–1718).

Преображению Швеции сопутствовало понимание того, что для великой державы прежние формы репрезентации недостаточны. Общепризнанным фактом является то, что Густав Васа, первый король независимой Швеции, был более занят формированием государства, нежели искусствами [Larsson 2002]. Он построил несколько замков, которые служили как крепостями, так и резиденциями. Другие виды искусства поддерживались в меньшей степени. Якоб Бинк, «заимствованный» у Датского двора, в 1541–1543 годах выполнил для короля несколько портретов. В начале XVII века Карел ван Мандер записал, что Густав, всегда ощущавший нехватку денег, оплатил «Мадонну» гарлемского художника Яна ван Скорела кольцом, санями (которые так и не были доставлены мастеру), сундуком куньих шкурок и головкой сыра весом в двести фунтов [van Mander 1994–1999, 1: 202–205].

В конце своей жизни Густав Васа пригласил ко двору нескольких портретистов из Нидерландов, которые в основном служили его сыновьям. Среди них был художник Доминикус вер Вильт, прибывший из Антверпена в 1556 году, и Виллем Бой (ок. 1520–1592), который служил придворным скульптором и архитектором с 1557 года до самой смерти, постоянно переезжая из Мехелена в Стокгольм и обратно[1] [Woldbye 2002; Gillgren 2009: 56–83; Hahr 1910].

Вер Вильт, Бой и другие были в числе многих нидерландских мастеров, работавших в Северной Европе. Само их присутствие, а также ввоз алтарных картин и других товаров высокого качества из Нижних земель показывают, что выдающееся мастерство местных художников было известно всем. Но представляется, что шведская корона, как и датские короли, понимала также значение их более крупных проектов, таких как надгробные памятники, в значительной степени в рамках контекста придворной культуры других стран. Гробница Густава Васы в соборе Уппсалы работы Боя, где король лежит между двумя из своих трех жен, примерно напоминает двойную гробницу императоров Фердинанда I и Максимилиана II с третьей фигурой императрицы Анны в соборе Св. Вита в Праге, созданную чуть позже Александром Колином. Гробница Юхана III, выполненная в конце 1590-х годов, была заказана еще у одного фламандца, Виллема ван ден Блоке, работавшего в Данциге (см. илл. 15). Он изготавливал гробницы для членов польской королевской семьи, что, возможно, и стало причиной того, что заказ сделали именно ему.

Культурное развитие Швеции в XVII веке основано на многих предпосылках. Самой важной стал новый статус королевства как

---

[1] Синтия Осиецки пишет диссертацию о Виллеме Бой в Грайфсвальдском университете.

великой державы и сопутствующее понимание, что он должен быть отражен в его презентации. В этих изменениях также сыграли роль несколько более практических факторов. С 1620-х годов королевский двор постоянно находился в Стокгольме, благодаря чему город рос одновременно с ростом могущества королевства [Hall 2009]. Он стал постоянным домом как для аристократии, так и растущего класса профессиональной администрации. Магнаты из Нижних земель и других стран, имевшие в королевстве экономические интересы, также строили в столице и за городом свои резиденции, создавая каналы для активного культурного импорта. Так, Луи де Гир, богатый производитель железа и меди, ведущий деятельность в Швеции и Голландской Республике, построил в королевстве четыре резиденции. Его резиденция в Стокгольме была упрощенной копией Маурицхёйс в Гааге, возведенной в 1630-х годах Якобом ван Кампеном и Питером Постом для Иоганна-Морица Нассау-Зигенского [Noldus 2004: 56–84].

Победы шведских армий в нескольких войнах стали еще одной предпосылкой для развития культуры. Меценаты из дворян (нередко военной элиты) и буржуазии были движущей силой значительной доли культурного развития в королевстве и оставались таковой до конца века.

В первых десятилетиях XVII века корона играла на удивление незначительную роль в культурной жизни королевства. Так, когда Якоб Хёфнагель, в прошлом живописец при дворе Рудольфа II в Праге, приехал в Швецию в 1620-х годах, он поселился в Готенбурге, а не в Стокгольме. Создается впечатление, что король Густав II Адольф (1611–1632) узнал о его прибытии далеко не сразу. Согласно документальным свидетельствам, в 1624 году Хёфнагель был придворным портретистом, получившим щедрую оплату за свою работу в виде 150 риксдалеров и золотой цепи (илл. 34) [Steneberg 1932; Steneberg 1944; Vignau-Wilberg 2017: 461–472]. Его творение по меньшей мере не уступало работам других живописцев, которые трудились в Швеции, и его, очевидно, высоко ценили, но неясно, считал ли его двор искусным нидерландским мастером, сравнимым с Виллемом Бойем или Доминикусом вер

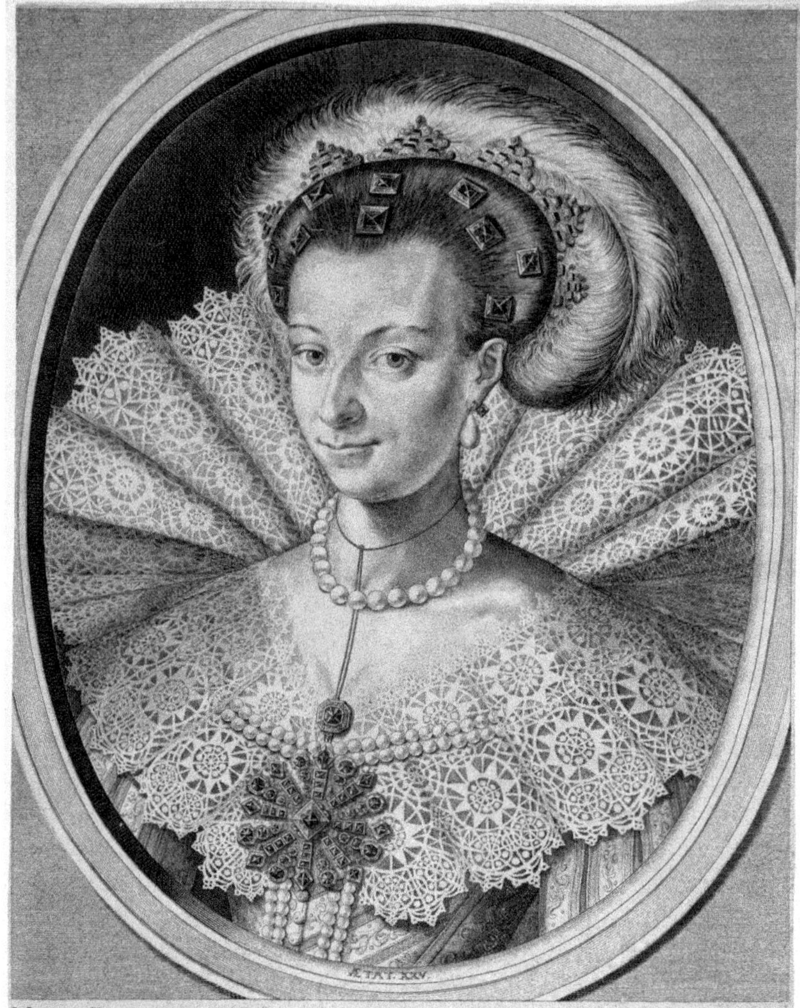

Илл. 34. Хендрик Хондиус. По портрету Якоба Хёфнагеля. Королева Швеции Мария Элеонора. 1629 год. (Оригинал Хёфнагеля ок. 1624 года.) Гравюра. Фото: Национальный музей Швеции, Стокгольм

Вильтом, или его оценивали гораздо выше благодаря его имперскому прошлому. Хёфнагель выполнил совсем немного работ для двора, и создается впечатление, что он считал Швецию скорее тихой гаванью для лютеран, нежели местом, где художникам покровительствуют на высшем уровне.

ИСКУССТВА И ВОЙНА

В середине века Рафаэль Трише дю Фрезне, хранитель собраний королевы Кристины, прислал кардиналу Франческо Барберини описание невероятных вещей, которые можно увидеть в Стокгольме:

> Там есть картины всех лучших мастеров прошлого. Там есть античные и современные статуи огромной ценности. Есть очень большая коллекция всех видов медалей, среди которых многие никогда не были описаны. Далее, там есть бесконечное количество других редкостей, которые полностью заслуживают публичного признания. Ко всему этому м. Ноде [Габриэль Ноде, библиотекарь Кристины] смог бы добавить очень точный и важный каталог практически бесконечного числа манускриптов в библиотеке королевы [Brummer 1997].

Эволюция от двора, который век назад пытался оплатить картину большой головкой сыра, до двора, владеющего одним из самых выдающихся собраний картин, скульптур и редких изданий и манускриптов той эпохи, произошла благодаря участию королевства в Тридцатилетней войне с 1630 года. В ходе конфликта Густав Адольф и его офицеры оказались в непосредственном контакте со многими культурными центрами немецкоязычного мира. В апреле 1632 года король вошел в Аугсбург, город двух конфессий. Георг Петель (ок. 1601/2 — ок. 1634), ведущий скульптор города, выполнил его бюст, который, возможно, был заказан городом в дар королю (илл. 35) [Feuchtmayr, Schädler 1973: 125–127, 139–141, 149–150; Kranz 2009: 136–141]. С большей уверенностью можно утверждать, что благодарные городские советники, испо-

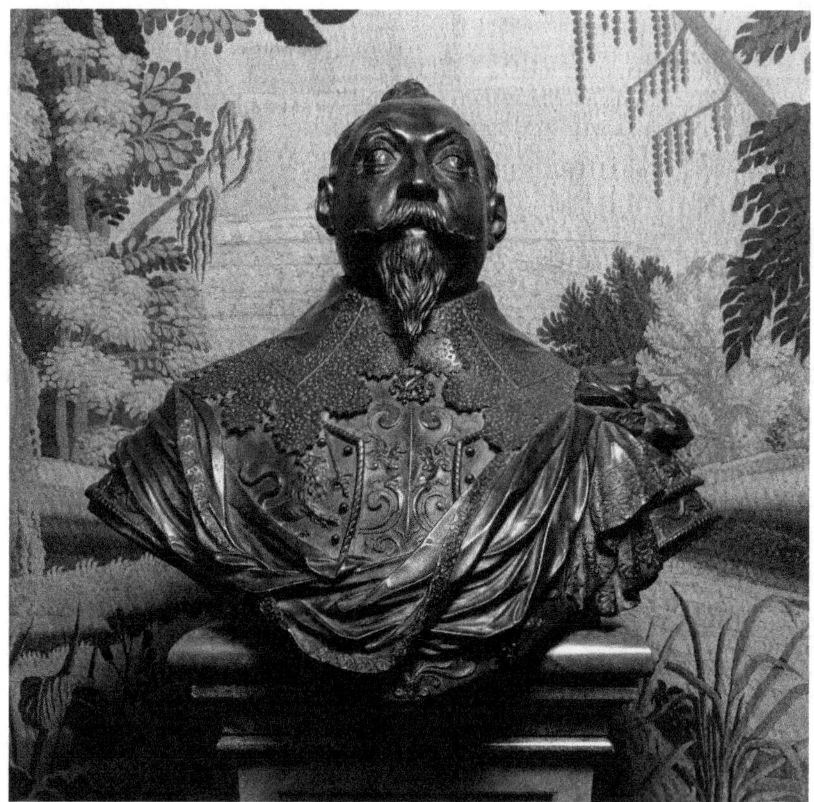

Илл. 35. Георг Петель. Король Швеции Густав II Адольф. Модель произведена в Аугсбурге. 1632 год. © Королевский двор, Швеция. Фото: Алексис Дафлос

ведующие лютеранство, поднесли ему серебро и один из самых великолепных шкафов для диковинок Филиппа Хайнхофера, выполненный из черного дерева [Boström 2001].

Этот и другие жесты отражают престиж короля среди протестантов, который рос благодаря его победам над католиками. В Нижних землях Серватиус Кок продавал портреты короля, увенчанного лавровым венком, на фоне, покрытом сусальным золотом, с надписью «Restaurator Liberatis Germaniae» («Возродитель немецкой свободы»). Эти портреты напоминали иконописные изображения. В изобилии производили маленькие фигурки Густава Адольфа из металла и воска. Даже через десять лет после гибели Густава в битве в ноябре 1632 года амстердамский издатель Криспин де Пассе Младший опубликовал книгу эмблем, в которой король сравнивается с Моисеем, Аароном, Гидеоном, Исаей, Самсоном и, наконец, с Христом [McKeown 2001].

На вражеских территориях ситуация была диаметрально противоположной. Покинув Аугсбург, шведские войска захватили Мюнхен неподалеку. Хотя король обещал горожанам неприкосновенность жизни и имущества, его войска разграбили резиденцию курфюрста Баварского Максимилиана I и вывезли в Стокгольм работы Лукаса Кранаха, Ганса Гольбейна Старшего, Ханса Милиха и других. Другие работы были захвачены в Браунсберге, Майнце и других городах. Кульминация наступила летом 1648 года, когда шведские войска захватили Малу Страну в Праге, где находилась императорская резиденция. Солдаты разграбили дворец в Градчанах и близлежащий Бельведер, где хранились остатки знаменитой коллекции Рудольфа II. Всего за несколько дней почти все предметы искусства — 470 картин, 69 бронзовых скульптур, 179 изделий из слоновой кости и многое другое — были вывезены в Стокгольм. Среди этого груза были полотна Тициана, Веронезе и Корреджио и скульптуры Адриана де Вриса и Леоне Леони. Хотя войска обнаружили только часть бывшего императорского собрания, а некоторые предметы были утеряны в пути, в мае 1649 года в Стокгольм прибыло неслыханное сокровище [Cavalli-Björkman 1999 и др.].

В нашу эпоху реституций и тщательного изучения провенанса, последовавших за конфискациями и вынужденными продажами предметов искусства во время нацистского режима, подобное разграбление культурных ценностей представляется преступлением, не имеющим оправданий. Хотя шведские военачальники были особенно агрессивны, подобное позволяли себе все воюющие стороны. В 1623 году, задолго до вступления Швеции в войну, католические войска под предводительством Максимилиана I Баварского захватили Палатинскую библиотеку в Гейдельберге и передали ее папе Урбану VIII; большинство из сочинений, составлявших ее, сейчас хранится в библиотеке Ватикана. Что более важно, в юридических понятиях того времени за грабеж следовало нести ответственность [Trevor-Roper 1970; Tauss 1998]. Действительно, разграбление Праги было произведено в спешке, поскольку любой захват ценностей после заключения Вестфальского мира считался бы незаконным.

Возможно, Густав Адольф стал бы серьезным знатоком искусства, если бы он пережил эту войну. Однако в годы после его смерти непосредственную заинтересованность художниками и собраниями за пределами королевства проявляли его офицеры и шведские дипломаты и представители администрации, многие из которых довольно долго пребывали в Священной Римской империи. Военные действия дали им нечто схожее с тем, что произошло с американскими солдатами в Азии и Европе во время и после Второй мировой войны, нечто, благодаря чему появилось поколение, которое гораздо более ценило искусство, чем предыдущее.

Выделяется одно фундаментальное различие между солдатами 1640-х и 1940-х: ожидалось, что военачальники, участвовавшие в Тридцатилетней войне, станут покровителями искусств, когда война окончится. Военная служба была одним из основных способов продвижения по социальной лестнице, и проявившие себя солдаты, дослужившиеся до званий генералов и фельдмаршалов, получали в награду земли, титулы и другие привилегии (выдвинуться на службе в государственной администрации, что в этот период во многом означало помощь в военных действиях посредством государственного управления, было еще одним путем повышения социального статуса).

Несколько шведских командующих были приняты в «Fruchtbringende Gesellschaft» («Плодоносное общество»), самое элитное литературное общество в немецких землях. Некоторые действительно интересовались культурой, а других, по-видимому, выдвинули кандидатами по чисто политическим причинам или в надежде на финансовую поддержку. Однако нет никаких причин, почему эти офицеры не могли бы стать членами этого общества просто благодаря своим успехам на поле боя. Война считалась интеллектуальным занятием, сравнимым с литературой или философией, и находилась под покровительством Минервы, богини мудрости и войны и покровительницы искусств. Таким образом, она воплощала два весьма различных устремления шведского общества. Эта идея представлена в здании Дворянского собрания в Стокгольме, месте встречи аристократии. На его фронтоне изображен целый набор оружия, трофеев и книг. Жан де ла Валле, архитектор, завершивший постройку, описывал эту композицию как «книги и математические инструменты вместе с оружием и амуницией, изображенные вместе, чтобы показать, что аристократия зависит от изучения этих двух искусств, а именно, гражданских и военных» [Lohmeier 1978: 235]. На портале под ним изображены Минерва с книгой в руках и Марс, бог войны, держащий меч и щит. Оба указывают на надпись «Arte et marte», «Искусством и доблестью». Те, кто заходил в здание Собрания, находился там с одобрения обоих богов.

Благодаря военным кампаниям шведские военачальники познакомились не только с выдающимися работами, но также и с выдающимися мастерами, многие из которых были готовы ухватиться за возможности, которые открылись им на Севере. Элиас Холль, мастер-строитель лютеранского городского совета в Аугсбурге, был смещен со своего поста в 1631 году, когда город был занят императорскими войсками. После того как Густав Адольф восстановил его в должности в следующем году, он записал в своей семейной хронике: «Господь, благодаря своей особой милости и крепкой руке шведского короля... вновь нас освободил». Как оказалось, это была временная передышка, поскольку католики вновь захватили город в 1635 году. Холль, понимая, что для протестантов возможности здесь невелики, договорился, чтобы трое его старших сыновей уехали с отступающими шведскими войсками. Младший из них, Маттеус, позднее самостоятельно нашел дорогу в королевство, где он работал архитектором [Meyer 1910: 36, 88; Karling 1932]. Точно так же и Карл Густав Пфальц-Клебургский, военачальник и будущий король, участвовавший в оккупации Праги, писал, что многие превосходные ремесленники в городе были протестантами и они с готовностью последовали за ним в Швецию [Eimer 1961: 69].

Даже в мирное время военачальники нередко становились первыми, кто вступал в контакт с мастерами из других земель, и лучшие из них часто приезжали, чтобы поступить на службу к королю. Симон де ла Валле, уважаемый архитектор, руководивший работами над Хонселарсдейк и Тер Ниубюрх для штатгальтера Республики Соединенных Провинций Фредерика Генриха, приехал в Швецию в 1637 году и начал работать на фельдмаршала Оке Тотта. Два года спустя он перешел на службу при дворе [Nordberg 1970; Ottenheym 1997].

ЧЕТЫРЕ МАГНАТА

Аксель Оксеншерна

Многие гражданские чиновники также надолго уезжали за границу во время войны, чаще всего в Священную Римскую империю. Они тоже сыграли существенную роль в благоустройстве королевства. Аксель Оксеншерна (1583–1654), риксканцлер и глава Регентского совета после смерти Густава II Адольфа, довольно долго прожил в империи в начале 1630-х годов [Wetterberg 2002]. Находясь в Померании, на южном побережье Балтики, он, по-видимому, встретился с Никодемусом Тессином Старшим (1615–1681), молодым аристократом, разоренным войной. Оксеншерна нанял его, в последующие годы тот руководил строительными проектами своего патрона, и, судя по всему, именно благодаря участию Оксеншерны в судьбе молодого человека он стал придворным архитектором в 1646 году. В 1651–1653 годах Тессин получил от короля стипендию, благодаря которой смог отправиться в путешествие по Священной Римской империи, Италии, Франции и Нидерландам. Возможно, и это было устроено риксканцлером, которому Тессин прислал из-за границы единственный свой сохранившийся отчет. Оксеншерна умер в 1654 году, вскоре после возвращения Тессина, так и не дождавшись результатов этой учебной поездки. Плоды от этого вложения

Оксеншерны пожинали другие, в частности, королева Хедвиг Элеонора [Neville 2009: 31–60, 78–91].

Оксеншерна постоянно находился в поисках новых талантов и нередко находил их благодаря своим обширным связям. Знакомства в кругу высокопоставленных государственных деятелей было несложно использовать для заказов и ввоза произведений искусства и других предметов роскоши, поскольку это были нередко одни и те же люди. Мишель Леблон (1587–1656), к которому Оксеншерна обратился в 1632 году в поисках информации, вскоре стал главным посредником риксканцлера [Noldus 2011 и др.]. Леблон учился ювелирному и граверному делу в Южных Нидерландах и жил в Амстердаме как агент шведского и английского королей, будучи одним из нескольких посредников, добывающих товары и информацию всех сортов [Cools et al. 2006; Keblusek, Noldus 2011]. Он участвовал в продаже собрания Питера Пауля Рубенса герцогу Бэкингемскому в 1625–1627 годах, а вскоре начал выполнять заказы и Оксеншерны, посещая книжные лавки, мастерские скульпторов и аукционные дома в поисках запрошенных работ. В 1641 году риксканцлер попросил его найти подходящего портретиста для королевского двора, и после пяти-шести лет задержки на это предложение наконец откликнулся Давид Бек (1621–1656), нидерландский ученик Антониса ван Дейка (илл. 36).

Питер Исаакс, о котором уже говорилось выше как об одном из лучших художников Кристиана IV, искал возможности начать карьеру на новом месте. С 1620 года Оксеншерна начал платить ему за сведения о Датском дворе и время от времени получал от него картины, чтобы объяснить платежи, идущие в Данию. Другой нидерландец, Питер Спиринк (ок. 1595–1652), приехал в Швецию в тот же год как представитель мастерской своего отца в Дельфте, которой Густав Адольф заказал выполнение двадцати семи гобеленов [Noldus 2006a; Noldus 2006; Veldman 2015–2016]. Мастерская Спиринка создала двадцать шесть гобеленов для Кристиана IV в 1614 году, а также выполнила заказы графа Ноттингемского, французского государственного деятеля Пьера Жаннина, польского короля Сигизмунда III и турецкого великого визиря.

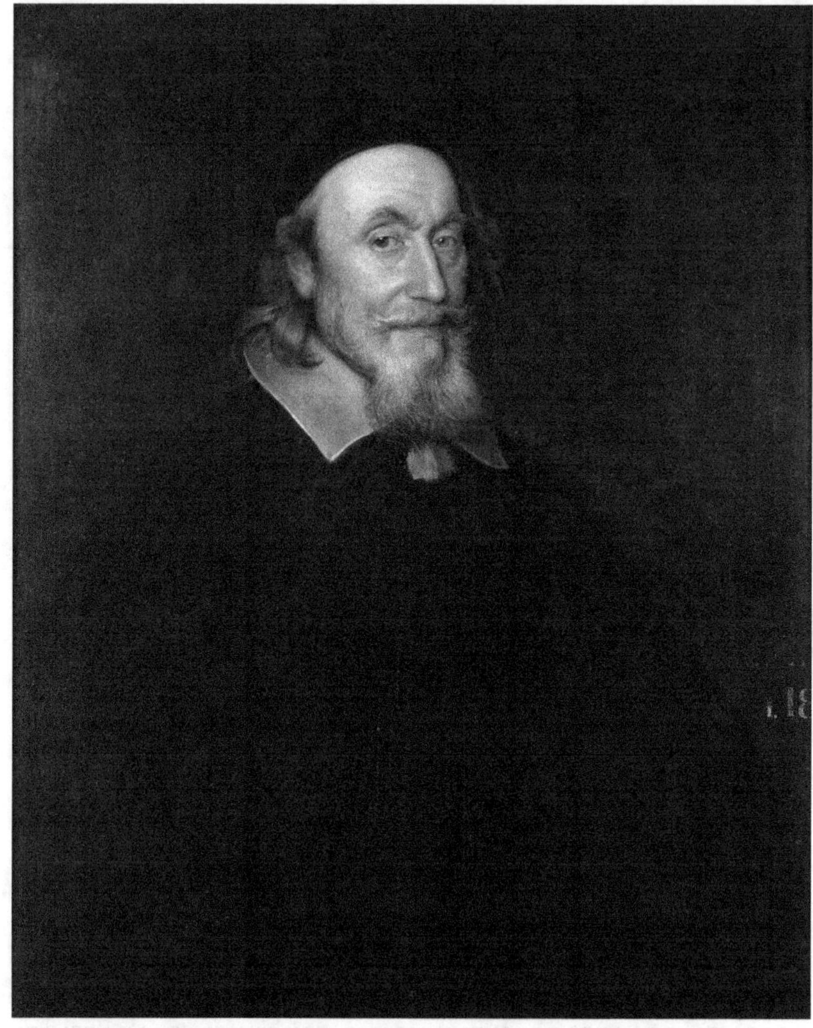

Илл. 36. Давид Бек. Аксель Оксеншерна, рикстканцлер Швеции. Ок. 1647–1651 годов. Фото: Оружейная палата, Стокгольм

Кроме того, они создали дары от Соединенных Провинций английской королеве Елизавете и французскому королю Генриху IV[2]. Возможно, именно благодаря этим связям с различными правителями в совокупности с деловой смекалкой Спиринк стал одним из доверенных финансовых советников и дипломатов Оксеншерны и занял пост дипломатического представителя королевства в Гааге. Как и Леблон, Спиринк без колебаний перешел на службу к королеве Кристине, добывая в Нидерландах предметы искусства для ее собраний, одновременно выполняя более формальные дипломатические обязанности.

Карьерный взлет Спиринка был примечательным, но вряд ли его можно назвать беспрецедентным. Многие живописцы и скульпторы, о которых идет речь в этой книге, сделали международную карьеру. Некоторые жили в одном городе и рассылали свои работы клиентам в других странах; другие переезжали от двора к двору. В обоих случаях они поддерживали связи среди разросшейся международной сети знакомств, состоявшей из мастеров, посредников, аристократов и во все большей мере самих правителей. Эти связи были выгодны и художникам, и посредникам, чей карьерный взлет мог быть точно таким же. Так, будучи посредником, нанятым Оксеншерной, Спиринк был, в широком смысле, коллегой Исаакса и Леблона. Леблон напрямую вел корреспонденцию с английским королем Карлом I, Оксеншерной и королевой Кристиной, одновременно переписываясь с несколькими художниками. Его личная дружба с ван Дейком стала причиной приглашения Бека к Шведскому двору.

Спиринк, Леблон и Исаакс, как многие другие из этих придворных космополитов, вели происхождение из Нижних земель. Один из их земляков, Бальтазар Гербье (1692–1663), соединил в своей карьере все их достижения, и даже больше [de Boer 1903; Keblusek 2003]. Он был талантливым художником, но судя по всему, поступил на службу сначала к принцу Морицу Нассаусскому, а затем, в 1617 году, в свиту к голландскому послу в Лондоне в первую очередь благодаря своему искусству каллиграфии. В Англии он

---

2 Каталог Thieme-Becker, 31. С. 373.

быстро перешел на службу к Джорджу Виллерсу, герцогу Бэкингемскому, возможно, главному законодателю вкуса при дворе, и собрал для него одну из самых выдающихся коллекций искусства в Англии. Он сопровождал Бэкингема в дипломатических поездках в Мадрид и Париж (где встретил Рубенса и подружился с ним), а после убийства Бэкингема в 1628 году десять лет служил дипломатическим представителем Англии в Брюсселе. Его искусство живописца пригодилось ему даже в контексте этой дипломатической службы, поскольку он написал портрет испанской инфанты для короля Якова I. Хотя карьера Гербье в большей степени зависела от его умения налаживать связи и вести переговоры, нежели от его таланта художника, в ней много общего с карьерами Исаакса, Леблона, Спиринка и, самого известного из них, Рубенса. И действительно, представляется, что знаменитая карьера Рубенса как дипломата и художника была менее удивительной, чем кажется многим.

Около 1635 года Леблон и Спиринк совместно выполняли заказ Шведского двора на 35 картин, включая работы Якоба Йорданса. Вряд ли этот заказ сделала девятилетняя Кристина. Скорее всего, за первым заказом художнику стоял Оксеншерна (за ним последовал как минимум еще один). Тессин в значительной степени ассоциируется с Каролинской династией второй половины XVII века, а Бек и Леблон всегда были тесно связаны с Кристиной. Однако у истоков их карьеры в Швеции стоял Оксеншерна, гигант истории дипломатии и политики, но едва известный как значимая фигура в развитии культуры.

Карл-Густав Врангель

Карл-Густав Врангель (1613–1676) родился в семье аристократа в землях, которые сейчас принадлежат Эстонии, детство его в основном прошло в Швеции, а на протяжении своей военной карьеры он видел много крупных городов в Центральной Европе. Выдающийся военачальник, он получил звание фельдмаршала и стал главнокомандующим всеми войсками в Германии в 1646 году в возрасте тридцати двух лет. Два года спустя он стал генералгубернатором Померании, своего рода вице-королем, управлявшим территориями от имени шведской короны.

Возможно, отчасти потому, что он так редко жил в Швеции, Врангель построил самую грандиозную частную резиденцию в Стокгольме и еще более огромную загородную резиденцию, Скуклостер, к северу от города. Они были заполнены сокровищами, которые он заказывал, покупал, получал в дар или награбил [Eimer 1961; Losman 1980; Losman 1998]. Он содержал художника, которого можно назвать придворным, — сначала Маттеуса Мериана Младшего, а затем юного Давида Клёккера, который позже получил дворянское звание под именем Эренстраль (1628–1698), — и собрал столь великолепную коллекцию предметов роскоши и искусства, что можно без сомнений утверждать, что он считал себя чуть ли не наследником вымершего рода герцогов Померании. Действительно, его самопрезентация как князя вполне очевидна. В 1652 году Эренстраль изобразил его на коне, вставшем на дыбы, со шпагой в руке на фоне марширующих войск. Это соответствует обобщенному типу изображения правителя, если точнее, заимствовано с конного портрета датского короля Кристиана IV, написанного в 1642–1643 годах Карелом ван Мандером III, на котором король держит меч в той же позе.

Хотя Врангель завершил образование и совершил путешествие в Германию, Нижние земли и Францию, во время военных действий он увидел гораздо больше, с гораздо большим пониманием того, как это может быть использовано в его будущих замыслах на родине. Возможно, он сопровождал Густава Адольфа в замок архиепископа Майнцского в Ашаффенбурге в ноябре 1631 года и слышал, как тот восхищался величием дворца и выразил желание, чтобы в Швеции существовало что-то сравнимое с ним (илл. 37). Совершенно точно Врангель видел это здание в следующем году, по пути обратно, и еще раз в августе 1646 года. Последнее посещение, по-видимому, было особенно значимым, поскольку именно в то время он начал обдумывать план Скуклостера, который в общих чертах повторяет его формы (илл. 38). И в том и в другом здании четыре крыла высотой в три этажа, соединенных башнями по углам, с закрытым внутренним двором. И тот

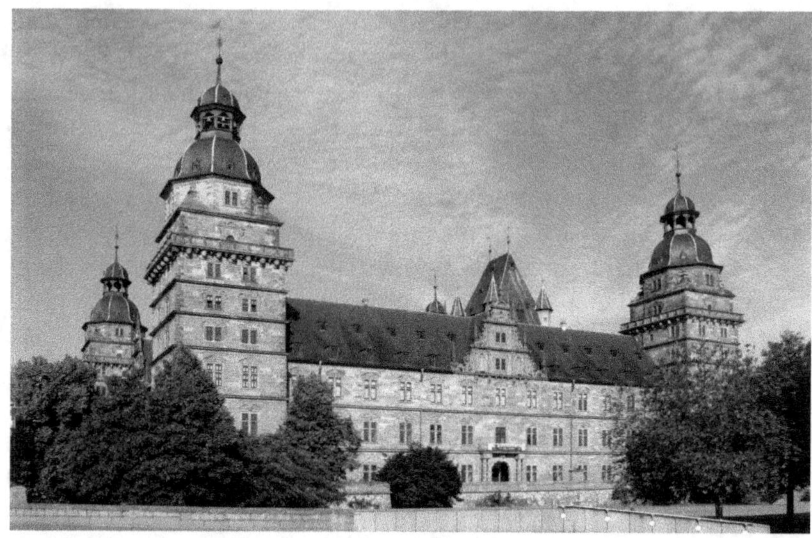

Илл. 37. Георг Ридингер. Дворец Йоханнисбург. Ашаффенбург, под Франкфуртом. 1605–1614 годы. Фото автора

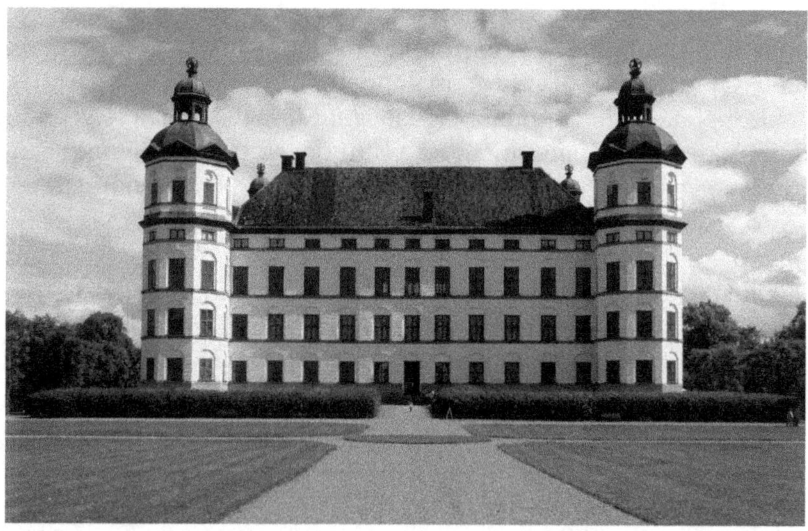

Илл. 38. Каспар Фогель, Никодемус Тессин Старший и др. Скуклостер, под Стокгольмом. Строительство начато в 1653 году. Фото автора

и другой увенчаны высокой крышей, хотя в Скуклостере линия крыши и фасады более четкие, поскольку не имеют больших фронтонов, украшенных колоннами и обелисками. В манускрипте 1660-х годов, посвященном топографическому обзору Швеции, «Suecia Antiqua et Hodierna» («Швеция, древняя и современная»), эти два здания сравниваются особо [Spies 1986: 21]. Врангель в какой-то мере занимался созданием этой книги, и возможно, что именно он был автором этого отрывка.

Истоки замысла дворца Врангеля в Стокгольме также следует искать в его военных походах (илл. 39). Кристина даровала ему земли в 1648 году, когда он был в Праге, и он тотчас же нашел в городе архитектора, который помогал ему разработать проект. Мы не знаем, к кому он обратился, но поскольку позднее он писал, что хотел построить дворец в итальянском стиле, это мог быть Карло Лураджо, который в то время работал в Праге. Во время осады Варшавы в 1655–1656 годах он написал своему инженеру, что предпочитает низкие трубы, обычные для дворцов в Польше, и в связи с этим хотел пересмотреть план надстройки своего дворца [Eimer 1961: 129–131].

Где-то до 1674 года Эренстраль, чья карьера при Шведском дворе началась на службе Врангелю, предложил несколько картин, которые почти наверняка не были написаны к тому времени, для городской резиденции[3]. В центре должны были находиться две большие парные картины, одна из них триумфальная: Врангель будет изображен на коне, протягивающим трофеи четырем шведским королям, которым он служил. Также на картине должен был быть монумент, изображающий несколько «известных деяний», без сомнения, величайшие победы Врангеля. Над ним в небесах парили бы фигуры Добродетелей, держащих штандарты. Вторая картина должна была изображать Парнас, место обитания Аполлона и муз, нередко сопровождаемых Минервой. Хотя Парнас обычно изображался как пасторальное обиталище искусств, это полотно тоже должно было представлять триумф героя. По замыслу художника, на картине была Минерва, управ-

---

[3] Rydboholmssamling E 8110, Riksarkivet, Stockholm; [Ellenius 1966: 37–54].

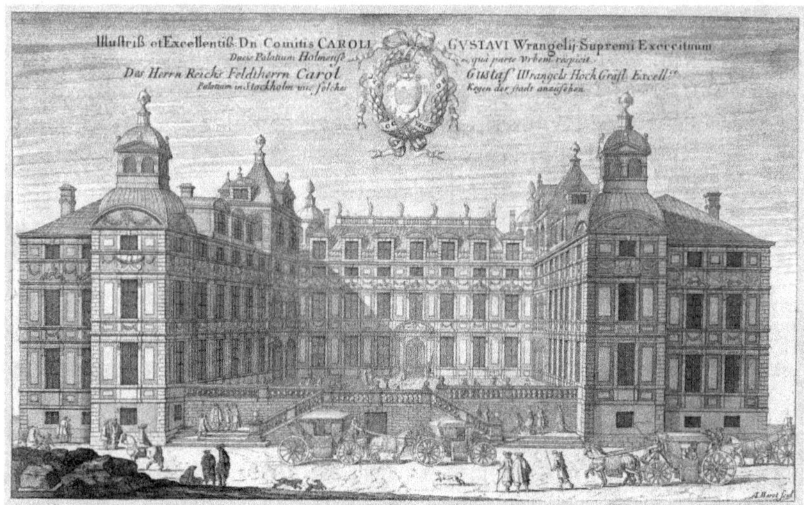

Илл. 39. Никодемус Тессин Старший и др. Дворец Врангеля. Стокгольм. Строительство начато в начале 1650-х годов. Фото: Королевская библиотека, Стокгольм

ляющая колесницей, запряженной четырьмя белыми конями, а рядом с ней ехал Врангель в форме статуи, сопровождаемый аллегориями Победы, Благородства и Великодушия, при этом Победа увенчивала его образ лавровым венком. Вдобавок к этим двум вычурным картинам предполагалось написать несколько полотен поменьше, изображавших трофеи и оружие.

Оба замысла представляются несколько странными, учитывая, что они должны были прославлять частное лицо, а не правителя, и возможно, именно поэтому Эренстраль задумал изобразить триумф Врангеля в виде вручения им трофеев и славы его королям. Тем не менее это могло быть попыткой Эренстраля несколько смягчить тон, поскольку монумент, описание которого отсутствует, должен был заменить первую идею художника изобразить победы Врангеля на триумфальной арке, которые обычно воздвигались лишь в честь суверенов. Более того, аллегории, связанные с Аполлоном, Минервой и Парнасом, уже были тесно связаны с королевой Кристиной и ее преемницей, Хедвиг Элеонорой. В таком случае обе картины, которые Эренстраль предложил, по-видимому, по собственной инициативе, были построены на идеях, ассоциировавшихся с королевским домом и, в более общем смысле, с идеальным правителем.

Однако тематически двойственная концепция солдата и деятеля культуры, просвещенного воина, была созвучна публичной репутации фельдмаршала. Проект дворца Врангеля, созданный Тессином в конце 1650-х годов, включает изображения Марса и Минервы на фасаде, оба они были покровителями войны. Минерва, которую ассоциировали с интеллектуальной стороной ведения войны и с мудростью и, шире, образованием, играла более важную роль, что подтверждается стихотворением 1667 года, где описывается, как она вручает Врангелю искусство войны, чтобы тот стал Готическим Марсом [Lüdemann 1667; Neville 2009: 106–108]. Также и Иоахим фон Зандрарт писал в своей автобиографии в «Немецкой академии», что при взятии Ландсхута Врангель долго осматривал две алтарные картины и восхищался и картинами, и их создателем, самим Зандрартом [Sandrart 1675: 18]. Комментарий, указывающий, что они находились в иезуитской церкви, исключает любую возможность, что генерал пришел туда с религиозными целями. Скорее, Врангель изображен здесь как арбитр, владеющий вкусом и знаниями, выполняющий роль, которая чаще отводилась правителю или известному художнику. Показательно то, что этот пассаж предполагает, что читатели готовы принять солдата в качестве арбитра в области культуры. Сочетание искусства и войны в описании Зандрарта отразилось в ином ключе, когда Врангеля пригласили в «Плодоносное общество». Каждому члену этого общества при вступлении присуждали титул; Врангеля назвали «Победителем».

Карл X Густав Пафльц-Клебургский

Карл X Густав Пфальц-Клебургский (1622–1660), сменивший в 1654 году на троне королеву Кристину под именем Карла X Густава, также был принят в «Плодоносное общество». Однако его в первую очередь помнят за военные победы, как бесстрашного военачальника, который провел свою армию через замерзший пролив, сокрушил Данию в 1658–1659 годах и расширил владения шведской империи на побережье Балтийского моря до самых дальних пределов в ее истории [Asker 2009 и др.]. Хотя его интерес к искусствам не столь ярко выражен и нередко упускается историками, его справедливо считали крупным меценатом и важной фигурой в области культуры, особенно около 1650-х годов.

Карл Густав был наследником младшей ветви кальвинистского рода Пфальц-Цвейбрюкенских, родственником императорских князей. Его отец, Иоганн Казимир, был носителем титула пфальцграфа, но владения его были малы. Он женился на Катарине, сводной сестре Густава II Адольфа, и вскоре стало понятно, что в Швеции его ожидают гораздо более привлекательные перспективы, особенно после того как в 1619 году Фридрих V Пфальцский был избран королем Богемии, что привело к разрушительным последствиям для протестантов. Из-за близких династических связей с Фридрихом оставаться в Германии было опасно, особенно потому, что Иоганн Казимир, не имея реальной власти, был лояльным сторонником определенной конфессии и политической партии. В 1622 году семья бежала в Швецию. Вскоре после их приезда родился Карл Густав.

Благодаря связям с королевским домом и обещанию жениться на Кристине (чего так и не произошло) в феврале 1648 года Карл Густав стал генералиссимусом шведских войск в Германии, а в марте 1649 года наследником престола. Он участвовал в разграблении Праги и вскоре после этого устроил банкет в Нюрнберге, празднуя заключение Вестфальского мира.

В Нюрнберге Карл Густав стал известен как крупный меценат. Он заказал Иоахиму фон Зандрарту увековечить праздник на огромном групповом портрете, который был подарен городу Нюрнбергу от имени шведской короны. Живописец также выполнил конный портрет принца, увенчанного Победой (илл. 40). Портрет был окончен в 1650 году, вскоре после того, как Карл Густав получил титул кронпринца. Зандрарт обращался к нему как к «[Его] Королевскому Высочеству», а позднее описывал саму

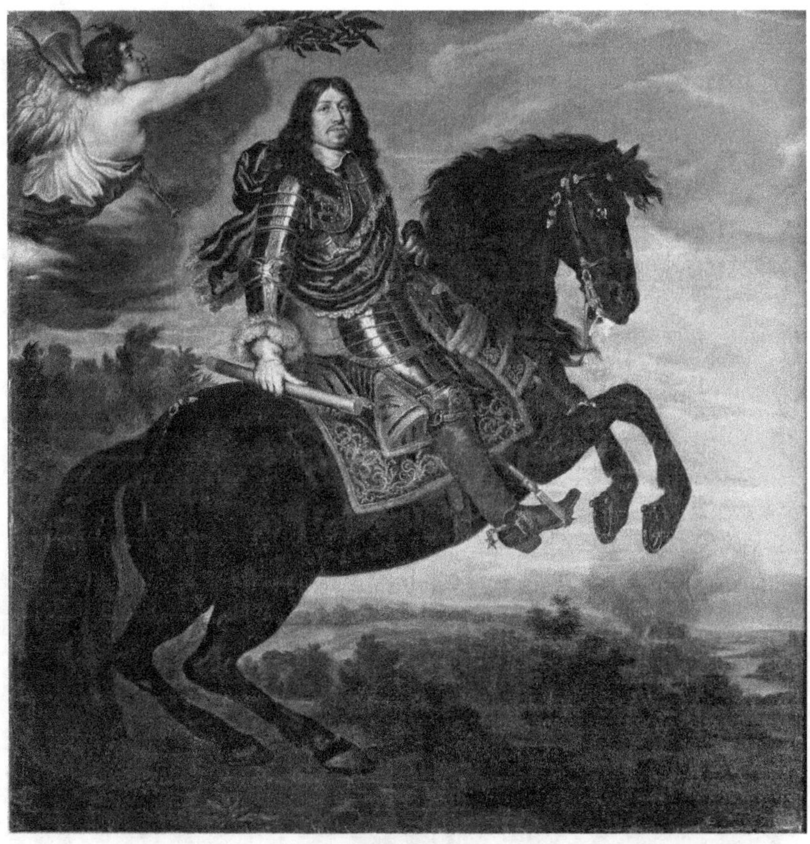

Илл. 40. Иоахим фон Зандрарт. Карл Густав Пфальц-Клебургский (позднее король Швеции Карл X Густав). 1650 год.
Фото: Оружейная палата, Стокгольм

картину как «всадник, достойный короны» [Klemm 1986: 177–178, 183–191].

Этот акцент на королевском величии являет резкий контраст бронзовому бюсту Карла Густава, заказанному нюрнбергскому скульптору Георгу Швайгеру (1613–1690; илл. 41), парному к бюсту Кристины, ныне утерянному, что может объяснять более скромное изображение и поворот головы [Larsson 1992: 64–65;

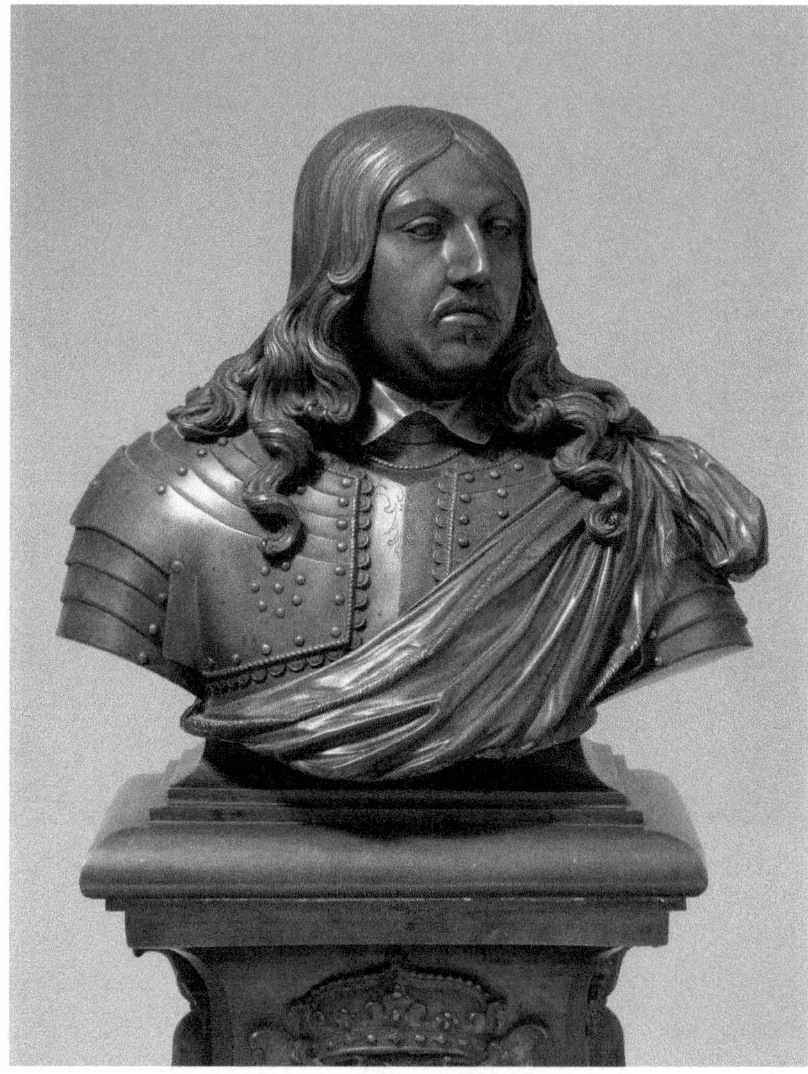

Илл. 41. Георг Швайгер. Карл Густав Пфальц-Клебургский (позднее король Швеции Карл X Густав). 1649 год. Фото: Национальный музей Швеции, Стокгольм

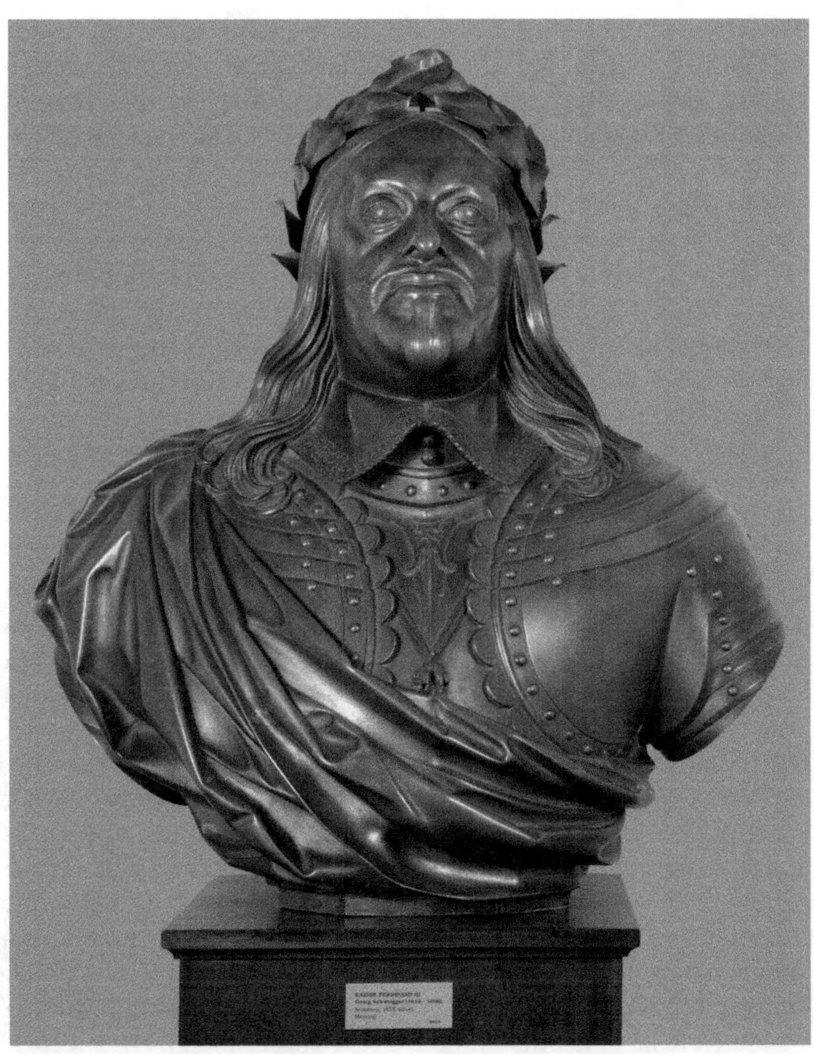

Илл. 42. Георг Швайгер. Император Священной Римской империи Фердинанд III. 1655 год. Фото: Музей истории искусств, Вена

Hauschke 2002: 256–258, 473 и др.]. Даже если этот бюст связывал генерала с королевой, Швайгер изобразил его не в настолько претенциозно королевской манере, как Зандрарт. В 1649 году, когда бюст был окончен, Карл Густав не был ни помолвлен с Кристиной, ни объявлен наследником престола. Резолюция, принятая в этом году, признавала его наследником лишь в том случае, если Кристина умрет бездетной. В октябре 1650 года Кристина убедила Королевский совет объявить Карла Густава кронпринцем без каких-либо оговорок, с правом наследования по его линии, что разрешило щекотливую ситуацию. Благодаря этому мы можем объяснить значительные различия между изображениями Карла Густава Швайгером и Зандрартом.

Сравнить скульптурный портрет Карла Густава с утраченным бюстом Кристины невозможно, но существует два других образца, которые помогут нам поместить статую в правильный контекст. В 1655 году Швайгер изобразил императора Фердинанда III (илл. 42) [Hauschke 2002]. Качество выполнения и костюм схожи с бюстом Карла Густава, но этот портрет изображает императора в лавровом венке, в однозначно фронтальной позе, голова слегка откинута, а строгий взгляд обращен на зрителя сверху вниз. Многие из этих черт можно также найти в портрете Густава II Адольфа, выполненном в 1632 году Георгом Петелем (см. илл. 35). В 1636 году Фердинанд посетил Аугсбург, где он восхищался бюстом Петеля во время визита в литейную мастерскую Вольфганга Найдхардта, выполнявшего отливку бюста. Город вскоре приобрел его у мастерской и подарил будущему императору. Таким образом, бюст работы Петеля мог стать основой композиции для портрета Фердинанда работы Швайгера [Larsson 1992]. Вполне вероятно, что Карл Густав был знаком с ранней копией бюста Петеля, виденной либо в Стокгольме, либо в Нюрнберге, где была отлита вторая копия, которая в конце концов оказалась в Швеции, либо с копией, принадлежавшей Фердинанду, захваченной в Праге [Kranz 2009: 136–141]. Можно с уверенностью утверждать, что он видел похожий бронзовый портрет Густава Адольфа работы Ханса фон дер Пютта, выполненный в 1632 году, который он переслал из Нюрнберга Кристине в июне 1649 года, вместе с несколькими античными статуями и другими работами [Granberg 1929–1930, 1: 53–154; Barock in Nürnberg 1962]. Увидев подчеркнуто фронтальные позы этих работ, он вполне мог понять, какие элементы стоит приглушить, чтобы его изображение выглядело более сдержанно.

В 1669 году биограф Андреас Гульден записал, что Карл Густав начал переговоры со Швайгером о создании конной статуи Густава Адольфа в Нюрнберге, призванной олицетворять мир. На самом деле, такой проект предложил Оттавио Пикколомини, представитель империи. Возможно, Гульден перепутал его с другим проектом, о котором он писал — фон дер Пютт должен был создать конные памятники погибшего короля для Нюрнберга, Аугсбурга и Ульма, или с двумя проектами Швайгера, которые так и не были воплощены — конными памятниками императору Леопольду I и датскому королю Фредерику III, правителям, которым предстояло близко породниться [Neudörfer 1875: 206–208][4]. Существует еще одна вероятность: этот пассаж преувеличивал близость скульптора к королевскому двору и сопутствующий этому престиж. Как бы то ни было, Швайгер действительно долго работал над заказами из Швеции, связанными с увековечиванием памяти погибшего короля в Германии. Уже в 1633 году он создал модель мемориала Густава Адольфа в Лютцене, запланированного Акселем Оксеншерной [Barock in Nürnberg 1962: 117; Schuster 1965: 101–108, cat. 29–31]. Однако установка любого конного памятника могла бы вызвать значительные политические трения, что объясняет, почему в дальнейшем попытки реализации этого проекта прекратились. Вместо этого Зандрарт написал реплику конного портрета Карла Густава для здания городского совета в Нюрнберге, где фигура Победы была заменена изящной шляпой. Даже с подобными исправлениями наличие этого портрета было признано слишком провокационным, и его вскоре сняли [Klemm 1986: 183–184].

Когда в июне 1654 года Кристина отреклась от престола, Карл Густав стал королем. Таким образом, его проекты стали государ-

---

[4] См. [Bange 1931; Schuster 1965: 9, 108–111, 130].

ственными заказами. Возможно, он подражал Оксеншерне и Кристине, когда заказал группу из двенадцати картин Страстей у Якоба Йорданса[5] [d'Hulst 1982: 30]. С большей уверенностью можно утверждать, что он собирался перестроить королевский дворец и предполагал возвести новый в южной части Стокгольма, хотя ни один из этих замыслов не был исполнен. Он также начал строительство двух больших церквей, одну рядом с предполагаемым новым дворцом в Стокгольме, а другую в Кальмаре, на юге Швеции; обе постройки были завершены после долгих отсрочек. Как и в случае с Врангелем, военные кампании пробудили в Карле Густаве интерес к искусствам. Возможно, что новые войны с Польшей и Данией способствовали бы его дальнейшему развитию, но эти конфликты были главными событиями его краткого правления, завершившегося его ранней смертью в феврале 1660 года, так что на разработку культурных проектов в Швеции у него было не так много времени.

Магнус Габриэль Делагарди

Магнус Габриэль Делагарди (1622–1686) был в Праге в 1648 году вместе с Карлом Густавом и Карлом Густавом Врангелем [Rystad 1973; Ljungström 2004 и др.]. Он был не военным, а состоятельным аристократом, находившимся в особенной милости у королевы Кристины в начале своей карьеры при дворе. В 1646 году, двадцати трех лет от роду, он возглавил посольство в Париж. Эта поездка не имела значительных политических последствий, но его экстравагантность и огромное количество предметов роскоши, которое он там приобрел, превратили его в своего рода достопримечательность. Он также обратил на себя внимание выдающихся ремесленников и художников, привлеченных возможностью сделать карьеру при Шведском дворе. Возможно, самым значительным последствием этого посольства стал его контракт с Андре Молле (ум. ок. 1665) [Karling 1931: 285–314; Karling 1974]. Отец Молле был первым садовником в саду Тюильри и смотрителем

---

[5] Картины не найдены.

садов принца в Гааге в 1630-х годах, где он работал вместе с Симоном де ла Валле во дворце Хонселарсдейк. Молле создал проекты нескольких садов в Стокгольме и его предместьях и издал там значительный трактат о садоводстве в 1651 году [Mollet 1651]. В нем подчеркивается визуальная гармония между садом и его сооружениями, такими как павильоны и фонтаны, и главной резиденцией. Важная мысль его работы, которая станет фундаментальным принципом пейзажного дизайна в XVII веке, заключается в том, что сад следует считать частью общего архитектурного облика поместья. Книга стала весьма популярна. Ее издали на французском, немецком и шведском языках, а в 1670-х годах последовало английское издание [de Jong 2013: 305–306]. Молле вернулся во Францию в 1653 году, а сына Жана оставил в Стокгольме. Андре вскоре уехал из Франции в Лондон, где служил главным садовником Сент-Джеймсского парка.

Хотя Молле работал в поместье Делагарди в Якобсдале (теперь Ульриксдаль), он был нанят от имени Кристины. Были и другие, кто надеялся сделать карьеру на службе у графа или использовать Делагарди как средство получения места при дворе. Однако на практике граф был менее эффективен в этой роли, чем Оксеншерна или Врангель. Младший сын Элиаса Холля, Маттеус, приехал в Швецию в конце 1640-х годов и руководил несколькими проектами Делагарди. Однако всего несколько из них были завершены, и карьера Холля пошла прахом. В 1674 году итальянский путешественник, Лоренцо Магалотти, писал, что Делагарди хватался слишком за многое, распыляя попусту свои усилия и ресурсы [Magalotti 1674: 323]. И действительно, около 1654 года Делагарди набросал заметки о планах в ближайшие десять лет отремонтировать или подновить 14 домов или поместий, при этом многие переделки были весьма основательными [Ljungström 2004: 47–53]. Это было в высшей степени оптимистично. Завершено было очень мало, и многое из сделанного можно было бы выполнить на более высоком уровне, если бы он более эффективно распределил свои ресурсы.

В Лэкё, одном из поместий Делагарди, есть фрески, изображающие королей готов. Подобные изображения обычно асоциируются с официальными проектами для прославления правящей династии или государства и весьма необычны в контексте частной резиденции. Делагарди увлекался этой идеологией более пылко, чем другие аристократы, и его наследие более богато в том, что касается исторических исследований. Он отвоевал так называемый Серебряный кодекс, перевод Библии на готский язык, датируемый VI веком. Он находился в собрании Рудольфа II в Праге и был привезен в Стокгольм в 1648–1649 годах. Кристина, очевидно, не понимала его ценности и разрешила своему библиотекарю, Исааку Воссиусу, забрать ее в Нидерланды, где в 1665 году Серебряный кодекс был опубликован Франциском Юниусом с посвящением Делагарди. Даже до того как появилось это издание, граф оценил невероятное значение манускрипта для поддержки утверждений готицистов, продвигаемых королевским двором, и в филологическом, и в политическом контексте. В 1662 году Делагарди выкупил его у Воссиуса и семь лет спустя подарил библиотеке Уппсальского университета. В 1671 году Георг Шернйельм подготовил новое издание, в предисловии к которому подчеркивалась непрерывность связи между готами и шведами[6].

Делагарди стал преемником Оксеншерны на посту канцлера Уппсальского университета и внес значительный вклад в превращение его в центр идеологически окрашенных исторических исследований [Hansson 2009]. В 1655 году он предложил создать новую кафедру древней шведской истории, первым заведующим которой стал бы Лауренциус Буреус, придворный антиквар, автор трактатов о готицизме. Также он покровительствовал историческим исследованиям Улофа Рюдбека, вершиной которых стал труд «Атлантика», утверждавший, что вся классическая история Европы берет свое начало в Швеции [Norris 2016; Eriksson 2022: 85–189]. Вне стен университета Делагарди был движущей силой создания Управления древностей, государственной

---

[6] «D.N. Jesu Christi SS. Evangelia ab Ulfila Gothorum». Делагарди подарил библиотеке и другие древние тексты и документы, относящиеся к истории готов [McKeown 2005].

службы, основанной в 1666 году для идентификации, сохранения, изучения и публикации древних памятников королевства[7] [Schück 1932–1944].

При дворе благосклонно воспринимали поддержку, которую Делагарди оказывал государственной идеологии, но вряд ли им двигали исключительно политические соображения. Он продвигал и более широкие научные изыскания и в 1667–1668 годах активно участвовал в приглашении известного ученого Самуэля фон Пуфендорфа (1632–1694) из Гейдельберга в Швецию [Jägerskiöld 1985]. Пуфендорф возглавил кафедру в Лундском университете, основанном в 1666 году на территории, недавно отвоеванной у Дании, и написал там свои важные работы по естествознанию. В 1674 году, когда недалеко от города начались военные действия, Пуфендорф принял приглашение занять место придворного историка в Стокгольме и занялся сочинением великой истории королевства и его монархов, включая богато проиллюстрированную хронику героических деяний Карла X Густава [Pufendorf 1686; Pufendorf 1696].

Пуфендорф был известным ученым, и его, вероятно, наняли следуя прецеденту, созданному Акселем Оксеншерной и Луи де Гиром, которые в 1642 году пригласили в Швецию Яна Амоса Коменского [Blekastad 1969; Murphy 1995]. Коменский, реформатор в сфере дидактики и лидер Моравских братьев, бежал после разгрома протестантского еретического учения силами империи. Оксеншерна был заинтересован в педагогических реформах, а де Гир хотел, чтобы Коменский возглавил академию в его поместье в Финспонге. Однако Коменский не хотел слишком далеко уезжать от своих последователей в Лешно (Польша), а Оксеншерна понимал, что может восстановить против себя ортодоксальных лютеранских клериков [Wettenberg 2002, 2: 990]. Взамен Коменскому предложили место в Эльбинге, в Королевской Пруссии, благодаря чему он смог бы сохранять прочные связи и с Лешно,

---

[7] Этот институт был реорганизованным и расширенным учреждением, основанным в 1630 году, главой которого («государственным антикваром») был назначен Юханнес Буреус.

и со Стокгольмом. Хотя формально он не принадлежал ко двору, его первоначальные надежды на то, что Карл X Густав обеспечит безопасность протестантов в Польше, подтолкнули его к написанию панегирика королю, сравнимого с творениями придворных поэтов и историков [Comenius 1655].

В начале 1650-х годов Кристина также пригласила в Стокгольм нескольких знаменитых интеллектуалов. Они придали блеска королевскому двору, но, судя по всему, оставили на удивление малый след в королевстве, когда уехали из Швеции после отречения Кристины [Lindberg 1994]. Круг интеллектуалов Делагарди и те, кого он пригласил к королевскому двору и в университеты, имели гораздо большее значение для королевства, чем знаменитые мыслители Кристины.

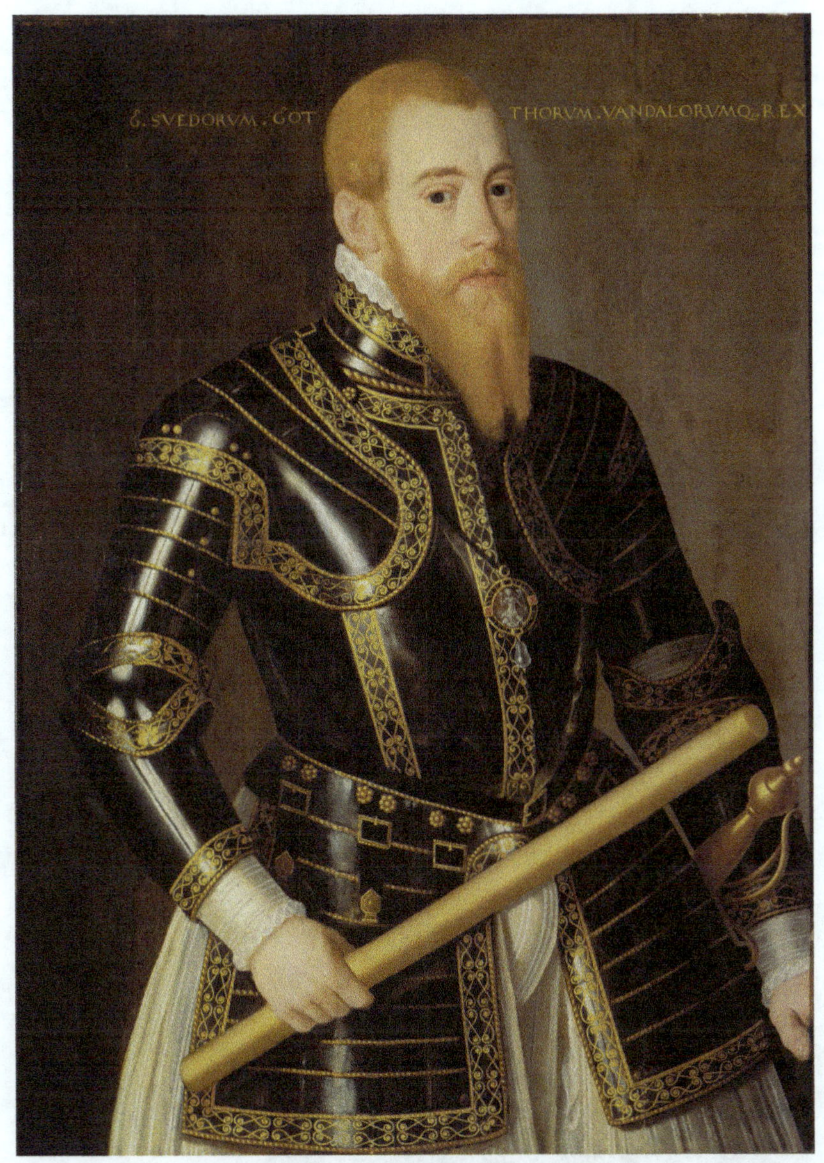

1. Доминикус вер Вильт. Король Швеции Эрик XIV. 1561 год. Национальный музей Швеции, Стокгольм

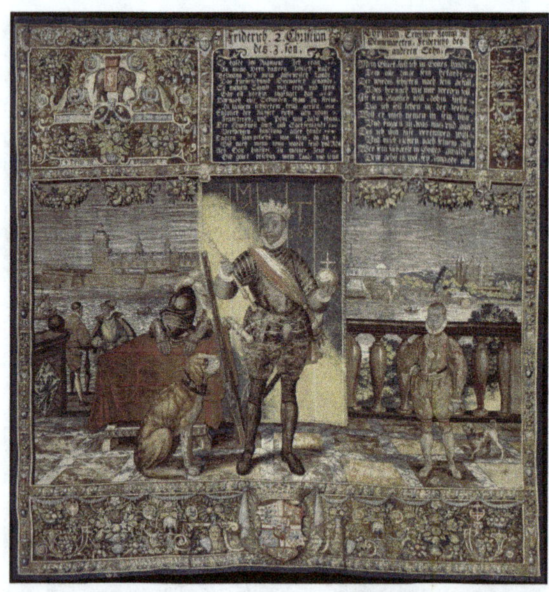

2. По Хансу Книперу. Фредерик II и принц Кристиан (IV). Гобелен. После 1581 года. Национальный музей Дании

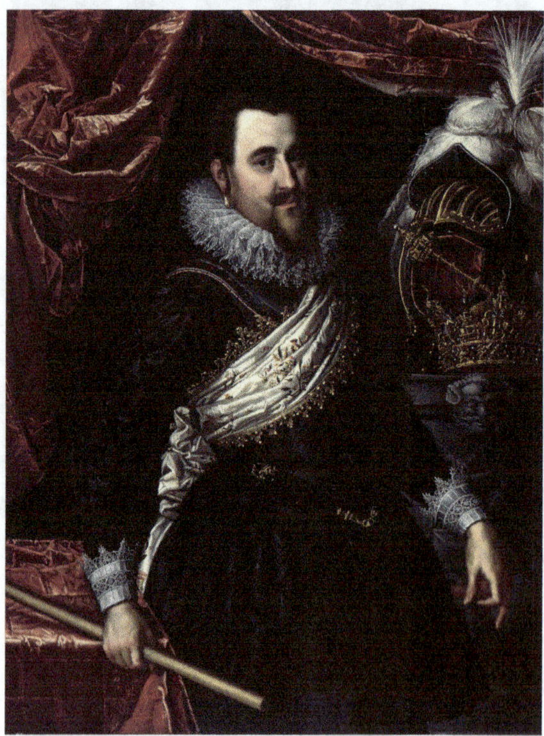

3. Питер Исаакс. Король Дании Кристиан IV. Ок. 1614 года. Музей национальной истории, замок Фредериксборг

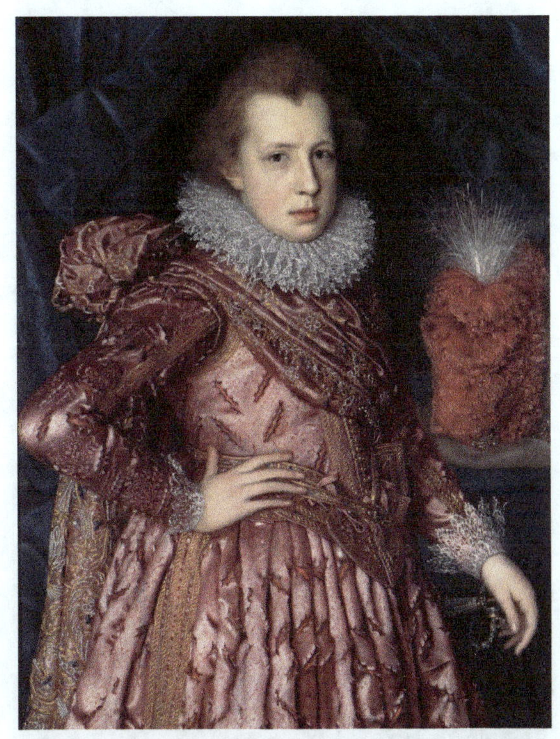

4. Питер Исаакс. Кронпринц Кристиан. Ок. 1618 года. Музей национальной истории, замок Фредериксборг

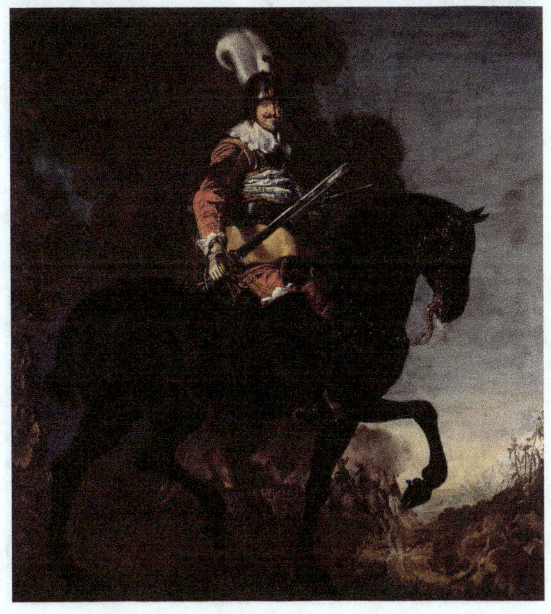

5. Карел ван Мандер III. Конный портрет Кристиана IV. Ок. 1642 года. Музей национальной истории, замок Фредериксборг

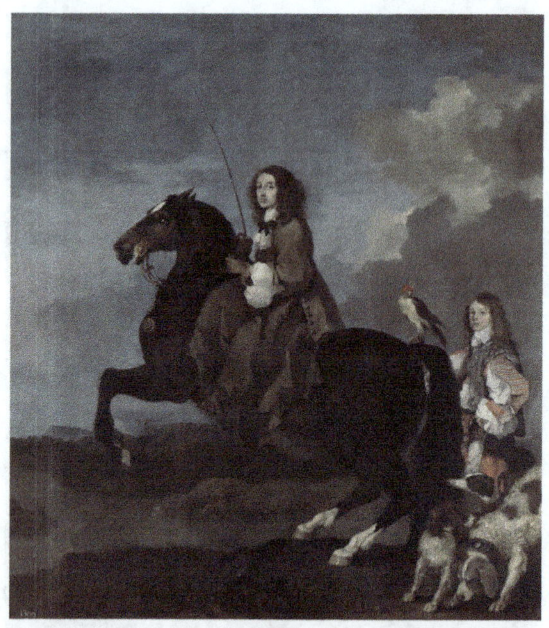

6. Себастьян Бурдон. Королева Швеции Кристина. 1653 год. Национальный музей Прадо

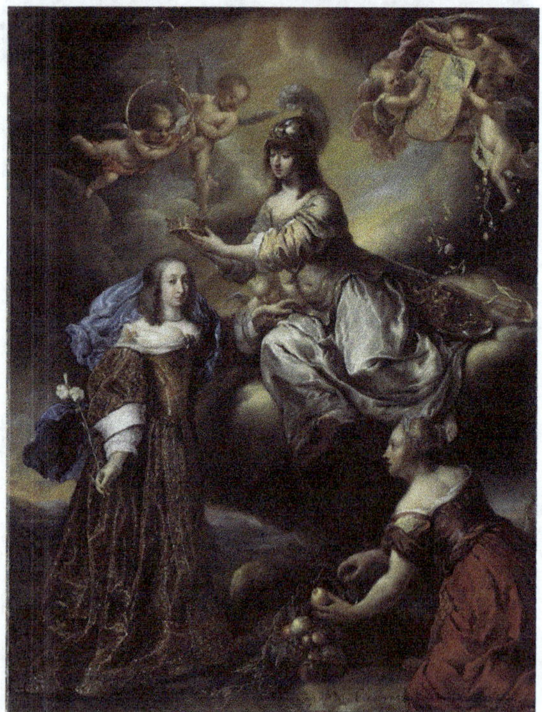

7. Юрген Овенс. Хедвиг Элеонора Шлезвиг-Гольштейн-Готторпская, коронованная Минервой. 1654 год. Национальный музей Швеции, Стокгольм

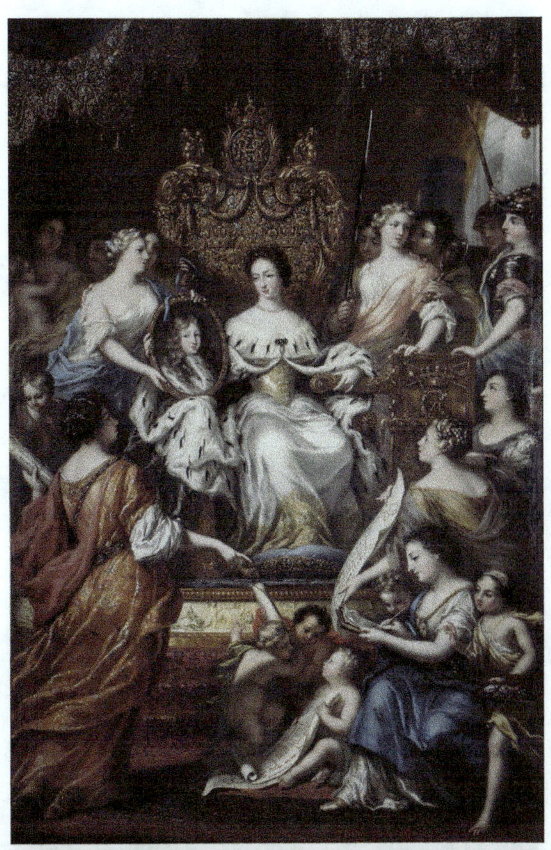

8. Давид Клёккер-Эренстраль. Аллегория регентства Карла XI. Хедвиг Элеонора как покровительница искусств. 1697 год. Национальный музей Швеции, Стокгольм

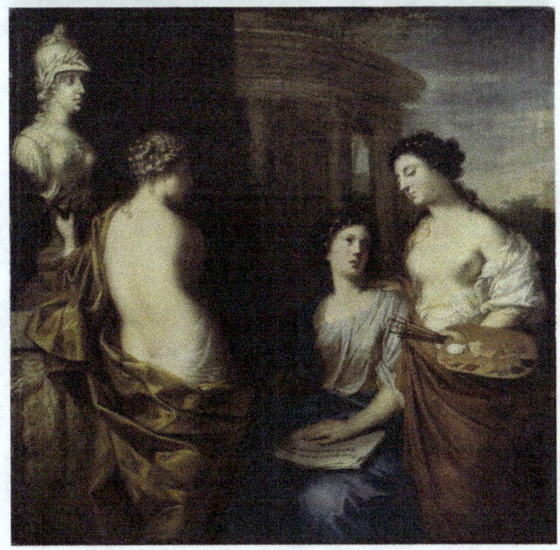

9. Давид Клёккер-Эренстраль. Скульптура, Поэзия и Живопись, окружающие Кристину-Минерву. 1691 год. Национальный музей Швеции, Стокгольм

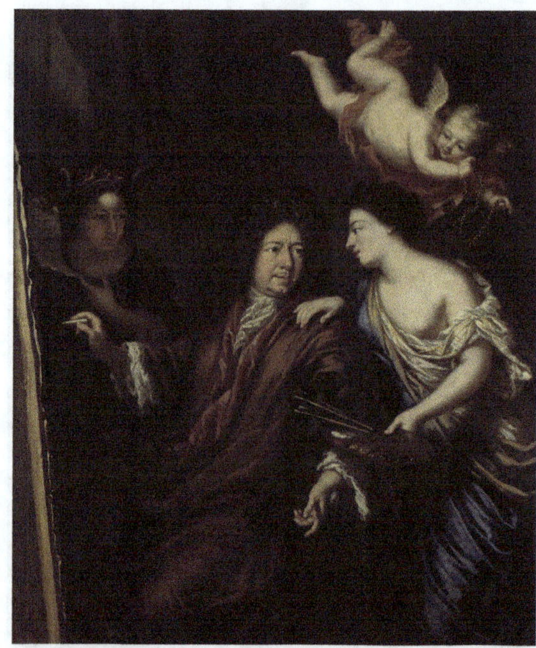

10. Давид Клёккер-Эренстраль. Автопортрет с аллегориями Живописи и Воображения. 1691 год. Национальный музей Швеции, Стокгольм

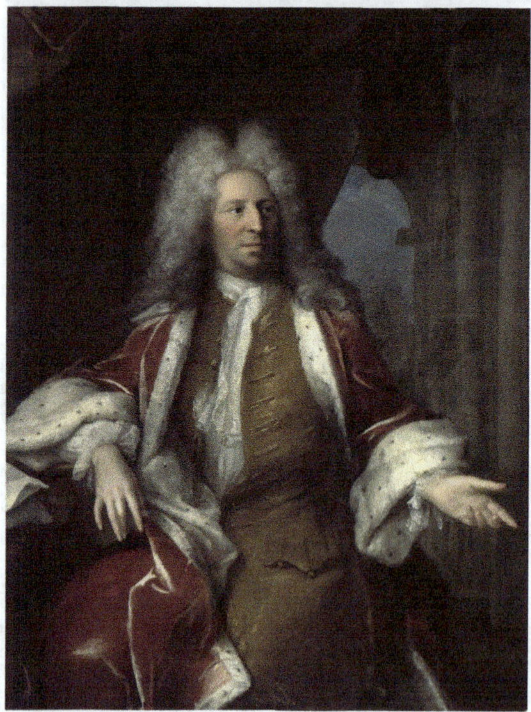

11. Георг Десмаре. Никодемус Тессин Младший. 1723 год. Национальный музей Швеции, Стокгольм

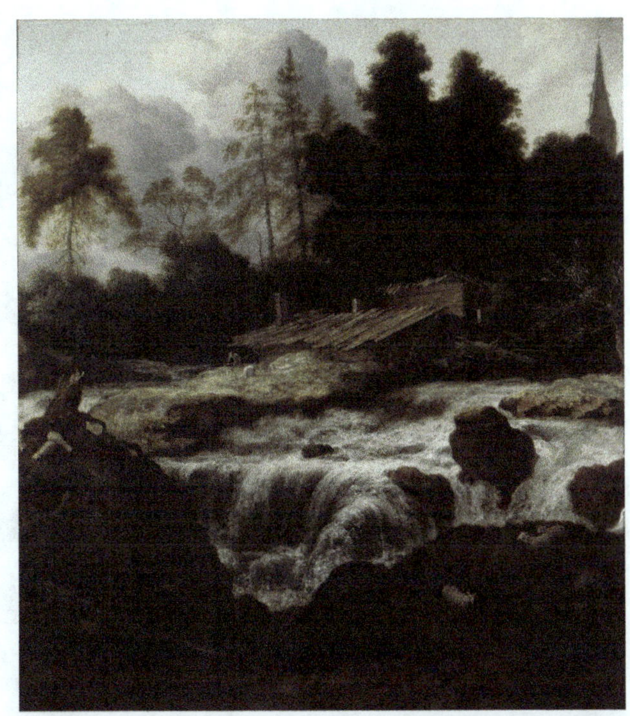

12. Аллларт ван Эвердинген. Северный пейзаж с водопадом. 1640-е годы. Национальный музей Швеции, Стокгольм

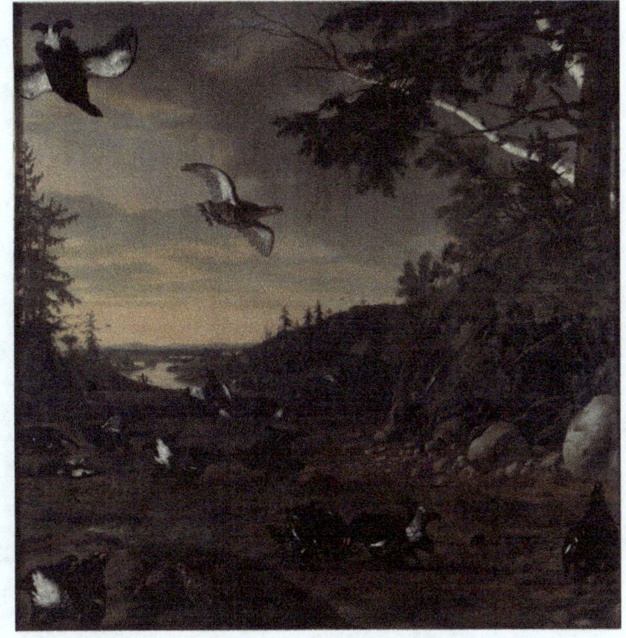

13. Давид Клёккер-Эренстраль. Черные тетерева на току. 1675 год. Национальный музей Швеции, Стокгольм

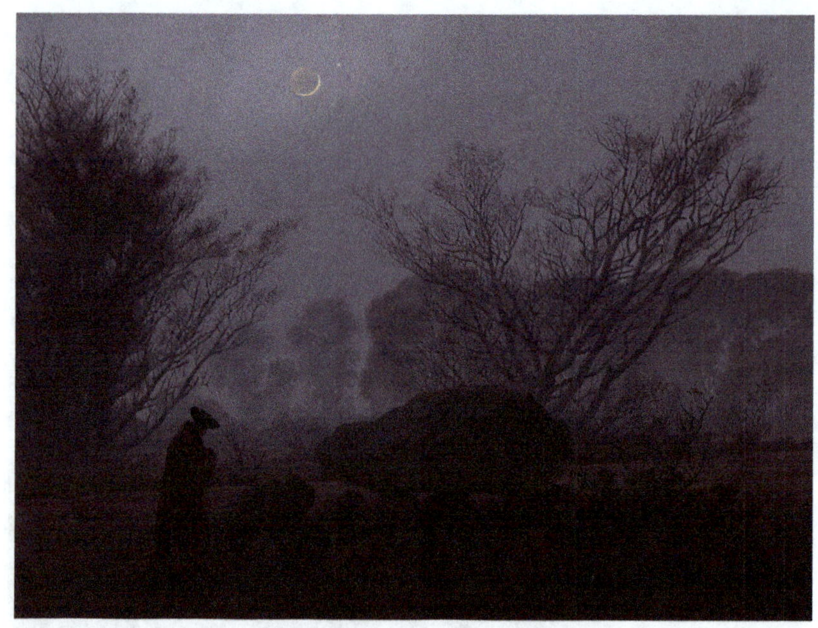

14. Каспар Давид Фридрих. Прогулка в сумерках. Ок. 1830–1835 годов. Фото: Архив изображений/Исследовательский институт Гетти

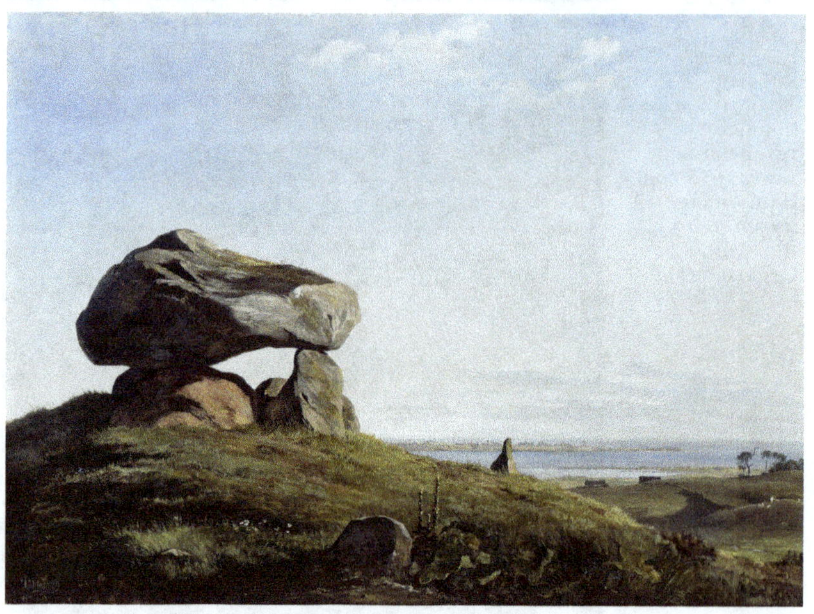

15. Йохан Томас Лундбю. Дольмен в Раклеве. Дания. 1839 год. Музей Торвальдсена, Копенгаген

Глава шестая
Две королевы

КОРОЛЕВА КРИСТИНА, КОЛЛЕКЦИЯ И ИСКУССТВА

Королева Кристина (1626–1689, годы правления 1644–1654) — это, возможно, самая известная фигура в истории Скандинавии. Ее загадочная личность и ее отречение от престола в возрасте 28 лет, когда она уехала в Рим, чтобы вести жизнь новообращенной католички, увлекали и историков, и широкую публику [Masson 1968; Buckley 2004; Rodén 2008]. Более того, королева была на редкость образованной женщиной. Она пригласила в Стокгольм Рене Декарта и других известных интеллектуалов. В Риме она основала академию и театр. Кристина была глубоко вовлечена в культурную жизнь города в более общем смысле, собирая в своем кругу кардиналов, художников, любителей древностей и других просвещенных личностей.

Еще будучи совсем юной, Кристина привлекла внимание наблюдателей со всего континента. Многих забавляло, что королевством, в 1640-х годах известным в первую очередь своей бескомпромиссной воинственностью, правила молодая женщина. Интерес превратился в удивление, когда распространились сведения о ее интеллектуальных способностях и любви к искусству. Андре Фелибьен, автор биографий французских художников, написал, что королева

> из всех уголков Европы собрала вокруг себя людей, которые были в числе самых талантливых в сфере искусств и наук и которые желали работать в этой северной стране. Слухи

> о [ее] любви к красивым вещам и стремлении к свободе привлекли многих значимых людей, которые решили попытать счастья при ее дворе [Félibien 1725].

Когда в начале 1630-х годов первые сокровища из Мюнхена прибыли в Стокгольм, Кристина была еще ребенком, и она выросла, считая, что мародерство — это обычный способ добычи редкостей. Она была непосредственно замешана в разграблении Праги 1648 года, благодаря которому в Швеции появилось одно из самых невероятных собраний раннего Нового времени. Как только она узнала о взятии Малы Страны, она написала своему родственнику Карлу Густаву с просьбой завладеть библиотекой и некоторыми другими предметами, название которых не уточнено [Cavalli-Björkman 1999: 301].

Только с прибытием этих предметов в Швецию историки могут зафиксировать значительный интерес к коллекционированию со стороны Кристины или кого-то другого в королевстве. Отнюдь не полагаясь лишь на мародерство для удовлетворения этого интереса, она начала скупать предметы искусства через посредников. Матиас Пальбицкий, померанский придворный и дипломат, купил для нее серию предметов античного искусства в Риме, хотя они, по-видимому, так и не дошли до нее. В Амстердаме Мишель Леблон купил для Кристины вторую серию предметов античного искусства, включая статуи богов и бюсты поэтов, философов и выдающихся римских деятелей [Bulst 1967; Cavalli-Björkman 1999: 299].

До своего отречения Кристина никогда не покидала королевство, так что мало разбиралась в организации королевской коллекции. Почти с уверенностью можно утверждать, что именно из-за этого архитектор Никодемус Тессин Старший составил обширное описание коллекций Медичи в Палаццо Веччио во Флоренции во время своих учебных поездок. В своих подробных записках, адресованных другому читателю — скорее всего, Кристине, — он объяснял их визуальную подачу и расположение, обеспечив королеве, владевшей одной из самых выдающихся коллекций того времени, но понятия не имевшей, что с ней делать, своего рода виртуальную экскурсию [Neville 2009: 48].

Заметки Тессина, возможно, были также первым шагом к созданию достойного вместилища для собраний. В остальном Кристина не проявляла особого интереса к архитектуре. Она не построила ни новых церквей, ни значительных общественных зданий в разрастающейся столице и не захотела сколь-либо существенно перестраивать королевский дворец, который всеми признавался недостаточно роскошным. Не считая необходимых ремонтных работ, ее главным вкладом в перестройку королевского дворца было строительство библиотеки, театра и помещения для хранения королевских собраний [Nordberg 1940–1941: 244–273; Donnelly 1984].

Литература, театр, балет и коллекционирование — вот что являлось сосредоточием мира Кристины. До определенной степени эти интересы переплетались. Театр и драма являются частью литературы, а литература в письменной форме становилась предметом коллекционирования, книги и манускрипты покупались или доставлялись в виде военных трофеев, а затем их упорядочивали подобно предметам искусства. Многие из предметов античного искусства, приобретенные ею, особенно бюсты писателей и философов, также, по-видимому, размещались в дворцовой библиотеке, как было свойственно той эпохе [Brummer 1963].

Наиболее выдающиеся таланты, привлеченные ко двору Кристины, были не художниками или скульпторами, а мыслителями. Самый известный из них, Рене Декарт, приехал осенью 1649 года. Каждый день, в пять часов утра, он должен был давать королеве урок философии. Он горько жаловался на холод и скончался от пневмонии в феврале 1650 года [de Raymond 1993; Nordin 2012]. Его обязанности перешли к Исааку Воссиусу, нидерландскому энциклопедисту. Помимо преподавания философии, Воссиус служил библиотекарем; он навел порядок в коллекции, которая выросла во много раз и пребывала в хаосе [Blok 2000: 268]. Вскоре он обнаружил соперников в лице нескольких французов, а точнее, Габриэля Ноде, бывшего библиотекаря кардинала Джулио Мазарини, бежавшего от Фронды и получившего место в Стокгольме. Рафаэль Трише дю Фресне, хранитель коллекций предметов искусства, опубликовал первое издание записок

Леонардо да Винчи в 1651 году, посвятив его Кристине [Farago 2009]. Его задачей было навести порядок в этих коллекциях — ответственность, сопоставимая с работой Воссиуса в библиотеке.

При дворе находились и другие выдающиеся интеллектуалы, но что насчет художников, скульпторов и архитекторов? Единственной фигурой, сопоставимой с французскими учеными, был Себастьян Бурдон (1616–1671). В 1652 году, когда согласился на место придворного художника в Стокгольме, в Париже он был известным мастером и членом-основателем Королевской академии. Неясно, пригласила ли его сама королева или он прибыл по приглашению одного из принадлежавших к ее кругу друзей, как предполагает Фелибьен. Без сомнения, причиной его отъезда на Север была тревожная ситуация с Фрондой, но, по-видимому, он также считал место при ее дворе хорошей возможностью улучшить свое положение. Хотя он оставался в Стокгольме всего чуть больше года, в ранних биографиях Фелибьена, его личного друга, и Жиллета де Сен-Жоржа этот период описывается как кульминация его карьеры [Félibien 1725, 4: 240–268][1]. Он написал большой конный портрет королевы в сопровождении трех собак и пажа с соколом (цв. вкладка 6) [Danielsson 1989; Bodart 2003]. Хотя в канон конного портрета внесены изменения в соответствии с ее полом — она облачена в платье и сидит в женском седле, — это изображение сопоставимо с портретами представителей высшего общества как в контексте страны, например, с конным портретом Карла Густава работы Зандрарта, так и в международном контексте, включая конные портреты, выполненные Тицианом, Рубенсом и Диего Веласкесом. Последние три живописца работали при Испанском дворе, и картину Бурдона вскоре непосредственно сопоставляли с их работами. Кристина подарила ее королю Филиппу IV, и вскоре она заняла видное место во дворце Альказар в Мадриде. В том, что касается заказчика, формата и зрителей, этот конный портрет стал самым престижным творением Бурдона. Он стал кульминацией

---

[1] Воспоминания Жиллета де Сен-Жоржа опубликованы в [Dussieux et al. 1854, 1: 87–103]. См. также [Ponsonailhe 1886: 91–144; Thuillier 2000: 92, 117–118].

пребывания художника в Швеции, значительно улучшил его репутацию на родине, и, возможно, благодаря ему Бурдон был выдвинут на пост ректора академии вскоре после своего возвращения в Париж.

В Стокгольме Бурдон занял место, которое ранее занимал Давид Бек (Бек оставался на службе у Кристины, но его послали за границу для того, чтобы он писал для нее портреты «известных людей»). Уроженец Дельфта, Бек какое-то время учился в Лондоне у ван Дейка, работал также при дворах французских и датских монархов и, по-видимому, к Шведскому двору его пригласил Мишель Леблон по просьбе канцлера Акселя Оксеншерны [van Bleysewijk 1667, 2: 854–855; Steneberg 1955: 59–76, 129–154]. Хотя Кристина имела мало отношения к этому приглашению, его вскоре связали с ее именем. Гравюра, выполненная по автопортрету Бека, опубликованная в перечне современных художников антверпенским живописцем Яном Мейссенсом, изображает его, облаченного в богатые шелка, с большим кольцом на пальце, перед мольбертом, на котором стоит портрет Кристины. В одной руке он держит свиток, в другой — золотую цепь, подарок королевы[2] (илл. 43) [Meyssens 1649: 18]. В 1675 году художник и писатель Иоахим фон Зандрарт также подчеркивал связь Бека с Кристиной в своей «Немецкой академии» [Sandrart 1675–1679, 1: 310–311]. Поэт из Амстердама Йост ван ден Вондел многословно воспел эту связь в стихотворных панегириках. Он основывался на картинах Бека и Зандрарта, которые явно были известны в Нидерландах [van den Vondel 1682: 206–209, 549]. (Ван ден Вондел также написал стихи в честь Карла Густава, опираясь на работы этих художников.)

Бурдон и Бек внесли значительный вклад в повышение уровня живописи в королевстве. Вероятно, однако, что Кристина не использовала в полной мере их таланты. Создается впечатление, что в Стокгольме они рисовали только портреты, в основном стандартные поясные изображения. Оба искусно писали аллегории и исторические картины, но, по-видимому, Кристина вряд

---

[2] Это изображение повторено в подражательной книге [Bie 1661: 160–161].

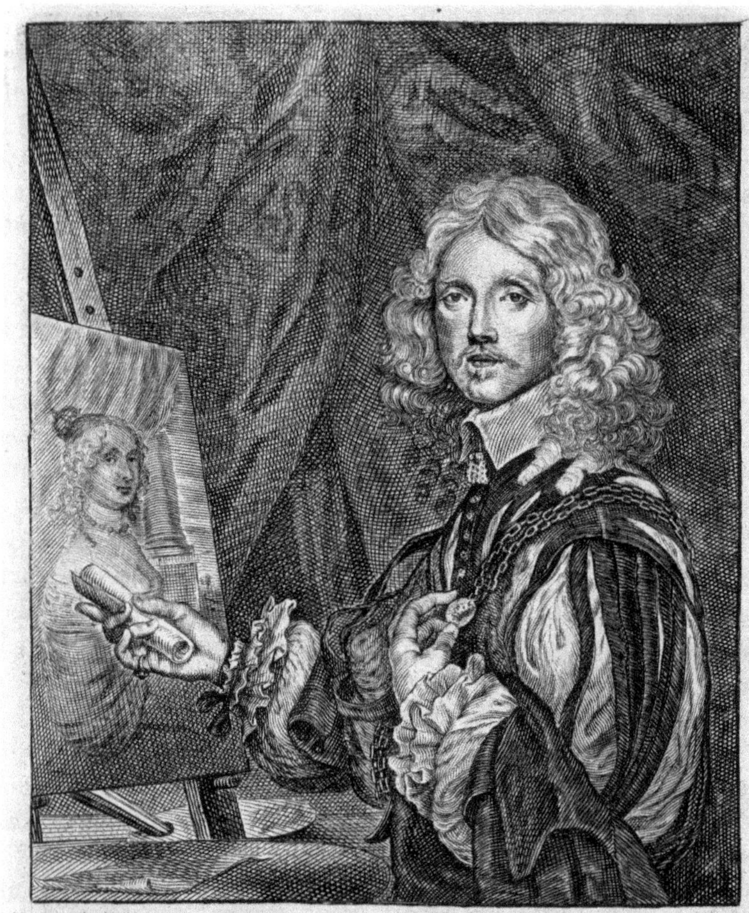

Илл. 43. Антуан Койе. По «Автопортрету с портретом Кристины» Давида Бека. Из книги Мейссенса «Изображения различных людей» («Meyssens, Image de divers hommes»). Исследовательский институт Гетти, Лос Анджелес (87-B26043). Фото: Архив изображений/Исследовательский институт Гетти

ли интересовалась подобным. Отчасти, возможно, потому, что картины в этих жанрах выполнялись для нее художниками, жившими в других странах. В 1648 году Якоб Йорданс заключил договор на выполнение 35 больших картин, возможно, изображающих историю Психеи, для потолка в Государственном зале Уппсальского замка. По крайней мере 17 из них были доставлены в 1649 году и размещены в Стокгольмском дворце. Все они погибли при пожаре 1697 года [d'Hulst 1982: 29–30]. Среди картин из Праги и других трофейных собраний также было значительное количество аллегорических и исторических картин, хотя их содержание не полностью соответствовало контексту Шведского двора.

Остается открытым вопрос, интересовалась ли вообще Кристина современной живописью. Неясно, пригласила ли Бурдона именно она. Известно, что Бек, как упоминалось выше, был приглашен Леблоном по поручению Оксеншерны. Правда, она пыталась пригласить в Стокгольм Эразма Квеллина Младшего и Сальватора Розу, но оба отклонили ее предложение [Haskell 1980: 126; Noldus 2011: 172]. С точки зрения стиля они были весьма различными художниками. Однако оба были известны как люди, интересующиеся науками и философией, что, возможно, и стало решающим для королевы. В остальном представляется, что интерес Кристины к живописи был довольно ограниченным. Даже после своего отречения она проявляла меньше интереса к великолепным живописцам в Риме, чем можно было бы ожидать от человека ее положения и культурного уровня [Bjurström 1992; Borsellino 1994; Montanari 1997; Van Tuyll van Serooskerken 1997: 220–222].

Создается впечатление, что Кристина, как и Кристиан IV, была более увлечена скульптурой. В начале 1650-х года Матиас Пальбицкий по поручению двора пригласил двух скульпторов из Рима, Джузеппе Перони и Николаса Кордье. Перрони был привлечен репутацией Кристины в Италии, но вскоре вернулся в Рим [Passeri 1772: 339–340]. Кордье оставался на службе при дворе до своей смерти в 1667 году, но что он делал на протяжении 16 лет своего пребывания в королевстве, остается неясным. Единственное произведение, атрибутированное ему с более-менее высокой степенью вероятности, — это бюст супруги Пальбицкого, Анны Регины Кевенхюллер. Должно быть, он создал намного больше, но его работы либо не были правильно атрибутированы, либо, как картины Йорданса и многие другие произведения искусства, погибли в пожаре 1697 года [Cavalli-Björkman 1997].

В годы до приезда Перони и Кордье Леблон искал на придворную службу других скульпторов. Вообще Кристина надеялась заполучить Артуса Квеллина (1609–1668), выдающегося скульптора из Антверпена, который в то время работал в Амстердаме. План был довольно оптимистичным. Все время скульптора занимали портреты амстердамских патрициев и рельеф для новой городской ратуши. Этот последний был одним из самых крупных скульптурных проектов XVII века, и Кристина не могла предложить ему ничего сопоставимого. Леблон обратился к Квеллину, но был вынужден сообщить королеве, что тот не приедет [Kernkamp 1903: 53–54; Noldus 2011: 172–176].

Однако, по-видимому, около 1649 года Квеллин создал для Кристины серию терракотовых моделей Аполлона и муз, ныне утерянных. Проект возник из замысла, разработанного несколькими нидерландцами, связанными со Шведским двором. В середине 1640-х годов, возможно, по предложению Леблона, Йост ван ден Вондел написал стихи, в которых Кристина сравнивалась с Минервой, рожденной из головы Юпитера, то есть Густава II Адольфа [Steneberg 1966; Becker 1972–1973][3]. Эти образы вскоре были воплощены в визуальных формах на медалях и, возможно, самое значительное изображение, на гравюре Иеремии Фалька. Гравюра, созданная на основе работы Эразма Квеллина, изображает Кристину в виде скульптурного бюста Минервы на подставке, облаченную в античный нагрудник и шлем, увенчанный сфинксом и лавровым венком (илл. 44). Голова повернута, оживленный взгляд направлен в сторону зрителя, а вдоль висков ниспадают локоны. Этот оживший бюст является частью натюрморта,

[3] Ван ден Вондел познакомился с Леблоном в литературных кругах Амстердама.

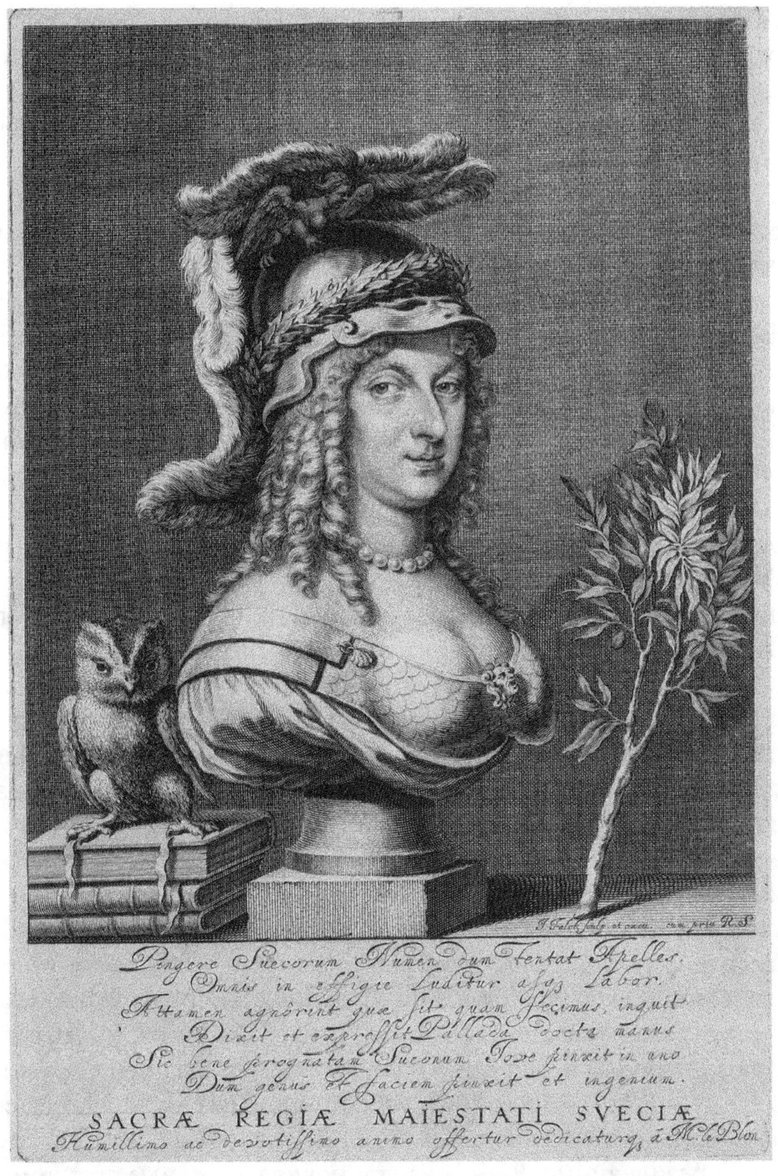

Илл. 44. Иеремия Фалк. По рисунку Эразма Квеллина. Кристина-Минерва. 1649 год. Гравюра. Фото: Национальный музей Швеции, Стокгольм

расположенного на столе перед стеной, к которой прислонилась оливковая ветвь, подчеркивающая ее роль миротворицы в Европе. Слева на стопке из трех книг сидит сова, аллегория мудрости, ассоциирующейся с Минервой и еще в большей степени с Кристиной. Под изображением помещен краткий стих, сочиненный Леблоном, в котором описывается, как Кристина-Минерва была рождена из головы Густава Адольфа-Юпитера, что является конкретной отсылкой к поэтическому замыслу ван ден Вонделя.

Эта композиция тематически сочеталась с серией терракотовых фигурок, выполненных для Кристины примерно в это же время младшим братом Эразмом Артом Квеллином. Аполлон и музы давно уже ассоциировались друг с другом. У Овидия есть стихи о том, как Минерва посещала муз на Парнасе и, таким образом, она также оказалась связанной с этими персонажами. Однако упомянутая серия скульптур не включала Минерву. Замысел, объясненный в стихах Яна Воса, заключался в том, что скульптурная группа становилась завершенной в присутствии настоящей Кристины-Минервы. Эту концепцию, сочетание живых и скульптурных фигур, также можно связать с необычным портретом Фалька, где Кристина предстает ожившей статуей.

Важно отметить, что это была литературная идея, разработанная поэтами. Леблон, который, возможно, стоял за идеей Кристины-Минервы, понимал, что на королеву гораздо легче произвести впечатление образами, основанными на литературе. Хотя в то время она приобрела несколько мраморных блоков, возможно для того, чтобы Квеллин высек из них скульптуры, но работа так и не была выполнена. Также и гравюра Фалька не имела копий. Скорее, идея Кристины-Минервы нашла свое воплощение в других формах, гораздо более интересующих королеву: эта тема была отражена в балетах 1649 и 1651 годов, и возможно, что сама Кристина исполняла роль Минервы [Gustafsson 1966; Dahlberg 2009: 171–172; Fogelberg 2012: 4–5]. Лишь годы спустя она развила эту идею в скульптуре и архитектуре. В Палаццо Риарио, своей резиденции в Риме, она установила античные статуи муз и современную статую Аполлона. Стены были расписаны фресками, изображавшими пасторальные пейзажи, а потолок украшен изображением Пегаса [Barba, Ángel 2001; Biermann 2012]. Остается неясным, однако, насколько вероятно, что это было отсроченным откликом на замысел Мишеля Леблона, Йоста ван ден Вондела и Яна Воса.

ОТЪЕЗД КРИСТИНЫ

В 1653 году Кристина отправила из Стокгольма письмо Паоло II Орсини, герцогу Браччиано, где писала:

> У меня есть [работы] различных мастеров, Веронезе, Полидоро, Корреджо, Тинторетто и многих других, включая самого Тициана. Здесь находится целая галерея картин, бывших раньше в Праге. Она действительно велика и прекрасна. Есть бесконечное количество работ, но не считая тридцати или сорока оригиналов итальянцев, остальные меня не интересуют. Есть [работы] Альбрехта Дюрера и других немецких мастеров, чьих имен я не знаю, любой другой, возможно, будет восхищаться ими, но клянусь, я готова отдать их все за пару полотен Рафаэля, считая при этом, что оказываю им слишком много чести.
>
> Прошу вас, расскажите мне о мастерах [в Риме], которыми ныне восхищаются. Остался ли Пьетро да Кортона таким, как прежде, создал ли он что-либо лучше, чем зал и капелла во [дворце] Барберини? Сообщите мне, собирается ли кавалер Бернини, окончив тот прекрасный фонтан [Фонтан четырех рек], сотворить что-то новое.
>
> Мне бы также хотелось узнать, существует ли композитор лучше Кариссими или ведет ли кто-нибудь с ним переговоры? Кто считается лучшим поэтом в Риме и Италии? Говорят, что Бальдуччи нехорош; мне кажется, что их ввели в заблуждение. Что говорят о поэме Гуарини? Мне представляется, что он достоин похвалы, и для тех, кто не читал Тассо или Ариосто, может показаться несравненным, но я читаю его только после них. Каково мнение по этому поводу в ваших академиях? [Bildt 1906: 25–27][4].

---

[4] Перевод несколько сокращен.

Обычно это письмо воспринимают как отражение любви королевы к итальянскому искусству, развившейся после прибытия картин из Праги и ставшей еще более глубокой, когда она поселилась в Риме. Конечно, это правда, по крайней мере отчасти. Особенно вторая часть отражает безграничный интерес к стране, которую она вскоре увидит в первый раз.

Слова Кристины можно также истолковать в совершенно другом смысле, как признание того, что она не понимала картины, которыми многие восхищались. После своего отречения от престола она подарила большой диптих Дюрера «Адам и Ева» из собрания Рудольфа II испанскому королю Филиппу IV, имевшему репутацию разборчивого коллекционера высшего класса. Хотя она и пренебрегла этими работами, она не могла считать, что дарит Филиппу нечто незначительное. Она превозносила Рафаэля как художника, которому нет равных, но остается неясным, насколько хорошо она на самом деле была знакома с его работами. В ее собрании была значительная серия его рисунков, но она никогда не видела ни одно из его живописных полотен [Meijer, van Tuyll van Serooskerken 1983; Montanari 1995; Bjurström 1997]. Возможно, она в первую очередь считала, что наличие работы Рафаэля в коллекции свидетельствует о ее высоком качестве, тем более что в ее собрании не было его картин. Также она не видела работ Джанлоренцо Бернини или Пьетро да Кортона. Хотя она выражает интерес к ним, показательно, что тон ее обсуждения различных писателей гораздо более оживленный, и она выказывает глубокие знания о них. И действительно, подобное отношение сохранилось и после ее переезда в Рим. Хотя она стала близким другом Бернини, после своего приезда в город она проявляла меньше интереса к Кортона, чем раньше.

Это неоднозначное отношение к живописи отразилось в том, какие работы Кристина увезла с собой в Рим после отречения в 1654 году. Расхожий миф гласит, что она разорила королевские собрания. На самом деле она, взяла с собой довольно мало картин. Около 25 представляли собой портреты членов семьи и мыслителей, и около 45, по большей части работы венецианских мастеров, происходили из собрания Рудольфа II. Среди них было девять полотен Тициана, 11 Веронезе и три Корреджо. Это идеально совпадает с ее собственным меланхолическим описанием ее сокровищ в письме к Паоло Орсини. Вдобавок Кристина взяла с собой два тома итальянских рисунков, 19 бронзовых статуй, несколько работ из слоновой кости и серебра, некоторое количество гобеленов и коллекции монет. Оставаясь верной своему увлечению литературой, она увезла значительную часть библиотеки: около 3700 печатных книг и 2000 манускриптов. Это были единственные трофеи, о которых она просила во время разграбления Праги шестью годами ранее [Cavalli-Björkman 1999].

Таким образом, из почти 470 картин, вывезенных из Праги, трофеев из Мюнхена и других городов и значительных пополнений коллекций картин и скульптур, купленных или выполненных на заказ, весьма немалая доля осталась в Стокгольме. Естественнонаучная коллекция, к которой Кристина явно не питала особого интереса, осталась нетронутой, как и ряд античных статуй. Хотя она забрала некоторые крупные полотна и скульптуры из бронзы, а другие подарила, в остальном до конца XVII века собрания в значительной степени остались в своем прежнем виде. В описи замка 1660 года отмечены две большие комнаты для хранения предметов искусства, а в 1674-м посетитель-итальянец, Лоренцо Магалотти, писал о комнате в Уппсальском замке, заполненной картинами из Праги. Ему также удалось купить портрет, атрибутируемый Джордожоне, для Карло де Медичи, брата великого герцога [Magalotti 1674: 122n63, 291][5].

По-настоящему серьезные потери собрания понесли во время пожаров во дворцах Стокгольма и Уппсалы в 1697 и 1702 годах. Королевству, ведущему войну, из-за которой страна потеряет свою важную роль в делах Европы, было нелегко восполнить эти коллекции. Тем не менее некоторые значительные работы, находящиеся в частных собраниях или хранящиеся в других местах,

---

5 Описание дворца 1660 года уточняет: «[номером] 37 отмечена кунсткамера, где хранятся некоторые редкости», а «38 — это квадратная комната, где хранится серия рисунков и картин [Skillerij och målinger]». Цит. по: [Granberg 1929–1930, 1: 92]. План 1660 года изображен в книге [Olsson 1940–1941, 1: plate 4].

остались в Швеции. В начале XVIII века архитектор Никодемус Тессин Младший отметил некоторые из них в своем гипотетическом проекте новой галереи, подразумевая, что они смогут заменить утерянные работы[6]. Список прискорбно мал, тем не менее он смог указать работы, атрибутируемые, в частности, Джулио Романо, Веронезе, Тициану, Таддео и Федерико Цуккаро и Аннибале Каррачи, а также скульптуры Адриана де Вриса и Джамболоньи и несколько античных работ. В список также вошли работы Никола Пуссена, Карло Дольчи, Карло Маратты и несколько других произведений искусства конца XVII века. В его списке оказались Дюрер, Лукас Кранах, Антонис ван Дейк и Петер Пауль Рубенс, но он пренебрег многими картинами северных мастеров, находящимися в королевстве. Тессин в основном предпочитал итальянское и французское искусство и, похоже, считал, что пейзажи и жанровые сцены не подходят для королевской галереи.

Некоторое количество этих работ было продано в XIX веке, когда другие государства восстанавливали свое национальное наследие. В 1803 году посол Священной Римской империи в Стокгольме, граф Франц Лодрон-Латерано, купил бронзовые фигуры Леоне Леони и Адриана де Вриса для собраний в Вене, а в конце века государство Бавария приобрело картины Йорга Брея и Ганса Шёпфера Старшего, вывезенные из Мюнхена в 1632 году. «Безумная Грета», известная работа Питера Брейгеля Старшего, была отправлена в Антверпен в 1894 году [Planiscig 1924: 128; Scholten 1998: 109–111, 140–143, 159–161, 172–178; Granberg 1929–1930, 1: 50, 102 (где полотно Шёпфера атрибутировано Людвигу Рефингеру); De Coo 1978: 33]. Даже в конце XX века на рынке появлялись крупные работы, а в маленьких музеях и частных коллекциях в Швеции остаются значительные произведения искусства, в их числе монументальная скульптура «Меркурий» Джамболоньи [Avery 1983; Avery 1987]. Но в течение полувека в Стокгольме можно было увидеть одну из самых крупных евро-

---

[6] Обзор других коллекций в Швеции после отречения Кристины см. в [Granberg 1929–1930, 2: 98–104, passim].

пейских коллекций. Она была значительно больше, чем собрание картин Карла I, оставшееся в Лондоне, и практически столь же велика, как поредевшая коллекция Рудольфа II в Праге.

ХЕДВИГ ЭЛЕОНОРА И НАСЛЕДИЕ КРИСТИНЫ

Малоизвестная картина Юргена Овенса изображает Хедвиг Элеонору Шлезвиг-Гольштейн-Готторпскую (1636–1715) с лилией в руках и коронуемую Минервой (цв. вкладка 7). Внизу справа преклонила колени Церера, богиня плодородия и урожая, с корзиной фруктов. Над Минервой, справа изображены три путти, держащие герб Хедвиг Элеоноры, а наверху слева другие держат золотое кольцо и кадуцей Меркурия.

Интерпретации картины Овенса обычно связывают ее со свадьбой Хедвиг Элеоноры и Карла X Густава в октябре 1654 года [Seitz 1974; Drees 1997: 66; Köster 2017: 74–79][7]. Золотое кольцо, белая лилия и фигура Цереры подтверждают подобное толкование. Однако обстоятельства заключения брака Хедвиг Элеоноры были довольно запутанны. Овенс подписал и датировал картину августом 1654 года, в разгар хаотичного лета брачных переговоров. Принцесса изначально была помолвлена с герцогом Мекленбург-Гюстрова, так что вряд ли картина предназначалась Карлу Густаву. В июле Кристина проезжала Гольштейн и обсуждала возможность брака между одной из дочерей герцога Фридриха III и новым королем. Затем Карл Густав отправил своего представителя, который вернулся с миниатюрами обеих дочерей, подходящих для брака [Alm 1999: 113; Asker 2009: 148]. Это были действительно свадебные портреты. Хотя картина Овенса, безусловно, была создана в контексте брачных планов принцессы, этот портрет исключителен и раскрывает довольно много информации о Хедвиг Элеоноре и о мире, в котором она выросла.

Аллегории на тему Минервы были обычными для XVII века. Они характерны для «сложных», наполненных смыслом картин,

---

7 О Хедвиг Элеоноре см. [Skogh 2013; Neville, Skogh 2017].

популярных при дворе Рудольфа II, среди работ Рубенса и т. п. Но в тех кругах, в которых выросла Хедвиг Элеонора, первым приходящим на ум образцом была Кристина-Минерва, аллегорическое альтер эго королевы, знакомое по стихам, медалям и гравюре Иеремии Фалька. В Готторпе Фальк был хорошо известен, поскольку он создал портретную гравюру ее отца [Block 1890: 186–188]. Действительно, может быть, что замысел картины Овенса появился под влиянием самой Кристины, во время ее визита в Гольштейн, поскольку есть свидетельства, что он написал ее портрет, возможно, по заказу герцогского двора [Roosval 1914; Schmidt 1922: 177][8]. Если на тот момент было еще не очевидно, что Хедвиг Элеонора займет место Кристины на троне Швеции, картина указывает на то, что юная принцесса собиралась выполнять роль королевы в мире культуры Северной Германии. Таким образом, Кристина-Минерва передает свою мудрость, ученость и красноречие Хедвиг Элеоноре. Редко встречаются портреты принцесс, предназначавшиеся для потенциальных женихов, в которых бы присутствовали сложные аллегорические элементы, но в контексте отречения Кристины и ее отъезда в Рим образ Хедвиг Элеоноры, ставшей ее преемницей в сфере культуры в этом регионе, был абсолютно оправданным.

Второй портрет Хедвиг Элеоноры предлагает воплощение аллегории Овенса (цв. вкладка 8). Написанный Давидом Клёккером-Эренстралем в 1697 году как часть цикла образов из жизни королевы и размещенный на видном месте в зале для аудиенций в ее дворце в Дроттнингхольме, портрет изображает ее, вдовствующую на тот момент, сидящей на троне [Skogh 2013: 143–147][9]. В правой руке она держит овальный портрет своего сына, юного короля Карла XI, регентом которого она была в период с 1660 по 1672 год. Левой рукой она держится за руль судна с королевской монограммой, управляя в эти годы кораблем го-

---

[8] Сама картина не найдена.

[9] Контекст описан в [Ellenius 1966: 19–22] и [Neville, Skogh 2017]. Хьелль Вангенстен пишет диссертацию об Эренстрале в Принстонском университете.

сударства. Возглавляя Регентский совет, Хедвиг Элеонора не правила единолично. Ее обязанности разделяли пятеро других высших чиновников. Однако на портрете они превратились в обезличенные аллегории добродетелей. Более того, их сместили на задний план, разместив на переднем плане фигуры, олицетворяющие искусства. *Sculptura* (Скульптура) держит бюст Карла X Густава, покойного супруга Хедвиг Элеоноры и отца Карла XI. *Pictura* (Живопись) изображена рисующей; результаты ее работы видны на картинах Эренстраля и большой серии картин, развешанных по всему дворцу. *Architectura* (Архитектура) протягивает королеве несколько планов ее собственных дворцов: Грипсхольм, Стрёмсхольм и Дроттнингхольм, где, собственно, и находится зритель. На всех этих планах видны четкие надписи. Чтобы не было никаких сомнений, четвертая фигура на переднем плане, *Magnificentia* (Величие), жестом указывает на три аллегории искусств, держа в руке свиток с надписью «Дворец королевы Хедвиг Элеоноры».

История создания портрета Овенса остается неясной, но картины Эренстраля были выполнены по приказу Хедвиг Элеоноры. Не может быть сомнений в значении или идентификации аллегорий, поскольку он подробно объяснил их в опубликованном путеводителе по своим работам [Ehrenstrahl 1694: 12–14]. Однако это изображение оставляет некоторое простанство для неоднозначности толкования основного смысла. Портрет описывали и как аллегорию регентства Карла XI, и как изображение Хедвиг Элеоноры как покровительницы искусств. В соответствии с другими картинами серии, первая трактовка подчеркивает политическое значение картины; вторая выводит на первый план аллегории искусств, которым в картине отведена центральная роль. Эренстраль не написал название картины и не предполагал, что одна трактовка будет важнее другой. По-видимому, он, скорее, полагал, что эти две роли и эти два акцента так идеально сочетаются, что нет необходимости как-то выделять одну из них. В этом смысле картина во многом похожа на портрет Овенса, который соединяет политический символ коронации с фигурой Кристины-Минервы, имеющей существенное культурное значение.

В общем и целом юная принцесса заменила Кристину на троне королевы Швеции. В этой роли она стремилась способствовать развитию искусства, начавшемуся в середине века. После смерти Карла X Густава в 1660 году она обрела финансовую независимость, получив вдовью долю наследства. Одновременно с этим она заняла официальную роль в управлении государством, став членом Регентского совета для своего сына, Карла XI. Благодаря двум этим переменам она стала важной фигурой в рамках и частного, и государственного патронажа искусств. Однако она выполняла роль покровительницы культуры совсем по-другому, нежели Кристина. Она унаследовала значительную часть коллекций, оставленных Кристиной, и существенно их дополнила, но создается впечатление, что вдовствующая королева гораздо более любила кабинеты редкостей, изящный фарфор и резную слоновую кость, нежели философию. Крупные мыслители, приехавшие в Швецию после отречения Кристины, как, например, Самуэль фон Пуфендорф, приехали благодаря своим связям с Делагарди и другими аристократами[10].

Тем не менее возможно, что Хедвиг Элеонора сыграла гораздо более важную роль в развитии изобразительных искусств в Швеции, чем Кристина. Она была главным меценатом в королевстве с 1660 года и до своей смерти в 1715 году. Она не только заказывала работы у многих ведущих художников и архитекторов — поскольку с увлечением строила дворцы, которые затем следовало декорировать и обставлять, — но также поддерживала их другими способами. Вдовствующая королева находила таланты и нанимала их на службу, давала стипендии на учебные поездки и писала бесконечные рекомендательные письма. Ее собственные интересы и приглашение деятелей искусства ко двору нередко переплетались. Например, скульптор Николас Миллих (ок. 1630 — после 1687) приехал из Антверпена в Стокгольм занять место при королевском дворе. Однако она обращалась с ним, как если бы наняла его лично для себя, и подавляющее большинство его работ находится в ее дворце в Дроттнингхольме, а прочие

---

10 См. [Jarlert 2017].

являются заказами других аристократов. Единственная работа для короны, о которой сохранились свидетельства в документах, — это эфемерные декорации для празднеств в честь восшествия на престол Карла XI в 1672 году [Waldén 1942].

ХЕДВИГ ЭЛЕОНОРА И ДРОТТНИНГХОЛЬМ

Дворец Дроттнингхольм, построенный Никодемусом Тессином Старшим, стал средоточием интереса Хедвиг Элеоноры к искусствам (илл. 45) [Alm, Millagen 2004–2010]. До реконструкции королевского дворца в Стокгольме с 1692 года это был также самый важный проект в Швеции, и его реализация происходила под самым пристальным наблюдением. По мере того как становилось очевидным его значение, королева все в большей степени стала определять стандарт создания предметов искусства в королевстве.

Дроттнингхольм был самым величественным из загородных дворцов на озере Меларен. Пользуясь тем, что до озера из Стокгольма легко было добраться по воде, множество аристократов в середине XVII века строили себе загородные дома; иногда они возводили дворцы на месте старых построек или перестраивали их, а иногда строились на новом месте. Эти поместья служили дополнением городским резиденциям в Стокгольме, построенным после того, как в 1620-х годах город стал постоянным местом пребывания двора; таким образом, жизнь дворянства в Швеции проходила и в городе, и в сельской местности, что все в большей мере обретало привлекательность и в кругу элит других стран.

Многие из этих загородных резиденций были построены Тессином Старшим [Neville 2009a]. Судя по всему, в 1630-х годах он присоединился к свите риксканцлера Акселя Оксеншерны в Северной Германии и благодаря этим связям получил в 1646 году место при дворе, а в 1651–1653 годах получил стипендию на поездку в Германию, Италию, Францию и Нидерланды.

Однако Оксеншерна умер вскоре после возвращения Тессина в Швецию. Остаток 1650-х годов Тессин провел, руководя не-

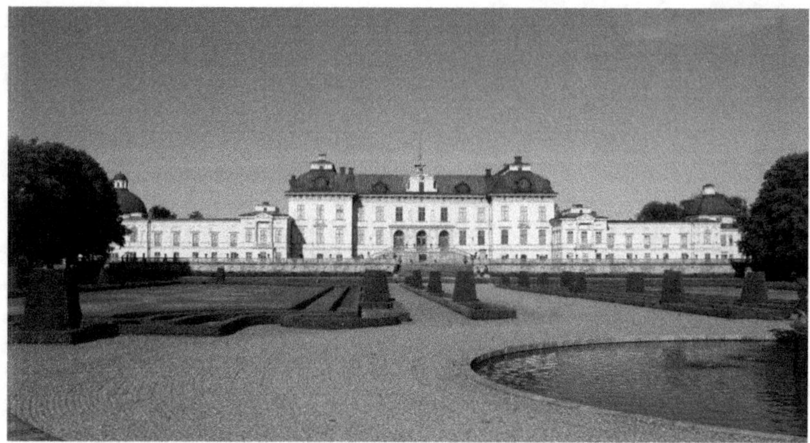

Илл. 45. Никодемус Тессин Старший. Дворец Дроттнингхольм, под Стокгольмом. Строительство начато в 1662 году. Фото автора

сколько тяжеловесным проектом перестройки замка Боргхольм на балтийском острове Эланд в репрезентативную резиденцию Карла X Густава, в то время как главный его соперник, Жан дела Валле, оставался в Стокгольме, укрепляя свои связи и получая более выгодные заказы.

Удача улыбнулась Тессину в 1660-х годах. Он получил одну за другой должности главного городского архитектора Стокгольма (1661) и архитектора королевского дворца (1663), что фактически означало и выполнение других королевских проектов. Однако именно благодаря Дроттнингхольму, постройка которого началась в 1662 году, упрочилась репутация архитектора и королевы как признанных арбитров вкуса в королевстве. Успех Тессина можно отчасти отнести на счет его новаторства в архитектуре. Королева поддержала и одобрила его, что, в частности, нашло отражение в расположении строений дворцового комплекса Дроттнингхольм, исполненного, судя по всему, в соответствии с предложениями архитектора. Возможно, она также продвигала его, задействуя свои возможности главы Регентского совета. Хедвиг Элеонора пользовалась своим положением, чтобы назначать на придворные должности людей, которых она намеревалась привлечь в первую очередь к своим собственным проектам, например, скульптора Николаса Миллиха, которого по ее просьбе нанял резидент Швеции в Амстердаме. Несмотря на то что к королевскому двору Миллиха пригласили от имени Карла XI, он тотчас же получил приказ работать в Дроттнингхольме. Также и Давиду Клёккеру-Эренстралю Хедвиг Элеонора дала придворную должность, но нередко обращалась с ним как со своим личным подчиненным. Вскоре после его назначения в 1661 году она пригласила его на восьмидневную экскурсию и показала трофейные картины, недавно вывезенные из Дании. Почти сразу же за этим королева отправила его в длительную поездку по Северной Германии, с тем чтобы он написал портреты ее родственников. Это стало одним из оснований упрочения его репутации при дворах этого региона [Neville, Skogh 2017: 7–8]. По возвращении он создал две серии аллегорий для Дроттнингхольма, а также большое количество других полотен, которые посетители могли увидеть в помещениях дворца. В основном эти картины вписываются в рамки канонов живописи XVII века, но необычность Эренстраля заключается в создании такого огромного количества работ. Он был единственным живописцем своего поколения в королевстве, который разрабатывал сложные аллегории и пользовался славой лучшего из имеющихся в наличии портретистов — талант, который также нашел применение при увековечивании любимых лошадей короля и собак Хедвиг Элеоноры. Вдобавок он писал пейзажи, изображавшие любимые охотничьи угодья короля, и запечатлевал примечательные экземпляры растений и животных. Примеры большинства или всех образчиков этих жанров можно найти во дворцах королевы.

На придворную должность Тессина наняла не Хедвиг Элеонора, но она способствовала росту его карьеры самыми разнообразными способами. В первую очередь, Дроттнингхольм стал образчиком роскоши для местных дворян, а те, кто работал над ним, вскоре получили многочисленные заказы от аристократов. Один за другим аристократы обращались к талантливым мастерам, собранным королевой, с просьбой взяться за их собственные проекты. Уже в 1663 году, когда планы еще оставались неопределенными и построено было немногое, канцлер, казначей и другие высокопоставленные аристократы прибывали на строительную площадку Дроттнингхольма, ожидая возможности поговорить с Тессином[11]. Они и были теми заказчиками, для которых Тессин разрабатывал проекты городских дворцов и загородных поместий. Однако для того чтобы его найти, им приходилось нередко приезжать в Дроттнингхольм лично, что подтверждало его первостепенное значение и как образца для их собственных проектов, и как основы репутации Тессина.

Даже на Магнуса Габриэля Делагарди, который более, чем кто-либо в королевстве, имел и соответствующее положение, и средства, чтобы стать ведущей и независимой фигурой в сфере искусства, в значительной степени оказал влияние образец, созданный Хедвиг Элеонорой. Его дворец в Лэкё, перестройки которого шли с 1654 года под руководством Маттеуса Холля, выглядел как вариант старого королевского дворца в Стокгольме — нерегулярный комплекс, доминирующей чертой которого были многочисленные башни [Lindahl 1999]. Однако когда Делагарди посетил дворянское поместье в Экольсунде в 1670 году, он утверждал, что «облик самого дома не был приятным. Скорее, было бы желательно, чтобы здание в Дроттингхольме было окружено таким садом [в Экольсунде]»[12]. Дворец Карлберг, перестроенный для графа Жаном де ла Валле примерно в это же время, намного более походит на Дроттнингхольм по форме и декору.

Когда Хедвиг Элеонора или ее гости посещали Дроттнингхольм, они могли прибыть только по воде. Поэтому основной фасад обращен к озеру, а у главных ворот расположен небольшой док. Расширенный профиль фасада скрывает от взгляда большой регулярный сад, спроектированный Тессином Младшим. При

---

[11] Нильс Олофссон Карлу Густаву Врангелю, 14 марта 1663 г., Skoklostersamlingen E 8437. Королевский архив, Стокгольм. Письмо цитируется в [Sirén 1912–1913, 1: 45, 64].

[12] Цит. по: [Ellehag 1994: 114].

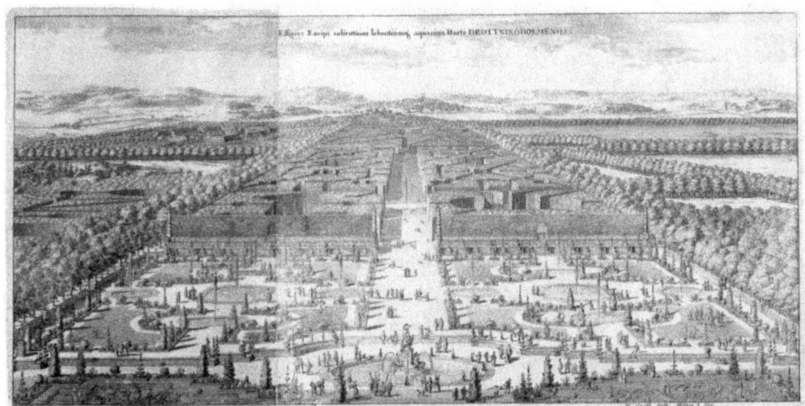

Илл. 46. Никодемус Тессин Младший. Дворцовые сады Дроттнингхольма. Из книги Дальберга «Suecia Antiqua». Фото: Королевская библиотека, Стокгольм

входе в здание зрителя сразу же встречает галерея с ложной перспективой, которая лишь слегка намекает на то, что его ожидает, но полностью сады открываются только со второго этажа, где их панораму можно видеть из больших окон (илл. 46).

Симметрия, аккуратно постриженные партеры и включенные в композицию декоративные водные объекты, расположенные по оси от дворца, указывают на традицию, непосредственно соотносимую с именами Андре Молле и Андре Ленотра, первого садовника Людовика XVI. И действительно, связи были весьма тесными. Молле работал в Стокгольме и оставил после себя трактат, где, в частности, описывал растения, которые подходят для выращивания в условиях Крайнего Севера[13]. Николай Тессин Младший, получивший поддержку Хедвиг Элеоноры, которая похлопотала за него при дворе и обеспечила ему стипендию, закончил свою долгую поездку во Францию и Италию изучением садово-парковой архитектуры в Англии и Франции, где завязал

13 Например, в шведском издании его трактата Молле предлагает заменить самшит брусничником. См. [de Jong 2005: 50].

особенно тесную дружбу с Ленотром (1613–1700) [Olausson 2003; Olausson 2013]. Основываясь на этом опыте, к 1681 году он разработал проект садов.

В 1683 году Хедвиг Элеонора обратилась к маркизу де Фёкьеру, бывшему посланнику Франции в Стокгольме, с вопросом, нельзя ли набрать при Французском дворе искусных мастеров для устройства ее садов [Wollin 1927: 327–330]. То ли благодаря дружбе между Ленотром и Тессином, то ли потому, что эту просьбу сочли дипломатическим вопросом между двумя дружественными государствами, но Ленотр вскоре предложил лично спроектировать сады Дроттнингхольма и прислать одного из своих лучших помощников для реализации проекта. Однако работы продолжали вестись согласно проектам Тессина от 1661 года. Специалист по фонтанам и мастер-садовник из Версаля прибыли в 1684 году, но предложение Ленотра было отклонено. В 1693 году он вновь предложил спроектировать сады для любой королевской резиденции, но вновь столкнулся с вежливым отказом.

Как отмечалось ранее, в конце 1640-х годов Арт Квеллин отправил Кристине глиняные модели Аполлона и муз. Она не увезла их в Рим, так что вполне возможно, что в 1660-х годах они оставались в Стокгольмском дворце. Вероятно, они послужили основой для скульптурной группы Николаса Миллиха, формирующей одну из главных тем декора в Дроттнингхольме. Войдя во дворец, посетители сразу же видят монументальную лестницу (илл. 47). На первой лестничной площадке их встречают фигуры Аполлона с Полигимнией и Каллиопой, двумя из девяти муз. Остальные семь ожидают посетителей выше на лестнице, и увидеть их можно постепенно, поднимаясь на верхние этажи. Таким образом, лестница превращается в подобие горы Парнас, обиталища муз [Steneberg 1966; Alm, Millhagen 2004–2010].

Сама лестница, таким образом, приобретает характер аллегории, но того же нельзя сказать о королеве. Хедвиг Элеонора никогда не хотела выступать как презентация Минервы, хотя и стремилась к тому, чтобы ее ассоциировали и с римской богиней, и с Кристиной. Так, первой работой Миллиха в Швеции была Минерва, которая завершала группу Квеллина, нарушившая

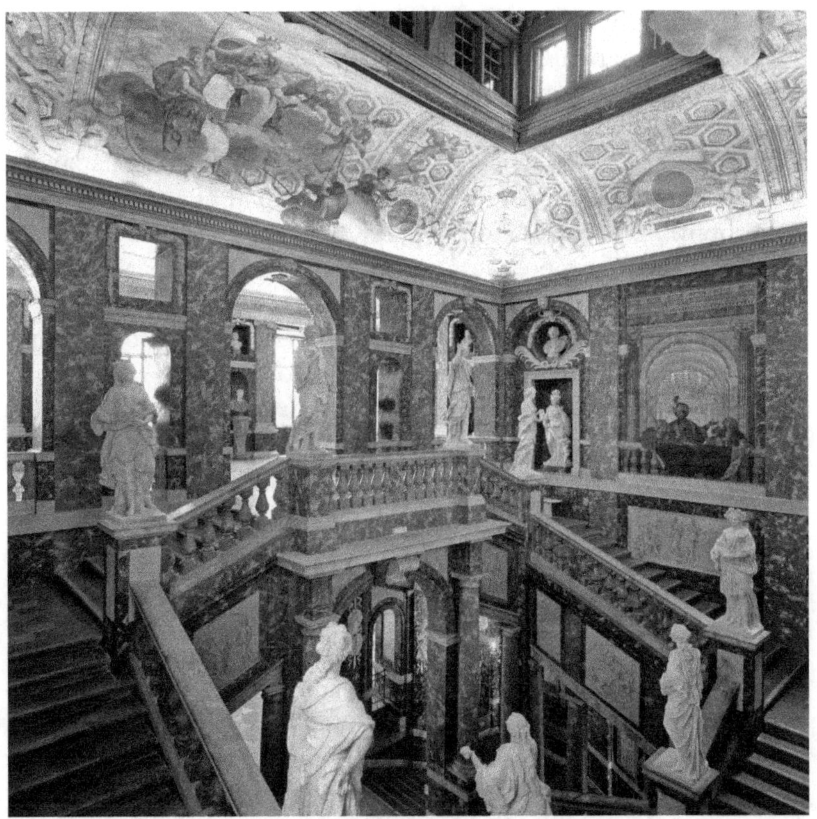

Илл. 47. Никодемус Тессин Старший. Лестница во дворце Дроттнингхольм со скульптурами Николаса Миллиха. © Королевский двор, Швеция. Фото: Алексис Дафлос

исходный замысел, который состоял в том, что статуи должны были служить сопровождением живой богини. Аполлон, Минерва и музы нашли обитель и протекцию королевы в Дроттнингхольме, так же как она, будучи регентшей и королевой-матерью, растила будущего короля.

С темой Парнаса переплетается более обширная тема династии. Здесь доминируют история и прославление дома Пфальц-Цвейбрюкен, род Карла X Густава и Карла XI [Ellenius 1966: 55–142;

Olin 2000]. В других помещениях дворца можно увидеть крупномасштабные картины нюрнбергского художника Иоганна Филиппа Лемке [Magnusson 1980], прославляющие их победы. В конце 1660-х годов Эренстраль создал группу аллегорий, посвященных судьбе Карла XI и предназначавшихся для парадной спальни королевы. В 1690-х годах он выполнил вторую группу аллегорий, изображающих Хедвиг Элеонору в роли регентши и хранительницы королевства, подчеркнув таким образом ее роль в истории династии [Laine 2015a].

Династия Пфальц обретала поддержку и легитимность благодаря своим прежним правителям. Во дворце висел портрет Густава II Адольфа работы Георга Петеля и бюст Карла X Густава работы Георга Швейггера (см. илл. 35, 41). Эти значительные произведения дополнялись огромным количеством более стандартных портретов членов семьи и предков [Larsson 1992: 52, 64; Skogh 2013: 73–147]. Вместе они формировали расширенный королевский род, который включал и ее семью.

Все эти изображения, и в особенности скульптурные портреты, получили дополнение в виде 14 бюстов правителей готов, высеченных Миллихом для лестницы и прилегающих вестибюлей. Два портрета Карла X Густава и Карла XI в схожем формате, выполненные тем же скульптором, становятся кульминацией непрерывной линии от древних королей готов до современных (илл. 48, 49) [Waldén 1942: 101n5]. Изображение готских королей в античном стиле также созвучно более абстрактным греко-римским фигурам Аполлона, Минервы и муз работы Миллиха, с которыми они находятся бок о бок на Парнасской лестнице.

Клио и Мельпомена, музы на верхней площадке лестницы, указательными пальцами показывают на потолок. Здесь можно увидеть новый элемент, который Хедвиг Элеонора внесла в традицию нарратива готицизма (илл. 50). Среди кессонов-обманок на сводах потолка расположены три живописных медальона, изображающие портреты женщин в профиль. Одна идентифицируется как Диса, легендарная шведская королева, известная своими добродетелями, чей образ был популяризован в работе Йоханнеса Мессениуса XVII века [Messenius 1611]. Рядом с Дисой

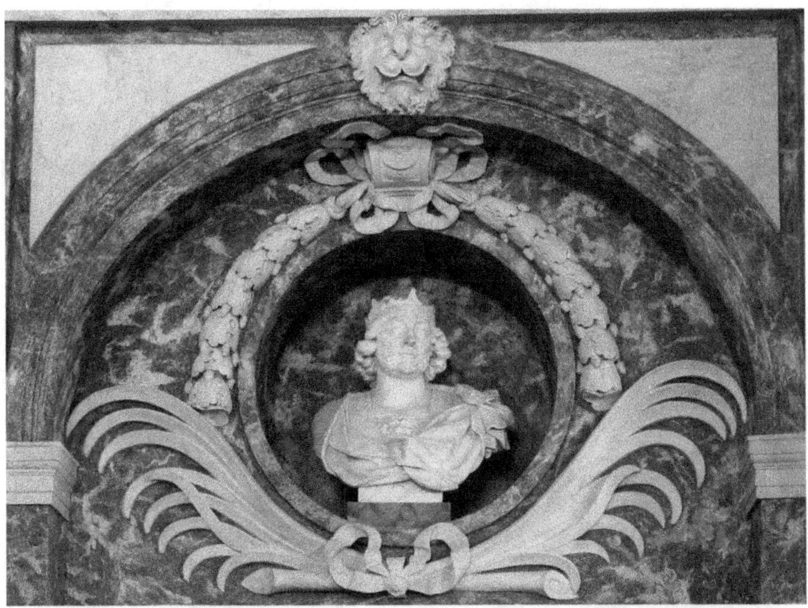

Илл. 48. Николас Миллих. Король го́тов. Дворец Дроттнингхольм. Фото автора

изображена Томирис, царица племени массагетов, которая, однако, предстает здесь как королева готов из-за традиционного смешения гетов и готов. Томирис обращена лицом к полулежащему Геркулесу, коронуемому Славой, который, в свою очередь, поднял взгляд на фигуру Великодушия, возлежащую на облаке. Вместо короны Томирис облечена в львиную шкуру. Это совпадает с одним из атрибутов Геркулеса, но также подходит и второстепенному атрибуту Великодушия, упомянутому в раннем справочнике аллегорических фигур Чезаре Рипы[14]. Таким образом, это качество дополняет силу и мудрость полубога, образ которого нередко использовался правителями; при этом мы на-

[14] Женская аллегория Великодушия отчасти совпадает с Божественным Правосудием. См. [Ripa 2012: 229–230, 294–296, 300, 359–360, 364].

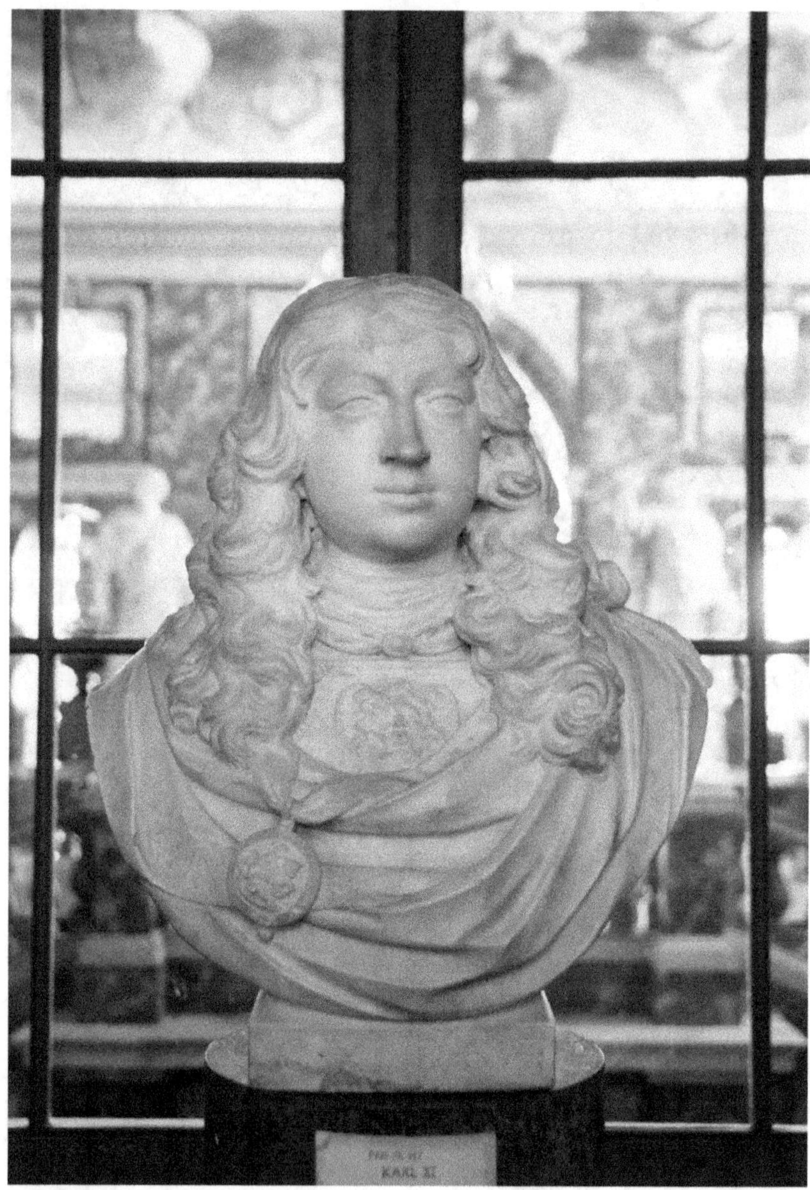

Илл. 49. Николас Миллих. Король Швеции Карл XI.
Дворец Дроттнингхольм. 1670 год. Фото автора

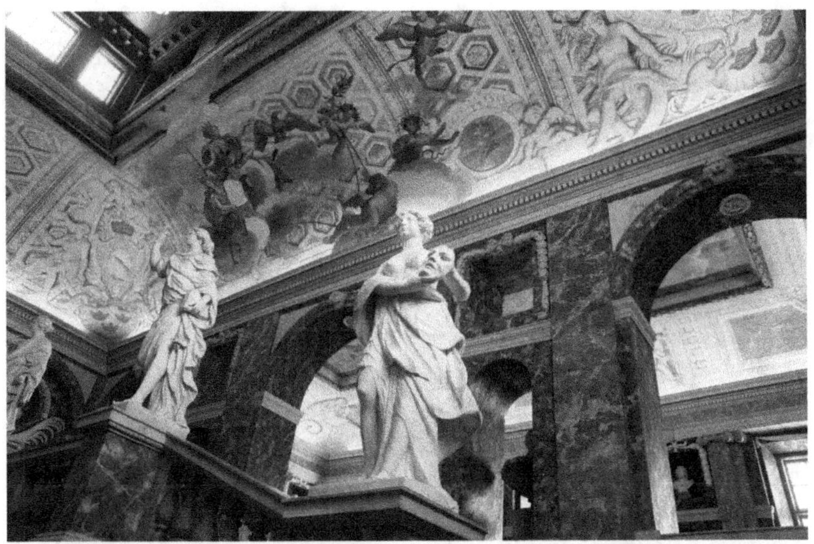

Илл. 50. Юхан Сильвиус и Давид Клёккер-Эренстраль. Потолок лестничного пролета. Дворец Дроттнингхольм. Строительство начато в 1686 году. Фото автора

блюдаем смешение элементов готической и греко-римской древности. По другую сторону фонаря расположен медальон с изображением другой королевы готов, Амаласунты. Над ней фигура Королевского Величия изгоняет зависть и эгоизм. Она восседает на облаке, скрывающем четвертый медальон. Фрагментарная надпись и раннее описание предполагают, что на нем изображена Панталеона, по-видимому, считавшаяся королевой готов, хотя чаще всего это имя ассоциируется с древним тираном [Waldén 1942: 101n5]. Гораздо более соответствует теме потолочной росписи предположение, что это фигура королевы амазонок, воительницы Пентесилеи [Ljungström 2015].

Эти фигуры прямо связаны с Хедвиг Элеонорой, чья монограмма, которую увечали лавром Миневра и Меркурий, красуется на фонаре. Королевы готов здесь призваны не просто разнообразить известную мужскую династию женскими фигурами, они прямо связаны с интересами заказчицы. Геродот и Иордан описывали Томирис и как сильную правительницу, взявшую в свои руки власть после смерти мужа, и как основательницу города в Мёсии, недалеко от Дуная, в честь победы над персами [Геродот 1888; Иордан 1960]. Таким образом, она достигла успеха и в качестве регента, и в качестве строителя. Амаласунта была дочерью императора остготов Теодориха и правила Италией, будучи регентом при своем сыне, Аталарихе, которого воспитала в римских традициях [Прокопий 1950][15]. В одном из сохранившихся писем она выражает признательность императору Юстиниану за присланный в дар мрамор — статуи или, возможно, колонны или другие архитектурные элементы, — благодаря которым будет «лучезарно блистать тот римский мир, который ослепительно отражает любовь Вашей Безмятежности» [Hodgkin 1886]. Что более важно, в «Истории северных народов» Олауса Магнуса Амаласунта помещена в более обширный контекст воительниц племени готов, при этом подчеркивается ее мудрость, добродетель и бережное сохранение римского наследия [Magnus O. 1996–1998, 1: 278–279]. Это подчеркивает, что и в древности культура римлян и готов смешивалась, чему соответствует и современное постоянное смешение темы Рима и готов при дворах скандинавских правителей. Таким образом, эти древние королевы предвосхищают и утверждают высокий престиж двух главных занятий Хедвиг Элеоноры: архитектуры и воспитания Карла XI. Они сочетаются с более общими аллегориями Великодушия и Королевского Величия, которые также соответствуют ее положению[16].

И Эренстраль, и Зандрарт упоминают мраморные статуи Добродетелей, которые предназначались для лестницы в Дроттнингхольме. Набросок фигуры Веры, сделанный Миллихом, связывает скульптора с этим проектом, который, по-видимому, остался не реализованным [Waldén 1942: 98–100, 130–132]. Если рассматривать эту скульптурную группу в целом, она должна

---

[15] См. [Vitiello 2017].

[16] Другая интерпретация этого аспекта лестницы в Дроттнингхольме представлена в [Alm 2004–2010: 211–214].

была изображать добродетели готов, подчеркнутые Йоханнесом Магнусом, как и силу их христианской веры, мощной демонстрацией которой стал перевод Библии на готский язык в манускрипте, подаренном Делагарди Уппсальскому университету. Эти фигуры также должны были создать необходимый контекст для аллегорий Великодушия и Королевского Величия, которые считались добродетелями королей.

В Дроттнингхольме сосуществует две традиции — одна воинственная, северная и враждебная Риму, а другая взятая из сосредоточия классической Античности. Это смешение можно нередко встретить в придворном искусстве XVII века. Потолок Дроттнингхольма, где свободно смешиваются фигуры из «Истории готов» Иордана и «Иконологии» Чезаре Рипы, предлагает лучшее объяснение этого смешения, чем любой другой источник, поскольку Амаласунта воплощает собой королеву готов, впитавшую классическую культуру. Культуры готов и Рима смешивались и формировали различные грани поздней Античности, которые нельзя полностью разделить.

Как и идеи, воплощенные в потолочной росписи над лестницей, многие элементы, которые Хедвиг Элеонора включила в декор дворца, были уже освоены в королевстве, нередко в кругу Кристины. Идея Яна Воса об Аполлоне и музах была развита для Хедвиг Элеоноры нидерландцем Хендриком Йордисом, который описывает новый Золотой век процветания, торговли, театра и архитектуры под ее покровительством. По-видимому, под влиянием стихов Воса о Кристине, он повествует, как Аполлон и Минерва обитают под кровом Хедвиг Элеоноры [Jordis 1667: 15]. Также и фигуры Миллиха трудно представить себе без терракотовых фигур Арта Квеллина, на которых они, по-видимому, и основывались.

Гравюра Фалька и, возможно, скульптурные наброски Квеллина были попытками Мишеля Леблона создать визуальное выражение того, что изначально было литературным замыслом. (Хотя Кристина хотела пригласить Квеллина в Стокгольм, мало что свидетельствует, что именно она заказала группу Аполлона с музами. Как и гравюра, они, вероятно, были своего рода панегириком, задуманным Леблоном.) Ни один из этих проектов не был разработан Кристиной до ее отречения. Хедвиг Элеонора упорядочила эти элементы так, чтобы были понятны их литературные корни, но при этом они стали более эффективно функционировать в рамках структуры дворца. Для Кристины эти фигуры оставались иллюстрациями литературных концепций. Для Хедвиг Элеоноры, обладающей архитектурной логикой, превосходящей способности Кристины в этой области, они получили большее значение благодаря своей более сложной концептуальной и пространственной системе.

Хотя интересы двух королев различались, наследие Кристины-Минервы продолжало жить в кругу Хедвиг Элеоноры. Около 1691 года Эренстраль написал аллегорию Скульптуры, Поэзии и Живописи, собравшихся вокруг мраморного бюста Кристины-Минервы (цв. вкладка 9). Эту работу нередко интерпретируют как признание роли Кристины как покровительницы искусств после ее смерти в 1689 году [Ellenius 1966: 17–19; Dahlbäck 1976: 63–64]. Можно почти с уверенностью утверждать, что картина находилась в Дроттнингхольме и, возможно, стала последним подтверждением значения Кристины для ее преемницы[17].

ХЕДВИГ ЭЛЕОНОРА И ВОЗНИКНОВЕНИЕ ПРОФЕССИОНАЛЬНОГО ИСКУССТВА

Дроттнингхольм стал стандартом вкуса для шведской аристократии, а мастера, там работавшие, — Тессины, Миллих Эренстраль и семья Карове, выполнившая лепнину дворца, — стали в высшей степени востребованы. Эта группа, собранная Хедвиг Элеонорой, сформировала также творческое ядро для оформления придворных празднеств. Тессин, Эренстраль и Миллих работали вместе при подготовке церемоний по случаю коронации

---

[17] Возможно, это картина, о которой в описи Дроттнингхольма от 1719 года говорится следующее: «[...картина, изображающая] трех богинь искусства (воплощающих живопись) в золоченой раме» [Böttiger 1897: 105].

Карла XI в 1672 году [Erenstrahl 2005; Rangström 1994]. Все эти люди имели придворные должности и могли бы, вероятно, предложить что-то, эстетически схожее с Дроттнингхольмом, если бы попытки перестроить Стокгольмский дворец в середине века оказались успешными. Два десятилетия спустя Эренстраль сотрудничал с Тессином Младшим, которого в придворных документах не раз называли заменой его почившему отцу [Neville 2009a: 243–245], над реконструкцией северного крыла дворца, написав две огромные картины для часовни. И только примерно ко времени пожара 1697 года, разрушившего королевский дворец, за чем последовал заказ на строительство более современной замены ему, а также после смерти Эренстраля в 1698 году Тессин Младший стал единственной доминирующей фигурой при дворе. С его возвышением творческий ансамбль королевы распался.

Признание таланта Хедвиг Элеоноры можно отчасти объяснить ее положением в Регентском совете при Карле XI (1660–1672). В 1660-х годах она назначила Эренстраля и Миллиха на придворные должности от имени Карла XI, и именно она заключала практически все контракты на королевские архитектурные заказы. В 1697 году вдовствующая королева возглавляла комитет, рассматривавший проект нового королевского дворца, представленный Тессином Младшим. Эта важная должность, по-видимому, была ей предложена не в силу ее титула, но как признание ее компетентности в этом вопросе [Olin, Snickare 2003: 97].

Общепризнанная компетентность королевы проистекала как из явного успеха ее проектов, так и ее личного участия в них. Она находила таланты и требовала от них регулярных отчетов о ходе работ. Что более важно, Дроттнингхольм стал местом, где практика строительства была подвергнута значительным изменениям. Здесь Хедвиг Элеонора реорганизовывала работы, без сомнения, советуясь со своим архитектором, Тессином Старшим. Решения, которые она придумывала или находила, нередко были совершенно новыми в локальном контексте и прогрессивными в архитектуре Северной Европы.

Тессин оставался на должности при королевском дворе с 1646 года, и в его контракт на этот год было внесено уточнение, что он должен был не только подготовить чертежи новых зданий, но также проводить много времени на строительных площадках, руководя работами. Как обычно для всей Европы, он был и строительным подрядчиком, и создателем проекта. Однако несколько начальных чертежей ранних лет и пункт контракта, подчеркивающий, что он должен руководить работами на строительной площадке, подразумевают, что в центре его работы находилась организация строительства [Neville 2009a: 117–150; Neville 2017].

Хедвиг Элеонора могла с полным правом ожидать, что Тессин будет работать над Дроттнингхольмом именно таким образом, но она решила иначе. Вместо этого в 1664 году она передала почти все административные обязанности Бальтазару Гюлденхоффу, управляющему одним из ее поместий. Он должен был заказывать и оплачивать строительные материалы для дворца и садов. В его обязанности воходили также найм и управление рабочими и мастерами-ремесленниками, составление контракта для каждого из них, надзор за их работой и выдача жалованья, а также проверка качества и скорости их работы. Все эти обязанности предписывались Тессину на его придворной должности. Хотя Тессин по-прежнему нес ответственность за строительство и обычно работал в Дроттнингхольме два дня в неделю, он сосредоточил свое внимание на проектировании и концептуальном наполнении проекта королевы.

Где-то между 1671 и 1674 годами Тессин написал памятку для шведской короны, объясняя свое ви́дение деятельности архитектора в королевстве [Neville 2009a: 243–245]. Он утверждал, что настоящая работа архитектора состоит исключительно в создании проектов и объяснении их сути тем, кто будет строить их по чертежам, тем самым разграничивая проектирование и строительство. Хотя изысканные постройки чрезвычайно важны для королевства, работа архитектора заключается в создании концепций, и тем самым фундаментально отличается от работы мастера-строителя, ремесленника, руководящего строительством и по необходимости привязанного к строительной площадке. Записка Тессина в значительной мере описывает то, как он в течение десятилетия работал в Дроттнингхольме, что находилось в противоречии с его придворным контрактом. Он явно был убедителен; все пункты его предложения были приняты Карлом XI, который признал заслуги Тессина на службе короне и Хедвиг Элеоноре[18]. В своем письме Тессин не упоминал дворец или вдовствующую королеву, но значение его работы на нее было неоспоримым. Это демонстрировало эффективность его методов, которые теперь стали стандартной процедурой при строительстве всех королевских проектов.

Трансформация методов работы Тессина и, несомненно, природы архитектуры не были уникальными для Швеции тех лет. Его коллега Давид Клёккер-Эренстраль положил начало схожим изменениям в своей работе. То, что он использовал помощников, впервые задокументировано в 1667 году [Ellenius 1966: 37]. Конечно, это было стандартной практикой, и некоторые из них оказались достаточно искусны, чтобы найти потом хорошие должности в других местах. Большинство, однако, были менее даровиты, но они стали играть все более важную роль в работе Эренстраля по мере роста его популярности, и по причине растущего спроса на его картины и потому, что он все более отвлекался на другие заботы. В 1663 году он женился на дочери бронзового магната Виллема Момма и стал продолжателем его дела в 1680 году [Müller 1998: 169]. Поскольку Швеция была крупнейшим экспортером железа и меди в Европе, дело было весьма важным, но для его занятий искусством это имело негативные последствия. Вдобавок он страдал от частых приступов ревматизма и ездил лечиться на воды.

По-видимому, Эренстраль осознавал риски, которые грозили качеству работ, продаваемых под его именем. Около 1675 года он нанял Мартина Ганнибала для помощи в студии. Ганнибал провел свои молодые годы при дворах различных немецких правителей и в Италии, где он собрал коллекцию рисунков и гравюр, которые копировали ученики Эренстраля. Возможно,

---

18 Магистрат и городской суд Стокгольма, Королевские письма, E 1a:5, письмо № 113 от 7 июля 1674 года. Государственный архив, Стокгольм.

более значимым является то, что в 1678 году Эренстраль получил королевское дозволение основать «Академию», свободную от уложений гильдии. Его близкий друг Эрик Дальберг, сопровождавший его в Италии, определял академию как место, «где ученики рисуют или делают наброски живых и обнаженных людей», предполагая, что студенты должны рисовать живые модели [Sjöblom 1947: 18; Weimarck 1996]. Представляется, что Эренстраль и Ганнибал разработали что-то похожее на другие академии, созданные примерно в то же время в немецких землях, о чем мы знаем очень мало. Академии в Нюрнберге и Аугсбурге были основаны около 1662 и 1670–1674 годов. Эту инициативу вскоре подхватили, например, в Дрездене (ок. 1680), Вене (1692) и Берлине (1696) [Pevsner 1940; Boschloo et al. 1989]. В Копенгагене группа независимых художников создала «Академию искусств» в 1701 году [Fuchs, Salling 2004]. Бóльшая часть этих немецких академий изначально были частными учреждениями, созданными амбициозными придворными художниками, и, таким образом, их, вероятно, можно сравнить с начинанием Эренстраля.

Иоахим фон Зандрарт был непосредственно вовлечен в основание академий в Нюрнберге и Аугсбурге. Его «Teutsche Academie der Edlen Bau-, Bild- und Mahlerey-Künste» («Немецкая академия благородных искусств архитектуры, скульптуры и живописи»), опубликованная в Нюрнберге в 1675–1679 годах, была попыткой развить академическое преподавание искусств в немецких землях. Личное знакомство Эренстраля с ним и его работой, должно быть, стало непосредственным источником вдохновения для академии в Стокгольме, которая была основана как раз в тот момент, когда эта книга вышла в свет. Если «Академия» Эренстраля была несколько более амбициозным начинанием, чем просто формальное обучение рисунку и изучению живых моделей, она, вероятно, была основана на материалах из книги Зандрарта. В «Немецкой академии» можно было увидеть образцы античных статуй и строений, описательный анализ материалов и техник, базовые литературные источники, как, например, «Метаморфозы» Овидия, а также биографии выдающихся мастеров. Она не могла заменить практический опыт, полученный в мастерской, но в образовательно-академическом контексте, как в случае Эренстраля, она была незаменимой.

Публикация «Немецкой академии» и основание академий в эти годы указывают, что начинания Эренстраля не были уникальными для Северной Европы. Актуальные вопросы, которыми он занимался, не относились также исключительно к практикующим художникам. Монография уппсальского профессора Йоханнеса Шефферуса «Graphice, Id Est de Arte Pingendi» («Графика, то есть искусство живописи», 1669) основывается на долгой традиции работ ренессансного гуманизма на тему риторики и искусства и задумывалась как часть широкого обзора, адресованного аристократической молодежи [Ellenius 1960]. Однако в ней изложены более практические вопросы, чем в большинстве таких трудов, и предполагалось, что она стала основным источником для Зандрарта [Heck 2006: 38].

Тессин Старший завершал свое обращение к королю следующим намеком: «Его Величество [мог бы] даровать своему старому слуге некоторое поощрение и продвижение, которое, несомненно, выпадает на долю архитекторам на службе других высоких покровителей». Коротко говоря, он просил о даровании дворянского титула, который был пожалован ему в июне 1674 года. В королевской грамоте о формальном даровании титула архитектура именуется как «то благородное искусство, которое высоко ценится во всех королевствах и республиках», а также признаются совершенные познания в ней Тессина[19]. В этой грамоте кратко формулируются основные положения из записки Тессина; действительно, он именовал архитектуру «благородным искусством». Однако ее можно было считать благородным искусством, только если архитектор получил обширные знания, которые использовал в своей работе. Контракт Тессина 1646 года, в котором его называли «преданным и честным слугой»,

---

[19] Государственный реестр, т. 410, fols. 577r–580r, 20 июля 1674. Государственный архив, Стокгольм; [Neville 2009a: 164–167].

которому вменялось в обязанности время от времени «подновлять старые здания», вряд ли предписывал ему роль, достойную дворянина.

Эренстраль был возведен в дворянское звание в один год с Тессином. Не сохранилось прошений о даровании ему титула, и вполне возможно, что это было очевидным последствием возвышения Тессина, поскольку они занимали похожие должности. В 1690 году Эренстраль получил звание придворного распорядителя, повышение, в ознаменование которого был написан большой автопортрет (цв. вкладка 10). В своем объяснении аллегорий, созданных им для короны, он описал эту картину с немалой долей гордости, назвав это изображение апофеозом своего творчества [Erenstrahl 1694: 33–34][20]. Он сидит перед холстом с мелком в руке, и поза выражает готовность начать работу. По обе стороны от него стоят *Pictura* и *Inventio* (Живопись и Воображение). Первая протягивает ему палитру и кисти, вторая — лист бумаги с приказом изобразить бессмертную славу Его Величества. Сверху расположен путто с маской и золотой цепью. Эта фигура, как нам объясняет Эренстраль, олицетворяет любовь к живописи. Как маска может выразить любой образ, так и художник может изобразить любую форму. Цепь, крепость которой таится во множестве мелких звеньев, олицетворяет элементы живописи — воображение, цвет, композицию, эмоции и т. п., — которым необходимо обучиться, чтобы создать качественную работу. Все это персонализовано еще больше в заметке на обратной стороне полотна, где поясняется, что «в 1691 году придворный распорядитель Королевского Величества Давид Клёккер-Эренстраль создал эту картину на 61 году жизни, в которой он желал показать, как из любви к живописи он своими идеями надеется соискать у Господа бессмертную славу».

И прошение Тессина, и описание автопортрета Эренстраля подчеркивают необходимость знаний и владения техникой живописи. Такова была основа их возвышения. Они были частью более обширной группы профессионалов — в основном секре-

---

[20] См. [Ellenius 1966: 11–19; Wangensteen 2017].

тарей и гражданских служащих, — которым в эти годы король пожаловал дворянское звание за исключительные заслуги перед государством. Теперь искусство понималось как профессия, требующая высокого уровня мастерства, и значительной частью правительственного аппарата, в совершенстве отражая подход, выбранный Тессином и Эренстралем.

Возвысил Эренстраля Карл XI. Однако автопортрет, написанный в честь этого события, висел в Дроттнингхольме, как и большинство изображений, описанных в его книге. Можно почти с полной уверенностью утверждать, что он был написан для Хедвиг Элеоноры, и таким образом его можно истолковать как дар королеве в знак благодарности либо за ее поддержку на протяжении всей его карьеры, либо, возможно, более конкретно, за его новый статус, если он считал, что получил дворянство благодаря ее протекции. В документах, где содержатся сведения о профессиональной трансформации Тессина и даровании ему дворянства, также есть слабые, но явные намеки на участие Хедвиг Элеоноры.

Роль Хедвиг Элеоноры также отразилась в «Немецкой академии» Зандрарта, в которую включены биографии нескольких художников, работавших в Швеции. Многие из них служили Кристине. Из тех, кто оставался в Швеции после ее отречения, в книге говорится только о Тессине, Эренстрале и Миллихе. Все они осыпаны щедрыми похвалами, но в каждой биографии обращается особое внимание на вдовствующую королеву [Sandrart 1675–1679, 2: 334–335, 347]. В биографии Миллиха недвусмысленно утверждается, что он приехал в Швецию на службу именно к ней — что более отражает реальность, нежели его контракт, в котором говорится о работе на королевский двор, — и в ней присутствуют только описания скульптур Дроттнингхольма. Этот дворец и Стрёмсхольм, которые описываются как замыслы королевы, являются теми архитектурными комплексами, о которых в биографии Тессина говорится в первую очередь, а в главе, посвященной Эренстралю, повествуется о том, как милостиво его встретили король (тогда пяти лет от роду) и его мать, когда он вернулся в Стокгольм в 1661 году.

Информацию для этих биографий предоставил Зандрарту Эренстраль [Gerstl 2000]. Возможно, он хотел сохранить милость королевы, которая вполне могла внимательно прочесть этот труд. Как бы то ни было, для читателя, интересующегося искусствами при Шведском дворе, Кристина, а за ней Хедвиг Элеонора выступают важными меценатами, а Миллих, Тессин и Эренстраль явно связаны с фигурой последней. Другие деятели искусства, которые более близко ассоциировались с Делагарди или другими аристократами, вообще не упоминаются в книге. Что более показательно, Эренстраль и Тессины стали олицетворением такого профессионального и социального развития, которое Зандрарт считал образцом для будущих художников, которым была адресована его книга. Получившие средства и поддержку от Хедвиг Элеоноры, они стали первопроходцами в процессе трансформации искусства в профессиональную деятельность в Северной Европе.

Глава седьмая
Абсолютизм

В 1660–1670-х годах самые амбициозные проекты в Швеции осуществлялись по инициативе Хедвиг Элеоноры, Магнуса Габриэля Делагарди и Карла Густава Врангеля, а не короны. Поскольку эти три экстраординарные личности были членами Регентского совета, который правил с 1660 по 1672 год, они также представляли и интересы королевского дома, но главное значение придавали своим личным заказам. В эти годы самым грандиозным был проект Дроттнингхольма (см. илл. 45–50). Возможно, вторым по значению стала городская резиденция Врангеля (см. илл. 39), которую посетители часто считали самым впечатляющим зданием в Стокгольме. Известно, что, когда королевский дворец в 1697 году сгорел, двор сначала переехал во дворец Карлберг, принадлежащий Делагарди, а затем в городскую резиденцию Врангеля, пока строился массивный новый дворец, спроектированный Тессином Младшим.

В 1680-х годах королевство превратилось в абсолютную монархию, и корона заявила о себе как о самом значительном покровителе искусств. Хотя на службу абсолютному монарху были призваны все виды искусства, самая важная роль в Швеции отводилась архитектуре, как, впрочем, и при многих других дворах около 1700-х годов. Тессин Младший (1654–1728) стал администратором в сфере искусства, в то время как преемник Давида Клёккера-Эренстраля на должности придворного художника, Давид фон Крафт, получил меньшую долю ответственности за создание имиджа короля [Josephson 1930–1931; Snickare 2002].

АБСОЛЮТНЫЙ ХУДОЖНИК: НИКОДЕМУС ТЕССИН МЛАДШИЙ

И Густав II Адольф, и Кристина даровали земельные угодья в качестве оплаты и в награду за выдающуюся службу. Особенно Кристина любила одарять своих фаворитов земельными наделами. Одной из выгод подобных дарений было превращение значительной части доходов короны из товаров, производимых в поместье, в наличные деньги, получаемые от владельцев земли в форме налогов. Такой подход также касался Стокгольма как города представительных резиденций: людям, имеющим средства для постройки внушительных зданий, выделялись строительные участки. Например, Врангель выстроил свой дворец на земельном участке, дарованном Кристиной.

На практике эти дарения оказались разрушительными для бюджета государства, поскольку в руки высшей аристократии перешли значительные земельные владения, но при этом ожидаемые доходы так и не поступили. Уже в 1655 году Карл X Густав вынудил магнатов выбирать между регулярными выплатами короне и частичным возвращением земель. Этот шаг был отменен Регентским советом, управляющим страной с 1660 года, поскольку королевство находилось под контролем тех элит, которые извлекали наибольшие выгоды из земель, дарованных короной. Карл XI (лично правил в 1672–1697 годах), воссев на престол, повел агрессивную политику возвращения отчужденных поместий. После 1680 года король не просто стал состоятельным, он еще и укротил высшую аристократию. Хотя, в сущности, этот шаг к централизации власти заключался в рекламации земель, он означал нечто большее, чем платежеспособность и экономическую власть. В 1682 году Карл получил формальное признание исключительного права утверждать и интерпретировать законы как абсолютный монарх [Upton 1998]. В этом он отставал примерно на два десятилетия от своего датского соперника Фредерика III, который инициировал установление абсолютной монархии после разрушительного шведского вторжения в 1658–1659 году.

После 1680 года шведская корона финансировала практически все производство культурных ценностей. Эту трансформацию можно проиллюстрировать двумя связанными между собой случаями. Первый — это реконструкция королевского дворца. Многие годы состояние старого дворца вызывало лишь неловкость, но в 1692 году Тессин Младший получил одобрение на перестройку северного крыла. Это вылилось в проект по перестройке всего дворца, который стал делом всей жизни архитектора после того, как в мае 1697 года пожар разрушил и новое крыло, и старые постройки.

Второй — это создание нового учреждения, призванного контролировать работу над дворцом и, в более общем виде, деятельность короны по поддержке искусств. Летом 1697 года, когда проектирование нового дворца еще продолжалось, Тессин получил должность суперинтенданта искусств в королевстве. Она была создана по образцу должности французского «сюринтенданта государственных строений», которую с 1664 года занимал первый министр Людовика XIV, Жан-Батист Кольбер, в то время, когда Франция также двигалась в сторону абсолютизма, и искусства стали более жестко контролироваться государством. Тессин восхищался этой системой, созданной Людовиком и Кольбером, и способствовал формированию ее шведского варианта. И действительно, его контроль над искусствами был более всеобъемлющим, нежели у его французских коллег, поскольку он одновременно выполнял роли Кольбера, художника Шарля Лебрюна, архитектора Жюля Ардуэн-Мансара, садовника Андре Ленотра и других [Tessin 2002: 213; Snickare, Olin 2002; Hinners 2012: 116–118, 394]. Поколением ранее целый ряд одаренных архитекторов, художников и скульпторов конкурировал за заказы. Теперь практически все виды производства предметов искусства в Швеции находились под управлением Тессина, абсолютного архитектора и представителя интересов короны.

Тессин был подготовлен для этой роли. После совместной работы с отцом в ранний период его карьеры последовало обучение в Риме, Париже и других городах в 1673–1677, 1677–1680 и 1687–1688 годах. Его положение при дворе позволило ему познакомиться с Джанлоренцо Бернини, Карло Фонтаной, Ардуэн-Мансаром и Ленотром, не считая других представителей этих кругов. Благодаря этому он смог увидеть работу мастерских многих выдающихся мастеров второй половины XVII века. По возвращении в Стокгольм он был одним из самых образованных архитекторов в Северной Европе, но в это время уже было понятно, что ситуация меняется и количество заказов от аристократии будет уменьшаться. В отличие от своего отца, имевшего придворную должность, но получавшего значительную часть доходов от своих клиентов-аристократов, Тессин Младший посвятил себя абсолютному служению монарху, в котором архитектура оставалась лишь одним из проявлений.

Тессин писал о различных знаках поощрения, которые мог ожидать преданный и талантливый художник. Повторяя клише из книг об искусстве, он напомнил историю о том, как Тициан уронил кисть в присутствии Карла V, а император наклонился, чтобы поднять ее. Он пересказал легенду о Леонардо да Винчи, умершем на руках Франциска I. И наконец, закончил историей Питера Пауля Рубенса, который вел переговоры о мире между Англией и Испанией и получил в награду дворянское звание от английского короля Карла I [Tessin 2002: 216]. Каждая из этих историй изображает художника, получившего дворянское звание благодаря выдающейся службе могущественному монарху, и, без сомнения, признание короля было главным фактором в представлениях Тессина о профессиональном и художественном успехе.

Работа и преданность Тессина превратились в своего рода самоподдерживающий цикл, благодаря ему он получал все более высокие почести и титулы: барон, граф, канцлер Лундского университета, королевский советник и, с 1716 года, высшая должность в королевстве — главный судебный маршал риксдага Швеции. Его портрет, выполненный незадолго до смерти, изображает его как государственного деятеля, без каких-либо указаний на его работу архитектора, не считая довольно общего архитектурного фона, обычного для любого позирующего (цв. вкладка 11). Даже после того как разгромное поражение под

Полтавой в 1709 году продемонстрировало шаткое положение Шведской империи, его преданность королю не пошатнулась [Lindahl 2002].

АМБИЦИИ И РЕПРЕЗЕНТАЦИЯ: КОРОЛЕВСКИЙ ДВОРЕЦ В СТОКГОЛЬМЕ

Тессин воплотил идеологию абсолютной монархии в визуальной форме. По обычаю XVII и XVIII веков, он не только проектировал здания и создавал внутренний облик дворцов и церквей, но также отвечал за оформление свадеб, коронаций и военных триумфов или создавал для Церкви или города надлежащий траурный декор для похорон. Поколением ранее эти обязанности делили между собой Тессин Старший, Эренстраль и другие. Теперь все это было возложено на Тессина, суперинтенданта [Snickare 1999; Stork 2016].

Однако главным объектом внимания Тессина стал королевский дворец. Несмотря на различные планы отремонтировать или перестроить его во второй половине XVII века, дворец, ответственность за который унаследовал Тессин, представлял собой беспорядочное смешение крыльев, построенных в разные времена, начиная со Средневековья. Эти крылья обычно строились для определенных функций — для новых учреждений или при необходимости получить новые апартаменты, — при этом об общей эстетике или функциональной логике задумывались мало [Olsson 1940–1941].

Первое, что сделал Тессин для дворца, — это реконструкция северного крыла, построенного между 1692 и 1694 годами, в котором на первом этаже находилась капелла, а над ней — апартаменты. Это крыло было самой последней пристройкой к существующему дворцу, продолжением давней традиции. Однако архитектор создал план более основательной реновации дворца и тщательно продумал линию поведения и свой проект для того, чтобы он понравился королю, но не казался слишком амбициозным [Josephson 1940–1941; Vahlne 1997].

Историки обычно описывали ситуацию, с точки зрения Тессина, разделяя пренебрежительный взгляд архитектора на старый дворец и его амбициозные планы на новый. Они последовательно склонялись к тому, чтобы рассматривать Карла XI как статиста, нерешительного партнера, слишком осторожного или бережливого, чтобы безусловно принять предложения своего высокоученого архитектора. Отчасти это отражает героический образ Тессина в ранних научных работах. Этот взгляд также подкрепляется источниками, поскольку рисунки и заметки архитектора, его записки и письма дают на удивление полное представление о его взглядах. Взгляды короля известны только по его официальным действиям и случайным записям некоторых его комментариев. Однако он, скорее, действовал осторожно не из-за скупости, а из расчета, что новое крыло будет естественным дополнением к дворцу, последним в серии таких дополнений. Более того, конечный результат выполненной на скорую руку работы можно было бы рассматривать как аналог резиденций в Мюнхене и Вене, отсутствие стилистического и хронологического единообразия которых считалось свидетельством долгой истории правящих семей. Такое отношение разделялось родственниками короля, Виттельбахами, правящими Баварией, но для Тессина это было неприемлемо, и он отзывался о резиденции в Мюнхене с презрением [Tessin 2002a: 401–403; Lorenz 1998; Bøgglid Johannesen 2015]. Конечно, средневековая Башня Трех Корон в сердце дворца имела значительную ценность как символ монархии. Это название, которое обычно использовалось для обозначения всего старого дворца, подразумевало три короны на королевском гербе, что связывало строение с властью короля. Тессин хотел разрушить башню, но вполне вероятно, что король и его приближенные видели в ней значительную символическую ценность.

Благодаря то ли усилиям Тессина, то ли предприимчивости короля, вскоре были готовы проекты более обширной реконструкции замка. Любые споры по поводу достоинств старого здания стали бесполезными 7 мая 1697 года, когда, всего несколько недель спустя после смерти Карла XI, дворец сгорел, а то, что уцелело в огне, не годилось для проживания королевской семьи.

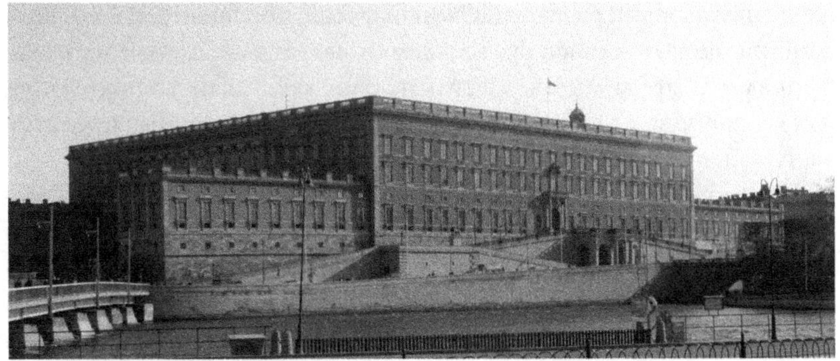

Илл. 51. Никодемус Тессин Младший. Королевский дворец. Стокгольм, с 1697 года. Фото автора

В большой степени опираясь на уже составленные планы, архитектор вскоре предоставил новый проект и получил одобрение.

Хотя внутренняя структура нового дворца была изменена — капеллу переместили из северного крыла в южное и соединили с государственным залом — внешняя форма представляла собой улучшенный вариант прежних планов Тессина (илл. 51). Здание выглядело как большой прямоугольник с центральным двором. Каждый фасад был разработан более-менее независимо друг от друга, так чтобы архитектор мог распланировать, каким образом будет выглядеть дворец с каждой стороны. Северный фасад расширен благодаря более низким крыльям, выстроенным по обе стороны от него. Он строгой геометрической формы, над воротами расположены бронзовые фигуры Славы, которые становятся видны по мере того, как посетитель приближается по нескольким наклонным переходам. Вид на восточный фасад, поднимающийся над садовой террасой, открывается полностью только с другого берега большой бухты; для этого фасада характерны крупные, рельефные формы, хорошо различимые издалека. Девять центральных пролетов выделяются благодаря тяжелой облицовке необработанным камнем на первом этаже и гигантским колоннам коринфского ордера, выделяющимся на фоне песчаника на двух верхних этажах. Южный фасад, обращенный к маленькой площади, оживлен бронзовыми плакетками, скульптурными нишами и другими элементами, работающими только тогда, когда их видно с близкой дистанции. Пять центральных пролетов задуманы как нагруженная элементами тиумфальная арка, увенчанная трофеями и надписью, прославляющей Карла XII. С запада две полукруглые арки обрамляют тщательно проработанную центральную часть фасада. Возвышаясь над основанием, облицованным неотделанным камнем, десять герм чередуются с окнами второго этажа. Окна сверху увенчаны рельефными бюстами монархов от Густава Васы до Карла XI. Кроме этой тщательно проработанной центральной композиции во всем здании использована лепнина и элементы декора из песчаника.

ФРАНЦУЗСКИЕ РЕМЕСЛЕННИКИ

Тессин описывал свой метод строительства так: использование итальянской традиции для внешних форм и французской для декора интерьеров [Tessin 2002b: 72]. Это полностью справедливо для Стокгольмского дворца. Он постоянно сравнивал свой проект со зданиями в Риме. Также он не скрывал, на какие образцы опирался при создании интерьера и его декора. Он описывал Галерею Карла XI (илл. 52) с прилегающими комнатами, единственные интерьеры, завершенные до его смерти, прямо сравнивая их с галереей в Версале работы Жюля Ардуэн-Мансара:

> В Стокгольме есть галерея во дворце, устроенная [ordonée] во вкусе двух предыдущих [Версаля и Сен-Кло]. Все орнаменты и кессоны там выполнены из золоченой лепнины и украшены белыми фигурами. В обоих концах на ткани, которая отчасти закрывает карнизы, расположены бюсты короля Карла XI и королевы Ульрики Элеоноры, окруженные фигурами добродетелей [Tessin 2002: 107].

Таким образом, и форма, и содержание — нарратив о власти короля — были заимствованы из Версаля. Более того, галерея

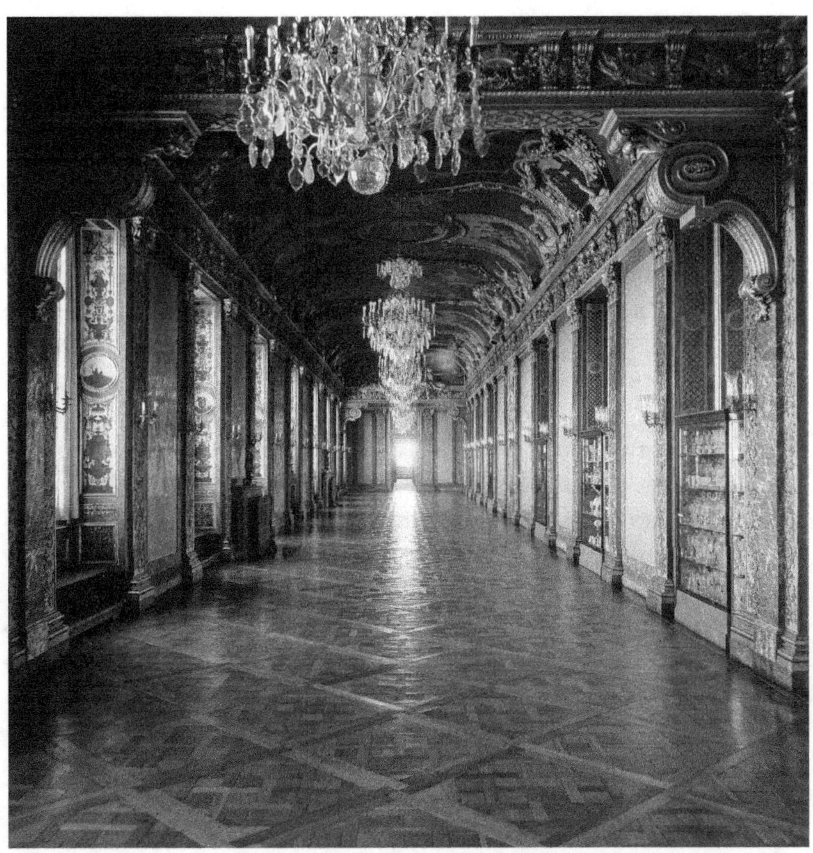

Илл. 52. Никодемус Тессин Младший. Галерея королевского дворца Карла XI. Стокгольм. Начало 1697 года. © Королевский двор, Швеция. Фото: Алексис Дафос

Тессина связывала апартаменты короля и королевы, формируя пространственный ансамбль, аналогичный Версалю. Хотя он не смог убедить короля разместить галерею и официальные помещения на первом этаже, как надлежало парадным помещениям согласно итальянской традиции, а не на втором этаже, как было принято в Швеции, у него, очевидно, были обширные полномочия для выбора стиля оформления [Vahlne 1997: 100–101].

Тессин пошел еще дальше и для выполнения этих работ пригласил искусного ремесленника из Парижа и Версаля. В этом он последовал примеру Хедвиг Элеоноры, которая в 1680-х годах воспользовалась дипломатическими каналами, чтобы связаться с Андре Ленотром и пригласить в Дроттнингхольм фрацузских садовников. Теперь Тессин нанял целую команду, состоявшую из мастеров по скульптуре, орнаментальной скульптуре, литью, фигуративной и декоративной живописи и т. п. Они не были гугенотами, изгнанными из Франции после 1685 года, которые тогда искали работу во многих протестантских странах. Тессин обратился именно к людям, работавшим над апартаментами короля в Версале, что гарантировало и качество, и престиж. Более того, эти люди имели опыт работы с королевскими проектами и, таким образом, умели работать в рамках новой организационной модели, основанной на примере Франции и возглавляемой Тессином. Французская корона позволила им покинуть королевство с большой неохотой. Хотя они по большей части находились в бездействии из-за войн Людовика XIV, Даниэль Крунстрём, шведский посланник в Версале, потратил много времени и сил на то, чтобы добиться разрешения для каждого из них уехать из страны на определенный период, и согласие на это было в основном дано в качестве дипломатического жеста доброй воли. Они прибывали и уезжали в разное время, но на протяжении двух десятилетий эти люди создали серии изящных скульптур и интерьеров как для королевского дворца, так и для частной резиденции Тессина [Hinners 2012: 49–50][1].

Возможно, самым амбициозным проектом, выполненным французами, был конный памятник Карлу XI, смоделированный Жаком Фуке для дворцового двора (илл. 53) [Ibid.: 253–259]. Это было сознательное подражание статуям Людовика XIV, созданным Франсуа Жирардоном (1628–1715). В 1687 году Тессин посетил Вандомскую площадь в Париже вместе с Жирардоном и осматривал большую модель для статуи Людовика XIV. Тессин

---

1 Значительная часть корреспонденции Тессина с Крунстрёмом опубликована в книге [Weigert, Hernmark 1964].

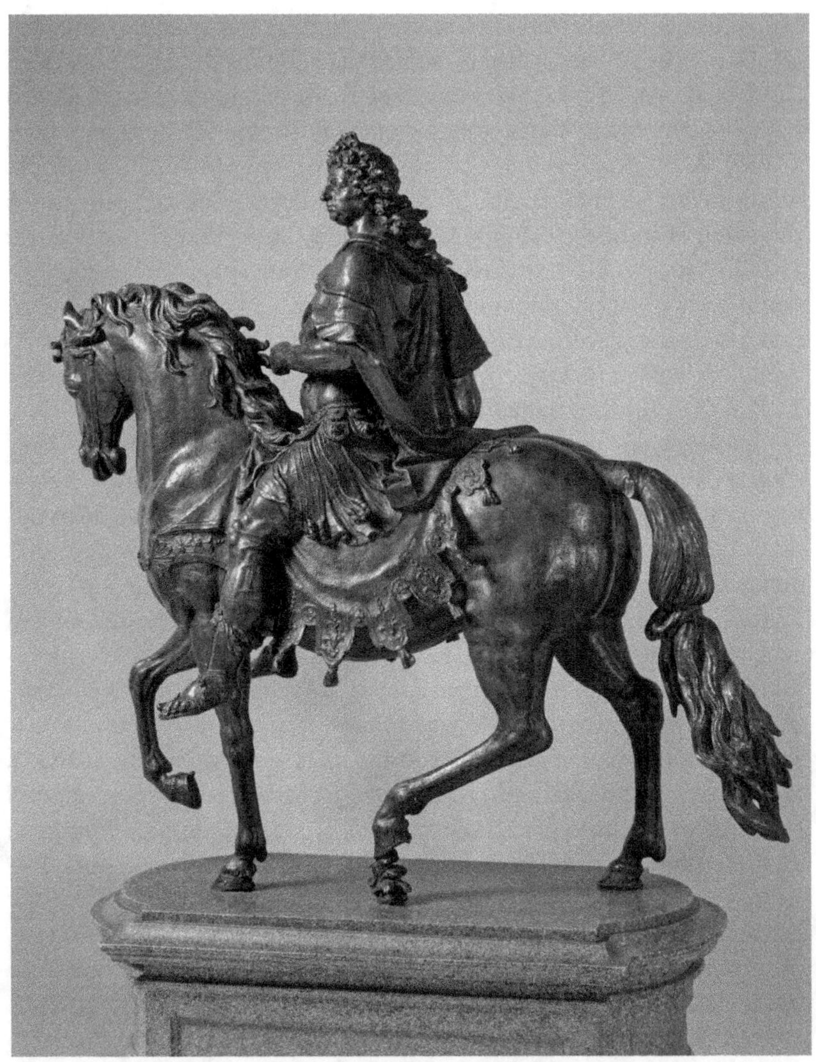

Илл. 53. Жак Фуке. Конный памятник королю Швеции Карлу XI. 1699 год. © Королевский двор, Швеция. Фото: Свен Нильссон

также видел восковую модель в студии Жирардона и очень подробно описал ее в своих заметках [Tessin 2002a: 179–181]. Крунстрём и Тессин советовались с Жирардоном и Антуаном Койсево по поводу найма мастеров для работы в Швеции, и один из них, Рене Шово, учился у Жирардона, а другой, Франсуа Обри, помогал ему во время отливки одного из королевских памятников [Le soleil et l'étoile 1994: 48–49; Olin 2000: 128–132; Hinners 2012: 253–259 и др.]. Хотя существовала долгая традиция создания конных памятников правителей, каждый из которых в какой-то степени восходит к античной статуе Марка Аврелия на Капитолийском холме в Риме, Тессин при разработке проекта статуи Карла XI опирался на работы Жирардона.

Французские мастера, работавшие в Стокгольме на протяжении десятилетий около 1700 года, олицетворяют значительную перемену в практике Шведского двора. После прихода абсолютизма должности придворных художников и скульпторов больше не предлагались тем, кто отличился, работая на аристократию, поскольку эти покровители больше не могли позволить себе значительные проекты. На практике большинство из мастеров были немцами и нидерландцами благодаря давним династическим, культурным и конфессиональным связям. Особо показателен пример скульптора Бальтазара Пермозера (1651–1832), поскольку он показывает, насколько меньше возможностей для карьеры становилось в Швеции даже для выдающихся талантов из немецких земель. Пермозер, родом из Баварии, работал в Риме и Флоренции с 1674 или 1675 года. В 1690-м он получил должность в Дрездене, но два года спустя оказался в Стокгольме, где создавал эфемерные декорации для похорон королевы Ульрики Элеоноры [Böttinger 1918: 20; Böttinger 1940–1941: 215, 279n6]. Мы не знаем, надеялся ли он оставаться в Стокгольме, но вряд ли он когда-либо мог занять постоянную должность при дворе, поскольку не соответствовал идеалам Тессина. Хотя у короля были твердые представления о некоторых аспектах проекта дворца, Тессину разрешили обратиться к французам от имени короны. В поисках выдающихся мастеров, обученных именно в тех кругах, которые он намеревался создать в Стокгольме,

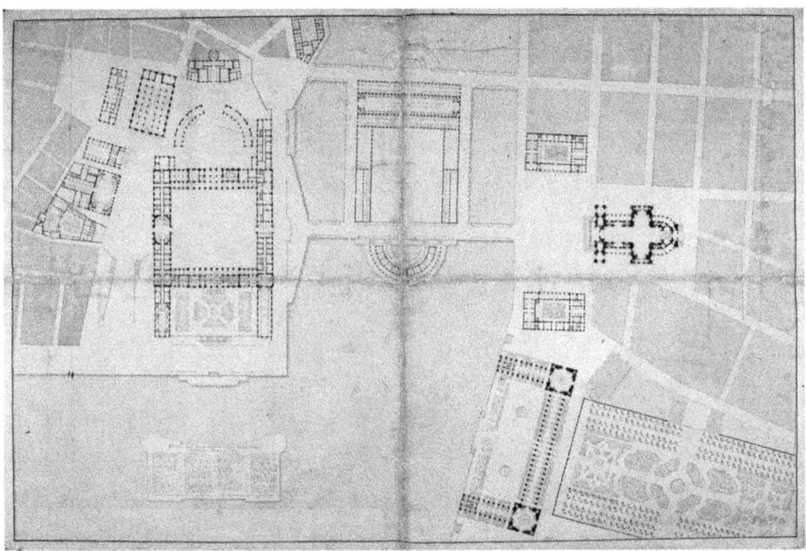

Илл. 54. Никодемус Тессин Младший. План реконструкции Стокгольма. Ок. 1712 года. Фото: Riksarkivet (Государственный архив Швеции), Стокгольм/Курт Эрикссон

Тессин обратился к Версалю. Хотя, по-видимому, он воспринимал это как в первую очередь эстетический выбор, то, что он нанял мастеров, проявивших свои таланты в создании имиджа абсолютного монарха, было не просто стечением обстоятельств.

СТОЛИЦА АБСОЛЮТИЗМА

Несмотря на то что завершение строительства дворца заняло десятилетия, он стал важнейшим элементом в архитектуре новой королевской столицы в ви́дении Тессина [Josephson 2002]. В последующие годы был разработан более обширный план города (илл. 54). Уже при проектировании северного крыла дворца в начале 1690-х годов Тессин предложил разбить новую площадь на другом берегу бухты, на что Карл XI ответил согласием.

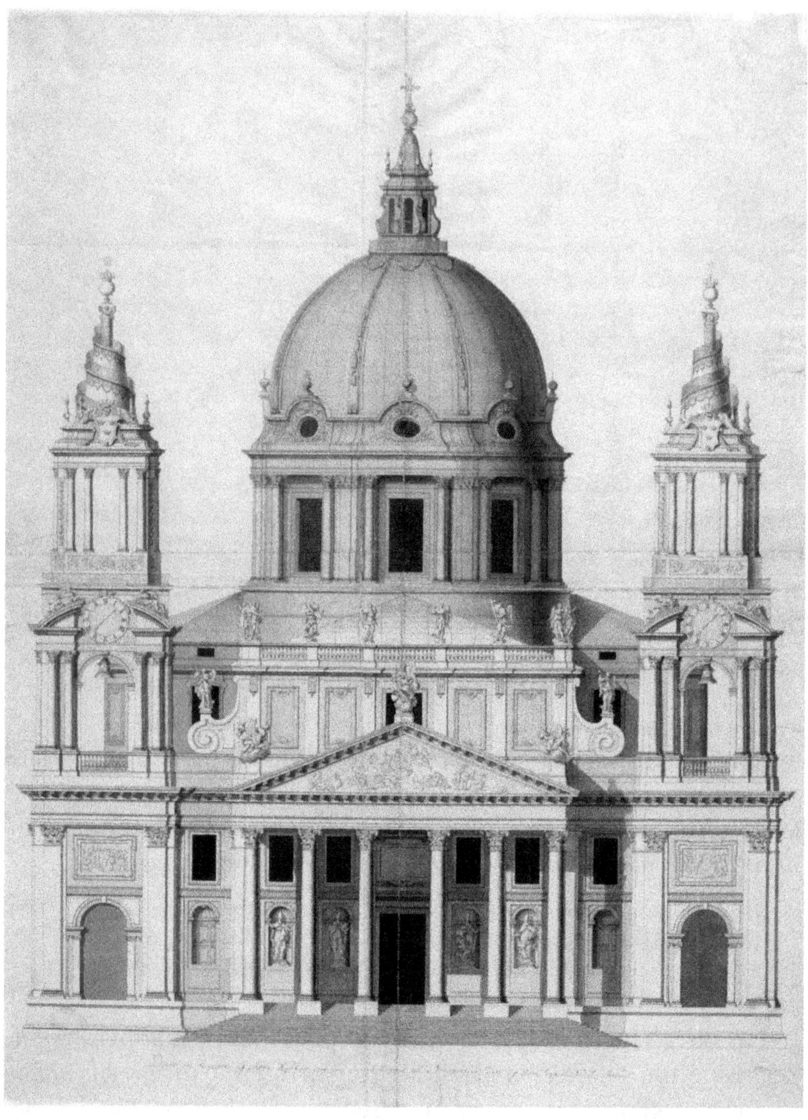

Илл. 55. Никодемус Тессин Младший. Проект церкви Каролинской династии в Стокгольме. 1708 год. Фото: © Национальный музей Швеции, Стокгольм

В 1708 году архитектор спроектировал массивный династический собор для северной стороны площади, которая должна была быть обращена ко дворцу (илл. 55), а также новый мост, который создавал ось между этими двумя строениями. Обрамлять площадь с востока и запада должны были четыре новых официальных здания. Годом ранее, в 1707 году, он задумал огромный арсенал/хранилище трофеев на берегу к востоку от церкви, перед которым должны были стоять конные статуи Густава II Адольфа и трех королей Каролинской эпохи. В 1712 году он предложил снести конюшни, которые сам построил в 1690-х годах, и заменить их более внушительной постройкой. Вместе с этими значительными новыми проектами появились планы перестройки средневековой церкви рядом с дворцом в более современном стиле, постройки отдельного здания для канцелярии и апелляционного суда и внесения разных других изменений в облик административного центра Стокгольма. Центр города должен был быть развернут на север, организован согласно городскому плану, доминантами которого должны были стать несколько зданий, превосходящих размерами любые другие в городе.

В определенном отношении представляется, что план Тессина был непосредственной реакцией на ослабление высшей аристократии в королевстве. Около 1650 года Аксель Оксеншерна начал строительство огромной новой резиденции прямо к западу от королевского дворца. К моменту его смерти в 1654 году готова была лишь небольшая часть, но и она значительно выделялась в городском пейзаже. Если бы постройку закончили, это было бы самое современное и величественное здание середины века в городе. Контраст с королевским дворцом бросался бы в глаза, ведь ее строили прямо напротив главного входа, и она была бы фоном для любой церемониальной процессии и визита посольства. Более того, Оксеншерна был признанным представителем аристократии, что теперь выглядело почти отступничеством[2]. Тессин предложил включить неоконченный дворец Оксеншерны

---

2 Анализ архитектуры для аристократии, возведенной в середине века как выражение республиканского вызова короне, дан в [Bedoire 2001].

в большой комплекс королевского дворца и возвести на его основе здание апелляционного суда, воспользовавшись готовым материалом, но визуально стерев его из городского пейзажа. Также и арсенал должен был сменить старую резиденцию Делагарди, имевшую неофициальное название Makalös («Непревзойденная»), что само по себе было провокационным названием для частной резиденции, построенной напротив королевского дворца. Без сомнения, Тессину не нравился старомодный дворец, но королю должна была прийтись по вкусу идея заместить его новым зданием, подчеркивавшим королевский статус. («Непревзойденный» по-прежнему ассоциировался с семьей Делагарди, хотя после конфискации его в пользу государства в 1680-х годах служил арсеналом.) Городская резиденция Карла Густава Врангеля (см. илл. 39), единственный роскошный частный дворец в Стокгольме, который можно было сравнить с двумя вышеупомянутыми, уже использовался как временная королевская резиденция во время постройки нового дворца, и таким образом он фактически стал королевской резиденцией. Резиденция Торстенссона и некоторые другие в непосредственной близости от дворцового комплекса также, по замыслу Тессина, должны были быть перестроены, но, строго говоря, их нельзя рассматривать как здания, сопоставимые с резиденциями этих трех вельмож[3].

Тессин начал работать над своим расширенным проектом перестройки Стокгольма в 1707–1708 годах. У него было время для работы, поскольку строительство дворца около 1705 года было практически приостановлено. В эти годы до сокрушительного поражения под Полтавой в 1709 году, после которого королевство так и не смогло оправиться, казалось, что до мира и возобновления источников финансирования не хватает лишь одной победы. Однако он продолжал разрабатывать свои идеи и около 1712 года соединил все эти проекты в единый городской

---

[3] Дворянское собрание, место встречи аристократов, построенное примерно в середине века, не включено в сохранившиеся планы реконструкции города. Однако Тессин явно намеревался расширить площадь, на которой располагается здание. См. [Josephson 2002: 116–117].

план. На этот момент Тессину, который в тот же год стал членом Тайного совета и все в большей степени брал на себя ответственность за финансы государства, должно было стать понятно, что его идеям не суждено воплотиться в реальность. Мог ли архитектор или кто-либо другой поверить в то, что реализовать этот план все-таки возможно?

Этот вопрос, задаваемый часто, не совсем раскрывает суть проблемы. Дворец, главная часть проекта, был построен, так же как и более ранняя версия конюшен. Однако даже сокращенный вариант большого городского плана был довольно амбициозным, и вряд ли он был осуществим и до 1705 года. Чего же тогда Тессин надеялся достигнуть, вкладывая столько сил в эти чертежи?

В 1703–1706 годах Тессин предложил Карлу XII представить Французскому двору проект завершения Лувра [Josephson 1930: 47–87; Walton 2003]. Это строительство было одним из самых крупных архитектурных проектов 1660-х годов, и в Париж из Рима прибыл Джанлоренцо Бернини, чтобы завершить восточное крыло. Хотя планы Бернини не были осуществлены, они стали главным образцом для Тессина, который привез чертежи постройки Лувра работы итальянского мастера в Стокгольм. Четыре десятилетия спустя Тессин вряд ли мог предполагать, что его проект Лувра будет осуществлен, и потому, что он был представлен так поздно (задолго до этого королевский двор уже переехал в Версаль), и потому, что он бы потребовал еще больше расходов на реконструкцию, чем обширные планы Бернини[4]. Скорее всего, Тессин рассматривал проект Лувра как способ укрепить дружественные отношения Швеции и Франции в момент, когда официальный союз был невозможен по политическим причинам, и в то же время для того, чтобы представить крупный проект королю и мастерам, которыми он восхищался. По-видимому, в Версале, где были продемонстрированы чертежи и модель, поняли эти намерения. Ответ был вежливым, но планы строительства не обсуждались[5].

---

4 Другую трактовку можно увидеть в статье Ди в [Dee, Walton 1988: 96–100].

5 Таковы утверждения Уолтона в [Walton 2003].

Представляется, что, создавая городской план Стокгольма, архитектор преследовал такие же цели. Все идеи Тессина были изложены в переписке с отсутствующим королем. Особенно в 1709–1713 годах, когда Карл XII практически оказался в плену в Бендерах, владениях Османской империи (теперь Тигин, Молдова), по целому ряду писем между Тессином и Кастеном Фейфом, главой канцелярии, сопровождавшим короля, можно угадать совсем иную цель проекта. Фейф писал, что

> Его Величество получает большое удовольствие от зданий, и главный судебный маршал [Тессин] не может доставить Его Величеству большего удовольствия, чем если он время от времени будет присылать чертежи того, что было построено в Стокгольме со времени отбытия Его Величества.

Несколько месяцев спустя он напомнил Тессину, что тот «лучше всего может остаться в милости Его Величества, если постарается доставить ему удовольствие любыми способами». Представляется, что в трудные времена проекты преображения Стокгольма были для короля важным источником развлечения:

> Я [Фейф] настолько надоедаю Вашему Превосходительству [Тессину] своими письмами о строительстве, что Ваше Превосходительство устанет от них. Но если в моей власти успокоить Его Величество, пусть будет так. Его Величеству очень нравится переписка, и он сам читает Ваши письма... и мне кажется, что для властителя нет удовольствия здоровее этого [Feif 1859: 137, 151, 154, 177].

В этой переписке также сообщается, что король каждый день изучал изображения дворца, отправленные Тессином.

Фейф передавал в своих письмах комментарии и критические замечания короля относительно различных проектов. Они оставляют впечатление о короле не как о человеке с изысканным вкусом, но, скорее, как о правителе, который считал строительство одной из своих обязанностей и прерогатив и питал большую любовь к лошадям [Josephson 1947][6]. Его в особенности интересовали конюшни — Фейф несколько раз писал, что король пока просмотрел только эти чертежи, — и в меньшей мере арсенал. И Тессин, и Фейф понимали, что архитектурные проекты были важны для того, чтобы поддерживать хорошее настроение короля и оставаться в его милости. Конечно, они позаботились о том, чтобы король не забывал о Тессине. Была между этим непосредственная связь или нет, их переписка совпала с невероятным подъемом карьеры Тессина вне архитектуры. Это зависело не только от милости короля. Тессин понимал, что Фейф пользовался особенным влиянием на него и что эти чертежи также были для Фейфа бесценной помощью в его задаче помочь королю не пасть духом. В 1712 году он написал, что за год Фейф сделал больше для его продвижения, чем его предшественник за все предыдущие [Weigert, Hernmark 1964: 376]. И действительно, в этом году Тессина сделали тайным советником. Двумя годами позже ему даровали титул графа, а в 1717 году — должность главного судебного маршала. В следующем году король назначил его верховным префектом, должность, которая поставила бы его над юридическими и региональными властями, которым во время исполнения его обязанностей было бы вменено полное повиновение новым мерам строгой экономии, но эта должность так и не была введена [Lindahl 2002: 31–32]. Даже когда корона потеряла возможность вести грандиозное строительство, проекты Тессина способствовали взлету его политической карьеры в качестве одного из самых доверенных лиц короля.

ОБРАЗ АБСОЛЮТИЗМА В СКАНДИНАВИИ И ЗА ЕЕ ПРЕДЕЛАМИ

При ближайшем рассмотрении, Тессин вовсе не зря вложил столько сил в разработку плана идеального Стокгольма. Архитектор осторожно распространял информацию о нем за преде-

---

6 И критика Олина в [Olin 2003], на которую я отчасти опираюсь.

лами Швеции. Сначала появилась гравюра, выполненная в 1695 году в Париже Себастьяном Леклерком, которая изображала новое северное крыло дворца. Позднее она была включена в набор из нескольких гравюр, представлявших его более широкое ви́дение нового центра Стокгольма [Tessin, Halton 1714]. Очевидно, что оба эти издания были созданы в качестве демонстрационных образцов для иностранных дворов; Карл XI оплатил гравюру Леклерка и отложил сто копий для того, чтобы отправить их в Италию, две сотни для Франции и Германии и триста для себя самого, чтобы иметь их под рукой в качестве подарка [Josephson 1940–1941]. Вскоре к этим гравюрам прибавилось издание «Suecia Antiqua et Hodierna» («Швеция, древняя и современная»), топографическое описание королевства, полностью опубликованное в 1715 году, хотя многие изображения, включенные в сборник, распространялись и раньше. Внешний вид северного крыла, помещенный в сборник, — это уменьшенный вариант огромной гравюры Леклерка, так что изображение стало достоянием более широкой аудитории. Благодаря рекламе Тессина Стокгольмский дворец был признан одним из самых выдающихся зданий в Северной Европе рубежа XVII–XVIII веков. Обзор его проекта, написанный в восторженном тоне и снабженный широкоформатной копией изображения из «Suecia Antiqua», был опубликован в издании «Theatrum Europaeum» («Европейский театр»), немецкой хронике событий в Европе [Theatri Europaei 1720: 293–294][7]. Эти публикации, оплаченные двором, и копии изображений из них предназначались для того, чтобы изображения дворца и городского плана попали в руки правителей и архитекторов по всей империи и за ее пределами. Благодаря этому Тессин приобрел значительную известность, а дворец вскоре стал образцом для нескольких новых проектов за пределами страны.

Представлять свои работы правителям напрямую таким способом было обычной практикой для архитекторов. Тессин Старший в свое время просил своего сына передать чертежи Дроттнингхольма в дар различным правителям (и, возможно,

---

[7] Обзор был написан Иоганном Фридрихом Эозандером фон Гёте, о котором будет сказано ниже.

другим влиятельным людям), которых он мог бы встретить во время своих путешествий [Tessin 2002a]. Что более примечательно, зрелый Тессин Младший представил свои детальные проекты Французскому двору. Его соперник при имперском дворе, Иоганн Бернхард Фишер фон Эрлах (1656–1723), отправлял гравюры своих планов Шёнбрюннского замка под Веной в Берлин и не только. Одним из адресатов мог быть Тессин, которому в 1718 году принадлежал оттиск такой гравюры[8]. Во время поездки в Берлин в 1704 году Фишер подарил королю Фридриху I чертеж огромной загородной резиденции в городе или неподалеку от него, проект, который так и не был реализован. Если смотреть в более широкой перспективе, публикации крупных проектов, явление, известное уже в XVI веке, стало обычным делом к XVIII веку, и в совокупности они представляют собой огромный корпус возведенных или оставшихся лишь на бумаге архитектурных сооружений, хранящийся в библиотеках правителей и их художников [Prange 1997; Völkel 2001].

Благодаря этим публикациям и другим источникам информации дворы правителей оставались в курсе последних тенденций развития искусства. Дипломаты, которых принимали во дворцах, описывали их своим нанимателям. Именно благодаря этим источникам датский король Кристиан V (1670–1699) в 1693 году отправил Тессину запрос относительно северного крыла Стокгольмского дворца, который находился тогда в процессе постройки, и сделал заказ на проектирование дворца в Копенгагене [Josephson 1924: 27–75; Snickare 2002]. Непосредственной причиной этого обращения стал пожар во дворце Амалиенборг в 1689 году. Датский придворный архитектор, Ламберт ван Хавен, предложил свой проект, но он несколько лет оставался без внимания, а затем заказ был передан Тессину. После демонстрации чертежей в Копенгагене летом 1694 года его проект был одобрен. Вопреки четко выраженному приказу Кристиана о том, что эти чертежи не подлежат публикации, Тессин заказал гравюры на их основе для того, чтобы его проект могли оценить и критиковать другие

---

[8] Эти и другие примеры см. [Neville Forth].

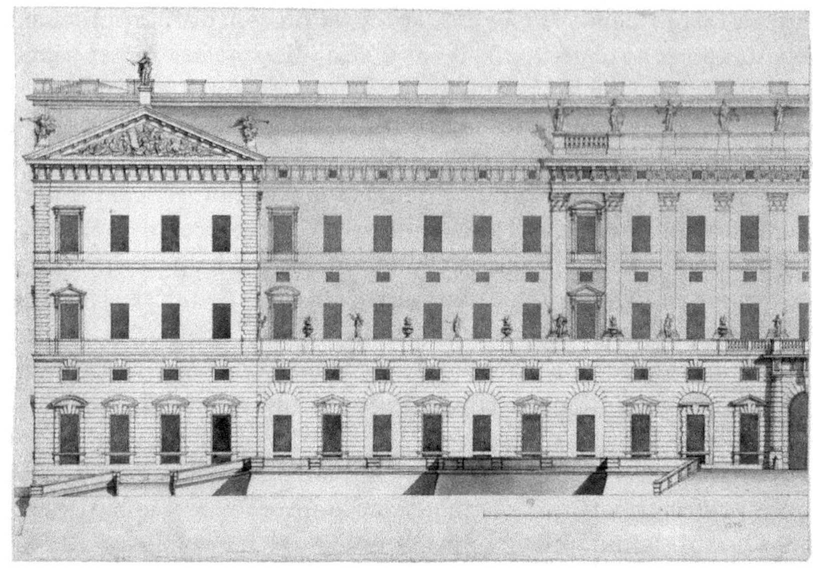

Илл. 56. Никодемус Тессин Младший. Проект дворца Амалиенборг. Копенгаген. 1694 год. Фото: © Национальный музей Швеции, Стокгольм. Поскольку планировалось, что фасад будет симметричным, Тессин изобразил только левую половину

[Josephson 1924: 37–39; Langberg 1967]. Однако эти гравюры весьма редки, возможно, их опубликовали строго ограниченным тиражом и архитектор разослал их лишь избранным коллегам.

Проект Амалиенборга содержит много схожих со Стокгольмским дворцом элементов (хотя замыслы существенно отличаются, поскольку Тессин разрабатывал эти проекты одновременно (илл. 56). Действительно, можно сказать, что они находились в диалоге друг с другом. Амалиенборг занимает три больших крыла, более-менее сравнимые с теми, которые архитектор спроектировал для Стокгольмского замка после пожара 1697 года. Низкое четвертое крыло увенчано скульптурами и урнами и замыкает внутренний двор. Большие крылья украшены значительно пышнее, чем северный фасад Стокгольмской резиденции, единственный уже спроектированный на ранней стадии разработки копенгагенского проекта. Главный фасад Амалиенборга украшен девятью центральными арками с пилястрами большого ордера; это архитектурное решение, схожее с проектом палаццо Киджи в Риме работы Бернини, появится также в несколько иной форме на восточном крыле Стокгольмского дворца. Также часовня и театр в проектах для Стокгольма и Копенгагена схожи и формой, и расположением.

Хотя Кристиану V, по-видимому, понравился этот проект, Амалиенборг так и не был построен. Из-за проблем практического порядка строительство несколько раз откладывалось, а летом 1699 года король умер. Его преемник, Фредерик IV, вскоре напал на Швецию, из-за чего о сотрудничестве между двумя странами не могло быть и речи.

Возможно, что заказ на Амалиенборг был продиктован и другими соображениями, которые стали неактуальны из-за возобновившейся войны. Изначально запрос о материалах, касающихся реновации Стокгольмского дворца, был передан датским послом, Йенсом Юлем, которому было поручено вести со Швецией переговоры о нейтралитете. Запрос последовал всего через несколько недель после смерти сестры Кристиана Ульрики Элеоноры, жены Карла XI, и явно был шагом для сохранения мира между двумя королевствами. Вскоре последовали и попытки сформировать новый союз посредством брака, которые, впрочем, провалились. Хотя это соображение, скорее, проистекает из общего контекста, возможно, что проект Амалиенборга в первую очередь был попыткой сохранить диалог и дружеские отношения между Датским и Шведским дворами, с дополнительным бонусом в виде нового дворца для Копенгагена [Josephson 1924: 27–30]. Сомнения относительно успеха этих шагов могли бы объяснить запрет Кристиана на публикацию чертежей, поскольку со сменой политических настроений проект в любой момент мог провалиться. Остается неясным, в какой степени Тессин понимал эту сторону заказа, но данный прецедент вполне мог стать причиной его интереса к архитектурным проектам для Французского двора, которые в значительной степени были дипломатическим шагом, и для его отношений с отсутствующим Карлом XII.

Для поддержания имиджа короля на рубеже XVII–XVIII веков требовалось нечто большее, чем новый дворец. В Копенгагене Авраам-Сезар Ламурё (ок. 1640–1692) из Метца установил монументальную конную статую Кристиана V (илл. 57) [Waldén 194: 161–173; Bøggild Johannsen, Johannsen 1993: 190–196]. Несмотря на свое французское происхождение (Метц с XVI века находился под властью французского короля), Ламурё не был, подобно Фуке, приглашен из Парижа для создания подобия статуй Людовика XIV работы Жирардона. Он начал работать над своей статуей около 1682 года, до установки статуи Жирардона, и она существенно отличается от французской. Король облачен в шлем, а четыре фигуры, сидящие по углам высокого постамента, являются олицетворением добродетелей, а не рабами, скованными цепями (однако согласно одному рисунку можно предположить, что изначально они должны были изображать связанных пленников). Конь попирает копытами распростертую фигуру Зависти. Эта последняя фигура побуждает сравнить статую, скорее, с проектом для Фридриха Вильгельма, великого курфюрста Бранденбурга, работа над которым шла в то же время. Там конь должен был попирать распростертые фигуры Войны и Смуты. По углам постамента должны были располагаться ветра, славящие курфюрста, а под ними — фигуры четырех главных добродетелей. Монумент известен только в виде восковой модели, которую Тессин увидел в 1687 году в мастерской в Амстердаме, но огромная цена указывает на то, что памятник задумывался крупномасштабным [Hinterkeuser 2013: 25]. В фигурке великого курфюрста, выполненной около 1680 года Готфридом Лейгебе, можно найти схожие мотивы: всадник облачен в костюм римлянина, конь попирает химеру с головами дракона, льва и козы. Как и у статуи Кристиана V работы Ламурё, на голове у него шлем, увенчанный лавровым венком [Kessler 2014: 59–61].

Схожие черты этих трех конных фигур необязательно подразумевают наличие каких-либо связей. Тем не менее они указывают на более обширную сеть контактов между властителями и их художниками. Ламурё состоял в родстве с семьей художников — потомков Франсуа Дьёссара, который в середине XVII ве-

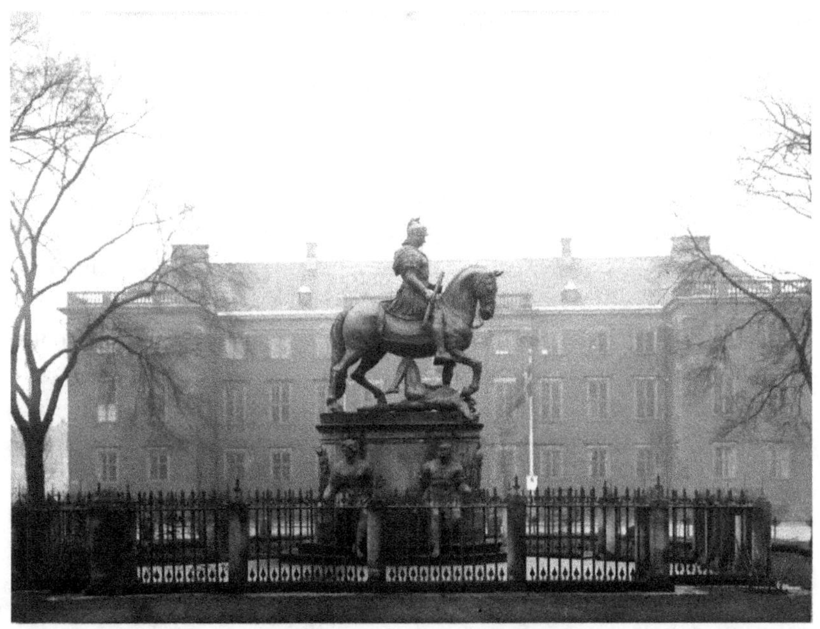

Илл. 57. Абрахам-Сезар Ламорё. Конный монумент короля Дании Кристиана V. 1682–1688 годы. Фото: Музей Копенгагена

ка работал при дворах в Лондоне, Копенгагене, Берлине и других районах Северной Европы и чьи наследники продолжали работу в Северной Германии и Скандинавии. Но в то время, как Дьёссар прибыл в Копенгаген из Лондона, где он считался одним из самых известных скульпторов наряду с Антонисом ван Дейком и Иниго Джонсом, Ламурё приехал в Данию благодаря своим успехам на службе Магнуса Габриэля Делагарди и, вероятно, в наибольшей степени Хедвиг Элеоноры [Waldén 1942; Ljungström 2004: 58–61, 95–98].

Такие крупные проекты могли принести славу еще до их завершения. Кристиан V обратился к Тессину благодаря неоконченному северному крылу Стокгольмского дворца. Также и модели дворца в Копенгагене было достаточно, чтобы молодой шведский король, Карл XII, пожелал превзойти ее при возведении нового дворца взамен сгоревшего. Должно быть, Тессин был в восторге, когда Карл заявил, что новый дворец в Стокгольме «ни в коей мере не должен отставать от датского в величии» [Josephson 1940–1941: 62].

Это внимание к деятельности в сфере искусства при дворах других правителей, окрашенное духом соперничества, было типичным для той эпохи и заходило гораздо дальше традиционной борьбы между Данией и Швецией. Другие крупные правители, особенно в немецких землях, пристально следили за строительством в Копенгагене и Стокгольме. Стокгольм был более значимым, поскольку датские короли на тот момент заимствовали элементы королевской визуальной репрезентации из Швеции; Копенгаген представлял больший интерес в сфере церемониала и ритуала.

Около 1700 года страсть немецких правителей к королевским титулам способствовала горячему интересу к скандинавским дворам. Немецкие князья в Священной Римской империи не имели надежды на королевский престол, но в эти годы они обнаружили, что могут его получить вне границ империи. Примером этого служили скандинавские короли, которые в пределах империи имели герцогские титулы, но вне ее были королями. Так, благодаря щедрым взяткам, в 1697 году Август Сильный, курфюрст Саксонии (1694–1733), стал Августом II, королем Польши. Четыре года спустя курфюрст Бранденбургский Фридрих III (1688–1713) стал прусским королем Фридрихом I, а в 1714 году курфюрст Ганноверский воссел на престол Англии под именем короля Георга I. Другие безуспешно строили планы на королевский трон. Иоганн Вильгельм Пфальцский мечтал стать королем Армении, но из этого ничего не вышло.

Одновременно со стремлением занять трон появился спрос на королевские дворцы и другие внешние атрибуты, подчеркивающие достоинство монарха. Фридрих III/I начал постройку огромного нового дворца и перестройку Берлина как столицы королевства. Несколько лет спустя Август Сильный начал тот же процесс в Дрездене, хотя успел сделать очень мало. Даже Иоганн Вильгельм приказал создать проект огромного нового замка в Дюссельдорфе [Lorenz 1991: 62–66, 88–90, 174–175; Schmidt, Syndram 1997; Windt et al. 2001].

Эти новые дворцы должны были значительно отличаться от прежних, поскольку они были призваны отражать значительный рост социального положения их владельцев и таким образом ломать местные традиции. Им также следовало выглядеть королевскими резиденциями в сравнении с дворами других правителей, что способствовало установлению определенных канонов в формировании внешнего облика.

Все это сформировало ряд вопросов о том, какие именно образцы можно считать достойными подражания. Нередко считалось, что универсальным идеалом для немецких князей был Версаль, но на самом деле, можно назвать очень мало дворцов, которые бы создавались под непосредственным влиянием Версаля. Он не только был задуман и построен в масштабах, недостижимых практически ни для одного из потенциальных заказчиков в империи, его также в определенном отношении трудно сочетать с традициями строительства немецких резиденций. Версаль — загородный дворец с большими садами, которые были включены в репрезентативное пространство. Большинство же самых примечательных резиденций в империи были городскими, что требовало иного подхода к строительству и к облику города вокруг них.

Другие аспекты репрезентации Людовика XIV оказались более полезными. Если говорить о рецепции, одним из самых успешных произведений искусства была конная статуя короля, облаченного в доспехи римского императора, созданная Франсуа Жирардоном около 1685 года, реплики которой поставили в центрах публичных площадей по всему королевству. Модель памятника Жака Фуке для Стокгольма была создана под прямым влиянием статуи Жирардона (см. илл. 53). (Довольно отличающаяся статуя Кристиана V работы Ламурё создана раньше монумента Жирардона, но она выполняет схожую функцию (илл. 57).) Это были вариации одной давней традиции, но для рубежа XVII–XVIII веков Жирардон создал самую удачную версию [Keller 1971; Ziegler 2010: 116–132].

Немецкие князья, желающие получить королевский престол, считали, что для короля конный памятник является абсолютной необходимостью, и для многих из них были созданы или задуманы различные варианты этого атрибута королевской власти. В Берлине первым крупным заказом, который Андреас Шлютер (ок. 1659–1714) получил от Фридриха III/I в качестве придворного скульптора, была конная статуя Фридриха Вильгельма, великого курфюрста, отца короля. Памятник поставили на мосту Ланге-Брюкке, недалеко от дворца; его расположение напоминало более ранний конный памятник Генриха IV в Париже [Hinterkeuser 2013; Kessler 2014a]. Другие монументы были спроектированы или созданы для Дрездена, Дюссельдорфа, Мюнхена, Варшавы и Санкт-Петербурга, все они для правящих монархов или тех, кто лишь жаждал получить корону.

СОБИРАТЕЛЬНЫЙ ОБРАЗ КОРОЛЯ: СТОКГОЛЬМ И БЕРЛИН

В Берлине курфюрст Фридрих III дал ясно понять, что образ короля — это не что иное, как подтверждение королевского титула, заявив: «Если у меня есть все атрибуты королевской власти, и в большей мере, чем у других королей, почему бы мне не искать королевского титула?» [Völkel 1999: 220]. В публикации, где описывалась коронация и сопутствующие ей празднества, его церемониймейстер Иоганн фон Бессер доказывает правомочность претензий Фридриха на королевскую корону, перечисляя атрибуты, демонстрирующие, что Фридрих всегда был королем по своему положению и величию, если не по титулу. Здесь упоминаются размеры его территорий, армий и «величие и слава его двора» [Friedrich, Smart 2010: 227]. Другие князья приводили похожие аргументы. В постановке балета для Дрезденского двора в 1653 году звучали такие слова:

> Справедливо, что шляпу курфюрста следует вознести на тот же уровень, что и короны, ведь пурпур курфюрста равен по своему достоинству и славе их [королевскому] золоту.

> Владения курфюрста и короля весят одинаково, их достохвальное положение известно всему миру [Watanabe-O'Kelly 2002: 134].

Новый титул в Берлине требовал пересмотра практически каждого элемента придворного церемониала, как это происходило и в Дрездене. Все началось с церемонии коронации в 1701 году. Чтобы продемонстрировать свое непревзойденное величие, Фридрих короновал себя сам в придворной капелле в Кёнигсберге. Это была кульминация серии церемоний, в которых наблюдатели-современники узнали церемонии, проводимые при королевских дворах в Копенгагене, Стокгольме, Лондоне и других землях, признавая тем самым образ королевской власти, собранный из отдельных фрагментов [Besser 1702; Duchhardt 1983; Baumgart 1987].

Центральным элементом в королевском Берлине стал перестроенный дворец (илл. 58). Как и в случае с коронационной церемонией, Фридрих искал для себя подходящие образцы. В 1698 году он заплатил архитектору Саксонского двора Йоханну Фридриху Кархеру 25 дукатов, по-видимому, за его чертежи королевского дворца в Варшаве, спроектированного для Августа Сильного [Hinterkeuser 2003: 113]. Что более важно, он обратился к нескольким известным архитекторам, которые уже продемонстрировали свой талант в проектировании и строительстве королевских дворцов. Представляется, что он особенно обхаживал Доменико Мартинелли, итальянского архитектора, который в то время работал в Вене, и Тессина Младшего.

Мартинелли отклонил предложение по религиозным причинам, заявив, что не желает работать среди еретиков [Lorenz 1991: 64]. Ситуация с Тессином менее понятна. В 1690-х годах его просили о помощи для строительства дворца Литценбург (позднее Шарлоттенбург), под Берлином, а в мае 1697 Совет Фридриха постановил: «...следует связаться с известным архитектором из Швеции по поводу переговоров с Его Высочеством курфюрстом» [Peschken 1992–2001, 1: 124]. Это дополняет замечание в письме Тессина относительно непроясненной поездки в Берлин

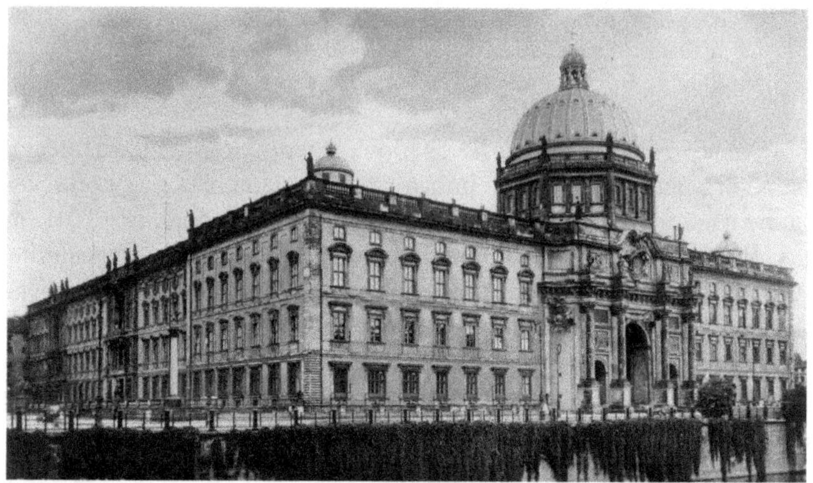

Илл. 58. Андреас Шлютер и Иоганн Фридрих Эозандер фон Гёте. Королевский дворец. Берлин. Реконструкция начата ок. 1698 года, разрушен в 1950 году. Фото: частное собрание

в начале 1698 года из-за некоего проекта, который требовал его присутствия в городе [Keller F.-E. 1980; Hinterkeuser 2003][9]. В конце концов он почти наверняка не участвовал в проектировании дворца в Берлине. На следующий день после того, как городской совет Берлина обсуждал кандидатуру Тессина, старый дворец в Стокгольме сгорел. Возведение нового дворца на его пепелище стало самым важным делом в карьере архитектора, и поэтому выманить его куда-либо еще стало очень сложно. Вместо этого курфюрст остановился на своем скульпторе, Андреасе Шлютере, которого в 1707 году сменил Иоганн Фридрих Эозандер фон Гёте (1669–1729) [Hinterkeuser 2003; Holland 2002].

Приглашения, сделанные Фридрихом, говорят о многом, ведь, хотя он продемонстрировал, что знает об архитектурном развитии в Версале и Риме, создается впечатление, что он не считал их наилучшими. И действительно, в отличие от других немецких

---

[9] Нет никаких документов, подтверждающих, что Тессин был в Берлине в 1698 году.

князей, Фридрих редко оплачивал долгие учебные поездки в эти культурные центры тем, кто служил у него. Главным исключением является Кристиан Эльтестер, который в 1690-х годах работал в Риме в кругу Маттиа де Росси, а позднее был в Париже и Лондоне. Однако Эльтестер умер, не успев создать значительных работ для двора. В 1696 году Фридрих также отправил Шлютера в Рим. Тот должен был добыть отливки античных произведений искусства из собраний Ватикана для новой академии в Берлине и пробыл в городе относительно недолго [Hinterkeuser 2003: 29–30]. Поскольку это произошло до его вступления в должность дворцового архитектора, то, если он и изучал архитектуру во время своей поездки, делал он это по собственной инициативе. Эозандер, сменивший Шлютера на этой должности, много путешествовал по Северной Европе, но никогда не был в Риме.

Фридрих, по-видимому, предпочитал нанимать мастеров, которые имели опыт работы при королевских дворах, и их проекты, созданные на этой службе, а не опираться на традиции, почерпнутые во Франции и Италии [Neville 2014]. Антуан Песне, назначенный придворным художником в 1710 году, имел значительный опыт работы и в Парижской академии, и в Версале, где он работал вместе со своим дядей, Шарлем Делафосом, игравшим ключевую роль в создании декора дворца [Du Colombier 1958: 37]. Шлютер, соперник Песне в области скульптуры, работал при Польском дворе, и Фридрих, судя по всему, не видел особой разницы между этими двумя королевскими дворами. И действительно, Шлютер сделал гораздо больше для формирования имиджа нового короля, чем Песне, который прибыл в Берлин лишь за три года до смерти Фридриха. Также и архитектор Жан де Бодт учился в Парижской академии, но для Фридриха, по-видимому, было не менее важно, что тот снискал успех в Лондоне и подготовил чертежи для дворца Уайтхолл, которыми он весьма дорожил и привез в Берлин [Kuke 2002: 27].

Хотя эти мастера использовали опыт работы при разных королевских дворах, многие научные изыскания о дворце, построенном для Фридриха Шлютером и Эозандером, фокусируются на чертах, свидетельствующих о влиянии римской архитектуры — ее монументальных формах и тяжелом, пышном архитектурном членении — и практических приемах, благодаря которым было возможно создать такой проект в Берлине на рубеже XVII–XVIII веков. Однако черты римской архитектуры смешаны здесь с некоторыми важными элементами, не характерными для римского здания. Триумфальная арка, встроенная Эозандером в западный фасад, особенно противоречит традиции. Хотя у некоторых ранних римских палаццио есть порталы, которые в самом общем смысле похожи на триумфальные арки, они гораздо скромнее и ограничены пространством непосредственно вокруг двери. Арка Эозандера занимала бóльшую часть фасада и должна была выделяться еще сильнее благодаря высокой башне, которая весьма нравилась Фридриху. Башня «Три короны» в старом дворце Стокгольма и башни, которые так выделяются в главных архитектурных сооружениях, возведенных при Кристиане IV, указывают на то, что эта деталь была важным маркером королевской власти. Кристиан V приказал, чтобы у дворца Амалиенборг была башня, но Тессин, более убежденный поклонник римской архитектуры, чем почти любой другой архитектор Севера, возразил, что ни в одну итальянскую модель дворца нельзя вписать башню [Josephson 1924: 73]. Пожар 1697 года, разрушивший башню «Три короны» в сердце Стокгольмского замка, возможно, позволил избежать спора с королем по поводу ее сохранения.

Еще важнее для дворцов и в Стокгольме, и в Берлине оказывается более трудноуловимая особенность. Оба они построены для абсолютных монархов. Канонические римские резиденции возводились для правящих семей более низкого ранга и для кардиналов (хотя самые грандиозные проекты нередко инициировались семьей правящего папы римского). Притом что многие из них являются важными составляющими оформления площадей и даже определяют логику городского планирования в различных кварталах, ни одна не является доминантой целого города или, по крайней мере, его центра, чего ожидаешь от дворца абсолютного монарха [Connors 1989]. Даже папские дворцы не соответствуют этому стандарту. Ватиканский и Латеранский дворцы расположены вне центра Рима, в местах, доминантой которых являются соседствующие базилики Константина. Квиринальский дворец, вилла, перестроенная в летнюю резеденцию, в XVII веке по-прежнему напоминал загородную резиденцию, располагаясь между густо застроенным центром города и полями к востоку.

При работе над проектом Тессин воспользовался тем, что строительство должно было вестись на возвышенности, и спроектировал дворец, доминирующий над окружением. Архитектор обращал особое внимание на виды, открывающиеся из дворца, постоянно их комментируя в своих заметках и письмах к Карлу XII. Что более важно, он задумывался о видах, открывающихся *на* дворец и использовал их в интересах короля. Там, где возможно, он создавал дистанцию между дворцом и городской застройкой, чтобы комплекс стоял отдельно и визуально выделялся. С двух сторон вода отделяет дворец от любой точки обзора, создавая вокруг него более цельное пространство, чем это было возможно для любого здания в центре Рима, а новые улицы, ведущие ко дворцу под углом, создают динамическую перспективу дворца. Новая площадь напротив северного крыла, по всей ширине обрамляющая фасад, должна была соединяться с дворцом при помощи моста, который, чтобы оставаться как можно более незаметным, должен был опираться на плоские арки, так что дворец выглядел бы еще более величественно, возвышаясь над прибывающими посетителями [Josephson 1940–1941][10].

Место, где строили дворец в Берлине, предлагало не настолько драматичный вид, но тем не менее отделялось от городской застройки рекой и садами и формировало конец бульвара Унтер-ден-Линден. Новый дворец в Дрездене, над проектом которого с 1711 года старательно трудился архитектор Маттеус Даниэль Пёппельман (1662–1736), также планировали построить в гораздо большем масштабе, чем другие резиденции городской элиты

---

[10] Набережные были построены до возведения нового моста, так что замысел Тессина о том, чтобы мост выделялся как можно меньше, не сработал.

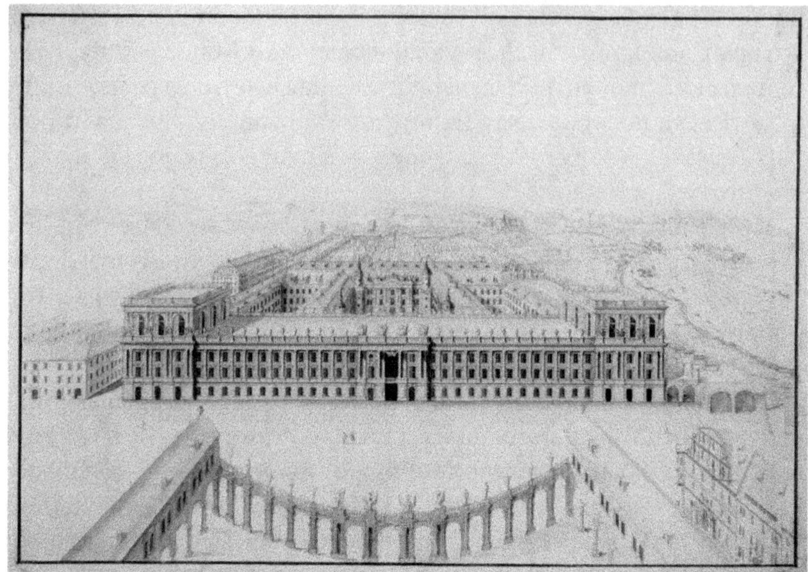

Илл. 59. Маттеус Даниэль Пёппельман. Нереализованный проект королевского дворца в Дрездене. Ок. 1710 года. Фото: SLUB Dresden/ Немецкая фототека/Регине Рихтер

(илл. 59). Располагаясь на возвышенности у изгиба реки Эльбы, он тоже задумывался как обширный комплекс с массивным квадратным зданием в центре. Единственной реализованной частью этого проекта стал Цвингер, большое замкнутое здание, где проходили празднества, которыми славился двор [Heckmann 1972: 42–101; Marx 1990: 138–196]. Хотя некоторые из этих архитектурных элементов и городской планировки можно сравнить с элементами, отчасти ассоциирующимися с Римом, результат, более приемлемый для абсолютной династической монархии, был совсем иным.

Фридрих III/I подошел к созданию нового королевского двора и столицы королевства как к сочетанию элементов, приличествующих королям. В контексте, где королевское происхождение при выборе мотивов (а также мастеров) перевешивало все другие соображения, скандинавские монархии считались весьма пре-

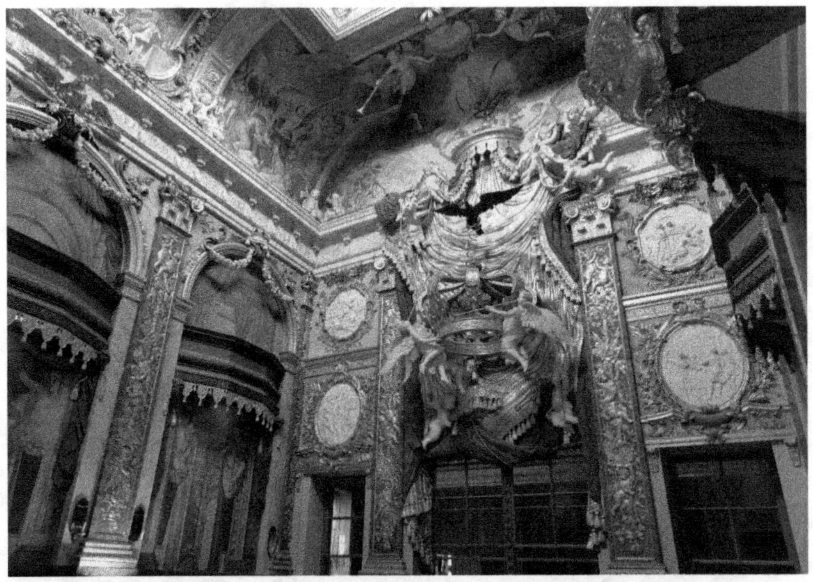

Илл. 60. Иоганн Фридрих Эозандер фон Гёте. Королевская ложа, капелла, дворец Шарлоттенбург. Берлин. Строительство начато в 1704 году. Фото: Ален Янсоон, www.all-free-photos.com

стижными, а их дворцы и другие памятники рассматривались как важные составляющие более обширной группы монархических образцов для подражания. Так, например, парящие ангелы, держащие большую корону, в королевской ложе капеллы дворца Литценбург/Шарлоттенбург, созданные Эозандером, отчасти заимствованы из дизайна двух королевских скамей в соборе Стокгольма, созданных Тессином (илл. 60–61). Общая форма часовни подозрительно похожа на верхний уровень лестницы Тессина Старшего в Дроттнингхольме (см. илл. 47), сдвинутый вбок и замкнутый. И там, и там длинные стены сформированы аркадами в три пролета. В Дроттнингхольме их превратили в своего рода венецианские окна, что способствовало достижению максимума пространства и света при соединении лестницы с верхним вестибюлем. Короткие стены тоже разделены на три части, у каждой более крупная центральная часть обрамлена

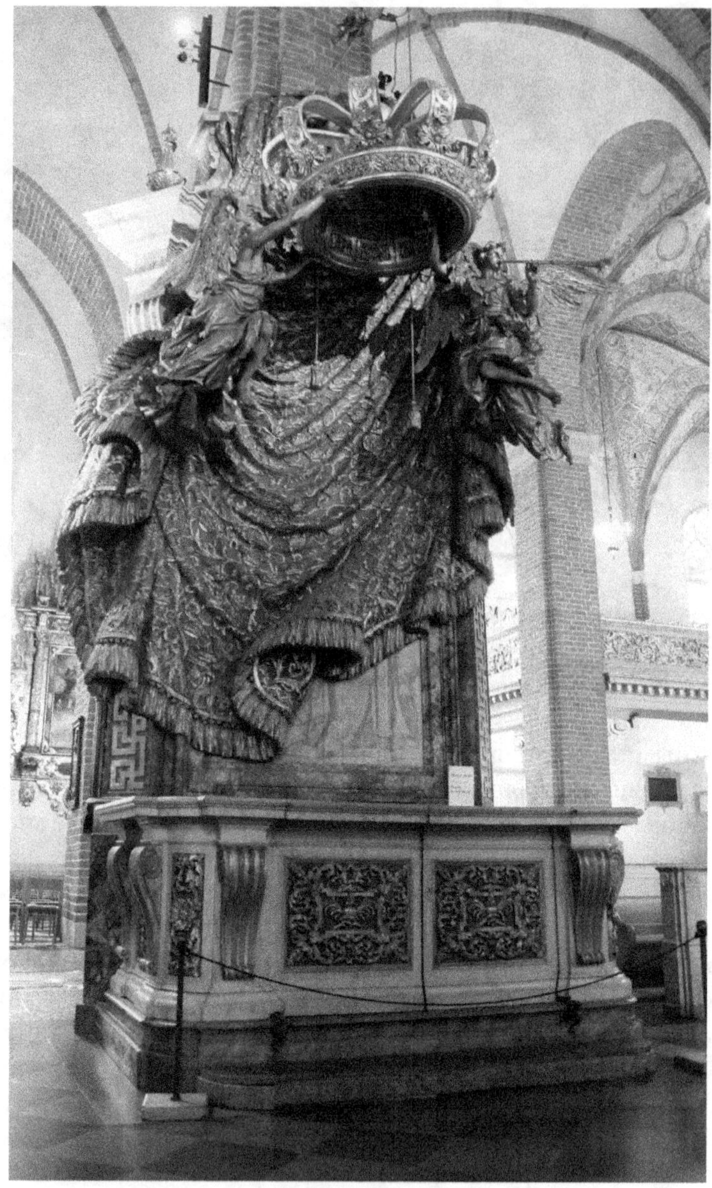

Илл. 61. Никодемус Тессин Младший. Королевские скамьи, церковь Св. Николая. Стокгольм. 1684 год. Фото автора

двумя поменьше и пониже. В Дроттнингхольме эти центральные панели представляют собой фрески-обманки — они, в свою очередь, явно заимствованы из Посольской лестницы в Версале [Bjurström 1998], — обрамленные похожими на двери нишами, в которых установлены статуи муз. В Берлине фрески-обманки перемещены в аркады без окон на правой стороне. Ниши стали фальшивыми дверными проемами по обе стороны алтаря, а в конце капеллы — проходами, ведущими к королевской скамье, которая увенчана фигурами, заимствованными у Тессина. В шведском варианте на сводах кессонного потолка сквозь орнамент просматривается сонм фигур. В Берлине эти фигуры изображают библейских персонажей, а не аллегории, как в Дроттнингхольме [Sophie Charlotte 1999]. Оба интерьера венчает необычно большой прямоугольный фонарь.

Декор Эозандера для похорон королевы Софии Шарлотты в 1705 году и Фридриха в 1713 году также похожи на те, что создал Тессин для королевы Ульрики Элеоноры в 1693-м и Карла XI в 1697-м. Эозандер работал в Швеции примерно во время, совпавшее с похоронами в 1693 году, и если он не видел временную трансформацию церкви Риддархольм в Стокгольме, он наверняка был знаком с гравюрами, которые напечатали для Тессина в Париже [Snickare 1999: 83–129, 191–194; Holland 2002: 142–150]. Хотя общую концепцию этих проектов можно возвести к театральным работам Бернини в Риме, с которыми Тессин был очень хорошо знаком, в этом контексте самая важная их характеристика — это репрезентация монарха.

Такие стратегии развития королевского имиджа выходили за рамки изобразительных искусств. В 1688 году после нескольких лет переговоров Самуэль фон Пуфендорф переехал из Стокгольма в Берлин и занял должность придворного историографа [Döring 1996]. (Одновременно он оставался на службе у шведского короля.) В Швеции он написал ряд работ, включая значительную часть трудов по теории юриспруденции, благодаря которым его считали одним из величайших мыслителей XVII века. За приглашением Пуфендорфа в Берлин стоял Фридрих Вильгельм, но он умер вскоре после приезда энциклопедиста. Главной работой Пуфендорфа, выполненной по заказу Фридриха III/I, стала история великого курфюрста, созданная по образцу его же истории правления шведского короля Карла X Густава [Pufendorf 1695; Pufendorf 1696][11]. Пуфендорфа также приглашали в Вену на должность придворного историка Габсбургов, несмотря на возможные затруднения, вызванные конфессиональными вопросами [Moraw 1962: 169]. Без сомнения, прими он эту должность, он писал бы биографии императоров по образцу биографий Карла Густава и Фридриха Вильгельма.

Преображение городов, о которых идет речь, в королевские столицы демонстрирует не только соперничество, но и сотрудничество между этими дворами. Для работы на Датский двор Тессину нужно было разрешение, и он его получил. С ним также консультировались по поводу проекта дворца Литценбург/Шарлоттенбург и, судя по всему, рассматривалась возможность привлечь его к перестройке Берлинского дворца в более значительной степени. Фридрих III/I следил и за развитием других дворов равных себе по статусу правителей, о чем свидетельствует его желание получить чертежи дворца Августа Сильного в Варшаве работы Кархера. Несколько лет спустя, в процессе проектирования нового дворца после пожара 1703 года в Дрездене, Август также приказал добыть чертежи Берлинского дворца работы Шлютера [Hinterheuser 2001: 254]. Вдобавок он приобрел книгу «Fürstlicher Baumeaister» («Королевский мастер-строитель», 1711–1716), обширное изложение, каким должен быть идеальный королевский дворец. Его опубликовал Пауль Деккер, работавший в мастерской Шлютера и опиравшийся на его опыт при создании собственных проектов [Lorenz 1990: 293–294]. Соответственно, давно уже отмечалось, что различные планы Дрезденского дворца явно создавались с оглядкой на Берлинский [Heckmann 1972: 42–101]. Появление в Дрездене исключительно редких гравюр чертежей Амалиенборга, выполненных Тессином, предполагает, что Август и его архитекторы также в значительной

---

11 По-видимому, в Берлин Пуфендорф отправился, имея при себе экземпляр истории Карла X Густава.

степени следили за королевской архитектурой в Швеции и Дании [Langberg 1967]. Многие подобные переговоры требовали формального или неформального сотрудничества между дворами.

Можно вспомнить и другие примеры. Например, Луи Реми де ла Фосс, судя по всему, заимствовал некоторые элементы дворцового дизайна Тессина, в частности, его почти маниакальное пристрастие к окнам на полуэтажах, при создании резиденции в Дармштадте, где он работал в 1715–1726 годах [Schneider, Wolf 1980: 41–43]. В этом рядовом примере Стокгольмский дворец служил моделью во многом так же, как и отдельные архитектурные элементы, используемые римскими архитекторами, возникали далеко за границами Италии. Однако здесь мы имеем дело с гораздо более приземленным диалогом, чем в случае с великими дворами, стремящимися создать образ абсолютного правителя.

В этом совместном формировании образа королевской власти в Центральной Европе нельзя проследить линейную траекторию влияния. Каждый двор следил за репрезентацией других и довольствовался тем, что заимствовал подходившие ему элементы. Если Тессин играл особо значительную роль в этом диалоге на рубеже XVII–XVIII веков, это происходило потому, что он и другие придворные художники в Швеции на протяжении полувека или больше разработали репрезентативный образ королевского двора Северной Европы, отчасти при помощи того же процесса ассимиляции [Persson 2015]. Берлину, Дрездену и другим дворам новоиспеченных немецких королей приходилось быстро разрабатывать новые декорации, и они, естественно, искали образцы при дворах своих северных собратьев.

ИМПЕРСКАЯ ВЕНА И КОРОЛЕВСКИЕ ДВОРЫ

Из всех процветающих культурных центров в Северной Европе около 1700 года здесь сознательно до сих пор не упоминался один: Вена. Имперская столица активно развивалась, здесь работали три известных архитектора: Иоганн Бернхард Фишер фон Эрлах, Иоганн Лукас фон Хильдебрандт и Доменико Мартинелли.

В городе также находился выдающийся итальянский живописец Андреа Поццо, как и многие другие скульпторы, мастера лепки, инженеры и т. п. И действительно, Вена стала пристанищем многих художников. В 1710 году Август Сильный отправил Пёппельмана в учебную поездку на шесть месяцев, поставив две главные цели: Вена и Рим. Чтобы увидеть Париж, тому пришлось ждать еще пять лет [Lorenz 1991a: 171–172].

Талантливых мастеров, работавших в Вене, во многих отношениях можно сравнить и с другими в Центральной Европе, и они также формировали часть огромной вольной сети контактов. Тессин Младший и Фишер фон Эрлах учились в кругу Бернини и, возможно, были знакомы в юности. Позднее они поддерживали переписку и покупали друг у друга чертежи [Neville 2007; Kieven 2008]. Хильдебрандт учился у единомышленника Бернини Карло Фонтаны, который работал со многими молодыми архитекторами из Северной Европы, включая Тессина [Hager 1993]. Точно так же Фишер и Хильдебрандт были связаны с проектами, реализуемыми при других дворах Северной Европы.

Габсбургских императоров от других правителей, упомянутых выше, отличает сравнительно малый интерес к изобразительным искусствам. В Вене нередко покровителями искусств становились аристократы, жившие в городе. Мартинелли из Рима в Вену пригласил не император, а группа дворян. Эти семьи возводили дворцы, по сравнению с которыми императорская резиденция, Хофбург, казалась все более старомодной и уже мало подходила для того, чтобы поддерживать образ или церемониал, ожидаемый от императора [Lorenz 2005]. Дворец Бельведер под Веной, построенный Хильдебрандтом для принца Евгения Савойского, великого императорского генерала, считался одним из самых величественных зданий, и обширная серия его видов была опубликована Саломоном Клейнером. Виды резиденций других венских аристократов также публиковались сериями, среди которых подозрительно отсутствовал Хофбург [Kleiner 1731–1740; Lorenz, Weigl 2007].

Среди проектов Габсбургов около 1700 года только дворец Шёнбрюнн под Веной можно сравнить со зданиями, которые

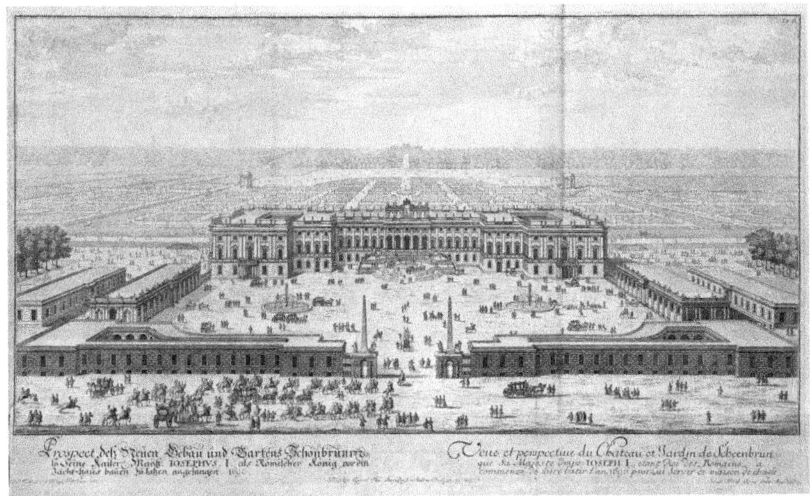

Илл. 62. Иоганн Бернхард Фишер фон Эрлах. Дворец Шёнбрюнн, под Веной. Строительство начато в 1696 году. Из книги Фишера фон Эрлаха «Entwurff» («Дизайн»). Исследовательский институт Гетти, Лос-Анджелес (86-B22036). Фото: Фотоархив/Исследовательский институт Гетти

планировали возвести в Берлине, Дрездене и Стокгольме (илл. 62). Постройка Шёнбрюнна была начата Фишером фон Эрлахом в 1696 году по заказу кронпринца Иосифа, который носил титул короля Румынии. В таком контексте этот проект также можно назвать королевским, и в нем можно увидеть некоторые элементы, схожие с дворцами на Севере. Был задуман большой конный памятник Иосифу I, который собирались установить не в садах или на мосту поблизости, а на крыше под центральным пролетом Бельведера, украшенного аркадами [Iby, Koller 2007: 63]. Такое странное расположение можно найти и в некоторых чертежах непостроенного Дрезденского дворца, спроектированного Пёппельманом.

Фишер подчеркнул, что дворец предназначался для короля, в подписи к своей гравюре Шёнбрюнна. Почти наверняка именно эту гравюру он отправил Фридриху III/I в 1701 году с сопроводительным письмом, в котором еще более подчеркивался королевский стиль и контекст здания:

> То особое уважение, которое Ваше Королевское Величество не раз демонстрировали по отношению к моему господину, королю Румынии, позволяет мне показать гравюру королевского потешного дворца [т. е. Шёнбрюнна], который почти достроен под моим ничтожным руководством. <...> Присылаю ее со своим глубочайшим почтением, с надеждой, что королевской милостью она будет одобрена, а ее ничтожный автор поощрен. Величайшим удовольствием для меня будет показать службой Вашему Королевскому Величеству, насколько преданно и ревностно я навеки являюсь [ничтожным слугой] Вашего Королевского Величества[12].

Хотя Шёнбрюнн, по-видимому, в значительной мере был спроектирован для самого императора Леопольда I, Фишер описывает гравюру только как «королевский потешный дворец» [Ibid.: 63–65]. Постоянно повторяемое обращение к «Его Королевскому Величеству» связывает титул адресата (Фридриха) и статус здания.

Возможно, что, посылая это письмо, Фишер хотел не только популяризовать свой проект. Он отправил его в 1701 году, когда Фридриха возвели в королевский сан. Фишер прекрасно знал, что за этим возвышением последуют значительные изменения в архитектуре Берлина, и, возможно, предлагал свои услуги, демонстрируя свой опыт в создании архитектуры для королей. Если его намерения были таковыми, он упустил свой шанс: Фридрих искал архитекторов в конце 1690-х годов, а к 1701-му еще один ему был не нужен.

Если письмо Фишера и следует рассматривать как просьбу о найме, это было весьма предусмотрительно. В тот же год разразилась Война за испанское наследство, и Габсбурги прекратили финансировать искусства. В 1704 году, не имея особых занятий,

---

[12] Из соображений удобочитаемости эта цитата несколько перефразирована. Оригинал опубликован в статье [Kühn 1933].

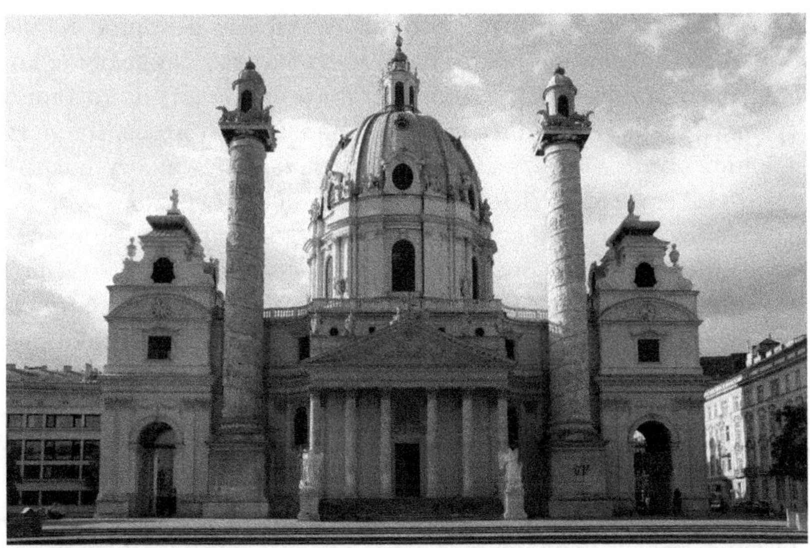

Илл. 63. Иоганн Бернхард Фишер фон Эрлах. Карлскирхе. Вена. Строительство начато в 1715 году. Фото автора

он приехал в Берлин. В рекомендательном письме от императора недвусмысленно утверждается, что он хотел увидеть строящиеся здания, самым важным из которых был дворец [Hantsch 1927; Sedlmayr 1997: 207–209]. Во время пребывания в Берлине он подарил Фридриху проект загородного замка недалеко от города. Этот проект является вариантом обширного альтернативного проекта Шёнбрюнна, а подпись, сделанная рукой Фишера, описывает его как «королевский потешный дворец... для короля Фридриха Прусского» [Sedlmayr 1997: 223–225].

Не считая Шёнбрюнна, Фишер построил несколько новых репрезентативных зданий для Габсбургов только после 1715 года, включая великолепную библиотеку, огромные конюшни и придворную канцелярию. В это время началась работа над Карлскирхе, «Церковью Карла», в которой безупречно соединилась иконография, связанная с Карлом VI (1711–1740) и со святым с тем же именем, Карло Борромео (илл. 63) [Ibid.: 280–300]. Так, изображения на парных колоннах излагают историю Карло Борромео, но эти изображения помещены на обвивающие колонны барельефы, подобно тому, что можно увидеть на колоннах Траяна и Марка Аврелия в Риме. Это вводит тему неразрывности древней имперской традиции, центральную в визуализации власти Габсбургов [Polleroß 2006; Polleroß 2009]. Однако, в отличие от древних памятников, здесь воздвигнуты парные колонны, что напоминает характерные черты репрезентации Карла V, под властью которого империя Габсбургов максимально расширила границы. Хотя церковь была построена во исполнение обета, данного во спасение Вены от чумы, Карлскирхе однозначно ассоциировалась с императором и тем самым стала аналогом династической церкви, постройка которой планировалась в Стокгольме.

Карлскирхе поразительно напоминает династическую церковь Тессина, проект которой был создан несколькими годами ранее (см. илл. 55). Эти два здания удивительно похожи своими цокольными портиками, увенчанными куполами на высоких барабанах, и двумя колокольнями-близнецами по бокам, особенно фронтальный вид, — с обычной точки обзора публики, с которой не видно, что их планировка значительно отличается. Даже довольно необычную балюстраду над портиком можно увидеть у обоих зданий.

Сходство Карлскирхе и Каролинской церкви объясняют тем, что оба архитектора, их проектировавшие, учились в Риме, точнее, в кругах Академии Святого Луки [Lorenz 1992: 11; Sladek 1999]. Что касается дворцов, речь о которых велась выше, благодаря расширенному пониманию римской архитектуры они выглядели довольно современными, но архитектурные элементы были переосмыслены для абсолютного монарха. Эти две церкви были по своей сути представительскими, и речь в первую очередь шла о династии, а не о религии. Если бы церковь Тессина была построена, между ней и дворцом стоял бы мост, так что эти два здания определяли бы ось города с юга на север. (Династическую церковь, спроектированную для Берлина Жаном де Бодтом, предполагалось соединить с дворцом таким же образом [Kuke

2002].) Эти репрезентативные характеристики выходили за рамки политических и конфессиональных различий. Две династии, одна воинствующих католиков, другая воинствующих лютеран, обе вовлеченные в борьбу не на жизнь, а на смерть во время Тридцатилетней войны, теперь пришли к схожим формам религиозно-репрезентативной архитектуры.

Эти каноны получили признание даже за границами западного христианства. В 1724 году царь Петр I (годы правления 1682–1725) попросил Тессина создать проект церкви в Санкт-Петербурге. Понимая, что Каролинскую церковь в Стокгольме никогда не построят, Тессин отправил ему несколько подправленную версию того же проекта. Хотя Петр ориентировался на западную культуру, что несколько сглаживало остроту вопроса, в России существовала совершенно другая традиция религиозной архитектуры, приспособленная к православной вере. Однако Тессин не сделал ни малейших поправок на православную культуру. В своем письме к царю он вообще не упомянул религию, заявляя вместо этого, что его церковь дает Петру возможность создать бессмертный памятник себе самому. Все свидетельства указывают, что и Петр, и Тессин относились к этому проекту всерьез, и он не был осуществлен из-за смерти царя несколько месяцев спустя, а не из-за того, что не подходил по каким-то теологическим, литургическим или политическим соображениям [Hallström 1962; Neville 2007].

В 1713 году Петр также пригласил в Санкт-Петербург Андреаса Шлютера, но тот успел сделать очень мало, поскольку скончался в следующем году. В 1716 году в Россию прибыл Бартоломео Карло Растрелли и вскоре начал работать над конной статуей царя, облаченного в римский костюм, которая была весьма похожа на различные государственные памятники, описанные выше, первым из которых была античная статуя Марка Аврелия на Капитолийском холме в Риме [Baudez 2011].

Этот довольно стандартный набор атрибутов короля и абсолютного правителя — в первую очередь большой современный дворец и величественный конный памятник со множеством возможных вариаций — вновь поднимает вопрос, почему Габсбурги не питали большого интереса к изобразительным формам искусства и в особенности к архитектуре. Вряд ли император желал, чтобы его превзошли аристократические семейства, и ему, конечно, не нравилось, когда приезжие архитекторы, такие как Пёппельман, были более заинтересованы в создании частных городских резиденций, чем императорских. Однако когда Август Сильный, наниматель Пёппельмана, и Фридрих III/I Бранденбургский нашли способы обойти запрет на получение королевского титула в империи, проблема стала серьезной. Более того, безграничные амбиции были очевидны. В 1705 году Август написал серию заметок под заголовком «План действий на случай того, если Дом Австрии [т. е. Габсбурги] пресечется». Десятилетие спустя его сын женился на племяннице Карла VI, благодаря чему правители Саксонии увеличили свои шансы стать наследниками императора-Габсбурга, у которого не было сына-наследника [Czok 1997: 65]. Курфюрсты Баварии из рода Виттельбахов также все более дерзко бросали вызов Габсбургам и в 1740-х годах соперничали с ними за императорскую корону.

План Августа закончился ничем, но король не держал его в тайне и не сидел сложа руки. Значительную часть декора Цвингера он посвятил презентации Саксонского Геркулеса. Это было частью более сложной системы символов, воплощенной в гравюрах, где Август изображался как император, как бы бросая вызов Габсбургам [Schlechte 1990; Lorenz 1995]. Несомненно, этот вызов не остался непонятым, поскольку он был представлен теми же формами — и в гравюрах, и в архитектуре, — которые были так хорошо знакомы и правителям, и архитекторам. Карл VI был вынужден поручить Фишеру фон Эрлаху создание Карлскирхе и других новых проектов после 1715 года, в которых тема императорского величия выступала на передний план [Lorenz 1994].

Хотя этот оживленный диалог подпитывался широко признанными канонами, он в значительной степени ограничивался немецким миром в широком понимании. Тессин Младший неотступно пытался получить известность во Франции, но самое высшее признание, которого он удостоился, — это вежливый ответ политического союзника. Единственный успех, которого он достиг ранее, проект замка Руасси, так и не был реализован [Dufour 2003]. Признания публики Тессин добился лишь в границах Священной Римской империи. Особенно это справедливо в отношении Берлина, где его проекты для всех видов репрезентации королевской власти, от дворца до ложи в церкви, стали испытанными образцами для подражания при дворе, который пытался очень быстро сформировать образ монарха и который боролся именно за то положение, которое в региональной политике занимала Швеция. Однако далеко не один Фридрих считал его «известным архитектором из Швеции». Его глубоко уважали во всем германском мире, к которому так близок был его придворный круг, не только благодаря династическим связям, но также и дипломатическим, и художественным.

Эпилог
Романтический Север

Государства переживают периоды расцвета и упадка. И Дания, как и Швеция, в значительной степени утратили свой политический статус к началу XVIII века. Расцвет каждого королевства повлек за собой рост амбиций и повышение статуса меценатов, но создание произведений искусства не обязательно было связано с успехами в политике и экономическом развитии. Кристиан IV начал активно покровительствовать искусствам практически к концу своего долгого правления, несмотря на сокрушительные поражения в войне в 1620-х годах и вновь в 1640-х. Хотя десятилетие между 1615-м и 1625-м нередко рассматривается как кульминация его правления, период до и после 1640 года также был плодотворным, когда, в частности, Франсуа Дьёссар и Геррит ван Хонтхорст участвовали в создании серии крупномасштабных, сложных проектов, которые можно сравнить с лучшими образцами в Центральной Европе.

Швеция в начале XVIII века потерпела сокрушительное военное поражение, что явно повлияло на искусство. Примерно с 1705 года работа над королевским дворцом в Стокгольме замедлилась и остановилась после поражения в битве при Полтаве в 1709 году. (Строительство продолжилось в 1728-м.) Однако нельзя сказать, что это стало непосредственной причиной оттока наиболее талантливых художников из страны. Потери были существенны задолго до роковой Великой Северной войны (1700–1721). И действительно, самые выдающиеся мастера, покинувшие страну, уехали либо до 1705 года, либо значительно позже, когда уже некоторое время не могли найти достаточно клиентов. Объяснение, почему искусства пришли в упадок, кроется в чем-то другом, и релевантными представляются два других обстоятельства. Во-первых, количество высоких должностей всегда было достаточно небольшим. Их занимали несколько личностей с хорошими связями, возвысившихся в лихие годы середины XVII века. Они обучили новое поколение мастеров, многие из которых были их собственными сыновьями и племянниками, на существенно более высоком уровне, чем раньше предлагали мастерские. Однако количество должностей так и не увеличилось, и этим молодым людям оказалось нелегко упрочить свое положение, особенно потому, что высокие должности нередко переходили к членам семьи наиболее успешных придворных художников. В 1676 году Тессина Младшего назначили на должность придворного архитектора именно благодаря службе и положению его отца. После смерти Эренстраля, в 1698 году должность придворного живописца перешла к его племяннику, хотя до этого были предприняты попытки вернуть Микаэля Даля (1659–1743), некоторое время обучавшегося в студии Эренстраля, но уехавшего в Лондон, а также нанять французского живописца [Olin 2000: 201–204]. Конечно, в XVIII веке возможности Шведского двора оплачивать амбициозные проекты уменьшились по сравнению с эпохой благоденствия в XVII веке, но никогда двор не мог обеспечить рост карьеры всех талантливых мастеров поколения, пришедшего на рубеже XVII–XVIII веков.

Во-вторых, рекламация земель около 1680 года имела негативные последствия для поддержания и сохранения художественных талантов. Прежние поколения аристократов находили талантливых художников независимо от короны, нередко возвращаясь домой в сопровождении мастеров, встреченных во время их заграничных поездок. Самые искусные часто получали должность при дворе. Теперь очень немногие аристократы могли себе позволить проекты, которые могли привлечь искусных художников и архитекторов. Это совпало со значительным изменением в стратегии их найма при дворе, хотя эти два факта вряд ли были связаны друг с другом. Тессин Младший нанял небольшую группу мастеров из Версаля по контрактам на установленный срок, еще более снизив шансы получить заказы для других обладателей опыта работы в Центральной Европе, которые в ином случае могли остаться в королевстве.

Те, кто не смог найти подходящей работы в Швеции, уехали попытать счастья в других землях. По тому, как сложилась судьба этих людей, можно оценить международную репутацию талантливых мастеров, работавших при дворах скандинавских королей. До середины XVI века единственными художниками, уехавшими из Дании и получившими высокие должности в других странах, были те, кто, возможно, не расценивал свое пребывание на Севере иначе, чем временное. То же самое в значительной степени можно сказать о Швеции до середины XVI века. Однако со временем эта ситуация изменилась. В XVI веке Якоб Бинк и Мельхиор Лорк были затребованы при нескольких дворах знатнейших правителей. В 1623 году Якоб I, король Англии, прислал Кристиану IV официальную просьбу позволить живописцу Францу Клейну (1588–1658) принять должность у него на службе. Клейн, родом из Ростока в Мекленбурге, находился на службе у Кристиана и в основном работал в Русенборге, с 1617 года и до его отъезда в Лондон в 1625-м (из-за незавершенных дел в Дании ему пришлось отложить отъезд на два года). В Англии Клейн вместе с Иниго Джонсом создавал эфемерные конструкции, возможно, для торжественного въезда королевы Генриетты Марии, и выполнял небольшие работы, например, распятие для капеллы в Сент-Джеймском дворце. В настоящее время представляется, что он работал и портретистом, но главным его назначением в Англии была должность главного художника на фабрике по производству гобеленов в Мортлейке [Beckett 1936; Howarth 2011]. Кай Габриэль Сиббер (1630–1700) родом из Фленсбурга получил стипендию датской короны для обучения в Риме. Возвращался он около 1659 года, через Нижние земли и Англию, и остался в Лондоне, где основал процветающее дело. Он работал в тесном сотрудничестве с сэром Кристофером Реном: вырезал барельеф на основании его монумента в память о Великом Лондонском пожаре (1673–1675) и на восточном фронтоне в Хэмптон-корте, который был увеличен архитектором для Вильгельма III в 1690-х годах. Также он создал различные декоративные элементы для собора Св. Павла. В 1693 году король назначил его придворным королевским скульптором [Faber 1926; Whinney 1964: 48–51].

Если бы Иоганн Фридрих Эозандер, позднее с пожалованием дворянства получивший фамилию Гёте, родился на поколение раньше, он, вполне вероятно, смог бы сделать карьеру архитектора при Шведском дворе. Он родился в 1669 году в Штральзунде и в 1690-х годах получил работу в шведской резиденции Нильса Бьельке, генерал-губернатора Померании [Holland 2002; Wahlberg Liljeström 2007: 207–211]. В середине века благодаря такому послужному списку мастер мог бы получить место при дворе, но Эозандер не надеялся сместить с должности Тессина Младшего, а других возможностей было мало. В это время более многообещающим выглядил Берлин, который Фридрих III/I хотел превратить в королевскую столицу. Эозандер достиг пика карьеры, когда в январе 1707 года сменил Андреаса Шлютера на должности архитектора дворца. Хотя уже построенное Шлютером ставило ему определенные рамки, он расширил дворец на запад и внес огромный вклад в один из величайших архитектурных проектов той эпохи (см. илл. 58).

Эозандер был лишь одним из многих, покинувших Швецию. Некоторые заняли высокие посты в крупных культурных центрах. Георг Десмаре (1697–1776) был живописцем герцогов Баварских с 1730 года (см. цв. вкладку 11), а Мартин ван Мейтенс Младший (1695–1770) получил должность живописца при императрице Марии Терезии в 1732 году, а затем возглавил Венецианскую академию в 1759-м. Микаэль Даль хотя и не получил должность при дворе, примерно с 1700 года подвизался в Лондоне как очень успешный портретист. Создается впечатление, что при Шведском дворе их отъезд был принят с некоторым огорчением [Olin 2000: 189–193]. Хотя эти факты можно было расценить как отражение невозможности для двора удержать талантливых художников, а следовательно, признание, что для покровительства искусствам в королевстве недостаточно средств, их можно истолковать и в более положительном ключе. В 1650 году не было ни одного живописца, обучавшегося в Швеции, который мог бы достичь уровня любого из уехавших. Полвека спустя они были всего лишь некоторыми из мастеров, уехавших из Стокгольма и добившихся успеха в других странах. Хотя все они вдобавок к первоначальному обучению получили образование за границей, что было типично для всей Северной Европы, их карьеры являются свидетельством широкого признания того, что качество художественной продукции при скандинавских дворах достигло международных стандартов. Наиболее талантливые мастера легко переезжали с места на место, продолжая установившийся алгоритм миграции в границах Центральной Европы.

Одновременно с этим скандинавские дворы завоевали значительный авторитет как культурные центры и стали образцом для подражания и местом, куда художники приезжали учиться. В 1791 году, проектируя памятник прусскому королю Фридриху II, скульптор Иоганн Готфрид Шадов (1764–1850) предпринял поездку для изучения конных статуй [Eckhardt 1990: 53–57; Kragelund 2011]. В Британии можно было найти много образцов, но ни один из них не был признан достойным подражания. Французских королей, в особенности Людовика XIV, много раз изображали верхом на коне, и эти статуи быстро обрели статус канона. Однако из-за революции путешествовать во Францию стало затруднительно, а вскоре именно те работы, которые Шадов желал бы увидеть, были уничтожены. Он побывал в Италии, но известные конные статуи работы Джамболоньи, Франческо Мочи и других в любом случае, по-видимому, были сочтены слишком устаревшими и неподходящими для проекта памятника воинственному королю. Путешествие Шадова было организовано директором Берлинской академии, Фридрихом Антоном фон Хайницем, который подчеркнул необходимость изучить недавние работы. Более того, Шадову следовало побеседовать со скульпторами и литейщиками, создавшими их, обращая как можно больше внимания и на технику производства статуй, и на их композицию и художественное содержание.

Итак, Шадов отправился в Стокгольм и Копенгаген, чтобы осмотреть конные статуи в этих городах. В Стокгольме его внимание привлекла не статуя Карла XI работы Жака Фуке. Ее так и не отлили в большом масштабе, а маленькой модели к тому времени было уже почти сто лет. Вместо этого Шадов изучил памятник Густаву II Адольфу, выполненный во второй половине XVIII века Пьером-Юбером л'Аршевеком и Юханом Тобиасом Сергелем. Она еще не была закончена, но Шадов встретился с Сергелем и увидел модель, которую он зарисовал и снабдил комментариями, так же как и Тессин Младший и другие делали заметки о том, что видели в Италии и Франции. В Копенгагене ему особенно хотелось увидеть статую Фредерика V работы Жак-Франсуа-Жозефа Сали на площади Амалиенборг. Во время пребывания в Стокгольме он слышал, что в Санкт-Петербурге вели сложную работу по отливке, и быстро добавил к своему маршруту незапланированный этап. Там он увидел самую необычную из этих трех статуй: памятник работы Этьена-Мориса Фальконе: царь Петр I на коне, вставшем на дыбы, возвышается на основании из необработанного камня, похожем на утес. Однако внешний вид статуи его разочаровал, особенно в сравнении со стоимостью проекта. Благодаря своему путешествию по столицам Балтики Шадов получил богатую пищу для размышлений, а также обзавелся личными знакомствами, которыми он дорожил, но для памятника Фридриху II он так и не позаимствовал ничего. Проект подвергался бесконечным обсуждениям и был завершен только в 1851 году его учеником, КристианомРаухом.

РОМАНТИЧЕСКИЙ СЕВЕР

Уже в то время, когда Шадов отправился на Север в поисках образцов современной репрезентативной скульптуры, образ скандинавских королевств менялся. Их все больше считали не местом производства прекрасных образчиков более-менее стандартизированного международного придворного искусства, а, скорее, выдуманными символами экзотического Севера. Это хорошо совмещалось с определенными аспектами идеологического сдвига в сторону Романтизма, но в этом контексте такое развитие было глубоко укоренено в традициях раннего Нового времени, не исчезнувших до конца. Это абсолютно справедливо в отношении к традициям живописи, поскольку художники XVIII и XIX веков совершенно сознательно обращались к ранним изображениям далекого Севера. Эта непрерывная связь существовала бок о бок с давней традицией глубоко идеологического ви́дения истории Улофом Рюдбеком и другими готицистами. Рюдбек умер в 1702 году, и обычно предполагается, что традиции готицизма исчезли вскоре после его смерти; причиной их краха некоторые называют упадок Шведского государства, появление истории как профессии, более подверженной скепсису, и, в более широкой перспективе, мышления эпохи Просвещения. Конечно, подобные взгляды получили меньшее распространение в XVIII веке, но не исчезли, и обнаруживаются в разных формах на протяжении XIX века. Научные аспекты истории Рюдбека — его хронология, его этимологическая методология и, в более широкой перспективе, его интерпретация источников — были дискредетированы и отвергнуты. То же случилось и с его нелепыми заявлениями о том, что Швеция является колыбелью классической Античности, что всегда казалось крайней степенью искажения понятий в более широком дискурсе готицизма. Прямая генеалогия от сыновей Ноя и подгонка фактов под библейскую историю также ушла в прошлое. Однако некоторые стороны более обширного нарратива не утратили своей актуальности. Возможно, гораздо более отчетливо это проявилось в литературе, но повествование о славной истории нации продолжало жить, и в ней туманная древняя история скандинавских саг и племенных легенд плавно переходили в средневековую историю и формирование современных государств[1]. Необходимы тщательные новые исследования для того, чтобы прояснить соотношение сохранявшихся традиций готицизма и зарождающегося скандинавского Романтизма. Однако их корни, идущие из раннего

---

[1] См. в особенности [Roling 2017; Roling 2020]. Совершенно иную интерпретацию готицизма в Англии в XVII и XVIII веках можно найти в книге [Kliger 1952].

Нового времени, переплетаются, и в некоторых случаях может быть, что в общую картину включаются и более поздние проявления, даже если имеют иные формы.

В этом кратком эпилоге будет обрисовано, какую роль Скандинавия и культура раннего Нового времени, описанная в этой книге, продолжали играть в немецком искусстве. Даже в XIX веке, который традиционно считается кульминацией настроений, отражающих национальный дух, северные королевства и Германия, объединенная в современное государство, не могли разорвать все связи без существенного вреда для истории культуры и интерпретации своей идентичности.

По окончании Северной войны в 1721 году Швеция утратила контроль над Балтикой. До того как Швеция лишилась остатков своей империи в 1815 году, она сохраняла только небольшой участок южного побережья Балтики вокруг Штральзунда и Грайфсвальда, а также открытый всем ветрам остров Рюген, крутые меловые скалы которого отвесно уходят в море. Как и Шлезвиг-Гольштейн, который Дания потеряла в результате поражения в войне с формировавшимся Прусским государством в середине XIX века, Шведская Померания оставалась географической привязкой Скандинавии к Северной Германии. Она также была предметом интереса немцев и их притязаний на наследие Севера.

Якоб Филипп Хаккерт (1737–1807) родился в Пренцлау, в Померании, на территории Пруссии, прямо к югу от шведской части провинции [Weidner 1998; Jakob Philipp Hackert 2008]. Регион был разделен между двумя королевствами, но не было ничего странного, что учился он в Берлине, а затем с 1762 году получил место при Адольфе Фредерике фон Ольтхоффе, шведском губернаторе Штральзунда, у которого были резиденция в городе и поместье на Рюгене. Хаккерт выполнил ряд рисунков, изображающих суровую природу острова, и опубликовал серию из них в 1763 году. В следующем году он сопровождал Ольтхоффа в Стокгольм, где был представлен двору и создал как минимум один живописный пейзаж для короля Адольфа Фредерика и серию рисунков для королевы Луизы Ульрики. Рисунки королевы утеряны или не

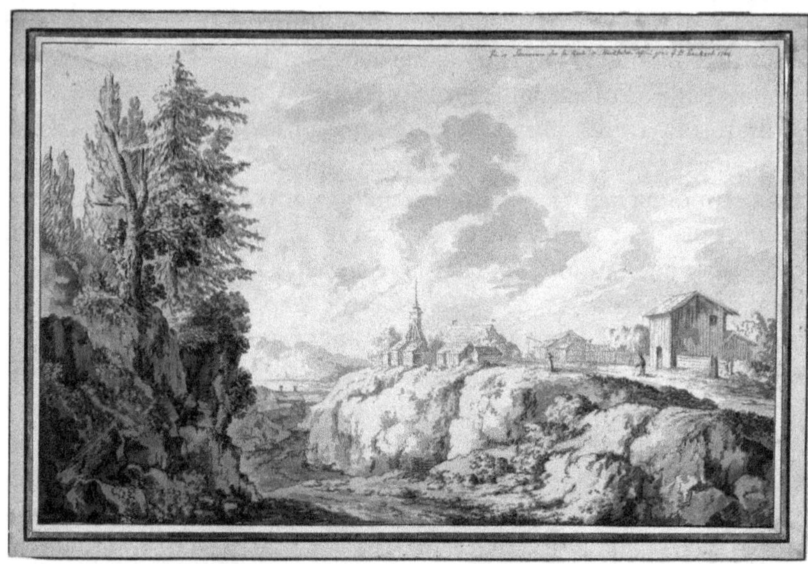

Илл. 64. Якоб Филипп Хаккерт. Вид на Свенарум. Швеция. Ок. 1764 года. Музей искусств Метрополитен, Нью-Йорк. Получено в дар от супругов Шифф, 1981 год. Фото: www.metmuseum.org

идентифицированы, но вполне вероятно, что их можно сравнить с более крупной серией рисунков, сделанных во время пребывания художника в Швеции. Художник выбрал вид на Свенарум (илл. 64) на юге Швеции, пренебрегая репрезентативной архитектурой в столице и по всему королевству, построенной Тессинами и другими мастерами. Вместо этого Хаккерт изображает группу сельских домов справа, а в центре виднеется церковь и отдельное здание колокольни. Все строения возведены из дерева, что представляет их бедными родственниками каменных домов более зажиточных классов, заботившихся о своем имидже. Строения примостились на каменистом холме, нависшем над дорогой. Они кажутся маленькими по сравнению с группой деревьев на вершине утеса слева. Ближайшее из них проиграло битву с непогодой; это голый ствол, на обломанных ветвях которого нет листьев. За ним возвышается группа вечнозеленых деревьев, их мохнатые лапы вырисовываются на фоне неба. По хвойным деревьям можно понять, что это северный пейзаж, что подчеркивается рельефом, каменистым, открытым всем ветрам. Такие отличительные черты можно найти также во многих пейзажах в «Suecia Antiqua et Hodierna», топографическом труде, созданном около 1700 года (см. илл. 3). Хаккерт, возможно, обращался к «Швеции, древней и современной» как к источнику некоторых своих изображений [Forssman 1955; Sjöberg 2008]. Можно с уверенностью сказать, что при создании своих северных пейзажей он обращался и к другим гравюрам XVII века, как и прочие художники его поколения. Хотя его шведские пейзажи можно отличить от других и они нередко поддаются идентификации благодаря надписям, по своему характеру они схожи с теми, которые были созданы на Рюгене.

Иоганн Вольфганг фон Гёте писал, что Хаккерт, его близкий друг, сделал в Швеции много рисунков, которые он хотел использовать позже [Goethe 1998: 418]. И действительно, некоторые впоследствии были опубликованы в сборниках гравюр, а другие переработаны в живописные полотна. Он время от времени возвращался к северным пейзажам, но после своего отъезда в Италию в 1768 году, где он и остался до своей смерти, Хаккерт практически отказался от этого сюжета, предпочитая пасторальные сцены, залитые солнцем, которые сравнивали с пейзажами Клода Ларрена, работавшего в Риме и Неаполе в середине XVII века [Weidner 1998: 95–103].

Хаккерта описывали как первооткрывателя Рюгена и его потенциала для живописцев [Busch 2008]. Из-за отъезда в Италию он не смог развить жанр северного пейзажа, но другие приняли его эстафету. Каспар Давид Фридрих (1774–1840) из Грайфсвальда часто приезжал на Рюген. Даже после того как он уехал в Дрезден в 1798 году, он путешествовал на Север, чтобы повидаться с семьей и провести время, делая наброски пейзажей на острове [Zschoche 2007; Leppien 1999][2]. В этих рисунках, как и прочих, которые он сделал в скалистых районах Саксонии и Богемии,

2 Детальный анализ рисунков Фридриха можно найти в [Grummt 2011].

акцент приходится на детали, отличающие северную природу. Довольно обычный сюжет представляет собой изображение двух сосен графитом, их стволы ясно видны сквозь тонкие ветви (илл. 65). Даже вместе они не кажутся массивными, выделяются пусто́ты, подчеркнутые белым фоном, который никак не прорисован, за исключением небольшого участка земли, из которого растут деревья. Хотя на рисунке практически нет изображения пейзажа, сосны расположены на листе справа, что помещает их в обширное абстрактное пространство, из-за чего они кажутся еще более уязвимыми в своем окружении.

Под двумя деревьями Фридрих набросал другой вид. Здесь неясно прорисованное дерево изображено на фоне двух массивных утесов, в то время как третий, повыше остальных, намечен справа одной изломанной линией. Утесы изображены отчетливыми, резкими линиями, с трещинами, прорезающими скалу. Только кое-где — в изображении дерева и кустарника у его подножия и в нескольких отрывистых линиях на вершине утесов — в этой сцене проявляется жизнь.

Благодаря тому, что на листе указана дата, 9 июня 1812 года, становится очевидным, что рисунок Фридриха носит документальный характер. И этот лист, и другие подобные были позже использованы как этюды для нескольких живописных полотен, где изображены одинокие деревья — некоторые намного более согнувшиеся под ветром и сломанные, чем те, что мы видим на этом рисунке, — на фоне широкого и несколько абстрактного пейзажа. Фридрих и его друзья более прилежно, чем Хаккерт, собирали такие образы и использовали их в своих студиях, превращая наброски в формальные субъекты.

Для Фридриха Рюген и балтийские пейзажи составляли нечто большее, чем драматичные декорации. Это была одна из точек отсчета для более фундаментального пересмотра концепций, который в значительной степени определял формирование эстетики Романтизма в конце XVIII века. Благодаря своему учителю он встретил Готтхарда Людвига Козегартена (1758–1818), поэта, теолога и пастора из соседнего Вольгаста. Козегартен был среди ведущих представителей движения в сторону глубокого

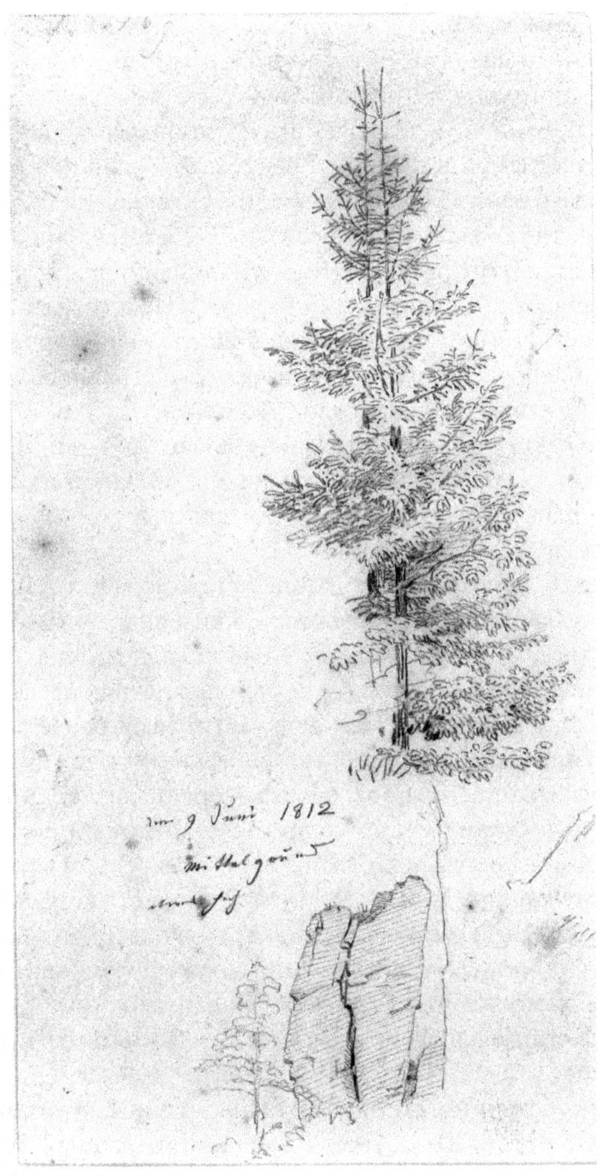

Илл. 65. Каспар Давид Фридрих. Этюд с двумя соснами и скалой. 1812 год. Электронное изображение получено благодаря программе Getty's Open Content Program

внутреннего благочестия, которое понималось и как в значительной степени присущее Северу явление, и как напрямую связанное с миром природы. Он произносил «береговые проповеди», в которых духовное наставление предлагалось не в церкви Вольгаста, возведенной в позднее Средневековье, но под открытым небом, в окружении Божьего творения. Обычно они проводились на Рюгене, где пейзаж лучше всего подходил к свободному, аскетичному характеру проповедей. Представляется, что в то время можно проследить отчетливую связь этого движения с работами Фридриха. Козегартен рано начал поддерживать Фридриха, собирал его работы, а в 1806 году пригласил его для создания алтарной картины для береговой часовни в Витте, городке на особенно открытом клочке земли недалеко от Рюгена. Писатель-современник Генрих фон Клейст, говоря об одной из самых известных работ Фридриха, использовал выражение «Влияние Козегартена»[3].

Грайфсвальд находился в Шведской Померании. Таким образом, по рождению Фридрих был шведским подданным, и, по всей видимости, для него это было довольно важно. Он явно весьма расстроился, когда в 1815 году регион перешел под власть Пруссии [Vaughan 2004: 165]. Несколькими годами ранее он по собственной инициативе написал алтарную картину, так называемый Теченский алтарь, изображающий крест на вершине горы, освещенный сзади лучами солнца, оправленный в золоченую раму, напоминающую ретабло позднего Средневековья, в подарок шведскому королю Густаву IV Адольфу, в честь которого он назвал своего сына. Предполагаемый дар был не просто вежливым жестом со стороны подданного; он выражал признание и уважение к набожности короля и политике, проводимой им. Тем не менее Фридрих очень хорошо понимал, какое место в мире занимает королевство, где он работал [Koerner 1990: 50].

Будучи уроженцем того же региона, что и Хаккерт, Фридрих не захотел продолжать обучение в академии Берлина. Не привле-

---

[3] Варианты этой истории можно найти практически в любой работе о Фридрихе. Я основываюсь на книге [Koerner 1990: 76–94]. См. также [Holmes 2005].

кали его и выдающиеся учебные заведения в Дрездене и Вене. Изучать искусство можно было в Стокгольме и Копенгагене. То, что осталось от неформальной «Академии» Давида Клёккера-Эренстраля, основанной в 1678 году, в 1735-м заменила Королевская академия в Стокгольме [Weimarck 1996]. В Дании в 1701 году группа художников независимо от короны основала «Академию искусств». Королевское начинание 1738 года наконец-то воплотилось в жизнь в 1754-м, когда было создано учебное заведение, финансирующееся государством [Fuchs, Salling 2004]. То, что обе эти организации появились на свет благодаря частным инициативам придворных художников, весьма напоминает формирование многих академий в немецких землях.

Из этих вариантов Фридрих выбрал Копенгаген, где он в 1794–1798 годах работал с Николаем Абильдгором и другими [Kragelund 1999; Howoldt, Gassner 2009]. Во многих отношениях это оказалось решающим выбором. Абильдгор (1743–1809), как и подавляющее большинство других живописцев XVIII века, долго учился в Риме и прекрасно овладел классицистическими традициями. Однако в этот багаж знаний и навыков он добавил горячее увлечение северными мотивами. Он писал сцены из скандинавской мифологии и еще чаще — из поэм, опубликованных Джеймсом Макферсоном в 1760-х годах под видом произведений древнего поэта Оссиана, сохранившихся в гаэльских источниках в шотландском Хайленде [Lederballe 2009][4]. Хотя их подлинность подвергалась сомнению практически с самого момента публикации — в настоящее время ученые пришли к выводу, что Макферсон записал некоторые фрагменты в горах Шотландии, но настолько значительно их переработал, что они представляют собой новые тексты, а следовательно, являются подделкой, — поэмы Оссиана пользовались невероятной популярностью в конце XVIII века. То, что автор выдавал их за произведения барда, жившего в III веке, сразу подталкивало к сравнениям с Гомером, и их нередко считали аналогами «Илиа-

---

4 Информацию о текстах «Оссиана» и их рецепции см. в [Moore 2004; Gaskill 2004].

ды» и «Одиссеи», но более наполненными жизнью и отчетливо северным духом.

Наряду со штудиями обнаженной фигуры и другими видами академических упражнений Абильдгор, по-видимому, включал в преподавание и эти исторические сюжеты. Возможно, именно по его указанию его ученик Асмус Якоб Карстенс нарисовал «Жреца рюгенцев перед Хейнрихом, королем вендов». Надпись на листе указывает, что источником сюжета была книга Уве Маллинга «Великие и добрые деяния данов, норвежцев и голштейнцев», учебник, благодаря которому школьники знакомились не с греко-римскими героями, а со скандинавскими [Malling 1777][5]. Во многом как и его предшественники раннего Нового времени, Маллинг свободно смешивал древнескандинавские мифы, племенные легенды и документальные хроники в весьма лестном изображении прошлого Дании, скомпонованном из различных фрагментов.

Нет никаких свидетельств, указывающих на то, что Фридрих интересовался такими темами во время своего обучения в Дании. Конечно, его более поздние работы не отражают непосредственного влияния Абильдгора. С точки зрения стилистики образцом для них могли быть атмосферные пейзажи Йенса Юля, чьи ночные сцены имеют общие черты с поздними работами Фридриха. Однако Юль преподавал в академии портретистику [Ohlsen 2014]. Пейзажную живопись в академии не преподавали, но она была весьма популярна в Копенгагене, который вскоре стал крупным центром развития этого жанра. Неясно, как эти обстоятельства повлияли на решение Фридриха поступить в академию, но для молодых художников из стран на побережье Балтики это было обычным решением. В эти годы академия привлекла не только Фридриха, но также Филиппа Отто Рунге из Вольгаста, Георга Фридриха Керстинга из Гюстрова, Кристиана Моргенштерна из Гамбурга и многих других будущих прославленных художников. Однако явный интерес Абильдгора к изображению культуры Севера сам по себе мог иметь решаю-

5 См. [Bertsch 2009: 18].

щее значение и перевесить альтернативы обучения пейзажной живописи, в которой Фридрих работал позже. Утверждалось, что академия в Копенгагене, и особенно Абильдгор, обучали живописи, которая в изобразительном искусстве была ближайшим аналогом идей Козегартена [Koerner 1990: 81]. Однако интерес Абильдгора к древнескандинавской мифологии и рисунок Карстенса на сюжет из истории вандалов еще более отчетливо показывают, что некоторые аспекты обучения в академии велись в русле давних традиций страны. И действительно, сюжет рисунка Карстенса хорошо бы вписался в серии Кронборга, выполненные для Кристиана IV (см. илл. 28).

Из Копенгагенской академии Фридрих уехал в Дрезден, где и сделал карьеру. В некотором смысле это можно рассматривать как продолжение давней традиции, связывавшей эти города, традиции, которая не исчезла бесследно. Тесные контакты между Данией и Саксонией в XVI и XVII веках до определенной степени сохранились и в XVIII веке. Николай Эйгтвед был помощником придворного архитектора при Саксонско-Польском дворе Карла Фридриха Пёппельмана в 1720-х годах, прежде чем стать ведущим мастером-строителем в Дании, а саксонский скульптор Йохан Кристоф Петцольд преподавал в академии в Копенгагене [Erlandsen, Kryger 2009]. Исмаэль Менгс, отец Антона Рафаэля Менгса, родился в Копенгагене и там прошел начальное обучение до того, как поселился в Дрездене, где служил придворным художником и профессором академии [Roettgen 1999–2003, 2: 74]. В более практическом смысле Дрезден был процветающим центром искусств, и в нем были популярны те жанры, в которых работали Фридрих и другие. Возможно, для него это и не имело большого значения, но Адриан Цинг и Антон Графф, профессора Дрезденской академии, во второй половине XVIII века начали традицию загородных прогулок, во время которых создавались зарисовки эффектных картин природы. Во многих отношениях их можно сравнить с рисунками, сделанными примерно в то же время Хаккертом в Померании и Швеции, а также с рисунками, на которых специализировался Фридрих на раннем этапе своего творчества.

Цинг и другие заложили основы рынка для таких изображений, какие выполнял Фридрих.

Кажется, что в исторической перспективе Дрезденская академия представляется более логичным местом обучения для Фридриха. Цинг, который мог бы стать его учителем, рисовал пейзажи в долине Эльбы под Дрезденом и в горных районах «Саксонской Швейцарии» и Богемии, где позднее путешествовал и рисовал сам Фридрих. Хотя в рисунках Цинга отсутствует нарочитая трагичность, характерная для работ Фридриха, их часто рассматривают как предшественники изображений, которые он и его коллеги создавали в начале XIX века [Weisheit-Possél 210; Kuhlmann-Hodick et al. 2012].

Краткая биография Фридриха, составленная его близким другом Карлом Густавом Карусом, может помочь объяснить, почему он в молодости не интересовался обучением в Дрезденской академии, а также пролить свет на довольно примечательный факт: художник, писавший практически только пейзажи, захотел учиться у художника исторического жанра. Карус весьма пренебрежительно пишет о пейзажной живописи в Германии в конце XVIII века. Он жалуется на все более выхолощенное воспроизведение традиций, унаследованных у художников XVII века: Якоба ван Рейсдала и Алларта ван Эвердингена, работавших в Нидерландах, и Клода Лоррена и Николя Пуссена, работавших в Италии:

> Память об Рейсдале, Эвердингене, Ватерлоо, с одной стороны, и Клоде Лоррене, Пуссене, Сальваторе Роза и Сванефельте — с другой, стиралась все сильнее. <...> Несколько деревьев, выписанных в мрачной манере, по обе стороны переднего плана, руины какого-то древнего храма или скала рядом с ними, затем на среднем плане несколько фигур людей, пеших или верхом, возможно, река или мост и несколько голов скота, за всем этим какие-то синие горы, а сверху искусно выписанные облака. Это, более или менее, и было тем, что тогда считалось пейзажем[6].

---

[6] Цит. по: [Hinz 1968].

Карус выделяет Хаккерта как самого талантливого живописца своего поколения, но тем не менее также допускающего эти огрехи. Цинг не упоминается вовсе, но Карус и, возможно, Фридрих вполне могли считать его таким же поверхностным.

Противопоставляя северные пейзажи и пейзажи в итальянском стиле, Карус выделяет Эвердингена и Рейсдала. Эвердинген, родом из Харлема, в 1644 году бывал в Швеции и Норвегии и ввел в нидерландскую живопись жанр суровых, подчеркнуто ненидерландских пейзажей с темными сосновыми лесами и водопадами, которые безошибочно ассоциировались со Скандинавским Севером. Традиционно в композицию часто включали бедные деревянные домишки и другие элементы сельской жизни (цв. вкладка 12). Рейсдал запечатлевал и многие другие сюжеты, но также снискал успех благодаря своим вариантам скандинавского пейзажа. Северные пейзажи обоих художников были невероятно популярны в Нидерландах в XVII веке. Ван Эвердинген создавал не только живописные полотна с такими сюжетами, но также рисунки и гравюры для более широкого рынка. По-видимому, их воспринимали как своего рода экзотические изображения мест, которые в середине XVII века занимали все более центральное место, но представлялись довольно загадочными [Davies 2001].

Эвердингена уместно также упомянуть в связи с тем, что его картины были одной из отправных точек для развития жанра суровых северных пейзажей, первопроходцем в котором был Хаккерт, который затем перешел к другим сюжетам. Некоторые из изображений Рюгена работы Хаккерта являются прямой цитатой работ Эвердингена, в такой же степени, как некоторые из его видов Швеции, возможно, цитируют «Suecia Antiqua». Гёте также создал серию пейзажей под влиянием работ Эвердингена, причем некоторые из них являются прямыми их копиями [Busch 2008: 64; Maisak 1994: 110; Maisak 1996: 108–109].

Близкий друг Фридриха Юхан Кристиан Даль (1788–1857), который учился в Копенгагене и приехал в Дрезден в 1818 году, также указывал, что Эвердинген и Рейсдал были образцами для художников-пейзажистов, приписывая им такую же важную роль в формировании жанра, какую античные работы имели для развития творчества Рафаэля. Более того, Даль утверждал, что северный пейзаж является отдельным жанром, существенно отличающимся от изображений «южного неба». Себя он называл «более северным художником», поскольку предпочитал изображать морское побережье, горы, водопады, суда и гавани при свете солнца и луны [Cassirer 1923: 207–209][7]. Судя по его работам, к этому списку отличительных черт он мог бы добавить штормовые тучи, темные леса и потрепанные непогодой деревья. Хотя некоторые из этих объектов можно найти и в Саксонии, он считал, что местные пейзажи не могут сравниться с природой Скандинавии. На родину, в Норвегию, Даль возвращался пять раз на протяжении своей работы в Дрездене, неустанно делая зарисовки и собирая материал для своих картин. Судя по всему, он думал именно об этой северной стране, когда писал, отчасти повторяя определение возвышенного из опубликованного в 1756 году труда Эдмунда Берка: «Здесь [в Дрездене] у меня есть кое-что, что может помочь в изучении малого, но действительно великое и верное здесь не найти. Поэтому необходимо часто путешествовать, чтобы дополнить недостающее в данном месте пребывания» [Ibid.: 209].

Таким образом, несмотря на разнообразие контекста, северный пейзаж представлял значительный интерес в XVII веке и затем вновь на рубеже XVIII–XIX веков. В XVII веке Эвердинген и Рейсдал зарабатывали на общем интересе к Скандинавии и ее природе, которая считалась экзотической. Ничто не указывает, что кто-либо из этих художников связывал северный пейзаж с идеологией готицизма, пропагандируемой скандинавскими дворами. Однако многие путешественники пространно писали о природе Скандинавии, дивясь бескрайним лесам и скалистым землям. Это перекликалось с одним из аргументов Йоханнеса Магнуса и Улофа Рюдбека, которые, обращаясь к географическому аспекту, очень часто писали о том, что земля формирует народ, который там обитает. Некоторые иностранцы, явно вторя этим текстам, в своих путевых заметках недвусмысленно связывали природу

---

[7] О Дале и Фридрихе см. [Kuhlmann-Hodick et al. 2012].

и историю готов. На видах, изображенных в «Suecia Antiqua», и на пейзажах и иллюстрациях с животными Эренстраля, многие из которых были выставлены в присутственных местах, пейзаж также привязывался к идеологии [Ahlund 2004; Ahlund 2017; Neville 2013]. Эренстраль создал относительно мало пейзажей, и они не стали широко известными, но все же во многих отношениях их можно сравнить с картинами Эвердингена и Рейсдала, с которыми он, без сомнения, был хорошо знаком, поскольку в конце 1640-х годов обучался в Амстердаме (цв. вкладка 13). Ни изображения Эвердингена, предназначенные для любопытных нидерландцев, ни картины Эренстраля, созданные по заказу двора, не сравнятся с представлениями Фридриха о независимом искусстве, вдохновленном ви́дением художника, но все они отражают ощущение мощи северного пейзажа.

Представляется, что многие из этих аспектов соединились в картине, которую Фридрих написал в 1830-е годы (цв. вкладка 14). Убывающая луна бросает холодный лиловый свет на пейзаж с голыми деревьями. На переднем плане изображен человек, преклоняющий голову перед дольменом, мегалитической гробницей из валунов. Как в случае и с этюдами сосен, на картине также изображены реально существующие объекты. В 1802 году Фридрих зарисовал такую гробницу неподалеку от Грайфсвальда и использовал набросок в качестве основы для нескольких картин. Здесь, однако, поза человека представляется изображенной намеренно, как будто только для того, чтобы привлечь внимание к древней гробнице.

Эту картину нередко интерпретируют как размышление о круговороте жизни и смерти, преподнесенном через мир природы. Это соответствует более общим системам интерпретации, часто применяемым к творчеству Фридриха, в которых природа становится аллегорией христианской мысли, а Бог понимается посредством его творения. Здесь, однако, возможно и альтернативное прочтение. Для художника, который сознательно отказывался ехать в Италию и изучать римские пейзажи и руины, сцены пейзажей, открытых всем ветрам, испещренных мегалитическими гробницами, являлись их северным аналогом. Холодная лунная ночь была северной альтернативой солнечным пейзажам Римской Кампаньи, написанным во множестве в XVII веке Клодом Лорреном, Хаккертом и другими. Северный вариант Фридриха был создан в русле другой традиции, где признание и выражение получила другая природа.

Карус и Даль возводили начало развития северного ландшафта к нидерландцам — современникам Клода, Эвердингену и Рейсдалу, но на самом деле он был разработан художниками, творившими в Скандинавии, от Эренстраля до Йенса Юля. Гравюры с пейзажами, включенные в исторические и топографические работы, такие как «Suecia Antiqua», тоже следует считать вариантами таких работ.

В XIX веке датские художники многократно расширили эту традицию. Некоторые обратили внимание на сюжеты, которые можно сравнить и с более ранними скандинавскими работами, и с картиной Фридриха с человеком перед древней гробницей. Йохан Томас Лундбю (1818–1848), например, изобразил практически такой же дольмен в Раклеве в Дании в 1839 году (цв. вкладка 15). Он изображен на фоне аскетического пейзажа со скалами и несколькими деревьями вдалеке, но здесь нет ни зрителя, ни неверного, атмосферного вечернего света. Кажущийся интерес к метафизике, понимаемой посредством природы, который нередко ассоциируют с работами Фридриха, также здесь явно отсутствует.

Пейзаж Лундбю, скорее, можно более тесно связать с интересом к национальной истории и ее сохранившимся памятникам, что подтверждается его словами: «Как художник, я поставил себе целью жизни писать свою возлюбленную Данию»[8]. Это заявление обрело особый смысл, когда его изображения подобных древних монументов стали использовать в археологических трудах его современников-датчан. Книги, в которых появлялись рисунки Лундбю, развеяли многие легенды, окружавшие эти места. Нельзя сказать, чтобы он всецело одобрял подобный подход. На рисунке другого дольмена, в Рефснесе, он добавил

---

[8] Цит. по: [Berman 2007: 114].

строчку из баллады о принце Вальдемаре Молодом, который, по легенде, был там убит во время охоты в 1231 году. Хотя Лундбю, возможно, считал, что это оригинальный средневековый текст (именно так его трактовали в публикации 1812 года), и на рисунке текст помещен на стилизованное изображение средневекового манускрипта, на самом деле это было сочинение XVII века [Hedin 2015][9]. Тем не менее публикация этого текста и изображение его на рисунке указывают и на общее желание сохранить древние легенды всех видов и на непрерывность традиции литературы и историографии XVII века, теперь выраженной в форме, характерной для начала XIX века. Конечно, изображения дольменов работы Лундбю, представленные как свидетельство великой и древней истории страны, связанные и с археологическими памятниками, и с мифами, соединяют три главные направления исторической науки раннего Нового времени в этом регионе, и эта связь, возможно, более тесная, чем считается большинством современных ученых. Оле Ворм включил изображение именно такой гробницы в свой труд о датских древностях, опубликованный в 1643 году. Мы не знаем, видел ли Лундбю работы Ворма, но другие датские художники, работавшие на рубеже XVIII–XIX веков, использовали его гравюры как исторические источники [Worm 1643: 8; Pedersen 2006: 289–292]. В начале XIX века в Дании поднялась новая волна интереса к личности и деятельности Ворма. В нескольких научных трудах ему отводится центральное место в истории археологии Северной Европы, его работы представлены в доступном сжатом изложении на датском языке и показаны в контексте деятельности и методологии других историков XVI–XVII веков [Werlauff 1807; Werlauff 1833]. Шведский национальный совет по культурному

[9] См. также рисунок Лундбю, датированный 1844 годом (в настоящее время в Музее искусств Метрополитен), изображающий фигуру (самого Лундбю?), сидящую перед похожим дольменом, подперев голову рукой в традиционной меланхоличной позе, ассоциируемой с художниками. Рисунок подписан строчкой из стихотворения «Жажда смерти» Новалиса (Георг Филипп Фридрих Фрайхерр фон Харденберг, 1772–1801), в котором поднимаются более глубокие темы смерти и посмертия.

наследию также начал работу по документации всех древних памятников в королевстве, некоторые из них были описаны в «Suecia Antiqua». Эта работа также имела долгую историю. Когда она была издана в 1715 году, иллюстрации из нее периодически публиковались в XVIII и начале XIX века, и как переплетенные сборники, и отдельно, оттиски для гравюр были обновлены и использованы для подготовки нескольких новых изданий после 1856 года. Конечно, и Хаккерт, и другие художники в Швеции и за ее пределами имели доступ к этим иллюстрациям в десятилетия на рубеже XVIII–XIX веков.

Труды Ворма, «Suecia Antiqua» и другие ранние публикации изображали северные древние памятники в довольно узком, национальном контексте, который с легкостью переосмыслили романтики в начале XIX века. Учебник Маллинга о героях Севера — это лишь один пример, он вышел огромным количеством изданий и достиг широкой и в данном случае благодарной аудитории. Хотя требуется немало работы, чтобы определить его масштабы и характер, сохранившееся наследие литературной и изобразительной культуры раннего Нового времени в Северной Европе сыграло важную роль в XIX веке. Иногда оно заимствовалось напрямую, иногда претерпевало трансформации в силу изменений во взглядах и традициях, но во всех формах находило восприимчивую аудиторию.

На рубеже XVIII–XIX веков Копенгагенская академия создала одну из основ для формирования выразительного стиля романтической живописи. Хотя этот стиль существовал бок о бок с другими тенденциями, от сияющих видов Венеции Дж. М. У. Тёрнера до изображений Северной Африки Эжена Делакруа, он утверждал и очарование северной природы, и ценность мифов и традиций, берущих там свое начало. Конечно, это можно истолковать как хрестоматийный интерес романтиков ко всему экзотическому и незнакомому, с одной стороны, и к таинственности бесконечных темных лесов — с другой, однако необходимо понимать, что в большой степени все это было не столько новаторством, сколько пересмотром и обновлением интересов и традиций, разработанных в несколько других формах в XVI–XVII веках.

Точно так же и легкость сообщения между Скандинавией и Германией, ощущение общности традиций и идеологическая или даже духовная ценность северных пейзажей, более совершенных, чем то, что можно было найти в Саксонии и Богемии, имеют свои истоки в давних представлениях о том, что, по крайней мере в контексте культуры, скандинавские королевства были неотъемлимой частью единого целого, включающего в себя значительную часть Центральной Европы.

Это представление не исчезло, даже когда в национальных государствах выстраивалось и укреплялось понятие национальной идентичности, включая Германию — впервые за всю историю. Конечно, существовали разные точки зрения. В 1772 году Гёте опубликовал статью о Страсбургском соборе, где в позитивном ключе переоценивалась средневековая готическая архитектура, которая объявлялась неотъемлимо немецким наследием [Гёте 1980]. Вскоре эту статью переиздал Иоганн Готтфрид Гердер в своем труде «Von deutcher Art und Kunst» («О немецкой природе и искусстве», 1773). В сочинении Гёте высказывается страстная критика итальянского и французского классицизма, и хотя здесь нет явного исключения других земель Центральной Европы, представляется, что слово «Германия» интерпретируется здесь в более узком ключе: *Deutschland,* а не *Germania.* Однако следует соотнести это с явным восхищением Гёте скандинавскими пейзажами, созданными нидерландцем Аллартом ван Эвердингеном, и с включением в издание очерков об Оссиане и Уильяме Шекспире [Herder 1773]. Одновременно с формированием представления о более конкретной немецкой нации, Скандинавский Север оставался существенной частью более широкой германской культуры и наследия. Так, Эрнст Мориц Арндт, один из писателей, сформировавших понятие немецкого национального духа и друг Каспара Давида Фридриха, включил Скандинавию в свое описание Германии 1803 года, как и многие другие писатели до него [Arndt 1803 (особенно с. 426)]. Даже в рамках выраженного национального мировоззрения конца XIX века Эдда, скандинавские мифы и другие традиции Скандинавии были интегрированы как часть общегерманского наследия и использованы во многих контекстах, включая оперы Рихарда Вагнера [Weber 1997][10].

Эти мифы, прежде скрытые в тени идеологии готицизма и отчасти поглощенные ею, в XIX веке приняли иной характер, но все же долгое время создавали основу для формирования чувства общности между этими странами. Существовали и другие тесные связи, благодаря которым между дворами и городами Центральной Европы поддерживались близкие контакты; кроме того, из-за переменчивости судьбы талантливые живописцы и архитекторы в этом регионе нередко переезжали из центра в центр. Иногда благодаря открывающимся возможностям выдающиеся мастера приезжали в Данию и Швецию; иногда уезжали из этих королевств в Бранденбург, Саксонию, Баварию или куда-либо еще. И это тоже было такой же прочной традицией, как и любой миф, и это тоже создавало особое ощущение единства.

---

[10] И интереснейший каталог выставки, в котором была опубликована его статья. См. также [Hafner 1996].

Список иллюстраций

Илл. 16. Замок Кронборг. Эльсинор, Дания. С 1574 года расширялся, после 1629 года перестроен.

Илл. 17. Георг Лабенвольф. Фонтан «Нептун», ранее в замке Кронборг. Эльсинор, Дания. 1576–1583 годы.

Илл. 18. Георг Вурцельбауэр. Фонтан Добродетелей. Нюрнберг. 1583–1589 годы.

Илл. 19. Ураниборг, обсерватория Тихо Браге. Хвен, Дания. Строительство начато в 1576 году.

Илл. 20. Йохан Грегор ван дер Шардт. Датский король Фредерик II. 1577–1579 годы.

Илл. 21. Йохан Грегор ван дер Шардт. Меркурий. Ок. 1577?

Илл. 22. Мельхиор Лорк или Ханс Книпер (?). Датский король Фредерик II. Ок. 1581 года.

Илл. 23. Адриан де Вилл. Фонтан «Нептун». Дворец Фредериксборг. Хиллерёд, Дания. 1615–1619 годы (в 1659 году разрушен, в 1888-м восстановлен).

Илл. 24. Франсуа Дьёссар. Датский король Кристиан IV. 1643 год (бюст отлит в 1650 году).

Илл. 25. Джамболонья. Великий герцог Тосканский Козимо I. Флоренция. 1587–1593 годы.

Илл. 26. Деталь галереи. Дворцовая капелла Фридериксборга. Хиллерёд, Дания.

Илл. 27. Питер Исаакс. Сатурн и ученый. Ок. 1618–1622 годов.

Илл. 28. Геррит ван Хонтхорст. Король Ярмерик, пытающий вендов. Ок. 1638 года.

Илл. 29. Дворец Росенборг. Копенгаген. Строительство начато в 1606 году.

Илл. 30. Зимняя зала. Дворец Росенборг, Копенгаген.

Илл. 31. Дворец Фредериксборг. Хиллерёд, Дания. Строительство начато в 1603 году.

Илл. 32. Эскориал, под Мадридом. 1563–1581 годы. Гравюра Педро Перрета, 1583–1589 годы.

Илл. 33. Городская резиденция. Ландсхут, Бавария. 1536–1543 годы.

Илл. 34. Хендрик Хондиус. По портрету Якоба Хёфнагеля. Королева Швеции Мария Элеонора. 1629 год. (Оригинал Хёфнагеля ок. 1624 года.) Гравюра.

Илл. 35. Георг Петель. Король Швеции Густав II Адольф. Модель произведена в Аугсбурге. 1632 год.

Илл. 55. Никодемус Тессин Младший. Проект церкви Каролинской династии в Стокгольме. 1708 год.

Илл. 56. Никодемус Тессин Младший. Проект дворца Амалиенборг. Копенгаген. 1694 год.

Илл. 57. Абрахам-Сезар Ламорё. Конный монумент короля Дании Кристиана V. 1682–1688 годы.

Илл. 58. Андреас Шлютер и Иоганн Фридрих Эозандер фон Гёте. Королевский дворец. Берлин. Реконструкция начата ок. 1698 года, разрушен в 1950 году.

Илл. 59. Маттеус Даниэль Пёппельман. Не реализованный проект королевского дворца в Дрездене. Ок. 1710 года.

Илл. 60. Иоганн Фридрих Эозандер фон Гёте. Королевская ложа, капелла, дворец Шарлоттенбоург. Берлин. Строительство начато в 1704 году.

Илл. 61. Никодемус Тессин Младший. Королевские скамьи, церковь Св. Николая. Стокгольм. 1684 год.

Илл. 62. Иоганн Бернхард Фишер фон Эрлах. Дворец Шёнбрюнн, под Веной. Строительство начато в 1696 году.

Илл. 63. Иоганн Бернхард Фишер фон Эрлах. Карлскирхе. Вена. Строительство начато в 1715 году.

Илл. 64. Якоб Филипп Хаккерт. Вид на Свенарум. Швеция. Ок. 1764 года.

Илл. 65. Каспар Давид Фридрих. Этюд с двумя соснами и скалой. 1812 год.

Цветная вклейка

1. Доминикус вер Вильт. Король Швеции Эрик XIV. 1561 год.

2. По Хансу Книперу. Фредерик II и принц Кристиан (IV). Гобелен. После 1581 года.

3. Питер Исаакс. Король Дании Кристиан IV. Ок. 1614 года.

4. Питер Исаакс. Кронпринц Кристиан. Ок. 1618 года.

5. Карел ван Мандер III. Конный портрет Кристиана IV. Ок. 1642 года.

6. Себастьян Бурдон. Королева Швеции Кристина. 1653 год.

7. Юрген Овенс. Хедвиг Элеонора Шлезвиг-Гольштейн-Готторпская, коронованная Минервой. 1654 год.

8. Давид Клёккер-Эренстраль. Аллегория регентства Карла XI. Хедвиг Элеонора как покровительница искусств. 1697 год.

Источники

Рукописи

Riksregistraturet, vol. 410.

Riksarkivet, Stockholm Rydboholmssamling E 8110.

Riksarkivet, Stockholm Skoklostersamlingen E 8437.

Riksarkivet, Stockholm Stockholms magistrat och rådhusrätt, Kungliga brev, E 1a:5.

Stadsarkivet, Stockholm.

Опубликованные источники и работы до 1800 года

Бременский 2011 — Бременский Адам. Деяния архиепископов Гамбургской церкви / пер. И. В. Дьяконова // Адам Бременский, Гельмольд из Босау, Арнольд Любекский. Славянские хроники. М.: СПСЛ; Русская панорама, 2011. С. 7–150.

Вазари 2019 — Вазари Д. Жизнеописания наиболее знаменитых живописцев, ваятелей и зодчих. Полное издание в одном томе / пер. А. Г. Габричевского, А. И. Венедиктова. М.: Альфа-книга, 2019.

Диодор 2021 — Диодор Сицилийский. Историческая библиотека / пер. под ред. Э. Д. Фролова: в 3 т. М.: Рубежи XXI, 2021.

Гёте 1980 — Гёте И. В. О немецком зодчестве // Гёте И. В. Собрание сочинений в 10 томах. Т. 10. М.: Художественная литература, 1980. С. 7–15.

Геродот 1888 — Геродот. История в 9 кн. / пер., предисл. и указатель Ф. Г. Мищенко. Изд. 2-е, испр., доб. в предисл. и снабженное картами. М., 1888.

Грамматик 2017 — Грамматик Саксон. Деяния данов: в 2 т. I–XVI книги. М.: Русская панорама, 2017.

Иордан 1960 — Иордан. О происхождении и деяниях гетов / пер., вступит. статья и комментарий Е. Ч. Скржинской. М.: Издательство восточной литературы, 1960.

Лукиан 2001 — Лукиан. Сочинения: в 2 т. / под общ. ред. А. И. Зайцева. СПб.: Алетейя, 2001.

Платон 2022 — Платон. Диалоги об Атлантиде / пер. В. Н. Карпова. М.: АСТ, 2022.

Прокопий 1950 — Прокопий Кесарийский. Война с готами // Прокопий Кесарийский. Война с готами. О постройках / пер. С. П. Кондратьева. М.: Наука, 1950.

Тацит 1969 — Корнелий Тацит. Сочинения в двух томах. Т. 1. Анналы. Малые произведения / пер. А. С. Бобовича. Л.: Наука, 1969.

Androuet du Cerceau 1576–1579 — Androuet du Cerceau J. Le premier volume des plus excellents Bastiments de France. 2 vols. in 1. Paris: Jacques Androuet du Cerceau, 1576–1579.

Arndt 1803 — Arndt E. M. Germanien und Europa. Altona: Hammerich, 1803.

Bauer, Haupt 1976 — Bauer R., Haupt H., eds. Das Kunstkammerinventar Kaiser Rudolfs II., 1607–1611 // Jahrbuch der kunsthistorischen Sammlungen in Wien. 1976. Bd. 72.

Besser Berg 1646 — Besser Berg J. A. Kurtze und eigentliche Beschreibung des fürtrefflichen und weitberühmten königlichen Hauses Friedrichsburg. Copenhagen: Lamprecht, 1646.

Besser 1702 — Besser J. von. Preussische Krönungs-Geschichte. Cölln an der Spree: Ulrich Liebpert, 1702.

Bie 1661 — Bie C de. Het gulden cabinet vande edel vry schilder const inhoudende den lof vande vermarste Schilders, Architecte[n], Beldtho[u] wers, ende Plaetsnyders van dese eeuw. Amsterdam: Jan Meyssens, 1661.

Bildt 1906 — Bildt C. Cristina di Svezia e Paolo Giordano II, duca di Bracciano // Archivio della R. Società romana di storia patria. 1906. Vol. 29. P. 5–32.

Brahe 1596 — Brahe T. Epistolae Astronomicae. Hven, 1596.

Brahe 1598 — Brahe T. Astronomiae Instauratae Mechanica. Wandsbeck, 1598.

Brahe 1598 — Brahe T. Tychonis Brahe Opera Omnia / Eftertr. J. L. E. Dreyer. 15 vols. Copenhagen: Gyldendal, 1913–1929.

Clüver 1616 — Clüver P. Germaniae Antiquae Libri Tres. 3 vols. in 1. Leiden: Elzevir, 1616.

Cochlaeus 1699 — Cochlaeus J. Vita Theodorici Regis Ostrogothorum et Italiae: Cum Additamentis, Annotationibus, quae Sveo-Gothorum ex Scandia Expeditiones, Commercia Illustrant. Stockholm: Literis Enaeanis, 1699.

Columbus 1693 — Columbus S. En swensk ordeskötsel / Eftertr. S. Boström. Stockholm: Almqvist, Wiksell, 1963.

Comenius 1997 — Comenius J. A. Panegyricus Carolo Gustavo = Lobrede auf König Karl X. Gustav. 1655 / ed. by J. Beer. Sankt Augustin: Academia, 1997.

Crone, Dijksterhuis 1955–1966 — Crone E., Dijksterhuis E. J., eds. The Principal Works of Simon Stevin. 5 vols. Amsterdam: Swets, Zeitlinger, 1955–1966.

Cuspinianus 1541 — Cuspinianus J. Ein außerleßne Chronicka von C. Julio Cesare dem ersten / biß auff Carolum quintum diser zeit Rhömischen Keyser. Strassburg, 1541.

Dahlbergh 1715 — Dahlbergh E. Suecia Antiqua et Hodierna. Stockholm, 1715.

Doering 1901 — Doering O., ed. Des Augsburger Patriciers Philipp Hainhofer Reisen nach Innsbruck und Dresden. Vienna: Graeser, 1901.

Doppelmayr 1730 — Doppelmayr J. G. Historische Nachricht von den Nürnbergischen Mathematicis und Künstlern. Nuremberg: P. C. Monath, 1730.

Dussieux et al. 1854 — Dussieux, L., Soulié E., Chennevières Ph. de, Mantz P., Montaiglon A. de, eds. Mémoires inédits sur la vie et les ouvrages des membres de l'Académie royale de peinture et de sculpture. 2 vols. Paris: Dumoulin, 1854.

Ehrenstrahl 2005 — Ehrenstrahl D. K. Certamen Equestre. Nuremberg, ca. 1686. Facsimile / Eftertr. J. Nordin. Stockholm: Byggförlaget, 2005.

Ehrenstrahl 1694 — Ehrenstrahl D. K. Die vornehmste Schildereyen welche in denen Pallästen des Königreiches Schweden zu sehen sind. Stockholm: Burchardischen Druckeren, 1694.

Feif 1859 — Feif C. Presidenten Frih. Casten Feifs Bref till Kongl. Rådet Gr. Nicodemus Tessin // Handlingar ur v. Brinkman'ska archivet på Trolle-Ljungby / Eftertr. G. Andersson. D. 1. Örebro: Lindh, 1859. S. 133–246.

Félibien 1725 — Félibien A. Entretiens sur les vies et sur les ouvrages des plus excellens peintres anciens et modernes. New ed. 6 vols. Trévoux: S. A. S., 1725.

Fischer 1721 — Fischer von Erlach J. B. Entwurff einer historischen Architectur. Vienna, 1721.

Floris 1557 — Floris C. Veelderley niewe inuentien van antycksche sepultueren. Antwerp, 1557.

Friis 1872–1878 — Samlinger til dansk Bygnings- og Kunsthistorie. Copenhagen: Gyldendal, 1872–1878.

Friis 1890–1901 — Friis F. R. Bidrag till dansk Kunsthistorie. Copenhagen: Lind, 1890–1901.

Geffroy 1855 — Geffroy A. Notices et extraits des manuscrits concernant l'histoire ou la littérature de la France. Paris: Imprimerie impériale, 1855.

Goethe 1998 — Goethe J. W. von. Philipp Hackert (1811) // Ästhetische Schriften 1806–1815 / Hrsg. F. Apel. Frankfurt: Deutscher Klassiker, 1998. S. 411–599.

Herder 1892 — Herder J. G. Von deutscher Art und Kunst: Einige fliegende Blätter. 1773. Reprint, Stuttgart: Göschen, 1892.

Hinz 1968 — Hinz S., ed. Caspar David Friedrich in Briefen und Bekenntnissen. Berlin: Henschel, 1968.

Hodgkin T. 1886 — Hodgkin T., ed. and trans. The Letters of Cassiodorus, Being a Condensed Translation of the Variae Epistolae of Magnus Aurelius Cassiodorus Senator. London: H. Frowde, 1886.

Huttich 1525 — Huttich J. Imperatorum Romanorum Libellus. Strassburg, 1525.

Irenicus 1518 — Irenicus F. Germaniae Exegeseos. Hagenau, 1518.

Jensen 1971 — Jensen J. S. Johann David Wunderers 'Reysse inn Dennemarkt' [1589] og sejlads fra Riga til Travemünde 1590 // Danske magazin. 1981. N. S. 8, № 5. S. 126–149.

Jordis 1667 — Jordis H. Stockholms Parnas ofte Inwijdingh van de koninck-lijcke Schouburg. Stockholm, 1667.

Kleiner 1731–1740 — Kleiner S. Residences memorables de l'incomparable heros de nôtre siècle, ou edifices et jardins de son altesse serenissime monsigneur le prince Eugene François de Savoye et de Piedmont. Augsburg, 1731–1740.

Krause 1858 — Krause G., ed. Tagebuch Christians des Jüngeren, Fürst zu Anhalt. Leipzig: Dyk, 1858.

Lazius 1557 — Lazius W. De Gentium Aliquot Migrationibus. Basel: Johannes Oporinus, 1557.

Lorck 1626 — Lorck M. Dess weitberühmten, kunstreichen und wolerfahrnen Herrn Melchior Lorichs Flensburgensis. Wolgerissene und geschnittene Figuren, zu Ross und Fuss, sampt schönen türckischen Gebäwden, und allerhand was in der Türckey zu sehen. Alles nach dem Leben und der perspectivae Jederman vor Augen gestellet. Hamburg: Bey Michael Hering, 1626.

Lüdemann 1667 — Lüdemann D. Carmen eucharisticon illvstrissimo et excellentissimo comiti et domino, domino Carolo Gustavo Wrangel. Bremen, 1667.

Luther 1883–2009 — Luther M. D. Martin Luthers Werke: Kritische Gesamtausgabe. 136 vols. Weimar: Hermann Böhlau, 1883–2009.

Lyschander 1611 — Lyschander C. Ch. Triumphus Calmariensis: Den Calmarnske Triumph, Gud Almectigste Tacksigelse oc Høybaarne Første Her Christian den Fjerde, Danmarckis Konning, met Danmarckis Rigis Raad, Adel oc den gantske gemeen Krigsær til Ære oc Ihukommelse. Copenhagen, 1611.

Magalotti 1968 — Magalotti L. Relazioni di viaggio in Inghilterra Francia e Svezia. 1674. Bari: Laterza, 1968.

Magnus J. 1554 — Magnus J. Historia de Omnibus Gothorum Sveonumque Regibus. Rome: Giovanni Maria Viotti, 1554.

Magnus O. 1996–1998 — Magnus O. Description of the Northern Peoples. Translated by Peter Fisher and Humphrey Higgens / ed. by P. Foote. 3 vols. London: Hakluyt Society, 1996–1998. Originally published in Rome, 1555, as Historia de Gentibus Septentrionalibus.

Malling 1777 — Malling O. Store og gode Handlinger af Danske, Norske og Holstenere. Copenhagen: Gyldendal, 1777.

Messenius 1989 — Messenius J. Disa. 1611 / Eftertr. W. Sauter. Stockholm: Stiftelse för utgivning av teatervetenskapliga studier, 1989.

Meyer 1910 — Meyer Ch., ed. Die Hauschronik der Familie Holl (1487–1646) insbesondere die Lebensaufzeichnungen des Elias Holl, Baumeisters der Stadt Augsburg. Munich: Von Klübers Nachfolger, 1910.

Meyssens 1649 — Meyssens J. Image de divers hommes d'esprit sublime, qui par leur art et science devraient vivre éternellement. Antwerp, 1649.

Micraelius 1640 — Micraelius J. Erstes Buch deß Alten Pommerlandes. Stettin: Georg Rheten, 1640.

Mollet 2006 — Mollet A. Le jardin de plaisir. Stockholm, 1651. Facsimile, Paris: Éditions du Moniteur, 1981; Uppsala: Gyllene Snittet, 2006.

Münster 1550 — Münster S. Cosmographia. Basel: Henri Petri, 1550.

Neudörfer 1875 — Neudörfer J. Nachrichten von Künstlern und Werkleuten daselbst aus dem Jahre 1547 nebst der Fortsetzung des Andreas Gulden. Vienna: Braumüller, 1875.

Nogle Efterretninger 1794 — Nogle Efterretninger om Kunstmaleren og Kobberstikkeren Jacob Binck // Nye danske Magazin. 1794. B. 1. S. 321–364.

Ogier 1656 — Ogier C. Ephemerides, sive iter Danicum, Svecicum, Polonicum. Paris: Petrum le Petit, 1656.

Passeri 1772 — Passeri G. B. Vite de' pittori, scultori ed architetti che anno lavorato in Roma, morti dal 1641 fino al 1673. Rome: Gregorio Settari, 1772.

Petersen 1866–1867 — Petersen, A. Frederiksborg Slots Inventarium af 1650 // Danske Samlinger for Historie, Topographi, Personalog Literaturhistorie. B. 2. Copenhagen: Gyldendal, 1866–1867. S. 118–234.

Pontanus 1631 — Pontanus J. I. Rerum Danicarum historia libris x vnoq[ue] tomo ad domum usq[ue] Oldenburgicam deducta: Accedit Chorographica Regni Daniae. Amsterdam: Ioannis Ianßonii, 1631.

Pufendorf 1686 — Pufendorf S. von. Commentariorum de Rebus Suecicis Libri xxvi. Utrecht: Johannem Ribbium, 1686.

Pufendorf 1695 — Pufendorf S. von. De Rebus Gestis Friderici Wilhelmi Magni. Berlin: Berolini, 1695.

Pufendorf 1696 — Pufendorf S. von. De Rebus a Carolo Gustav Sveciae Rege Gestis Commentariorum. Nuremberg: Christophori Riegelii, 1696.

Ripa 2012 — Ripa C. Iconologia / ed. by S. Maffei. 1603. Turin: Einaudi, 2012.

Rosefontanus 1561 — Rosefontanus P. P. (Johannes Svaning). Refutatio Calumniarum Cuiusdam Ioannis Magni Gothi Upsalensis quibus in historia sua ac famosa oratione Danicam gentem incessit.[Copenhagen: Christopher Barth], 1561.

Rosenhane 1775 — Rosenhane S. Stockholms Märkwärdigheter — Öfwer-Ståthållarens Hr Schering Rosenhanes Relation om Stockholms Slotts och Stads Tilstånd, in till år 1663 // Adressen. 1775. S. 1–65.

Rudbeck 1937–1939 — Rudbeck O. Atland eller Manheim. 4 vols. Uppsala, 1679–1702 / Eftertr. A. Nelson. Uppsala: Almqvist, Wiksell, 1937–1939.

Sandrart 1675 — Sandrart J. von. LebensLauf und Kunst-Werke des WolEdlen und Gestrengen Herrn Joachim von Sandrart // Teutsche Academie der Edlen Bau-, Bild- und Mahlerey-Künste. Bd. 1. Nuremberg: Joachim von Sandrart, 1675. S. 1–24.

Sandrart 1675a — Sandrart J. von. Teutsche Academie der Edlen Bau-, Bild- und Mahlerey-Künste. 3 vols. Nuremberg: Joachim von Sandrart, 1675–1679.

Schefferus 1669 — Schefferus J. Graphice, Id Est de Arte Pingendi. Nuremberg: Endteriana, 1669.

Secher 1887–1918 — Secher V. A., ed. Forordninger, Recesser og andre kongelige Breve. 6 vols. Copenhagen: Klein, 1887–1918.

Slange 1649 — Slange N. Geschichte Christian des Vierten. 3 vols. Copenhagen and Leipzig: Pelt, 1757–1771.

Stevin 1649 — Stevin S. Materiae Politicae: Burgherlicke Stoffen. Leiden: Rosenboom, 1649.

Stiernhielm 1973 — Stiernhielm G. Poetiska skrifter / Eftertr. J. Nordström and Bernt Olsson // Samlade skrifter av Georg Stiernhielm. Vol. 1. Lund: Blom, 1973.

Suiten og Ceremoniellet 1794 — Suiten og Ceremoniellet, da Prindsesse Anna, som Brud, blev ført til Sachsen 1548 // Nye danske Magazin. 1794. Bd. 1. S. 364–372.

Svaning 1650 — Svaning J. Chronologia Danica. Copenhagen: Martzan, 1650.

Tessin 2002 — Tessin N. the Y. Nicodemus Tessin the Younger: Sources — Works — Collections; Traictè dela decoration interieure 1717 / ed. by P. Waddy. Stockholm: Nationalmuseum and Swedish Museum of Architecture, 2002.

Tessin 2002a — Tessin N. the Yonger. Nicodemus Tessin the Younger: Sources — Works — Collections; Travel Notes 1673–1677 and 1687–1688 / ed. by M. Laine and B. Magnusson. Stockholm: Nationalmuseum, 2002.

Tessin 2002b — Tessin N. the Y. Observationer Angående så wähl Publique som Priuate huus bÿggnaders Starkheet, beqwämligheet och skiönheet, in rättade, effter wår Swänska Climat och oeconomie / Eftertr. B. Vahlne. Stockholm: Byggförlaget, 2002.

Tessin, Haton 1714 — Tessin N. the Younger, Haton C. Arx Regiae Holmiae [and variations]. Stockholm, ca. 1714.

Theatri Europaei 1720 — Theatri Europaei achtzehender Theil: Oder außführlich fortgeführte Friedens- und Kriegs-Beschreibung. Frankfurt am Main, 1720.

Ulfilas 1671 — Ulfilas. D. N. Jesu Christi SS. Evangelia ab Ulfila Gothorum in Moesia Episcopo Circa 1671 — Circa Annum à Nato Christo ccclx.: Ex Graeco Gothicè Translata. Stockholm: Wankif, 1671.

van Bleysewijk 1667 — van Bleysewijk D. Beschryvinge der Stadt Delft. 2 vols. Delft: Arnold Bon, 1667.

van den Vondel — van den Vondel J. Poëzy, of verscheide gedichten. 2 vols. Franeker: Strik, 1682.

van Mander 1994–1999 — van Mander K. The Lives of the Illustrious Netherlandish and German Painters / ed. by H. Miedema. 6 vols. Davaco: Doornspijk, 1994–1999.

Verzeichnus der Reise 1595 — Verzeichnus der Reise, welche die Kön. May. zu Dennemarcken, Norwegen An. 1595 zu etlichen jhren anverwandten Chur und Fürsten in Teutschlandt angestellet. 1595.

Wagner 1691 — Wagner von Wagenfels H. J. Ehren-Ruff Teutschlands, der Teutschen und ihres Reiches. Vienna: Mann, 1691.

Weigert, Hernmark 1964 — Weigert R. A., Hernmark C., eds. Les relations artistiques entre la France et la Suède 1693–1718: Nicodème Tessin le jeune et Daniel Cronström correspondance (extraits). Stockholm: Egnellska, 1964.

Werlauff 1833 — Werlauff E. C. Ole Worms Fortienester af det nordiske Oldstudium; en Undersøgelse. Nordisk Tidsskrift for Oldkyndighed. 1833. B. 1. S. 283–368.

Werlauff 1807 — Werlauff E. C. Udkast til den nordiske archæologies Historie i vort Fædreland indtil Ole Worms Tid. Copenhagen: Seidelin, 1807.

Wolf 1654 — Wolf J. L. Encomion Regni Daniae. Copenhagen: Peter Hake, 1654.

Worm 1636 — Worm O. Runir, seu Danica Literatura Antiquissima Vulgò Gothica Dicta. Copenhagen: Martzan, 1636.

Worm 1643 — Worm O. Danicorum Monumentorum Libri Sex. Copenhagen: Joachim Moltke, 1643.

Библиография

Кларк 2021 — Кларк К. Цивилизация. М.: Колибри, 2021.

Хейзинга 2009 — Хейзинга Й. Культура Нидерландов в XVII веке. Эразм. Избранные письма. Рисунки / сост. и пер. Д. В. Сильвестрова. Комм. Д. Харитоновича. СПб.: Издательство Ивана Лимбаха, 2009.

Agerbæk 1978 — Agerbæk K. Børsen og sparepenge — eksempler på manieristisk arkitektur i Danmark? // En bog om kunst til Else Kai Sass / Eftertr. H. Lund. Copenhagen: Forum, 1978. P. 174–185.

Ahlund 2004 — Ahlund M. The Nationalization of Nordic Nature: Art, Nature, and National Identity in Eighteenth-Century Sweden // Art Bulletin of the Nationalmuseum Stockholm. 2004. V. 11. S. 89–96.

Ahlund 2017 — Ahlund M. The Wilderness Inside Drottningholm: David Klöcker Ehrenstrahl and the Northern Nature at the Court of Hedwig Eleonora // Queen Hedwig Eleonora and the Arts: Court Culture in Seventeenth Century Northern Europe / ed. by K. Neville, Skogh L. London: Routledge, 2017. P. 88–103.

Alm 1999 — Alm G. Tre noggrant examinerade drottningkandidater // Drottningar — kvinnlighet och makt / Eftertr. Bursell B. Stockholm: Livrustkammaren, 1999. S. 111–124.

Alm 2004 — Alm G. «Beqvämligheet och skiönheet»: Inredningarna under Hedvig Eleonoras tid // Drottningholms slott. 2 vols / Eftertr. G. Alm, R. Millhagen. Stockholm: Byggförlaget, 2004–2010. V. 1. S. 200–235.

Alm, Millhagen 2004–2010 — Alm G., Millhagen R., eds. Drottningholms slott. 2 vols. Stockholm: Byggförlaget, 2004–2010.

Andersen et al. 2011 — Andersen M., Bøggild Johannsen B., Johannsen H., eds. Reframing the Danish Renaissance: Problems and Prospects in a European Perspective. Copenhagen: National Museum of Denmark, 2011.

Asche, Schindling 2003 — Asche M., Schindling A., eds. Dänemark, Norwegen und Schweden im Zeitalter der Reformation und Konfessionalisierung: Nordische Königreiche und Konfession, 1500 bis 1600. Münster: Aschendorf, 2003.

Asche 1978 — Asche S. Balthasar Permoser: Leben und Werk. Berlin: Deutscher Verlag für Kunstwissenschaft, 1978.

Asker 2009 — Asker B. Karl X Gustav: En biografi. Lund: Historiska media, 2009.

Avery 1974 — Avery C. François Dieussart (c. 1600–1661), Portrait Sculptor to the Courts of Northern Europe // Victoria and Albert Museum Yearbook. 1974. Vol. 4. P. 63–99.

Avery 1983 — Avery C. Giambologna's 'Bathsheba': An Early Marble Statue Rediscovered // Burlington Magazine. 1983. Vol. 125, № 963. P. 328, 340–349.

Avery 1987 — Avery C. Giambologna: The Complete Sculpture. Oxford: Phaidon, 1987.

Bach-Nielsen 2004 — Bach-Nielsen C. The Runes: Hieroglyphs of the North // Die Domänen des Emblems: Außerliterarische Anwendungen der Emblematik / Hrsg. G. F. Strasser, and M. R. Wade. Wiesbaden: Harrassowitz, 2004. P. 157–172.

Bach-Nielsen et al. 2006 — Bach-Nielsen C., Jensen J. M., Vellev J., Zeeberg P., eds. Danmark og renæssancen 1500–1650. Copenhagen: Gads, 2006.

Bange 1931 — Bange E. F. Beiträge zu Georg Schweigger: Zwei Entwürfe für Monumente Gustav Adolfs // Jahrbuch der Preußischen Kunstsammlungen. 1931. Bd. 52. S. 107–111.

Baresel-Brand 2007 — Baresel-Brand A. Grabdenkmäler nordeuropäischer Fürstenhäuser im Zeitalter der Renaissance 1550–1650. Kiel: Ludwig, 2007.

Barock in Nürnberg 1962 — Barock in Nürnberg, 1600–1750: Aus Anlaß der Dreihundertjahrfeier der Akademie der bildenden Künste. Nuremberg: Druckhaus Nürnberg, 1962.

Bartetzky 2000 — Bartetzky A. Das Grosse Zeughaus in Danzig: Baugeschichte, architekturgeschichtliche Stellung, repräsentative Funktion. 2 vols. Stuttgart: Steiner, 2000.

Bartetzky 2004 — Bartetzky A. Antonis van Obberghen // Bartetzky, Die Baumeister der "Deutschen Renaissance": Ein Mythos der Kunstgeschichte? Beucha: Sax-Verlag, 2004. P. 143–168.

Bartetzky 2004a — Bartetzky A., ed. Die Baumeister der "Deutschen Renaissance": Ein Mythos der Kunstgeschichte? Beucha: Sax-Verlag, 2004.

Baudez 2011 — Baudez B. The Monument to Peter the Great by Falconet: A place royale by the Neva? // Reading the Royal Monument in Eighteenth-Century Europe / ed. by C. Chastel-Rousseau. Farnham, Surrey: Ashgate, 2011. P. 93–105.

Bäumel 1990 — Bäumel J. Die Festlichkeiten zur Hochzeit Herzog Augusts von Sachsen mit Anna von Dänemark 1548 // Dresdner Hefte. 1990. Bd. 21, № 1. S. 19–28.

Baumgart 1987 — Baumgart P. Die preußische Königskrönung von 1701, das Reich und die europäische Politik // Preußen, Europa und das Reich / Hrsg. O. Hauser. Cologne: Böhlau, 1987. P. 65–86.

Becker 1972–1973 — Becker J. 'Deas supereminet omneis': Zu Vondels Gedichten auf Christina von Schweden und der bildenden Kunst // Simiolus. 1972–1973. Bd. 6, № 3–4. S. 177–208.

Beckett 1914 — Beckett F. Frederiksborg II. Slottets Historie. Copenhagen: Hagerups, 1914.

Beckett 1921 — Beckett F. Uraniborg og Stjærneborg // Tycho Brahe's Uraniborg and Stjerneborg on the Island of Hveen. Copenhagen: Marcus, 1921.

Beckett 1936 — Beckett F. The Painter Frantz Clein in Denmark. Det Kongelige Danske videnskabernes selskabs skrifter = Mémoires de l'Académie royale des sciences et des lettres de Danemark. 7th ser. Vol. 5, № 2. Copenhagen: Levin , Munksgaard, 1936.

Bedoire 2001 — Bedoire F. Guldålder: Slott och politik i 1600-talets Sverige. Stockholm: Bonnier, 2001.

Berlage 1923 — Berlage H. Die Erbauung des Schlosses Hansburg bei Hadersleben (1557–1588) // Zeitschrift der Gesellschaft für Schleswig-Holsteinische Geschichte 1923. Bd. 53. S. 1–54.

Berlage 1924 — Berlage H. Das Schloß Hansburg bei Hadersleben unter Christian IV. (1588–1644) // Zeitschrift der Gesellschaft für Schleswig-Holsteinische Geschichte 1924. Bd. 54. S. 305–371.

Berman 2007 — Berman P. G. In Another Light: Danish Painting in the Nineteenth Century. New York: Vendome Press, 2007.

Bertsch — Bertsch, Markus. Akademische Prägungen? Zur Abildgaard-Rezeption im Werk von Asmus Jakob Carstens, Caspar David Friedrich und Philipp Otto Runge // Nicolai Abildgaard: Der Lehrer von Friedrich und Runge / Hrsg. J. E. Howoldt, H. Gassner Hamburg: Hamburger Kunsthalle, 2009. S. 16–31.

Beyer — Beyer F. Lysthusene // Christian IV and Europe / ed. by S. Heiberg. Copenhagen: Foundation for Christian IV Year 1988, 1988. P. 199–211.

Białostocki 1976 — Białostocki J. The Baltic Area as an Artistic Region in the Sixteenth Century // Hafnia: Copenhagen Papers in the History of Art. 1974. Vol. 4. P. 11–23.

Biermann 2012 — Biermann V. Von der Kunst abzudanken: Die Repräsentationsstrategien Königin Christinas von Schweden. Cologne: Böhlau, 2012.

Bjurström 1997 — Bjurström P. Christina's Collection of Drawings Reconsidered // Politics and culture in the age of Christina. Acta from a Conference held at the Wenner-Gren Center in Stockholm, May 4–6, 1995 (Suecoromana. Studia artis historiae instituti romani regni Sueciae, 4) / Eftertr. M.-L. Rodén. Stockholm: Swedish Institute in Rome, 1997. P. 123–129.

Bjurström 1998 — Bjurström P. Johan Sylvius as Draftsman // Master Drawings. 1998. Vol. 36, № 1. P. 12–17.

Bjurström 1997 — Bjurström P. Queen Christina and Contemporary Art // Docto Peregrino: Roman Studies in Honour of Torgil Magnuson / ed. by T. Hall, B. Magnusson, C. Nylander. Stockholm: Swedish Institute in Rome, 1992. P. 20–29.

Blaschke 1983 — Blaschke K. Moritz von Sachsen, ein Reformationsfürst der zweiten Generation. Göttingen: Muster-Schmidt, 1983.

Blekastad 1969 — Blekastad M. Comenius: Versuch eines Umrisses von Leben, Werk und Schicksal des Jan Amos Komenský. Oslo: Universitetsforlaget, 1969.

Block 1890 — Block J. C. Jeremias Falck: Sein Leben und seine Werke. Danzig: Hinstorff, 1890.

Blok 2000 — Blok F. F. Isaac Vossius and His Circle: His Life Until His Farewell to Queen Christina of Sweden, 1618–1655. Groningen: Forsten, 2000.

Böckem 2016 — Böckem B. Jacopo de' Barbari: Künstlerschaft und Hofkultur um 1500. Cologne: Böhlau, 2016.

Bodart 2003 — Bodart D. H. Le portrait équestre de Christine de Suède par Sébastien Bourdon // Les portraits du pouvoir / ed. by O. Bonfait, B. Marin. Rome: Académie de France à Rome, 2003. P. 76–89.

Bøggild Johannsen 2015 — Bøggild Johannsen B. "Antiquum magis quam splendidum": Appropriating Anachronism; The Case of Copenhagen Castle // Beyond Scylla and Charybdis: European Courts and Court Residences Outside Habsburg and Valois/Bourbon Territories, 1500–1700 / Eftertr. B. Bøggild Johannsen, K. Ottenheym. Copenhagen: National Museum of Denmark, 2015. P. 237–250.

Bøggild Johannsen, Johannsen 1993 — Bøggild Johannsen B., Johannsen H. Ny dansk kunsthistorie. Vol. 2. Kongens kunst. Copenhagen: Kunstbogklubben, 1993.

Bömelburg 2006 — Bömelburg H.-J. Frühneuzeitliche Nationen im östlichen Europa: Das polnische Geschichtsdenken und die Reichweite einer humanistischen Nationalgeschichte (1500–1700). Wiesbaden: Harrassowitz, 2006.

Borchardt 1971 — Borchardt F. L. German Antiquity in Renaissance Myth. Baltimore: Johns Hopkins UP, 1971.

Borggrefe 2007 — Borggrefe H. Pieter Isaacsz in the Company of Hans von Aachen // Pieter Isaacsz (1568–1625): Court Painter, Art Dealer, and Spy / ed. by B. Noldus, J. Roding. Turnhout: Brepols, 2007. P. 43–57.

Borggrefe, Fusenig 2011 — Borggrefe H., Fusenig T. Pieter Isaacsz, Jacob van der Doordt, Hans Rottenhammer, and Their Artistic Networks // Reframing the Danish Renaissance: Problems and Prospects in a European Perspective / ed. by M. Andersen, B. Bøggild Johannsen, H. Johannsen H. Copenhagen: National Museum of Denmark, 2011. P. 301–312.

Börsch-Supan 1980 — Börsch-Supan H. Die Kunst in Brandenburg-Preußen: Ihre Geschichte von der Renaissance bis zum Biedermeier dargestellt am Kunstbesitz der Berliner Schlösser. Berlin: Mann, 1980.

Borsellino 1994 — Borsellino E. Cristina di Svezia collezionista // Ricerche di storia dell'arte. 1994. Vol. 54. P. 4–16.

Boschloo et al. 1989 — Boschloo A. W. A., Hendrikse E. J., Smit L. C., van der Sman G. J., eds. Academies of Art Between Renaissance and Romanticism. The Hague: SDU, 1989.

Boström 2001 — Boström H.-O. Det underbara skåpet: Philipp Hainhofer och Gustav II Adolfs konstskåp. Uppsala: Uppsala UP, 2001.

Bøgh Rasmussen 2007 — Mikael Bøgh Rasmussen Portrait of Christian IV, in Noldus and Roding, Pieter Isaacsz, 274. Cf. Lyschander, Triumphus Calmariensis.

Böttiger 1884 — Böttiger J. Bronsarbeten af Adrian de Vries i Sverige, särskildt å Drottningholm: En konsthistorisk undersökning. Stockholm: Central-trykeriet, 1884.

Böttiger 1897 — Böttiger J. Hedvig Eleonoras Drottningholm. Stockholm: Palmquist, 1897.

Böttiger 1918 — Böttiger J. En krönika om den Tessinska slottskyrkan 1693–1697. Stockholm: Norstedt, 1918.

Böttiger 1940–1941 — Böttiger J. Inredningarna // Olsson M., ed. Stockholms slotts historia. 3 vols. Stockholm: Norstedt, 1940–1941. Vol. 2. S. 191–228.

Braudel 1949 — Braudel F. La Méditerranée et le monde méditerranéen à l'époque de Philippe II. Paris: Colin, 1949.

Brough 1985 — Brough S. The Goths and the Concept of Gothic in Germany from 1500 to 1750: Culture, Language, and Architecture. Frankfurt: Lang, 1985.

Brown, Elliot 2003 — Brown J., Elliot J. H. A Palace for a King: The Buen Retiro and the Court of Philip IV. Rev. ed. New Haven: Yale UP, 2003.

Brummer 1963 — Brummer H. H. Till belysning av drottning Christinas antiksamling i Stockholm // Konsthistorisk tidskrift. 1963. Bd. 32, № 1–2. S. 16–33.

Brummer 1997 — Brummer H. H. Minerva of the North // Politics and Culture in the Age of Christina / ed. by M.-L. Rodén. Stockholm: Swedish Institute in Rome, 1997. P. 77–92.

Buckley 2004 — Buckley V. Christina, Queen of Sweden: The Restless Life of a European Eccentric. London: Fourth Estate, 2004.

Bulst 1967 — Bulst W. A. Die Antiken-Sammlungen der Königin Christina von Schweden // Ruperto-Carola. 1967. Vol. 19, № 41. P. 121–135.

Burk 2015 — Burk J. L. "Quo me fata vocant" — Wohin mich das Schicksal ruft: Merkur in der Bronzekunst der Spätrenaissance // Bella figura: Europäische Bronzekunst in Süddeutschland um 1600 / Hrsg. R. Eikelmann. Munich: Hirmer, 2015. P. 51–87.

Burke 2003 — Burke P. Images as Evidence in Seventeenth-Century Europe // Journal of the History of Ideas. 2003. Vol. 64, № 2. P. 273–296.

Busch 2008 — Busch W. Der Rügen-Mythos // Europa Arkadien: Jakob Philipp Hackert und die Imagination Europas um 1800 / Hrsg. A. Beyer, L. Burkart, A. von Müller, G. Vogt-Spira. Göttingen: Wallstein, 2008. S. 47–75.

Carlsson 1997 — Carlsson F. Springbrunnen på Kronborg // Frederik II: En renässansfurste / ed. by F. Carlsson. Malmö: Malmö Museum, 1977. S. 48–61.

Cassirer 1923 — Cassirer E., ed. Künstlerbriefe aus dem neunzehnten Jahrhundert. 3rd ed. Berlin: Cassirer, 1923.

Cavalli-Björkman 1997 — Cavalli-Björkman G. Christina Portraits // Politics and Culture in the Age of Christina / ed. by M.-L. Rodén. Stockholm: Swedish Institute in Rome, 1997. P. 93–105.

Cavalli-Björkman 1997 — Cavalli-Björkman G. La collection de la reine Christine à Stockholm // 1648, paix de Westphalie: L'art entre la guerre et la paix = 1648, Westfälischer Friede: Die Kunst zwischen Krieg und Frieden / Éd. par J. Thuillier, K. Bussmann. Paris: Musée du Louvre, 1999. P. 295–317.

Checa 1992 — Checa F. Felipe II: Mecenas de las artes. Madrid: Nerea, 1992.

Christensen 1988 — Christensen C. Adriaen de Vries' Neptunspringvand // ed. by S. Heiberg. Christian IV and Europe. Copenhagen: Foundation for Christian IV Year 1988, 1988. P. 153–172.

Christianson 2000 — Christianson J. R. On Tycho's Island: Tycho Brahe and His Assistants, 1570–1601. Cambridge: Cambridge UP, 2000.

Chueca Goitia 1986 — Chueca Goitia F. La influencia de los Países Bajos en la arquitectura Española // El Escorial, piedra profética. Madrid: Instituto de España, 1986. P. 195–215.

Connors 1989 — Connors J. Alliance and Enmity in Roman Baroque Urbanism // Römisches Jahrbuch der Bibliotheca Hertziana. 1989. Bd. 25. S. 207–294.

Cools et al. 2006 — Cools H., Keblusek M., Noldus B., eds. Your Humble Servant: Agents in Early Modern Europe. Hilversum: Verloren, 2006.

Czaika 2008 — Czaika O. La Scandinavie // L'Europe en conflits: Les affrontements religieux et la genèse de l'Europe moderne, vers 1500–vers 1650 / Éd. par W. Kaiser. Rennes: Presses universitaires de Rennes, 2008. P. 137–168.

Czok 1997 — Czok K. August der Starke und seine Zeit: Kurfürst von Sachsen, König in Polen. Leipzig: Edition Leipzig, 1997.

Dahlbäck 1976 — Dahlbäck B., ed. David Klöcker Ehrenstrahl. Stockholm: Nationalmuseum, 1976.

Dahlberg 2009 — Dahlberg G. The Theatre Around Queen Christina // Renaissance Studies. 2009. Vol. 23, № 2. P. 161–185.

Danielsson 1989 — Danielsson A. Sébastien Bourdon's Equestrian Portrait of Queen Christina of Sweden — Addressed to 'His Catholic Majesty' Philip IV // Konsthistorisk tidskrift. 1989. Bd. 58, № 3. S. 95–108.

Davies 2001 — Davies A. I. Allart van Everdingen, 1621–1675: First Painter of Scandinavian Landscape. Doornspijk: Davaco, 2001.

Dean, Leibsohn 2003 — Dean C., Leibsohn D. Hybridity and Its Discontents: Considering Visual Culture in Colonial Spanish America // Colonial Latin American Review. 2003. Vol. 12, № 1. P. 5–35.

de Beer 1948 — de Beer E. S. Gothic: Origin and Diffusion of the Term; The Idea of Style in Architecture // Journal of the Warburg and Courtauld Institutes. 1948. Bd. 11. S. 143–162.

de Boer 1903 — de Boer M. G. Balthazar Gerbier // Oud Holland. 1903. Vol. 21, № 3. S. 129–160.

de Coo 1978 — de Coo J. Museum Mayer van den Bergh: Schilderijen, verluchte handschriften, tekeningen. Antwerp: Govaerts, 1978.

Dee, Walton 1998 — Dee E. E., Walton G. Versailles: The View from Sweden. New York: Cooper-Hewitt Museum, 1988.

de Jong 2005 — de Jong E. A. Of Plants and Gardeners, Prints and Books: Reception and Exchange in Northern European Garden Culture, 1648–1725 // Baroque Garden Cultures: Emulation, Sublimation, Subversion / ed. by M. Conan. Washington, D.C.: Dumbarton Oaks, 2005. P. 37–84.

de Jong 2013 — de Jong E. A. Une affaire de goût: La 'fonction opérationnelle' du jardin à l'époque de Le Nôtre en Europe du Nord // André Le Nôtre en perspectives / Éd. par P. Bouchenot-Déchin, G. Farhat. Paris: Hazan, 2013. P. 296–309.

De Jonge 2007 — De Jonge K. Standardizing 'Antique' Architecture, 1539–1543 // Unity and Discontinuity: Architectural Relationships Between the Southern and Northern Low Countries (1530–1700) / ed. by K. De Jonge K, K. Ottenheym K. Turnhout: Brepols, 2007. P. 41–53.

De Jonge 2010 — De Jonge K. The Court Architect as Artist in the Southern Low Countries, 1520–1560 // Envisioning the Artist in the Early Modern Netherlands = Het beeld van de kunstenaar in de vroegmoderne Nederlanden / ed. by H. P. Chapman, J. Woodall. Zwolle: Waanders, 2010. P. 111–135.

De Jonge 2011 — De Jonge K. A Netherlandish Model? Reframing the Danish Royal Residences in a European Perspective // Reframing the Danish Renaissance: Problems and Prospects in a European Perspective / ed. by M. Andersen, B. Bøggild Johannsen, H. Johannsen. Copenhagen: National Museum of Denmark, 2011. P. 219–233.

De Jonge 2013 — De Jonge K. Netherlandish Models from the Habsburg Sphere: From Spain to Germany and Denmark // The Low Countries at the Crossroads: Netherlandish Architecture as an Export Product in Early Modern Europe (1480–1680) / ed. by K. Ottenheym, K. De Jonge. Turnhout: Brepols, 2013. P. 237–262.

de Raymond 1993 — de Raymond J.-F. La reine et le philosophe: Descartes et Christine de Suède. Paris: Lettres modernes, 1993.

d'Hulst 1982 — d'Hulst R.-A. Jacob Jordaens. London: Sotheby Publications, 1982.

Dijksterhuis 1943 — Dijksterhuis E. J. Simon Stevin. The Hague: Nijhoff, 1943.

Dombrowski 2001 — Dombrowski D. Die Grablege der sächsischen Kurfürsten zu Freiberg: Ideelle Dimensionen eines internationalen Monuments // Zeitschrift für Kunstgeschichte. 2001. Bd. 64, № 2. S. 234–272.

Donnelly 1984 — Donnelly M. C. Theaters in the Courts of Denmark and Sweden from Frederik II to Gustav III // Journal of the Society of Architectural Historians. 1984. Vol. 43, № 4. P. 328–340.

Döring 1996 — Döring D. Samuel von Pufendorfs Berufung nach Brandenburg-Preußen // Samuel Pufendorf und die europäische Frühaufklärung: Werk und Einfluß eines deutschen Bürgers der Gelehrtenrepublik nach 300 Jahren (1694–1994) / Hrsg. F. Palladini, G. Hartung. Berlin: Akademie Verlag, 1996. S. 11–28.

Drees 1997 — Drees J. Höfische Kultur in Gottorfs Glanzzeit — Selbstverständnis und Anspruch im Zeichen von Repräsentation und Zeremoniell // Gottorf im Glanz des Barock / Hrsg. H. Spielmann, J. Drees J. Bd. 3. Schleswig: SchleswigHolsteinisches Landesmuseum, 1997. S. 61–70.

Droixhe 2002 — Droixhe D. L'étymon des dieux: Mythologie gauloise, archéologie et linguistique à l'âge classique. Geneva: Droz, 2002.

Duchhardt 1977 — Duchhardt H. Protestantisches Kaisertum und Altes Reich: Die Diskussion über die Konfession des Kaisers in Politik, Publizistik und Staatsrecht. Wiesbaden: Steiner, 1977.

Duchhardt 1983 — Duchhardt H. Die preußische Königskrönung von 1701: Ein europäisches Modell? // Herrscherweihe und Königskrönung im frühneuzeitlichen Europa / Hrsg. H. Duchhardt. Wiesbaden: Steiner, 1983. S. 82–95.

du Colombier 1958 — du Colombier P. Antoine Pesne und die französische Malerei // Antoine Pesne / Hrsg. G. Poensgen. Berlin: Deutscher Verein für Kunstwissenschaft, 1958. S. 33–50.

Dufour 2003 — Dufour J. Y. Tessin and Roissy: An Error Corrected // Konsthistorisk tidskrift. 2003. Bd. 72. Häfte 1–2. S. 147–158.

Dyballa 2014 — Dyballa K. Georg Pencz: Künstler zu Nürnberg. Berlin: Deutscher Verlag für Kunstwissenschaft, 2014.

Eckardt 1990 — Eckardt G. Johann Gottfried Schadow, 1764–1850: Der Bildhauer. Leipzig: Seemann, 1990.

Ehrenberg 1899 — Ehrenberg H. Die Kunst am Hofe der Herzöge von Preußen. Leipzig: Giesecke, Devrient, 1899.

Eikelmann 2015 — Eikelmann R., ed. Bella figura: Europäische Bronzekunst in Süddeutschland um 1600. Munich: Hirmer, 2015.

Eimer 1961 — Eimer G. Carl Gustaf Wrangel som byggherre i Pommern och Sverige. Stockholm: Almqvist, Wiksell, 1961.

Ellehag 1994 — Ellehag C. Fem svenska stormanshem under 1600-talet. Stockholm: Nordiska museet, 1994.

Ellehag 2003 — Ellehag C. Jean de la Vallée, kunglig arkitekt. Lund: Signum, 2003.

Ellenius 1960 — Ellenius A. De Arte Pingendi: Latin Art Literature in Seventeenth-Century Sweden and Its International Background. Uppsala: Almqvist, Wiksell, 1960.

Ellenius 1966 — Ellenius A. Karolinska bildidéer. Uppsala: Almqvist, Wiksell, 1966.

Eller, Povl 1971 — Kongelige portrætmalere i Danmark, 1630–82. Copenhagen: Selskabet til udgivelse af danske mindesmærker, 1971.

Elvira Barba 2001 — Elvira Barba M. Á. Las Musas de Cristina de Suecia // El coleccionismo de escultura clásica en España / ed. by F. C. Cremades. Madrid: Museo Nacional del Prado, 2001. P. 195–216.

Eriksson 1994 — Eriksson G. The Atlantic Vision: Olaus Rudbeck and Baroque Science. Canton, Mass.: Science History Publications, 1994.

Eriksson 2002 — Eriksson G. Rudbeck, 1630–1702: Liv, lärdom, dröm i barockens Sverige. Stockholm: Atlantis, 2002.

Erlandsen, Kryger 2009 — Erlandsen H., Kryger K. Johann Christoph Petzoldt: En desillusioneret, lærd billedhugger mellem rokoko og klassicisme. Copenhagen: Slots- og ejendomsstyrelsen, 2009.

Evans 1985 — Evans R. J. W. Culture and Anarchy in the Empire, 1540–1680 // Central European History. 1985. Vol. 18, № 1. P. 14–30.

Faber 1926 — Faber H. Caius Gabriel Cibber, 1630–1700: His Life and Work. Oxford: Clarendon Press, 1926.

Farago 2009 — Farago C., ed. Re-reading Leonardo: The Treatise on Painting Across Europe, 1550–1900. Farnham, Surrey: Ashgate, 2009.

Feuchtmayr, Schädler 1973 — Feuchtmayr Karl, Schädler A., eds. Georg Petel, 1601/2–1634. Berlin: Deutscher Verlag für Kunstwissenschaft, 1973.

Fiedler 1997 — Fiedler B.-C. Königin Christina als Landesfürstin in den Herzogtümern Bremen und Verden, 1645/48–1654 // Christina, Königin von Schweden / Hrsg. U. Hermanns. Bramsche: Rasch, 1997. S. 137–150.

Fischer 1950 — Fischer E. Eine Zeichnung der Krone Rudolfs II // Kunstmuseets aarsskrift 1950. Bd. 37. S. 74–78.

Fischer et al. 2009 — Fischer E., Bencard E. J., Bøgh Rasmussen M., Iuliano M. Melchior Lorck. 5 vols. Copenhagen: Vandkunsten, 2009.

Fogelberg Rota 2012 — Fogelberg Rota S. Queen Christina's Heroic Virtue and Its Religious Implications // Early Modern Culture Online. 2012. Vol. 3. P. 1–13.

Forssman 1955 — Forssman E. Jakob Philipp Hackert und Schweden // Konsthistorisk tidskrift. 1955. Bd. 24. Häfte 1–2. S. 17–34.

Frankl 1960 — Frankl P. The Gothic: Literary Sources and Interpretations Through Eight Centuries. Princeton: Princeton UP, 1960.

Friedrich, Smart 2010 — Friedrich K., Smart S., eds. The Cultivation of Monarchy and the Rise of Berlin: BrandenburgPrussia, 1700. Farnham, Surrey: Ashgate, 2010.

Fuchs, Salling 2004 — Fuchs A., Salling E., eds. Kunstakademiet 1754–2004. 3 vols. Copenhagen: Kongelige akademi for de skønne kunster; Arkitektens forlag, 2004.

Fučíková 1997 — Fučíková E., ed. Rudolf II and Prague: The Court and the City. London: Thames, Hudson, 1997.

Fürst 2002 — Fürst U. Die lebendige und sichtbare Histori: Programmatische Themen in der Sakralarchitektur des Barock. Regensburg: Schnell, Steiner, 2002.

Gąsiorowski 1976 — Gąsiorowski, Eugeniusz. Antonis van Obberghen // Hafnia. 1976. Bd. 4. S. 71–90.

Gaskill 2004 — Gaskill H., ed. The Reception of Ossian in Europe. London: Thoemmes, 2004.

Geary 2013 — Geary P. Europe of Nations or the Nation of Europe: Origin Myths Past and Present // Revista lusófona de estudos culturais = Lusophone Journal of Cultural Studies. 2013. Vol. 1, № 1. P. 36–49.

Gerstl 2000 — Gerstl D. Drucke des höfischen Barock in Schweden: Der Stockholmer Hofmaler David Klöcker von Ehrenstrahl und die Nürnberger Stecher Georg Christoph Eimmart und Jacob von Sandrart. Berlin: Mann, 2000.

Gerstl 2000a — Gerstl D. Joachim von Sandrarts Teutsche Academie der edlen Bau-, Bild- und Mahlerey-Künste — zur Genese // Künste und Natur in Diskursen der Frühen Neuzeit / Hrsg. H. Laufhütte. Bd. 2. Wiesbaden: Harrassowitz, 2000. S. 883–898.

Gillgren 2009 — Gillgren P. Vasarenässansen: Konst och identitet i 1500-talets Sverige. Stockholm: Signum, 2009.

Goffart 1988 — Goffart W. The Narrators of Barbarian History (A.D. 550–800): Jordanes, Gregory of Tours, Bede, and Paul the Deacon. Princeton: Princeton UP, 1988.

Graf 1975 — Graf D. German Baroque Drawings. London: Heim Gallery, 1975.

Granberg 1929–1930 — Granberg O. Svenska konstsamlingarnas historia från Gustav Vasas tid till våra dagar. Vols. 1 and 2. Stockholm: Lindström, 1929–1930.

Grell 1995 — Grell O. P., ed. The Scandinavian Reformation: From Evangelical Movement to Institutionalisation of Reform. Cambridge: Cambridge UP, 1995.

Grinder-Hansen 2013 — Grinder-Hansen P. Frederik 2.: Danmarks renæssancekonge. Copenhagen: Gyldendal, 2013.

Grinder-Hansen 2015 — Grinder-Hansen P. «Im Grünen»: The Types of Informal Space and Their Use in Private, Political, and Diplomatic Activities of Frederik II, King of Denmark // Beyond Scylla and Charybdis: European Courts and Court Residences Outside Habsburg and alois / Bourbon Territories, 1500–1700 / ed. by B. Bøggild Johannsen, K. Ottenheym. Copenhagen: National Museum of Denmark, 2015. P. 171–180.

Grummt 2011 — Grummt C. Caspar David Friedrich: Die Zeichnungen. 2 vols. Munich: Beck, 2011.

Gustafsson 1966 — Gustafsson L. Amor et Mars vaincus: Allégorie politique des ballets de cour de l'époque de la Reine Christine // Queen Christina of Sweden: Documents and Studies / ed. by M. von Platen. Stockholm: Norstedt, 1966. P. 87–99.

Hafner 1996 — Hafner U. Norden und Nation um 1800: Der Einfluß skandinavischer Geschichtsmythen und Volksmentalitäten auf deutschsprachige Schriftsteller zwischen Aufklärung und Romantik (1740–1820). Trieste: Parnaso, 1996.

Hager 1993 — Hager H. Carlo Fontana: Pupil, Partner, Principal, Preceptor // The Artist's Workshop / ed. by P. M. Lukehart. Washington, D.C.: National Gallery of Art, 1993. P. 122–155.

Hahr 1910 — Hahr A. Studier i Johan III:s renässans: Villem Boy, bildhuggaren och byggmästaren. Uppsala: Almqvist, Wiksell, 1910.

Hahr 1912 — Hahr A. Föregångarna till Johan III:s grafmonument i Uppsala och dess ursprungliga afseda gestalt. Lund: Berlingska, 1912.

Hall, Rörby 2009 — Hall T., Rörby M. Stockholm: The Making of a Metropolis. London: Routledge, 2009.

Hallendorff, Schuck 1929 — Hallendorff C., Schuck A. History of Sweden. Stockholm: C. E. Fritze, 1929.

Hallström 1962 — Hallström B. H. En Stockholmskyrka i St. Petersburg: Tessin i Ryssland // Samfundet St. Eriks årsbok. 1962. S. 55–86.

Hansson 2009 — Hansson S. The Lament of the Swedish Language: Sweden's Gothic Renaissance // Renaissance Studies. 2009. Vol. 23, № 2. P. 151–160.

Hantsch 1972 — Hantsch H. Johann Bernhard Fischers von Erlach Aufenthalt in Berlin // Belvedere. Bd. 11. S. 159–160.

Haskell 1980 — Haskell F. Patrons and Painters: A Study in the Relations Between Italian Art and Society in the Age of the Baroque. 2nd ed. New Haven: Yale UP, 1980.

Haskell 1993 — Haskell F. History and Its Images: Art and the Interpretation of the Past. New Haven: Yale UP, 1993.

Hauschke 2002 — Hauschke S. Es muss nicht immer Gold und Silber sein: Messingguss und Eisenschnitt aus Nürnberg // Quasi Centrum Europae: Europa kauft in Nürnberg 1400–1800 / Hrsg. H. Maué. Nuremberg: Germanisches Nationalmuseum, 2002. S. 241–271.

Heck 2006 — Heck M.-C. Théorie et pratique de la peinture: Sandrart et la "Teutsche Academie." Paris: Maison des sciences de l'homme, 2006.

Heckmann 1972 — Heckmann H. Matthäus Daniel Pöppelmann: Leben und Werk. Munich: Deutscher Kunstverlag, 1972.

Hedicke 1913 — Hedicke R. Cornelis Floris und die Florisdekoration. 2 Bd. Berlin: Bard, 1913.

Hedin 2015 — Hedin G. Hieroglyphical Boulders: Johan Thomas Lundbye as Mediator Between Art and Science // European Romantic Review. 2015. Vol. 26, № 4. P. 453–474.

Heiberg 1984 — Heiberg S. Samtidige portrætter af Frederik II // Tradition og kritik: Festskrift til Svend Ellehøj / Eftertr. G. Christensen et al. Copenhagen: Danske historiske forening, 1984. S. 183–204.

Heiberg 1988 — Heiberg S., ed. Christian IV and Europe. Copenhagen: Foundation for Christian IV Year 1988, 1988.

Heiberg 2003 — Heiberg S. Danske portrætter. Copenhagen: Aschehoug, 2003.

Heiberg 2006 — Heiberg S. Christian 4. — en europæisk statsmand. Copenhagen: Gyldendal, 2006.

Heiberg 2006a — Heiberg S., ed. Christian 4. og Frederiksborg. Copenhagen: Aschehoug, 2006.

Hein et al. 2006 — Hein J., Johansen K., Kristiansen P., eds. Christian 4. og Rosenborg, 1606–2006. Copenhagen: Rosenborg, 2006.

Heitmann, Scholz 1985 — Heitmann B., Scholz R. Die EbenholzSilber-Arbeiten in der Schloßkapelle von Frederiksborg bei Hillerød auf Seeland (Altar und Kanzel) // Die Goldschmiede Hamburgs / Hrsg. E. Schliemann. Bd. 1.: Hamburg: Schliemann, 1985. S. 78–92.

Hempel 1965 — Hempel E. Baroque Art and Architecture in Central Europe. Baltimore: Penguin, 1965.

Henningsen et al. 1997 — Henningsen B., Klein J., Müssener H., Söderlind S., eds. Wahlverwandtschaft: Skandinavien und Deutschland 1800 bis 1914. Berlin: Jovis, 1997.

Heym 2006 — Heym S. Die Hofkirchen und Kapellen der Residenz // Die Münchner Residenz: Geschichte — Zerstörung — Wiederaufbau / Hrsg. K. Faltlhauser. Ostfildern: Jan Thorbecke, 2006. P. 54–55.

Hinners 2012 — Hinners L. De fransöske handtwerkarne vid Stockholms slott 1693–1713: Yrkesroller, organisation, arbetsprocesser. Stockholm: University of Stockholm, 2012.

Hinterkeuser 1999 — Hinterkeuser G. Von der Maison de plaisance zum Palais royal: Die Planungs- und Baugeschichte von Schloß Charlottenburg zwischen 1694 und 1713 // Sophie Charlotte und ihr Schloß. , Munich: Prestel, 1999. P. 113–124.

Hinterkeuser 2001 — Hinterkeuser G. Blick nach Europa: Die Architektur in Berlin im Zeitalter Friedrichs III./I. // Preußen 1701: Eine europäische Geschichte / Hrsg. F. Windt, C. Lind, G. Sepp-Gustav. 2 Bd. Bd. 2. Berlin: Henschel, 2001. P. 254–268.

Hinterkeuser 2003 — Hinterkeuser G. Das Berliner Schloss: Der Umbau durch Andreas Schlüter. Berlin: Siedler, 2003.

Hinterkeuser 2013 — Hinterkeuser G. Visions of Power: Andreas Schlüter's Monuments to the Great Elector and Friedrich III and I // Sculpture Journal. 2013. Vol. 22, № 1. P. 21–35.

Hofmann 1983 — Hofmann W., ed. Luther und die Folgen für die Kunst. Munich: Prestel, 1983.

Holland 2002 — Holland A. Johann Friedrich Eosander genannt von Göthe (1669–1728): Anmerkungen zu Karriere des Architekten, Ingenieurs und Hofmannes am Hof Friedrichs I. in Preussen. Weimar: VDG, 2002.

Holmes 2005 — Holmes L. M. Kosegarten's Cultural Legacy: Aesthetics, Religion, Literature, Art, and Music. New York: Lang, 2005.

Honnens de Lichtenberg 1991 — Honnens de Lichtenberg H. Johan Gregor van der Schardt: Bildhauer bei Kaiser Maximilian II., am dänischen Hof und bei Tycho Brahe. Copenhagen: Museum Tusculanum Press, 1991.

Hoople 1991 — Hoople S. C. Baroque Splendor: Vierzehnheiligen Church and Bach's B-Minor Mass // The Orchestration of the Arts: A Creative Symbiosis of Existential Powers / ed. by M. Kronegger. Dordrecht: Kluwer, 2000. P. 89–96.

Houkjær 1988 — Houkjær U. The Kronborg Series in a Cultural and Art-Historical Perspective // The Kronborg Series: King Christian IV and His Pictures of Early Danish History / ed. by P. D. Schepelern, U. Houkjær. Copenhagen: Royal Museum of Fine Arts, 1988. P. 9–21.

Howarth 2011 — Howarth D. The Southampton Album: A Newly Discovered Collection of Drawings by Francis Cleyn the Elder and His Associates // Master Drawings. 2011. Vol. 49, № 4. P. 435–478.

Howoldt, Gassner 2009 — Howoldt J. E., Gassner H., eds. Nicolai Abildgaard: Der Lehrer von Friedrich und Runge. Hamburg: Hamburger Kunsthalle, 2009.

Høyen 1871 — Høyen N. L. Frederiksborg Slot // Niels Laurits Høyens skrifter / Eftertr. J. L. Ussing. Bd. 1. S.161–228. Copenhagen: Gyldendal, 1871.

Huysmans 1987 — Huysmans A. De grafmonumenten van Cornelis Floris // Revue belge d'archéologie et d'histoire de l'art. 1987. Vol. 56. P. 91–122.

Huysmans 1996 — Huysmans A., ed. Cornelis Floris, 1514–1575: Beeldhouwer, architect, ontwerper. Brussels: Gemeentekrediet, 1996.

Iby, Koller 2007 — Iby E., Koller A. Schönbrunn. New ed. Vienna: Brandtstätter, 2007.

Jacobs 1998 — Jacobs L. F. Early Netherlandish Carved Alterpieces, 1380–1550: Medieval Tastes and Mass Marketing. Cambridge: Cambridge UP, 1998.

Jägerskiöld 1985 — Jägerskiöld S. Samuel von Pufendorf in Schweden, 1668–1688: Einige neue Beiträge // Satura Roberto Feenstra / Hrsg. J. A. Ankum, J. E. Spruit, and F. B. J. Wubbe. Fribourg: Éditions universitaires, 1985. P. 557–570.

Jakob Philipp Hackert 2008 — Jakob Philipp Hackert: Europas Landschaftsmaler der Goethezeit. Ostfildern: Hatje Cantz, 2008.

Jarlert 2017 — Jarlert A. Hedwig Eleonora, Lund University, and the Learned // Queen Hedwig Eleonora and the Arts: Court Culture in SeventeenthCentury Northern Europe / ed. by K. Neville, L. Skogh. London: Routledge, 2017. P. 147–158.

Jiménez Díaz 2001 — Jiménez Díaz P. El coleccionismo manierista de los Austrias entre Felipe II y Rodolfo II. Madrid: Sociedad Estatal para la Conmemoración de los Centenarios de Felipe II y Carlos V, 2001.

Johannesson 1991 — Johannesson K. The Renaissance of the Goths in Sixteenth-Century Sweden: Johannes and Olaus Magnus as Politicians and Historians. Trans. by J. Larson. Berkeley: University of California Press, 1991.

Johannsen 1974 — Johannsen H. Regna Firmat Pietas: Eine Deutung der Baudekoration der Schloßkirche Christians IV. zu Frederiksborg // Hafnia. 1974. Bd. 3. S. 67–140.

Johannsen 2004 — Johannsen H. The Protestant Palace Chapel: Monument to Evangelical Religion and Sacred Rulership // Signs of Change: Transformations of Christian Traditions and Their Representation in the Arts, 1000–2000 / ed. by N. H. Petersen, C. Clüver, N. Bell. Amsterdam: Rodopi, 2004. P. 137–164.

Johannsen 2006 — Johannsen H. Arkitektur på papir — og Tychos huse // Tycho Brahes verden: Danmark i Europa 1550–1600 / Eftertr. P. Grinder-Hansen. Copenhagen: National Museum of Denmark, 2006. S. 95–109.

Johannsen 2006a — Johannsen H. Slotskirken // Christian 4. og Frederiksborg / Eftertr. S. Heiberg. Copenhagen: Aschehoug, 2006. S. 133–151.

Johannsen 2007 — Johannsen H. Christian IV's Private Oratory in Frederiksborg Castle Chapel — Reconstruction and Interpretation // Pieter Isaacsz (1568–1625): Court Painter, Art Dealer, and Spy / ed. by B. Noldus, J. Roding. Turnhout: Brepols, 2007. P. 165–179.

Johannsen 2010 — Johannsen H. Dignity and Dynasty: On the History and Meaning of the Royal Funeral Monuments for Christian III, Frederik II, and Christian IV in the Cathedral of Roskilde // Masters, Meanings, and Models: Studies in the Art and Architecture of the Renaissance in Denmark / ed. by M. Andersen, E. Nyborg, M. Vedsø. Copenhagen: National Museum of Denmark, 2010. P. 116–149.

Jolly 1999 — Jolly A. Netherlandish Sculptors in Sixteenth-Century Northern Germany and Their Patrons // Simiolus. 1999. Vol. 27, № 3. P. 119–143.

Jolly 1999a — Jolly A. Philip Brandin, ein niederländischer Bildhauer des 16. Jahrhunderts im Dienst der Herzöge von Mecklenburg // Oud Holland. 1999. Vol. 113, № 1–2. S. 13–34.

Josephson 1918 — Josephson R. Stadsbyggnadskonst i Stockholm intill år 1800. Stockholm: Almqvist , Wiksell, 1918.

Josephson 1924 — Josephson R. Tessin i Danmark. Stockholm: Bonnier, 1924.

Josephson 1925 — Josephson R. Tessins slottsomgivning. Stockholm: Tisell, 1925. Reprint, Stockholm: Rekolid, 2002.

Josephson 1930 — Josephson R. L'architecte de Charles XII, Nicodème Tessin, à la cour de Louis XIV. Paris: G. van Oest, 1930.

Josephson 1930–1931 — Josephson R. Nicodemus Tessin d. y.: Tiden — mannen — verket. 2 vols. Stockholm: Norstedt, 1930–1931.

Josephson 1933 — Josephson R. Le problème d'un style suédois // Actes du xiiiè Congrès international de l'histoire de l'art / Éd. par J. Roosval. Stockholm: Le Comité organisateur du Congrès, 1933. P. 56–71.

Josephson 1935 — Josephson R. Nationalism och humanism. Stockholm: Bonnier, 1935.

Josephson 1941 — Josephson R. Det tessinska slottet // Stockholms slotts historia / Eftertr. M. Olsson. 3 vols. Stockholm: Norstedt, 1940–1941. Vol. 2. S. 1–190.

Josephson 1947 — Josephson R. Karl XI och Karl XII som esteter // Karolinska förbundets årsbok. 1947. S. 7–67.

Josephson 1957 — Josephson R. Om den nordiska konstens egenart. Stockholm: Norstedt, 1957.

Judson, Ekkart 1999 — Judson J. R., Ekkart R. E. O. Gerrit van Honthorst, 1592–1656. Doornspijk: Davaco, 1999.

Jung 1966 — Jung M.-R. Hercule dans la littérature française du xvie siècle: De l'Hercule courtois à l'Hercule baroque. Geneva: Droz, 1966.

Kalina 2010 — Kalina P. In opere gotico unicus: The Hybrid Architecture of Jan Blažej Santini-Aichel and Patterns of Memory in Post-Reformation Bohemia // Umění (Art). 2010. Vol. 58, № 1. P. 42–56.

Karling 1931 — Karling S. Trädgårdskonstens historia i Sverige intill Le Nôtrestilens genombrott. Stockholm: Bonnier, 1931.

Karling 1932 — Karling S. Matthias Holl från Augsburg och hans verksamhet som arkitekt i Magnus Gabriel de la Gardies tjänst i Sverige och Balticum. Gothenburg: Elander, 1932.

Karling 1974 — Karling S. The Importance of André Mollet and His Family for the Development of the French Formal Garden // The French Formal Garden / ed. by E. B. MacDougall, F. Hamilton Hazlehurst. Washington, D.C.: Dumbarton Oaks, 1974. P. 1–25.

Kaufmann 1988 — Kaufmann T. Da C. The School of Prague: Painting at the Court of Rudolf II. Chicago: University of Chicago Press, 1988.

Kaufmann 1995 — Kaufmann T. Da C. Court, Cloister, and City. Chicago: University of Chicago Press, 1995.

Kaufmann 1998 — Kaufmann T. Da C. War and Peace, Art and Destruction, Myth and Reality: Considerations on the Thirty Years' War in Relation to Art in (Central) Europe // 1648: War and Peace in Europe / ed. by K. Bussmann, H. Schilling. Vol. 2. Münster, 1998. P. 163–172.

Kaufmann 2003 — Kaufmann T. Da C. Early Modern Ideas About Artistic Geography Related to the Baltic Region // Scandinavian Journal of History. 2003. Vol. 28, № 3–4. P. 263–272.

Kaufmann 2004 — Kaufmann T. Da C. Der Ostseeraum als Kunstregion: Historiographie, Stand der Forschung und Perspektiven künftiger Untersuchungen // Land und Meer: Kultureller Austausch zwischen Westeuropa und dem Ostseeraum in der Frühen Neuzeit / Hrsg. M. Krieger, M. North. Cologne: Böhlau, 2004. S. 9–21.

Kavaler 2012 — Kavaler E. M. Renaissance Gothic: Architecture and the Arts in Northern Europe, 1470–1540. New Haven: Yale UP, 2012.

Kavaler 2013 — Kavaler E. M. The Diaspora of Netherlandish Sculptors in the Second Half of the Sixteenth Century // The Low Countries at the Crossroads: Netherlandish Architecture as an Export Product in Early Modern Europe (1480–1680) / ed. byK. Ottenheym, K. De Jonge. Turnhout: Brepols, 2013. P. 91–103.

Keblusek 2003 — Keblusek M. Cultural and Political Brokerage in Seventeenth-Century England: The Case of Balthazar Gerbier // Dutch and Flemish Artists in Britain, 1550–1800 / ed. by J. Roding, E. J. Sluijter, B. Westerweel, M. van der MeijTolsma,E. D. Nieuwenhuis. Leiden: Primavera Pers, 2003. P. 73–82.

Keblusek, Noldus 2011 — Keblusek M., Noldus B., eds. Double Agents: Cultural and Political Brokerage in Early Modern Europe. Leiden: Brill, 2011.

Keller F.-E. 1980 — Keller F.-E. Zur Datierung der Planvorschläge Nicodemus Tessins des Jüngeren für das Schloß Lützenburg // Von der Residenz zur City: 275 Jahre Charlottenburg / Hrsg. W. Ribbe. Berlin: Colloquium, 1980. P. 39–65.

Keller U. 1971 — Keller U. Reitermonumente absolutischer Fürsten: Staatstheoretische Voraussetzungen und politische Funktionen. Munich: Schnell, Steiner, 1971.

Kent 2000 — Kent N. The Soul of the North: A Social, Architectural, and Cultural History of the Nordic Cultures, 1700–1940. London: Reaktion Books, 2000.

Kernkamp 1903 — Kernkamp G. W. Verslag van een onderzoek in Zweden, Noorwegen en Denemarken naar archivalia, belangrijk voor de geschiedenis van Nederland. The Hague: W. P. van Stockum, zoon, 1903.

Kessler 2014 — Kessler H.-U., ed. Andreas Schlüter und das barocke Berlin. Munich: Hirmer, 2014.

Kessler 2014a — Kessler H.-U. Das Reiterdenkmal des Grossen Kurfürsten // Andreas Schlüter und das barocke Berlin / ed. by H. U. Kessler H.-U. 222–257.

Kieven 2008 — Kieven E. Johann Bernhard Fischer von Erlach und die zeitgenössische Architektenausbildung in Rom: Abraham Paris (Preiß/Preuss) und Nikodemus Tessin // Barockberichte. 2008. Bd. 50. S. 279–290.

Klemm 1986 — Klemm C. Joachim von Sandrart: Kunst-Werke u. Lebens-Lauf. Berlin: Deutscher Verlag für Kunstwissenschaft, 1986.

Kliger 1952 — Kliger S. The Goths in England: A Study in Seventeenth and Eighteenth Century Thought. Cambridge, Mass.: Harvard UP, 1952.

Koerner 1990 — Koerner J. L. Caspar David Friedrich and the Subject of Landscape. London: Reaktion Books, 1990.

Konečný 1998 — Konečný L., ed. Rudolf II, Prague, and the World. Prague: Artefactum, 1998.

Kongsted 1991 — Kongsted O. Kronborg-Brunnen und Kronborg-Motetten: Ein Notenfund des späten 16. Jahrhunderts aus Flensburg und seine Vorgeschichte. Copenhagen: Gesellschaft für Flensburger Stadtgeschichte, 1991.

Köster 2017 — Köster C. Jürgen Ovens (1623–1678): Maler in Schleswig-Holstein und Amsterdam. Petersberg: Imhof, 2017.

Kostof 2000 — Kostof S. The Architect in the Middle Ages, East and West // The Architect: Chapters in the History of the Profession / ed. by S. Kostof. Berkeley: University of California Press, 2000. P. 59–95.

Kragelund 1999 — Kragelund P. Abildgaard: Kunstneren mellem oprørerne. Copenhagen: Museum Tusculanum, 1999.

Kragelund 2011 — Kragelund P. Olympens guder // Christian 4. og Frederiksborg / Eftertr. S. Heiberg. Copenhagen: Aschehoug, 2006. S. 43–61.

Kragelund 2011 — Kragelund P. «Man müsse keine Statue Equestre Machen»: Abildgaard and Schadow in Copenhagen 1791 // RIHA Journal. 2011. March. Vol. 19. URL: http://www.riha-journal.org/articles/2011/2011-jan-mar/kragelund-abildgaard-and-schadow (дата обращения: 20.10.22).

Kranz 2009 — Kranz A. Georg Petel — einige Anmerkungen zu Vita und Werk // Georg Petel: Neue Forschungen / Hrsg. L. Krempel, U. Söding. Berlin: Deutscher Kunstverlag, 2009. S. 129–146.

Krause 2011 — Krause H.-J. Cranachs Bildausstattung der Torgauer Schloßkapelle: Eine Rekonstruktion // Zeitschrift des Deutschen Vereins für Kunstwissenschaft. 2011. Bd. 65. S. 177–214.

Krause 2011a — Krause H.-J. Die Schlosskapelle in Torgau // Glaube und Macht: Sachsen im Europa der Reformationszeit / Hrsg. H. Marx, C. Hollberg. Bd. 2. Dresden: Sandstein, 2004. S. 175–188.

Kubler 1982 — Kubler G. Building the Escorial. Princeton: Princeton UP, 1982.

Kuhlmann-Hodick et al. 2012 — Kuhlmann-Hodick P., Schnitzer C., von Waldkirch B., eds. Adrian Zingg: Wegbereiter der Romantik. Dresden: Sandstein, 2012.

Kuhlmann-Hodick et al. 2014 — Kuhlmann-Hodick P., Spitzer G., Haverkamp E., Sørensen B., eds. Dahl und Friedrich: Romantische Landschaften. Dresden: Sandstein, 2014.

Kühn 1933 — Kühn G. Notizen und Nachrichten — Baukunst — Deutschland // Zeitschrift für Kunstgeschichte. 1933. Bd. 2, № 2. S. 126–127.

Kuke 2002 — Kuke H.-J. Jean de Bodt, 1670–1745: Architekt und Ingenieur im Zeitalter des Barock. Worms: Wernersche Verlagsgesellschaft, 2002.

Laine 2015 — Laine M., ed. Hedvig Eleonora: Den svenska barockens drottning. Stockholm: Royal Collections. Verlag: Votum & Gullers Förlag, 2015.

Laine 2015a — Laine M. The Most Important Events of the Caroline Era: A Series of Allegories for Queen Hedvig Eleonora's Drottningholm // Art Bulletin of Nationalmuseum Stockholm. 2015. Vol. 22. P. 181–190.

Langberg 1955 — Langberg H. Danmarks bygningskultur en historisk oversigt. 2 vols. Copenhagen: Gyldendal, 1955.

Langberg 1967 — Langberg H. Tessins Amalienborg // Konsthistorisk tidskrift. 1967. Bd. 36, Häfte. 3–4. S. 136–142.

Langer 1980 — Langer H. The Thirty Years' War. Poole: Blandford, 1980.

Larsson 1967 — Larsson L. O. Adrian de Vries: Adrianus Fries Hagiensis Batavvs 1545–1626. Vienna: Schroll, 1967.

Larsson 1970 — Larsson L. O. Bemerkungen zur Bildhauerkunst am rudolfinischen Hofe // Umění (Art). 1970. Vol. 18, № 2. P. 172–184.

Larsson 1975 — Larsson L. O. Bemerkungen zur Bildhauerkunst am dänischen Hofe im 16. und 17. Jahrhundert // Münchner Jahrbuch der bildenden Kunst. 1975. Bd. 26. S. 177–192.

Larsson 1983 — Larsson L. O. Die Brunnen auf Schloss Frederiksborg // Leids kunsthistorisch Jaarboek. 1983. Bd. 2. S. 69–84.

Larsson 1984 — Larsson L. O. Merkur auf Stjärneborg: Eine Bronzestatuette Johann Gregor van der Schardts im Besitz Tycho Brahes? // Kunstsplitter: Beiträge zur nordeuropäischen Kunstgeschichte; Festschrift für Wolfgang J. Müller. Husum: Husum Verlag, 1984. S. 72–79.

Larsson 1987 — Larsson L. O. Imitation und Variation: Bemerkungen zum Verhältnis Jan Gregor van der Schardts zur Antike // Klassizismus: Epoche und Probleme; Festschrift für Erik Forssman zum 70. Geburtstag / Hrsg. J. Meyer zu Capellen, G. Oberreuter-Kronabel. Hildesheim: Georg Olms, 1987. S. 277–287.

Larsson 1989–1990 — Larsson L. O. Bemerkungen zur Eigenart der Plastik am Hofe Kaiser Rudolfs II. im Kontext der europäischen Hofkunst um 1600 // Jahrbuch der kunsthistorischen Sammlungen in Wien 85–86 (1989–1990). S. 131–134.

Larsson 1992 — Larsson L. O. European Bronzes, 1450–1700 / trans. by H. Schmalbach. Stockholm: Nationalmuseum, 1992.

Larsson 1998 — Larsson L. O. Adrian de Vries in Schaumburg: Die Werke für Fürst Ernst zu Holstein-Schaumburg, 1613–1621. Ostfildern: Hatje, 1998.

Larsson 2002 — Larsson L. O. Gustav Vasa — landsfader eller tyrann? Stockholm: Prisma, 2002.

Larsson 2003 — Larsson L. O. Konstnärlig utveckling: Bildkonsten i Östersjöns historia // Gränsländer: Östersjön i ny gestalt / Eftertr. J. Kreslins, S. A. Mansbach, R. Schweitzer. Stockholm: Atlantis, 2003. S. 257–283.

Lassen 1843 — Lassen G. F. Bidrag til den danske Bygningshistorie af Archiv-Documenter og andre Kilder i: Frederiksborg Slot // Historisk Tidsskrift.1843. Vol. 1. S. 565–592.

Lausten 2002 — Lausten M. S. A Church History of Denmark. Farnham, Surrey: Ashgate, 2002.

Lausten 2011 — Lausten M. S. Johann Bugenhagen: Luthersk reformator i Tyskland og Danmark. Copenhagen: Forlaget Anis, 2011.

Lederballe 2009 — Lederballe T. Nicolai Abildgaard: Body and Tradition // Nicolai Abildgaard: Revolution Embodied / Eftertr. T. Lederballe. Copenhagen: Statens museum for kunst, 2009. S. 75–84.

Leppien 1999 — Leppien H. R. Friedrich und Pommern // Im Lichte Caspar David Friedrichs: Frühe Freilichtmalerei in Dänemark und Norddeutschland / Hrsg. C. Johnston, H. R. Leppien, K. Monrad, H. Börsch-Supan, S. Miss. Hamburg: Hamburger Kunsthalle, 1999. S. 12–15.

Liedtke 1989 — Liedtke W. A. The Royal Horse and Rider: Painting, Sculpture, and Horsemanship, 1500–1800. New York: Abaris Books in association with the Metropolitan Museum of Art, 1989.

Lietzmann 1993 — Lietzmann H. Herzog Heinrich Julius zu Braunschweig und Lüneburg (1564–1613): Persönlichkeit und Wirken für Kaiser und Reich. Braunschweig: Braunschweigischer Geschichtsverein, 1993.

Lind 2006 — Lind G. Christian 4.s tapeter i riddersalen // Christian 4. og Frederiksborg / Eftertr. S. Heiberg. Copenhagen: Aschehoug, 2006. S. 99–113.

Lindahl 1999 — Lindahl G. Läckö: Slott och grevskap // Läckö: Landskapet, borgen, slottet / Eftertr. L. Jonsson. Stockholm: Carlsson, 1999. S. 215–253.

Lindahl 2002 — Lindahl G. An Architectural Career in the Service of Power // Tessin — Nicodemus Tessin the Younger: Royal Architect and Visionary / ed. by M. Snickare. Stockholm: Nationalmuseum, 2002. P. 13–35.

Lindberg 1994 — Lindberg B. Die gelehrte Kultur in Schweden im 17. Jahrhundert: Das Problem der Rezeption // Europa in Scandinavia: Kulturelle und soziale Dialoge in der Frühen Neuzeit / Hrsg. R. Bohn. Frankfurt: Lang, 1994. S. 9–18.

Lipińska 2015 — Lipińska A. Moving Sculptures: Southern Netherlandish Alabasters from the 16th to 17th Centuries in Central and Northern Europe. Leiden: Brill, 2015.

Ljungström 2004 — Ljungström L. Magnus Gabriel de la Gardies Venngarn: Herresätet som byggnadsverk och spegelbild. Stockholm: Kungliga Vitterhets historie och antikvitets akademien, 2004.

Ljungström 2015 — Ljungström L. Drottning höjd över sina likar // Hedvig Eleonora: Den svenska barockens drottning / Eftertr. M. Laine. Stockholm: Royal Collections / Verlag: Votum & Gullers Förlag, 2015. S. 122.

Lockhart 1992 — Lockhart P. D. Denmark and the Empire: A Reassessment of Danish Foreign Policy Under King Christian IV // Scandinavian Studies. 1994. Vol. 64, № 3. P. 390–416.

Lockhart 1995 — Lockhart P. D. Religion and Princely Liberties: Denmark's Intervention in the Thirty Years War, 1618–1625 // International History Review. 1995. Vol. 17, № 1. P. 1–22.

Lockhart 1996 — Lockhart P. D. Denmark in the Thirty Years' War, 1618–1648: King Christian IV and the Decline of the Oldenburg State. Selinsgrove: Susquehanna UP, 1996.

Lockhart 2004 — Lockhart P. D. Frederik II and the Protestant Cause: Denmark's Role in the Wars of Religion, 1559–1596. Leiden: Brill, 2004.

Lockhart 2007 — Lockhart P. D. Denmark, 1513–1660: The Rise and Decline of a Renaissance Monarchy. Oxford: Oxford UP, 2007.

Lohmeier 1978 — Lohmeier D. Das ikonographische Programm des Ritterhauses in Stockholm // Arte et marte: Studien zur Adelskultur des Barockzeitalters in Schweden, Dänemark und Schleswig-Holstein / Hrsg.D. Lohmeier. Neumünster: Wachholtz, 1978. S. 235–240.

Lohmeier 2000 — Lohmeier D. Heinrich Rantzau: Humanismus und Renaissance in Schleswig-Holstein. Heide: Boyens, 2000.

López Torrijos 1985 — López Torrijos Rosa. La mitología en la pintura española del Siglo de Oro. Madrid: Cátedra, 1985.

Lorenz 1990 — Lorenz H. Die Baupolitik August des Starken im mitteleuropäischen Vergleich // Sachsen und die Wettiner: Chancen und Realitäten. Dresden: Kulturakademie des Bezirkes Dresden, 1990. S. 291–297.

Lorenz 1991 — Lorenz H. Domenico Martinelli und die österreichische Barockarchitektur. Vienna: Verlag der Österreichischen Akademie der Wissenschaften, 1991.

Lorenz 1991a — Lorenz H. Pöppelmann und die Wiener Barockarchitektur // Matthäus Daniel Pöppelmann 1662–1736 und die Architektur der Zeit Augusts des Starken / Hrsg. K. Milde K. Dresden: Verlag der Kunst, 1991. S. 170–181.

Lorenz 1992 — Lorenz H. Johann Bernhard Fischer von Erlach. Zurich: Verlag für Architektur, 1992.

Lorenz 1994 — Lorenz H. The Imperial Hofburg: The Theory and Practice of Architectural Representation in Baroque Vienna // State and Society in Early Modern Austria / ed. by C. W. Ingrao. West Lafayette: Purdue UP, 1994. P. 93–109.

Lorenz 1995 — Lorenz H. Die 'gleichsam redenden Bildungen' am Dresdner Zwinger // Denkmalkunde und Denkmalpflege — Wissen und Wirken: Festschrift für Heinrich Magirius / Hrsg. U. Reupert, T. Trajkovits, W. Werner. Dresden: Lipp, 1995. S. 371–378.

Lorenz 1998 — Lorenz H. Tradition oder 'Moderne'? Überlegungen zur barocken Residenzlandschaft BerlinBrandenburg // Forschungen zur brandenburgischen und preußischen Geschichte. 1998. Häfte 8. S. 1–24.

Lorenz 2005 — Lorenz H. 'Vienna Gloriosa': Architectural Trends and Patrons // Circa 1700: Architecture in Europe and the Americas / ed. by H. Millon. Washington, D. C.: National Gallery of Art, 2005. P. 47–63.

Lorenz, Weigl 2007 — Lorenz H., Weigl H., eds. Das barocke Wien: Die Kupferstiche von Joseph Emanuel Fischer von Erlach und Johann Adam Delsenbach (1719). Petersberg: Imhoff, 2007.

Losman 1980 — Losman A. Carl Gustaf Wrangel och Europa: Studier i kulturförbindelser kring en 1600-talsmagnat. Stockholm: Almqvist, Wiksell, 1980.

Losman 1998 — Losman A. Carl Gustaf Wrangel, Skokloster, and Europe: A Display of Power and Glory in the Days of Sweden's Dominance // 1648: War and Peace in Europe / ed. by K. Bussmann, H. Schilling. Vol. 2. Münster, 1998. P. 639–648.

Luckhardt 1998 — Luckhardt Jochen, ed. Hofkunst der Spätrenaissance: Braunschweig-Wolfenbüttel und das kaiserliche Prag um 1600. Braunschweig: Herzog Anton Ulrich Museum, 1998.

Ludwig 2000 — Ludwig W. Der Humanist Heinrich Rantzau und die deutschen Humanisten // Humanismus im Norden: Frühneuzeitliche Rezeption antiker Kulture und Literatur an Nord- und Ostsee / Hrsg. T. Haye. Amsterdam: Rodopi, 2000. S. 1–41.

Mackeprang 1950 — Mackeprang M., Müller-Christensen S. Kronborgtapeterne. Copenhagen: Høst, 1950.

Maginnis 1994 — Maginnis H. B. J. Duccio's Rucellai Madonna and the Origins of Florentine Painting // Gazette des beaux-arts. 1904. Vol. 123, № 1503. P. 147–164.

Magirius 1992 — Magirius H. Die Hofkapelle // Das Dresdner Schloss: Monument sächsischer Geschichte und Kultur, 3rd ed. / Hrsg. G. Glaser. Dresden: Staatliche Kunstsammlungen Dresden, 1992. S. 78–83.

Magirius 2009 — Magirius H. Die evangelische Schlosskapelle zu Dresden aus kunstgeschichtlicher Sicht. Altenburg: Kamprad, 2009.

Magnusson 1980 — Magnusson B. Lemkes bataljmålningar på Drottningholm och deras förlagor // Konsthistorisk tidskrift. 1980. Bd. 49, № 3. S. 121–131.

Magnusson 1999 — Magnusson B. Nicodemus Tessin il giovane (1654–1728) // L'esperienza romana e laziale di architetti stranieri e le sue conseguenze / ed. by J. Garms. Rome: Istituto nazionale di studi romani, 1999. P. 37–50.

Maisak 1994 — Maisak P. Der Zeichner Goethe oder 'Die practische Liebhaberey in den Künsten' // Goethe und die Kunst / Hrsg. S. Schulze. Stuttgart: Hatje, 1994. S. 104–112.

Maisak 1996 — Maisak P. Johann Wolfgang Goethe: Zeichnungen. Stuttgart: Reclam, 1996.

Malm 1996 — Malm M. Minervas äpple: Om diktsyn, tolkning och bildspråk inom nordisk göticism. Stockholm: Symposion, 1996.

Malm 2008 — Malm M. Rhetoric, Morals, and Patriotism in Early Swedish Literature: Georg Stiernhielm's Hercules (1658) // Rhetoric and Literature in Finland and Sweden, 1600–1900 / ed. by P. Harsting, J. Viklund. Copenhagen: NNRH, 2008. P. 1–26.

Marx 1990 — Marx Harald, ed. Matthäus Daniel Pöppelmann: Der Architekt des Dresdner Zwingers. 2nd ed. Leipzig: Seemann, 1990.

Masson 1968 — Masson G. Queen Christina. London: Secker, Warburg, 1968.

Maué 2002 — Maué H., ed. Quasi Centrum Europae: Europa kauft in Nürnberg 1400–1800. Nuremberg: Germanisches Nationalmuseum, 2002.

McDonald 1976 — McDonald W. C. Maximilian I of Habsburg and the Veneration of Hercules: On the Revival of Myth and the German Renaissance // Journal of Medieval and Renaissance Studies. 1976. Vol. 6, № 1. P. 139–154.

McKeown 2005 — McKeown S. Recovering the Codex Argenteus: Magnus Gabriel de la Gardie, David Klöcker Ehrenstrahl, and Wulfila's Gothic Bible // Lychnos. 2005. S. 9–28.

McKeown 2005 — McKeown S. A Reformed and Godly Leader: Bartholomaeus Hulsius's Typological Emblems in Praise of Gustavus Adolphus // Reformation. 2001. Vol. 5. P. 55–101.

Meijer, van Tuyll van Serooskerken 1983 — Meijer B. W., van Tuyll van Serooskerken C. Disegni italiani del Teylers Museum Haarlemprovenienti dalle collezioni di Cristina di Svezia e dei principi Odescalchi. Florence: Centro Di, 1983.

Meine-Schawe 1992 — Meine-Schawe M. Die Grablege der Wettiner im Dom zu Freiberg: Die Umgestaltung des Domchores durch Giovanni Maria Nosseni 1585–1594. Munich: Tuduv, 1992.

Meys 2009 — Meys O. Memoria und Bekenntnis: Die Grabdenkmäler evangelischer Landesherren im Heiligen Römischen Reich Deutscher Nation im Zeitalter der Konfessionalisierung. Regensburg: Schnell , Steiner, 2009.

Mikkelsen 1977 — Mikkelsen B. Kronborg. Elsinore: Nordisk forlag for videnskab og teknik, 1977.

Millar 1962 — Millar O. Some Painters and Charles I // Burlington Magazine. 1962. Vol. 104, № 713. P. 323–330.

Moe 2010–2011 — Moe B. Italian Music at the Danish Court During the Reign of Christian IV: Presenting a Picture of Cultural Transformation // Danish Yearbook of Musicology. 2010–2011. Vol. 38. P. 15–32.

Moltke et al. 1970 — Moltke E., Møller E., Jørgensen M. L., Johannsen H., eds. Danmarks Kirker — Frederiksborg Amt. Vol. 3. Copenhagen: Gad, 1970.

Momigliano 1950 — Momigliano A. Ancient History and the Antiquarian // Journal of the Warburg and Courtauld Institutes. 1950. Vol. 13, № 3–4. P. 285–315.

Montanari 1995 — Montanari T. Precisazioni e nuovi documenti sulla collezione di disegni e stampe di Cristina di Svezia // Prospettiva. 1995. Vol. 79. P. 62–77.

Montanari 1997 — Montanari T. Il cardinale Decio Azzolino e le collezioni d'arte di Cristina di Svezia // Studi secenteschi. 1997. Vol. 38. P. 187–264.

Moore 2004 — Moore D., ed. Ossian and Ossianism. 4 vols. London: Routledge, 2004.

Moraw 1962 — Moraw P. Kaiser und Geschichtschreiber um 1700 // Welt als Geschichte. 1962. Bd. 22. S. 162–203.

Müller 1998 — Müller L. The Merchant Houses of Stockholm, c. 1640–1800: A Comparative Study of Early-Modern Entrepreneurial Behaviour. Uppsala: Uppsala UP, 1998.

Munkhammar 2011 — Munkhammar L. The Silver Bible: Origins and History of the Codex Argenteus. Uppsala: Selenas, 2011.

Murphy 1995 — Murphy D. Comenius: A Critical Reassessment of His Life and Work. Dublin: Irish Academic Press, 1995.

Neumann 1994 — Neumann J. M. Die Baukunst Christians IV. von Dänemark // Europa in Scandinavia: Kulturelle und soziale Dialoge in der Frühen Neuzeit / Hrsg. R. Bohn. Frankfurt: Lang, 1994. S. 205–218.

Neumann 2011 — Neumann J. M. '...gewinnt der Stil seine Eigenart': Schloss Frederiksborg; Überlegungen zu Autonomie und Originalität nordischer Renaissance // Nordelbingen. 2011. Bd. 80. S. 57–80.

Neville 2007 — Neville K. The Early Reception of Fischer von Erlach's Entwurff einer historischen Architectur // Journal of the Society of Architectural Historians. 2007. Vol. 66, № 2. P. 154–169.

Neville 2009 — Neville K. Gothicism and Early Modern Historical Ethnography // Journal of the History of Ideas. 2009. Vol. 70, № 2. P. 213–234.

Neville 2009a — Neville K. Nicodemus Tessin the Elder: Architecture in Sweden in the Age of Greatness. Turnhout: Brepols, 2009.

Neville 2011 — Neville K. Christian IV's Italianates: Sculpture at the Danish Court // Reframing the Danish Renaissance: Problems and Prospects in a European Perspective / ed. by M. Andersen, B. Bøggild Johannsen, H. Johannsen. Copenhagen: National Museum of Denmark, 2011. P. 335–345.

Neville 2013 — Neville K. Johan Gregor van der Schardt and Frederik II of Denmark // Sculpture Journal. 2013. Vol. 22, № 2. P. 21–32.

Neville 2013a — Neville K. The Land of the Goths and Vandals: The Visual Presentation of Gothicism at the Swedish Court, 1550–1700 // Renaissance Studies. 2013. Vol. 27, № 3. P. 435–459.

Neville 2014 — Neville K. Royal and Roman in the Rebuilding of Berlin c.1700 // Visual Acuity and the Arts of Communication in Early Modern Germany / ed. by J. Chipps Smith. Farnham, Surrey: Ashgate, 2014. P. 201–219.

Neville 2016 — Neville K. Frederik II's Gothic Neptune for Kronborg, 1575–1583 // Sculpture and the Nordic Region / ed. by S. Ayres, E. Carbone. London: Routledge, 2016. P. 12–23.

Neville 2017 — Neville K. Cornelis Floris and the 'Floris School': Authorship and Reception Around the Baltic, 1550–1600 // Netherlandish Sculpture of the Sixteenth Century / ed. by E. M. Kavaler, F. Scholten, J. Woodall. Leiden: Brill, 2017. P. 310–337.

Neville 2017a — Neville K. Hedwig Eleonora and the Practice of Architecture // Queen Hedwig Eleonora and the Arts: Court Culture in Seventeenth Century Northern Europe / ed. by K. Neville, L. Skogh. London: Routledge, 2017. P. 137–146.

Neville 2018 — Neville K. History and Architecture in Pursuit of a Gothic Heritage // The Quest for an Appropriate Past in European Literature, Art, and Architecture / ed. by K. Ottenheym, K. Enenkel. Leiden: Brill, 2018. P. 619–648.

Neville 2019 — Neville K. Antiquarianism without Antiques. Topographical Evidence and the Formation of the Past // Boreas Rising: Antiquarianism and National Narratives in 17th- and 18th-Century Scandinavia / ed. by B. Roling, B. Schirg. Berlin: De Gruyter, 2019. P. 81–101.

Neville Forth — Neville K. Schlüter — Tessin — Fischer von Erlach: Contact, Competition, and Collaboration in Architecture Around 1700 // Andreas Schlüter und das barocke Europa / ed. by A. Lipińska and H. Krohm. Forthcoming.

Neville, Skogh 2017 — Neville K., Skogh L., eds. Queen Hedwig Eleonora and the Arts: Court Culture in Seventeenth Century Northern Europe. London: Routledge, 2017.

Nilsén 2016 — Nilsén A. Reform and Pragmatism: On Church Art and Architecture During the Swedish Reformation Era // Re-forming Texts, Music, and Church Art in the Early Modern North / ed. by T. M. S. Lehtonen and L. Kaljundi. Amsterdam: Amsterdam UP, 2016. P. 253–286.

Noldus 2004 — Noldus B. Trade in Good Taste: Relations in Architecture and Culture Between the Dutch Republic and the Baltic World in the Seventeenth Century. Turnhout: Brepols, 2004.

Noldus 2006 — Noldus B. A Spider in Its Web: Agent and Artist Michel le Blon and His Northern European Network // Your Humble Servant: Agents in Early Modern Europe / ed. by H. Cools, M. Keblusek, B. Noldus. Hilversum: Verloren, 2006. P. 161–191.

Noldus 2006a — Noldus B. Loyalty and Betrayal: Artist-Agents Michel le Blon and Pieter Isaacsz, and Chancellor Axel Oxenstierna // Your Humble Servant: Agents in Early Modern Europe / ed. by H. Cools, M. Keblusek, B. Noldus. Hilversum: Verloren, 2006. P. 51–64.

Noldus 2006b — Noldus B. An 'Unvergleichbarer Liebhaber': Peter Spierinck, the Art-Dealing Diplomat // Scandinavian Journal of History. 2006. Vol. 31, № 2. P. 173–185.

Noldus 2011 — Noldus B. Art and Music on Demand — A Portrait of the Danish Diplomat Jonas Charisius and His Mission to the Dutch Republic // Reframing the Danish Renaissance: Problems and Prospects in a European Perspective / ed. by M. Andersen, B. Bøggild Johannsen, H. Johannsen. Copenhagen: National Museum of Denmark, 2011. P. 279–300.

Noldus, Roding 2007 — Noldus B., Roding J., eds. Pieter Isaacsz (1568–1625): Court Painter, Art Dealer, and Spy. Turnhout: Brepols, 2007.

Nordberg 1940–1941 — Nordberg T. O. Slottets historia under sextonhundratalet // Stockholms slotts historia / Eftertr. M. Olsson. 3 vols. Vol. 1. Stockholm: Norstedt, 1940–1941. S. 209–343.

Nordberg 1970 — Nordberg T. O. De la Vallée: En arkitektfamilj i Frankrike, Holland och Sverige = Les De la Vallée: Vie d'une famille d'architectes en France, Hollande et Suède. Stockholm: Almqvist, Wiksell, 1970.

Nordin 2012 — Nordin S. Drottningen och filosofen: Mötet mellan Christina och Descartes. Stockholm: Atlantis, 2012.

Norn 1953 — Norn O. Niels Langes og Abel Skeels gravmæle i Hunderup kirke // Fra Nationalmuseets arbejdsmark. 1953. S. 73–80.

Norn 1961 — Norn O. Hesselagergaard og Jacob Binck. Copenhagen: Arkitektens Forlag, 1961.

Norn 1983 — Norn O. Hercules at the Frontier: Christian IV's Castle at Kolding // Leids kunsthistorisch Jaarboek. 1983. Bd. 2. S. 157–175.

Norris 2016 — Norris M. A Pilgrimage to the Past: Johannes Bureus and the Rise of Swedish Antiquarian Scholarship, 1600–1650. Lund: Lund UP, 2016.

North 2015 — North M. The Baltic: A History. Cambridge, Mass.: Harvard UP, 2015.

Nyborg, Poulsen 2009 — Nyborg E., Poulsen N. J. Slotskirker på Koldinghus. Copenhagen: Nationalmuseet, 2009.

Ohlsen 2014 — Ohlsen N. Friedrichs und Dahls Studienzeit in Kopenhagen // Friedrich und Dahl: Romantische Landschaften / Hrsg. P. Kuhlmann-Hodick, G. Spitzer, E. Haverkamp, B. Sørensen. Dresden: Sandstein, 2014. S. 24–31.

Olausson 2003 — Olausson M. Tessin and Le Nôtre: An Eclectic Meets His Master // Konsthistorisk tidskrift. 2003. Bd. 72. Häffte 1–2. S. 61–66.

Olausson 2006 — Olausson M. En dansk Adriaen de Vries på svensk grund // Heiberg S., ed. Christian 4. og Frederiksborg. Copenhagen: Aschehoug, 2006. S. 175–183.

Olausson 2013 — Olausson M. Le Nôtre, un point de vue suédois // André Le Nôtre en perspectives / Éd. par P. Bouchenot Déchin, G. Farhat. Paris: Hazan, 2013. P. 324–333.

Olin 2000 — Olin M. Det karolinska porträttet: Ideologi, ikonografi, identitet. Stockholm: Raster, 2000.

Olin 2003 — Olin M. Tessin's Project for Royal Stables on Helgeandsholmen: A Study of Charles XII as a Patron of Architecture // Konsthistorisk tidskrift. 2003. Bd. 72, Häfte 1–2. P. 159–170.

Olin 2013 — Olin M., ed. Konsten och det nationella: Essäer om konsthistoria i Europa 1850–1950. Stockholm: Kungliga Vitterhets historie och antikvitets akademien, 2013.

Olin, Snickare 2003 — Olin M., Snickare M. Arte e politica al tempo di Carlo X Gustavo e Carlo XI // Cristina di Svezia: Le collezioni reali. Milan: Electa, 2003. P. 91–97.

Olsson 1940–1941 — Olsson M., ed. Stockholms slotts historia. 3 vols. Stockholm: Norstedt, 1940–1941.

Ottenheym 1997 — Ottenheym K. 'Possessed by Such a Passion for Building': Frederik Hendrik and Architecture // Princely Display: The Court of Frederik Hendrik of Orange and Amalia van Solms in The Hague / ed. by M. Keblusek, J. Zijlmans. Zwolle: Waanders, 1997. P. 105–125.

Ottenheym 2009 — Ottenheym K. The Rise of a New Profession: The Architect in 17th-Century Holland // L'architetto: Ruolo, volto, mito / ed. by G. Beltramini, H. Burns. Venice: Marsilio, 2009. P. 129–136.

Ottenheym 2011 — Ottenheym K. Hendrick de Keyser and Denmark // Reframing the Danish Renaissance: Problems and Prospects in a European Perspective / ed. by M. Andersen, B. Bøggild Johannsen, H. Johannsen. Copenhagen: National Museum of Denmark, 2011. P. 313–324.

Ottenheym 2013 — Ottenheym K. Sculptors' Architecture: The International Scope of Cornelis Floris and Hendrick de Keyser // The Low Countries at the Crossroads: Netherlandish Architecture as an Export Product in Early

Modern Europe (1480–1680) / ed. by K. Ottenheym, K. De Jonge. Turnhout: Brepols, 2013. P. 103–127.

Pedersen 2006 — Pedersen A. The Jelling Monuments — Ancient Royal Memorial and Modern World Heritage Site // Runes and Their Secrets: Studies in Runology / ed. by M. Stoklund, M. Lerche Nielsen, B. Holmberg, G. Fellows-Jensen. Copenhagen: Museum Tusculanum Press, 2006. P. 283–314.

Persson 1999 — Persson F. The Kingdom of Sweden: The Courts of the Vasas and Palatines, 1523–1751 // The Princely Courts of Europe: Ritual, Politics, and Culture Under the Ancien Régime, 1500–1750 / ed. by J. Adamson. London: Weidenfeld, Nicholson, 1999. P. 275–293.

Persson 1999 — Persson F. Servants of Fortune: The Swedish Court Between 1598 and 1721. Lund: Wallin, Dalholm, 1999.

Persson 2015 — Persson F. 'So That We Swedes Are Not More Swine or Goats Than They Are': Space for Ceremony at the Swedish Court Within an International Context // Beyond Scylla and Charybdis: European Courts and Court Residences Outside Habsburg and Valois / Bourbon Territories, 1500–1700 / ed. by B. Bøggild Johannsen, K. Ottenheym. Copenhagen: National Museum of Denmark, 2015. P. 123–135.

Peschken 1992–2001 — Peschken G. Das königliche Schloß zu Berlin. 3 vols. Munich: Deutscher Kunstverlag, 1992–2001.

Peta 2000 — Peta E. The Equestrian Bronzes of Hubert Le Sueur // Giambologna tra Firenze e l'Europa / ed. by S. Eiche. Florence: Centro Di, 2000. P. 141–156.

Pevsner 1940 — Pevsner N. Academies of Art Past and Present. Cambridge: Cambridge UP, 1940.

Planiscig 1924 — Planiscig L. Die Bronzeplastiken: Statuetten, Reliefs, Geräte und Plaketten. Vienna: Schroll, 1924.

Polleroß 2006 — Polleroß F. Romanitas in der habsburgischen Repräsentation von Karl V. bis Maximilian II // Kaiserhof-Papsthof (16–18. Jahrhundert) / Hrsg. R. Bösel, G. Klingenstein, A. Koller. Vienna: Österreichische Akademie der Wissenschaften, 2006. P. 207–223.

Polleroß 2009 — Polleroß F. 'Wien wird mit gleichen Recht Neu=Rom genannt, als vormals Constantinopel': Geschichte als Mythos am Kaiserhof um 1700 // Jahrbuch des Kunsthistorischen Museums Wien. 2009. Bd. 11. P. 103–127.

Ponsonailhe 1886 — Ponsonailhe C. Sébastien Bourdon: Sa vie et son oeuvre. Paris: Rouam, 1886.

Prag um 1600 1988 — Prag um 1600: Kunst und Kultur am Hofe Rudolfs II. 2 vols. Freren: Luca, 1988.

Prange 1997 — Prange P. Salomon Kleiner und die Kunst des Architekturprospekts. Augsburg: Wissner, 1997.

Rangström 1994 — Rangström L. Karl XI:s karusell 1672: En manifestation med europeiska rötter och influenser—transformerad till stormaktstidens Sverige // Livrustkammaren. 1994. S. 4–120.

Rasbech 1832 — Rasbech J. P. Frederiksborg Slots Beskrivelse. Copenhagen: S. L. Møller, 1832.

Rebhorn 1995 — Rebhorn W. A. The Emperor of Men's Minds: Literature and the Renaissance Discourse of Rhetoric. Ithaca: Cornell UP, 1995.

Riis 1970 — Riis T. Jacob Binck in Lübeck, 1552–1553 // Hafnia. 1970. Bd. 1. S. 35–49.

Rivera Blanco 1984 — Rivera Blanco J. J. Juan Bautista de Toledo y Felipe II: La implantación del clasicismo en España. Valladolid: Universidad de Valladolid, 1984.

Roberts 1979 — Roberts M. The Swedish Imperial Experience, 1560–1718. Cambridge: Cambridge UP, 1979.

Rodén 2008 — Rodén M.-L. Drottning Christina: En biografi. Stockholm: Prisma, 2008.

Roding 1991 — Roding J. Christiaan IV van Denemarken (1588–1648): Architectuur en stedebouw van een Luthers vorst. Alkmaar: Cantina architectura, 1991.

Roding 2007 — Roding J. The Seven Ages of Man — The Decorative Scheme for the Great Hall at Rosenborg Castle // Noldus B., Roding J., eds. Pieter Isaacsz (1568–1625): Court Painter, Art Dealer, and Spy. Turnhout: Brepols, 2007. P. 181–203.

Roding 2014 — Roding J. Karel van Mander III (1609–1670), hofschilder van Christiaan IV en Frederik III: Kunst, netwerken, verzameling. Hilversum: Verloren, 2014.

Roding, Stompé 1997 — Roding J., Stompé M. Pieter Isaacsz (1569–1625): Een Nederlandse schilder, kunsthandelaar en diplomaat aan het Deense hof. Hilversum: Verloren, 1997.

Roettgen 1999-2003 — Roettgen S. Anton Raphael Mengs, 1728–1779. 2 vols. Munich: Hirmer, 1999-2003.

Roling 2017 — Roling B. Rudbeck and Oriental Studies: How Sanscrit Studies Transformed National Myth // Apotheosis of the North: The Swedish Appropriation of Classical Antiquity Around the Baltic Sea and Beyond (1650–1800) / ed. by B. Roling, B. Schirg, S. H. Bauhaus. Berlin: De Gruyter, 2017. P. 221–242.

Roling 2020 — Roling B. Odins Imperium: Der Rudbeckianismus als Wissenschaftsparadigma an den schwedischen Universitäten. Brill, 2020.

Römelingh 1983 — Römelingh J. Christian IV and the Dutch Republic: An Introduction // Leids kunsthistorisch Jaarboek. 1983. Bd. 2. S. 1–6.

Roosval 1914 — Roosval J. "Ett nyfunnet Kristina-porträt." Kunst og kultur. 1914. Bd. 4. S. 200–204.

Roosval 1924 — Roosval J. Den baltiska Nordens kyrkor. Uppsala: Lindblad, 1924.

Roosval 1927 — Roosval J. Das baltisch-nordische Kunstgebiet // Nordelbingen 1927. Bd. 6. S. 270–290.

Rosell, Bennett 1989 — Rosell I., Bennett R. Kalmar domkyrka. Stockholm: Almqvist, Wiksell, 1989.

Rystad 1973 — Rystad G. Magnus Gabriel de la Gardie // Sweden's Age of Greatness, 1632–1718 / ed. by M. Roberts. New York: St. Martin's Press, 1973. P. 203–236.

Santini 1999 — Santini C., ed. I fratelli Giovanni e Olao Magno: Opera e cultura tra due mondi. Rome: Calamo, 1999.

Scheicher 1986 — Scheicher E. Das Grabmal Kaiser Maximilians I. in der Innsbrucker Hofkirche // Die Kunstdenkmäler der Stadt Innsbruck: Die Hofbauten / Hrsg. J. Felmayer, J. Oettinger, R. Oettinger, E. Scheicher. Vienna: Schroll, 1986. S. 359–425.

Scheicher 1999 — Scheicher E. Kaiser Maximilian plant sein Grabmal // Jahrbuch des Kunsthistorischen Museums Wien. 1999. Bd. 1. S. 81–117.

Schepelern, Houkjær 1988 — Schepelern H. D., Houkjær U., eds. The Kronborg Series: King Christian IV and His Pictures of Early Danish History. Copenhagen: Royal Museum of Fine Arts, 1988.

Schlechte 1990 — Schlechte M. Hercules Saxonicus — Versuch einer ikonographischen Deutung // Sachsen und die Wettiner: Chancen und Realitäten. Dresden: Kulturakademie des Bezirkes Dresden, 1990. S. 298–306.

Schmidt 1922 — Schmidt H. Jürgen Ovens: Sein Leben und seine Werke. Kiel: Self-published, 1922.

Schmidt, Syndram 1997 — Schmidt W., Syndram D., eds. Unter einer Krone: Kunst und Kultur der sächsisch-polnischen Union. Leipzig: Edition Leipzig, 1997.

Schmidt-Voges 2004 — Schmidt-Voges I. De antiqua claritate et clara antiquitate Gothorum: Gotizismus als Identitätsmodell im frühneuzeitlichen Schweden. Frankfurt: Lang, 2004.

Schneider, Wolf 1980 — Schneider R., Wolf J. R. Darmstadt in der Zeit des Barock und Rokoko: Louis Remy de la Fosse. Darmstadt: Magistrat der Stadt Darmstadt, 1980.

Schoch 1994 — Schoch R., ed. Kunst des Sammelns: Das praunsche Kabinett; Meisterwerke von Dürer bis Carracci. Nuremberg: Germanisches Nationalmuseum, 1994.

Schöffer 1981 — Schöffer I. The Batavian Myth During the Sixteenth and Seventeenth Centuries // Geschiedschrijving in Nederland: Studies over de historiografie van de Nieuwe Tijd / ed. by P. A. M. Geurts, A. E. M Janssen. Bd. 2. The Hague: Nijhoff, 1981. S. 85–109.

Scholten 1998 — Scholten F., ed. Adriaen de Vries, 1556–1626, Imperial Sculptor. Amsterdam: Rijksmuseum, 1998.

Scholten 2007–2008 — Scholten F. Johan Gregor van der Schardt and the Moment of Self-Portraiture in Sculpture // Simiolus. 2007–2008. Vol. 33, № 4. P. 195–220.

Schück 1932–1944 — Schück H. Kungliga Vitterhets historie och antikvitets akademien. 8 vols. Stockholm: Wahlström , Widstrand, 1932–1944.

Schuster 1965 — Schuster M. Georg Schweigger: Ein Nürnberger Bildhauer des 17. Jahrhunderts. Ph. D. diss., University of Vienna, 1965.

Sedlmayr 1997 — Sedlmayr H. Johann Bernhard Fischer von Erlach. Stuttgart: Deutsche Verlags-Anstalt, 1997.

Seitz 1974 — Seitz H. Jürgen Ovens' kröningsvision // Konsthistorisk tidskrift. 1974. Bd. 43. Häfte 1–2. S. 1–7.

Sirén 1912–13 — Sirén O. Gamla Stockholmshus af Nicodemus Tessin d.ä. och några samtida byggnader. 2 vols. Stockholm: P. A. Norstedt, 1912–1913.

Sjöberg 2008 — Sjöberg U. Jakob Philipp Hackert in Sweden 1764 // Europa Arkadien: Jakob Philipp Hackert und die Imagination Europas um 1800 / Hrsg. A. Beyer, L. Burkart, A. von Müller, G. Vogt-Spira. Göttingen: Wallstein, 2008. P. 113–123.

Sjöblom 1947 — Sjöblom A. David Klöcker Ehrenstrahl. Malmö: Allhem, 1947.

Skibiński 2014 — Skibiński F. Early-Modern Netherlandish Sculptors in Danzig and East-Central Europe: A Study in Dissemination Through Interrelation and Workshop Practice // Art and Migration: Netherlandish Artists on the Move, 1400–1750 / ed. by F. Scholten, J. Woodall. Leiden: Brill, 2014. P. 110–135.

Skogh 2013 — Skogh L. Material Worlds: Queen Hedwig Eleonora as Collector and Patron of the Arts. Stockholm: Center for History of Science at the Royal Swedish Academy of Sciences, 2013.

Skovgaard 1973 — Skovgaard J. A. A King's Architecture: Christian IV and His Buildings. London: Hugh Evelyn, 1973.

Skovgaard-Petersen 2002 — Skovgaard-Petersen K. Historiography at the Court of Christian IV (1588–1648). Copenhagen: Museum Tusculanum Press, 2002.

Sladek 1999 — Sladek E. Johann Bernhard Fischer von Erlach (1656–1723) // L'esperienza romana e laziale di architetti stranieri e le sue conseguenze / ed. by J. Garms. Rome: Istituto nazionale di studi romani, 1999. P. 9–33.

Smith 1994 — Smith J. C. German Sculpture of the Later Renaissance, c. 1520–1580: Art in an Age of Uncertainty. Princeton: Princeton UP, 1994.

Snickare 1999 — Snickare M. Enväldets riter: Kungliga fester och ceremonier i gestaltning av Nicodemus Tessin den yngre. Stockholm: Raster, 1999.

Snickare 2002 — Snickare M., ed. Tessin — Nicodemus Tessin the Younger: Royal Architect and Visionary. Stockholm: Nationalmuseum, 2002.

Snickare 2002a — Snickare M. Three Royal Palaces // Tessin — Nicodemus Tessin the Younger: Royal Architect and Visionary / ed. by M. Snickare. Stockholm: Nationalmuseum, 2002. P. 103–125.

Snickare 2004–2010 — Snickare M. Trapphuset och övre galleriet — gestaltning och funktion // Drottningholms slott / Eftertr. G. Alm, R. Millhagen. 2 vols. Vol. 1. Stockholm: Byggförlaget, 2004–2010. S. 174–199.

Snickare, Olin 2002 — Snickare M., Olin M. Collector and Organizer // Tessin — Nicodemus Tessin the Younger: Royal Architect and Visionary / ed. by M. Snickare. Stockholm: Nationalmuseum, 2002. P. 61–79.

Søby Christensen 2002 — Søby Christensen A. Cassiodorus, Jordanes, and the History of the Goths: Studies in a Migration Myth. Copenhagen: Museum Tusculanum Press, 2002.

Le soleil et l'étoile 1994 — Le soleil et l'étoile du nord: La France et la Suède au xviiie siècle. Paris: Réunion des musées nationaux, 1994.

Sophie Charlotte 1999 — Sophie Charlotte und ihr Schloß: Ein Musenhof des Barock in Brandenburg-Preußen. Munich: Prestel, 1999.

Spies 1986 — Spies H.-B. Schloß Johannisburg in Aschaffenburg und Schloß Skokloster am Mälarsee in Schweden. Aschaffenburg: Geschichts- und Kulturverein Aschaffenburg, 1986.

Spohr 2014 — Spohr A. 'This Charming Invention Created by the King': Christian IV and His Concealed Music // Visual Acuity and the Arts of Communication in Early Modern Germany / ed. by J. Chipps Smith. Farnham, Surrey: Ashgate, 2014. P. 159–179.

Steenberg 1950 — Steenberg J. Christian IVs Frederiksborg: Arkitektur, interiører, situationer. Hillerød: Frederiksborg Amts historiske samfund, 1950.

Steguweit 2004 — Steguweit W. Raimund Faltz: Medailleur des Barock. Berlin: Mann, 2004.

Stein 1972 — Stein M. The Iconography of the Marble Gallery at Frederiksborg Palace // Journal of the Warburg and Courtauld Institutes. 1972. Vol. 35. P. 284–293.

Stein 1983 — Stein M. Christian IV's Programme for the Decoration of the Great Hall at Rosenborg in Copenhagen: An Attempt at Reconstruction // Leids kunsthistorisch jaarboek. 1983. Bd. 2. S. 111–128.

Stein 1987 — Stein M. Christian den Fjerdes billedverden. Copenhagen: Gad, 1987.

Steinmetz 1991 — Steinmetz W. Heinrich Rantzau (1526–1598): Ein Vertreter des Humanismus in Nordeuropa und seine Wirkungen als Förderer der Künste. 2 vols. Frankfurt: Lang, 1991.

Steneberg 1932 — Steneberg K. E. Ett Gustav Adolfporträtt av Jacob Hoefnagel // Tidskrift för konstvetenskap. 1932. Bd. 16. S. 1–15.

Steneberg 1944 — Steneberg K. E. Ett Maria Eleonora-porträtt av Jacob Hoefnagel // Tidskrift för konstvetenskap. 1944. Bd. 25. S. 93–99.

Steneberg 1955 — Steneberg K. E. Kristinatidens måleri. Malmö: Allhem, 1955.

Steneberg 1966 — Steneberg K. E. Le Blon, Quellinus, Millich, and the Swedish Court 'Parnassus' // Queen Christina of Sweden: Documents and Studies / ed. by M. von Platen. Stockholm: Norstedt, 1966. P. 332–364.

Stork 2016 — Stork S. A. Geregeltes Vergnügen: Höfisches Theater in Schweden zur Zeit Nicodemus Tessins d. J. (1688–1706). Ph.D. diss., University of Marburg, 2016.

Swinkels 2004 — Swinkels L., ed. De Bataven: Verhalen van een verdwenen volk. Amsterdam: Bataafsche leeuw, 2004.

Syndram et al. 2006 — Syndram D., Woelk M., Minning M., eds. Giambologna in Dresden: Die Geschenke der Medici. Munich: Deutscher Kunstverlag, 2006.

Tauss 1998 — Tauss S. Robbery Is the Most Noble of Occupations: The Looting of Art During the Thirty Years' War // 1648: War and Peace in Europe / ed. by K. Bussmann and H. Schilling. Vol. 2. Münster, 1998. P. 281–288.

Taverne 1978 — Taverne E. In 't land van belofte, in de nieue stadt: Ideaal en werkelijkheid van de stadsuitleg in de Republiek, 1580–1680. Maarssen: Schwartz, 1978.

Theuerkauff 1986 — Theuerkauff C. Die Bildwerke in Elfenbein des 16–19. Jahrhunderts. Berlin: Mann, 1986.

Thoren, Christianson 1990 — Thoren V. E., Christianson J. R. The Lord of Uraniborg: A Biography of Tycho Brahe. Cambridge: Cambridge UP, 1990.

Thuillier 2000 — Thuillier J., ed. Sébastien Bourdon, 1616–1671: Catalogue critique et chronologique de l'œuvre complet. Paris: Réunion des musées nationaux, 2000.

Trevor-Roper 1970 — Trevor-Roper H. The Plunder of the Arts in the Seventeenth Century. London: Thames, Hudson, 1970.

Upton 1998 — Upton A. F. Charles XI and Swedish Absolutism. Cambridge: Cambridge UP, 1998.

Vahlne 1997 — Vahlne B. Nicodemus Tessin d. y. och slottet Tre Kronor // Kungliga vitterhets historie och antikvitets akademiens årsbok. 1997. S. 81–105.

van den Heuvel 2005 — van den Heuvel C. "De Huysbou": A Reconstruction of an Unfinished Treatise on Architecture, Town Planning, and Civil Engineering by Simon Stevin. Amsterdam: Koninklijke nederlandse akademie van wetenschappen, 2005.

van Mulders 1996 — van Mulders C. De prentenreeksen // Cornelis Floris, 1514–1575: Beeldhouwer, architect, ontwerper / ed. by A. Huysmans. Brussels: Gemeentekrediet, 1996. P. 37–69.

van Ruyven-Zeman 1992 — van Ruyven-Zeman Z. Drawings for Architecture and Tomb Sculpture by Cornelis Floris // Master Drawings. 1992. Vol. 30, № 2. P. 185–200.

van Tuyll van Serooskerken 1997 — van Tuyll van Serooskerken C. Königin Christina als Sammlerin und Mäzenatin // Christina, Königin von Schweden / ed. by U. Hermanns U. Bramsche: Rasch, 1997. P. 211–225.

Vaughan 2004 — Vaughan W. Friedrich. London: Phaidon, 2004.

Veldman 2015–2016 — Veldman I. Portrait of an Art Collector: Pieter Spiering van Silvercroon // Simiolus 2015–2016. Vol. 38, № 4. P. 228–249.

Vignau-Wilberg 2017 — Vignau-Wilberg T. Joris und Jacob Hoefnagel: Kunst und Wissenschaft um 1600. Berlin: Hatje Cantz, 2017.

Vitiello 2017 — Massimiliano. Amalasuintha: The Transformation of Queenship in the Post-Roman World. Philadelphia: University of Pennsylvania Press, 2017.

Völkel 1999 — Völkel M. The Margravate of Brandenburg and the Kingdom of Prussia: The Hohenzollern Court, 1535–1740 // The Princely Courts of Europe: Ritual, Politics, and Culture Under the Ancien Régime, 1500–1750 / ed. by J. Adamson. London: Weidenfeld, Nicholson, 1999. P. 211–229.

Völkel 2001 — Völkel M. Das Bild vom Schloss: Darstellung und Selbstdarstellung deutscher Höfe in Architekturstichserien 1600–1800. Munich: Deutscher Kunstverlag, 2001.

von Bonsdorff 1993 — von Bonsdorff J. Kunstproduktion und Kunstverbreitung im Ostseeraum des Spätmittelalters. Helsinki: Finska fornminnesförenings tidning, 1993.

Wade 1996 — Wade M. R. Triumphus Nuptialis Danicus: German Court Culture and Denmark; The "Great Wedding" of 1634. Wiesbaden: Harrassowitz, 1996.

Wadum 1998 — Wadum J. The Winter Room at Rosenborg Castle: A Unique Survival of Antwerp Mass-Production // Apollo. 1988. Vol. 128. P. 82–87.

Wahlberg Liljeström 2007 — Wahlberg Liljeström K. Att följa decorum: Rumsdispositionen i det stormaktstida högreståndsbostaden på landet. Stockholm: University of Stockholm Press, 2007.

Waldén 1942 — Waldén B. Nicolaes Millich och hans krets: Studier i den karolinska barockens bildhuggarkonst. Stockholm: Saxon , Lindström, 1942.

Walton 2003 — Walton G. Tessin as Diplomat and Artist — His First Project for the Louvre (1703–1706) // Konsthistorisk tidskrift. 2003. Bd. 72, № 1–2. S. 134–146.

Wangensteen 2017 — Wangensteen K. 'Paint Their Majesties' Immortal Praises': Hedwig Eleonora as Patron of David Klöcker Ehrenstrahl // Queen Hedwig Eleonora and the Arts: Court Culture in Seventeenth Century Northern Europe / ed. by K. Neville, L. Skogh. London: Routledge, 2017. P. 78–87.

Wanscher 1930 — Wanscher V. Rosenborgs Historie 1606–1634. Copenhagen: Haase, 1930.

Wanscher 1937 — Wanscher V. Christian 4.s Bygninger. Copenhagen: Haase, 1937.

Wanscher 1939 — Wanscher V. Kronborgs Historie. Copenhagen: Fischer, 1939.

Warnke 2007 — Warnke M. Könige als Künstler. Münster: Rhema, 2007.

Warren 2006 — Warren J. 'A little ould man called John Bollognia... not inferior much to Michell Angelo': Giambologna in Inghilterra e in America // Giambologna: Gli dei, gli eroi / ed. by B. Paolozzi Strozzi, D. Zikos. Florence: Giunti, 2006. P. 127–141.

Watanabe-O'Kelly 2002 — Watanabe-O'Kelly H. Court Culture in Dresden: From Renaissance to Baroque. New York: Palgrave, 2002.

Watson, Avery 1973 — Watson K., Avery C. Medici and Stuart: A Grand Ducal Gift of 'Giovanni Bologna' Bronzes for Henry Prince of Wales (1612) // Burlington Magazine. 1973. Vol. 115, № 845. P. 493–507.

Weber 1997 — Weber G. W. 'Das nordische Erbe': Die Konstruktion 'nationaler' Identität aus Vorzeitmythos und Geschichte in Skandinavien und Deutschland // Wahlverwandtschaft: Skandinavien und Deutschland 1800 bis 1914 / Hrsg. B. Henningsen, J. Klein, H. Müssener, S. Söderlind. Berlin: Jovis, 1997. P. 44–46.

Weidner 1998 — Weidner T. Jakob Philipp Hackert, Landschaftsmaler im 18. Jahrhundert. Berlin: Deutscher Verlag für Kunstwissenschaft, 1998.

Weimarck 1996 — Weimarck T. Akademi och anatomi. Stockholm: Brutus Östling, 1996.

Weisheit-Possél 2010 — Weisheit-Possél S. Adrian Zingg (1734–1816): Landschaftsgraphik zwischen Aufklärung und Romantik. Münster: Lit, 2010.

Wetterberg 2002 — Wetterberg G. Kanslern Axel Oxenstierna i sin tid. 2 vols. Stockholm: Atlantis, 2002.

Wex 1983 — Wex R. Oben und Unten, oder Martin Luthers Predigtkunst angesichts der Torgauer Schloßkapelle // Kritische Berichte. 1983. Bd. 11, № 3. S. 4–24.

Whinney 1964 — Whinney M. Sculpture in Britain, 1530–1830. Baltimore: Penguin, 1964.

Wilkinson-Zerner 1993 — Wilkinson-Zerner Catherine. Juan de Herrera: Architect to Philip II of Spain. New Haven: Yale UP, 1993.

Windt et al. 2001 — Windt F., Lind C., Sepp-Gustav G., eds. Preußen 1701: Eine europäische Geschichte. 2 vols. Berlin: Henschel, 2001.

Wittkower 1974 — Wittkower R. Gothic vs. Classic: Architectural Projects in Seventeenth-Century Italy. New York: Braziller, 1974.

Woldbye 2002 — Woldbye V. Flemish Tapestry Weavers in the Service of Nordic Kings // Flemish Tapestry Weavers Abroad: Emigration and the Founding of Manufactories in Europe / ed. by G. Delmarcel. Leuven: Leuven UP, 2002. P. 91–111.

Wollin 1927 — Wollin N. G. Drottningholms lustträdgård och park. Stockholm: Lagerström, 1927.

Wood 2008 — Wood C. S. Forgery, Replica, Fiction: Temporalities of German Renaissance Art. Chicago: University of Chicago Press, 2008.

Zeeberg 1995 — Zeeberg, Peter. The Inscriptions at Tycho Brahe's Uraniborg // A History of Nordic Neo-Latin Literature / ed. by M. Skafte Jensen. Odense: Odense UP, 1995. P. 251–266.

Ziegler 2010 — Ziegler H. Der Sonnenkönig und seine Feinde: Die Bildpropaganda Ludwig XIV in der Kritik. Petersberg: Imhof, 2010.

Zschoche 2007 — Zschoche H. Caspar David Friedrichs Rügen: Eine Spurensuche. Husum: Verlag der Kunst, 2007.

Предметно-именной указатель

Оглавление

Научное издание

Кристоффер Невилл

ИСКУССТВО И КУЛЬТУРА СКАНДИНАВСКОЙ ЦЕНТРАЛЬНОЙ ЕВРОПЫ 1550–1720

Директор издательства *И. В. Немировский*
Ответственный редактор *И. Белецкий*
Куратор серии *В. Кучерявенко*
Заведующая редакцией *О. Петрова*

Дизайн *И. Граве*
Редактор *О. Немира*
Корректоры *А. Филимонова, Е. Гайдель*
Верстка *Е. Падалки*

Подписано в печать 27.03.2023.
Формат издания 60 × 90 1/16. Усл. печ. л. 24,3 + 0,5 вкл.
Тираж 300 экз.

Academic Studies Press
1577 Beacon Street, Brookline, MA 02446 USA
https://www.academicstudiespress.com

ООО «Библиороссика».
190005, Санкт-Петербург, 7-я Красноармейская ул., д. 25а

Эксклюзивные дистрибьюторы:
ООО «Караван»
ООО «КНИЖНЫЙ КЛУБ 36.6»
http://www.club366.ru
Тел./факс: 8(495)9264544
e-mail: club366@club366.ru

Книги издательства можно купить
в интернет-магазине: www.bibliorossicapress.com
e-mail: sales@bibliorossicapress.ru

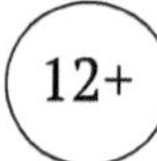

Знак информационной продукции согласно Федеральному закону от 29.12.2010 № 436-ФЗ

www.ingramcontent.com/pod-product-compliance
Lightning Source LLC
LaVergne TN
LVHW020503100826
845148LV00003B/691

* 9 7 9 8 8 9 7 8 3 7 8 8 5 *